21世纪高等学校国际经济与贸易系列规划教材

Introduction to International Trade

国际贸易概论

（第3版）

主　编　蒋琴儿

副主编　黄水灵　黄　敏　岑丽娟

ZHEJIANG UNIVERSITY PRESS
浙江大学出版社

图书在版编目（CIP）数据

国际贸易概论 / 蒋琴儿主编. 3 版. —杭州：浙江大学出版社，2021.1
ISBN 978-7-308-18517-2

Ⅰ. ①国… Ⅱ. ①蒋… Ⅲ. ①国际贸易一概论 Ⅳ. ①F74

中国版本图书馆 CIP 数据核字（2018）第 187900 号

国际贸易概论(第 3 版)

主　编　蒋琴儿
副主编　黄水灵　黄　敏　岑丽娟

责任编辑　王元新　朱　玲
责任校对　高士吟
封面设计　春天书装
出版发行　浙江大学出版社
（杭州市天目山路 148 号　邮政编码 310007）
（网址：http://www.zjupress.com）
排　　版　杭州好友排版工作室
印　　刷　金华市远大印刷有限公司
开　　本　787mm×1092mm　1/16
印　　张　19
字　　数　474 千
版 印 次　2021 年 1 月第 3 版　2021 年 1 月第 1 次印刷
书　　号　ISBN 978-7-308-18517-2
定　　价　56.00 元

第3版前言

经济全球化、区域化导致产业在更大的市场范围内进行分工协作，并通过贸易和投资等方式影响一个国家的产业结构和产业优势。在开放经济条件下，产业在全球范围内进行分工，资源在世界范围内进行配置，而竞争更是随着市场开放程度的提高而不断突破地域界限，逐渐形成国内竞争国际化、国际竞争国内化的新格局。世界各国在经济上的依赖程度日益加深，各国在经济生活的各个方面或多或少地具有国际贸易的烙印。随着中国在世界经济中的总体地位不断提高，为适应国内、国际经济贸易发展的不断变化，培养我国经济与贸易所需要的人才，满足非贸易专业学生与社会各界人士学习对外经济贸易知识的需要，编写了本书。

本书编写时力求突出三方面的特点：第一，简明、系统地介绍国际贸易的理论、政策、惯例、贸易措施、实务操作与贸易方式等内容，在保证理论完整性和系统性的前提下，深入浅出，化繁为简。第二，强调内容的真实性与实用性。本书每一章的内容包含了基本理论、实际操作和大量相关真实案例，将理论与实践在每一个知识点上密切结合，在内容的广度、深度上注意符合应用型人才培养的教学要求，注重实务的可操作性。第三，前沿性。本书力求反映国际经济与贸易的最新法律和惯例的内涵，融入了2020年1月1日开始实施的国际贸易术语解释通则®2020的相关内容，尽可能地反映本学科发展的前沿动态。在保证理论完整性和系统性的前提下，深入浅出，化繁为简，从新从实。

本书共分十六章。第一章、第九章至十六章由浙江农林大学的蒋琴儿教授负责编写；第二章和第三章由浙江农林大学的黄水灵副教授负责编写；第四章至第六章由浙江农林大学的岑丽娟老师负责编写；第七章至第九章由浙江科技学院的黄敏副教授负责编写。感谢浙江大学出版社对本教材编写的鼎立支持和热情帮助，编者在此表示由衷的敬意和感谢。在本书的编写过程中，我们参阅、吸收和借鉴了许多国内专家学者有关国际经济与贸易方面的图书文献、论文以及网站上的一些文章和数据，在此深表感谢。

因水平有限，书中难免存在不足和遗漏，敬请批评指正，并期望得到读者的支持与帮助。

目　　录

第一章　导　　论

【案例 1-1】

住在美国东部的皮尔瑞纳先生一天清晨的生活：他是被日本产的索尼牌闹钟叫醒的，而该闹钟的部分零件由韩国和泰国生产。皮尔瑞纳先生穿上了中国产的晨袍，打开了半导体收音机，广播的是中东危机，由此他开始考虑这是否会引起汽油涨价，而他应该购买一辆德国产的 Mercedes 小轿车还是购买一辆日本产的 Honda 小轿车？当皮尔瑞纳先生进行洗漱时又有些犹豫：是用荷兰生产的 Philips 电动剃须刀还是用英国生产的 Gillette 剃须刀刮胡须？太太建议他将房子进行装修扩建，但是木材在涨价，因为美国政府迫使加拿大提高出口到美国的木材价格。当他下楼喝橘子汁(巴西生产的)时，门铃响了，保姆米瑞纳(墨西哥人)来打扫卫生。在皮尔瑞纳先生家里，早餐是用法国制造的咖啡壶、加拿大输送的天然气烧煮来自印度尼西亚、巴西、哥伦比亚的混合咖啡，配瑞士生产的饼和面包，涂着比利时生产的草莓酱。

【案例 1-2】

2008 年有一本书叫《离开中国制造的一年》，在大洋彼岸的美国风靡一时。作者莎拉·邦焦尔尼，是一位家庭主妇兼自由撰稿人。本书是根据她 2005 年的一场实验“全年全家不用中国货”写成的。那一年，全家生活变得糟糕无比：中国产的咖啡机坏了，就没有买新的，因为其他国家的产品太贵了；榨汁机坏了无法修理，因为必须使用中国产的刀片；喜欢做木工活的丈夫再也买不到工具，因为这些工具都是中国产的。一年总算是熬过去了。这位家庭主妇在书中写道：“以后 10 年我可能都没有勇气再尝试这种日子。”面对 10 美元一双的中国童鞋和 60 美元一双的意大利童鞋，她不得不承认：“我们根本无法拒绝中国产品。”本书不仅展现了中国这个制造业巨人正在悄无声息地改变美国人的生活，还强调了国际化的现实。廉价的中国商品已经成为美国人日常生活中不可或缺的组成部分。然而，美国的高端商品同时却在不断潜移默化地驾驭着中国老百姓生活中的核心，如 Windows 的操作系统、音乐软件、高档轿车、波音飞机等。

经济全球化导致世界范围内各国之间的经济交往和联系变得非常频繁和复杂，各国的经济发展和日常生活已不再是本国孤立的活动。当今不同社会制度的国家和区域经济一体化组织，在生产力的发展、国际分工与世界市场发展的基础上，通过商品、货币和资本的流通，劳动力的转移和技术的转让，形成了错综复杂的各种类型的国际经济关系。特别是跨国公司的迅速发展，推动了生产与资本的进一步国际化。而交通、通信手段的发展，极大地拉近了国家之间的沟通距离，并且使世界市场的空间范围进一步扩大。世界各国在经济上的依赖程度日益加深，各国经济生活的各个方面或多或少地打上了国际贸易的烙印。

第一节 国际贸易的基本概念

一、国际贸易的基本概念

国际贸易是指国家之间商品和劳务(goods and services)的交换活动，是各国之间国际分工的表现形式，反映了各国在经济上的相互联系。如果从单个国家或地区的角度出发，一个特定的国家或地区同其他国家或地区之间所进行的商品和劳务的交换活动，称为对外贸易(foreign trade)。日本、英国等国以及我国台湾地区，将对外贸易称为"海外贸易"(oversea trade)。国际贸易交换的商品一般是指飞机、轿车、粮食、日常生活用品等有形商品，而服务一般是指电信、金融、保险、旅游等无形商品的交换。当前，国际贸易已不再局限于商品交换，而是包括了商品、资本、劳务、技术等在国际上的移动，其经营范围和方式获得了空前的发展。因此，随着国际贸易规模的不断扩大，其本身的内涵也在不断变化。我们将包括货物和服务在内的对外贸易称为广义的对外贸易或国际贸易，把不包括服务在内的对外贸易称为狭义的对外贸易或国际贸易。经济全球化导致世界各国经济的相互依赖和合作进一步加强，从而进一步推动了国际贸易的发展。要研究和分析一国的国际贸易活动，还需要了解和掌握以下几个重要概念：

国际贸易额(value of international trade)，即把各国和地区的出口额按照同一种货币单位换算后相加得出的数额，这是计算和统计世界各国对外贸易总额的指标。要注意的是，因大多数国家和地区统计出口额按 FOB(Free on Board，离岸价)价格计算，统计进口额以 CIF(Cost, Insurance and Freight，成本、保险费加运费)价格计算，而 CIF 价格要比 FOB 价格多出运费和保险费，因此世界进口额会大于世界出口额。我们将世界出口额定义为国际贸易额。

对外贸易额(value of foreign trade)，即以货币金额表示的一国在一定时期内的进出口贸易规模，是衡量一国对外贸易状况的重要指标。它由一国一定时期内从国外进口的商品总额加上该国同一时期向国外出口的商品总额构成。有的国家用本国货币表示对外贸易额，有的国家则以外国货币表示。在计算时，出口额要以 FOB 价格表示，进口额要以 CIF 价格表示。一国在一定时期内商品出口总额与进口总额的差额，称为"贸易差额"。如出口总额大于进口总额，差额部分称为"贸易顺差"或"贸易出超"；反之，当进口总额大于出口总额，差额部分称为"贸易逆差"或"贸易入超"；如进出口商品总额相等，则称为"贸易平衡"。例如，据中国海关总署统计，2016 年中国货物贸易进出口总值为 24.33 万亿元人民币，比 2015 年下降 0.9%。其中，出口 13.84 万亿元，下降 2%；进口 10.49 万亿元，增长 0.6%；贸易顺差 3.35 万亿元，收窄 9.1%。

对外贸易量(quantum of foreign trade)，即进出口额/进出口价格指数，而价格指数=(报告期价格/基期价格)×100。例如，2006 年中国的进出口总值为 17606.9 亿美元，而 2016 年的对外贸易额为 36899.5 亿美元。设 2006 年(基期)的价格指数为 100，2016 年(报告期)的价格指数为 150。按对外贸易额(值)计算,2016 年中国对外贸易额是 2006 年中国对外贸易额的 2.096 倍(36899.5/17606.9),同比增加了 109.6%;而按对外贸易量计算,剔除价格上涨的因素,2016 年中国对外贸易量是 2006 年的1.397倍[36899.5/17606.9/(150/100)],同比仅增 39.7%。因此,剔除价格变动的影响,计算对外贸易量可以比较正确地反映一国对外贸易的实际规模变动情况。目前许多国家和国际组织都采用这种方法计算对外贸易量。

对外贸易依存度(ratio of dependence on foreign trade),是指一个国家在一定时期内的进出口贸易值与该国同时期国内生产总值(GDP)的对比关系,它是衡量一国经济对进出口贸易依赖程度的一个指标。世界各国的经济发展水平、对外贸易政策以及国内市场的大小等因素,会导致各国的对外贸易依存度有较大的差异。对外贸易依存度可以用贸易总额在国民总收入中所占比重来表示,该比重的变化意味着一国对外贸易在国民经济中所处地位的变化。对外贸易依存度的计算方法为:对外贸易依存度=(贸易总额/GDP)×100%。对外贸易依存度也可分为出口依存度和进口依存度。其中,出口依存度=(出口总额/GDP)×100%;进口依存度=(进口总额/GDP)×100%。例如,2016 年中国货物贸易进出口总值为 24.33 万亿元人民币,其中出口 13.84 万亿元、进口 10.49 万亿元。2016 年中国 GDP 为 74.4 万亿元。因此,2016 年中国对外贸易依存度为 32.7%,其中出口依存度为 18.6%,进口依存度为 14.1%。

贸易条件(terms of trade),是指一个国家在一定时期内出口商品价格与进口商品价格之间的对比关系,反映该国的对外贸易状况,一般以贸易条件系数表示,即:当年贸易条件系数=(出口价格指数/进口价格指数)×100。如果该系数大于 100,说明该国在该年度的贸易条件得到改善;否则,则说明该国在该年度的贸易条件恶化。例如,2006 年中国出口大豆 38 万吨,出口额为 14589 万美元,出口平均单价为 USD383.92/吨。同年,中国进口大豆 2827 万吨,进口额达 748887 万美元,进口平均单价为 USD264.91/吨。因此,2006 年大豆的贸易条件系数为 145(大于 100)。由此说明,中国大豆 2006 年度的贸易条件得到改善。

对外贸易商品结构,是指一个国家一定时期内各种类别的商品在整个国际贸易额中所占的比重,通常以它们在世界出口总额或进口总额中的比重来表示。一个国家对外贸易商品结构,主要由该国的经济发展水平、产业结构状况、自然资源状况、科技发展水平和贸易政策等决定。例如,2016 年,机电产品、传统劳动密集型产品仍为我国的出口主力。机电产品出口 7.98 万亿元,占我国出口总值的 57.7%。其中,医疗仪器及器械出口增长6.1%,蓄电池出口增长 4%。传统劳动密集型产品合计出口 2.88 万亿元,占出口总值的20.8%。其中,纺织品、玩具和塑料制品出口增长,依然保持良好的竞争优势。同期,我国铁矿石、原油、铜等大宗商品进口量保持增长。2016 年,我国进口铁矿石 10.24 亿吨、原油3.81亿吨、煤 2.56 亿吨、钢材 1321 万吨、铜 495 万吨、成品油 2784 万吨。

对外贸易地理方向,又称“对外贸易地理分布”,是指一定时期内世界上一些国家或地区的商品在某一国对外贸易中所占的地位,通常以它们在该国进出口总额或进口总额、出口总额中的比重来表示。对外贸易地理方向指明一国出口商品的去向和进口商品的来源,从而反映一国与其他国家或区域集团之间经济贸易联系的程度。一国的对外贸易地理方向通常受经济互补性、国际分工形式与贸易政策的影响。例如,2016 年,中国对部分“一带一路”沿线国家出口保持增长。我国对巴基斯坦、俄罗斯、波兰、孟加拉国和印度等国出口分别增长

11%、14.1%、11.8%、9%和6.5%。同期，我国对欧盟出口增长1.2%、对美国出口微增0.1%、对东盟出口下降2%，三者合计占我国出口总值的46.7%。

国际贸易地理方向，又称“国际贸易地理分布”，是指一定时期内世界各洲、各国或各个区域、集团的货物对外贸易在整个国际贸易中所占的比重。观察和研究不同时期的国际贸易地理方向，有利于掌握市场行情的发展变化，认识各国间的经济交换关系及密切程度，有助于开拓新的国外市场。

二、国际贸易与国内贸易的异同

国际贸易与国内贸易相比，既有一定的共同性，又存在着一定程度的差别。两者之间的共同性表现为：①国际贸易从事的是国家或地区间的商品和劳务的交换，而国内贸易是国界内的商品和劳务的交换。虽然两者的活动范围有所不同，但都是商业活动。②两者的经营目的相同，都是通过交换获取更多的经营利润。③不论从事国际贸易或是国内贸易，其贸易活动均受市场规律、供求规律等影响。国际贸易与国内贸易的区别主要表现为：①语言、法律和风俗习惯不同，从事国内贸易遇到的语言、法律和风俗习惯差异，会远远小于国际贸易。②各国间货币、度量衡、海关等制度不同，国家间的商品交换活动远比国内贸易复杂。③各国的经济政策不同。各国的金融政策、产业政策、进出口贸易管理政策、关税政策等，在一定程度上影响一国对外贸易的开展，而这些政策会随着不同的经济形势、不同的执政者发生变化。从事国际贸易必须研究这些政策，而从事国内贸易的政策研究内容要少许多。④国际贸易的风险要大于国内贸易。从事国际贸易可能遇到的风险有：商业风险、价格风险、汇率风险、运输风险和政治风险等。⑤从事国际贸易所受的贸易行为约束范围要比国内贸易更广。世界贸易组织成员方的贸易行为，要受WTO规则制约。成员方之间的贸易活动，要无条件享受最惠国待遇、国民待遇、公平竞争待遇等，还必须保持各自贸易行为的规范。相比之下，国内贸易行为虽然也受一定的约束，但范围要小许多。

第二节　国际贸易的类型

国际贸易的范围广泛，类别繁多，性质复杂，从不同角度对国际贸易进行分类有利于理解国际贸易。

一、按货物和服务流向划分

按货物和服务流向划分，国际贸易可分为出口贸易、进口贸易和过境贸易。出口贸易(export trade)是指一国把自己生产和加工的商品输往国外市场销售；进口贸易(import trade)是指一国将从外国生产和加工的商品输入本国市场销售。出口贸易与进口贸易为一笔贸易的两个方面，对卖方来说是出口贸易，对买方来说是进口贸易。另外，在国际贸易中，一国对从外国进口的商品不经任何实质性加工就向外出口时，称为复出口贸易(re-export trade)。复出口贸易在很大程度上与过境贸易、转口贸易有关。反之，输往国外的商品未经过加工又输回本国，叫作复进口贸易(re-import trade)。导致商品复进口的原因是多方面的，但大多数是因出口商品质量不合格或出口商品不适销对路，抑或是国内紧缺商品。

过境贸易(transit trade)是指货物通过一国国境，不经加工运往另一国的贸易活动，即商品生产国与消费国之间进行的商品买卖活动，在实物运输过程必须要通过第三国的国境，而第三国一般对该批货物收取一定的费用，该交易对于第三国而言就构成了该国的过境贸易。例如，某种商品从甲国经过乙国向丙国运送销售，对乙国来说就是过境贸易。

二、按商品形态划分

按照商品形态的不同，国际贸易可分为货物贸易(goods trade)和服务贸易(service trade)。其中，货物贸易又被称为有形贸易(visible trade)、有形商品贸易(tangible goods trade)。因为货物是看得见、摸得着的物质商品。国际贸易涉及的有形商品种类繁多，联合国为便于统计，把有形商品分成 10 类、63 章、233 组、786 个分组和 1924 个基本项目。其中，10 类商品分别为：食品及活动物(0)；饮料及烟类(1)；非食用原料(燃料除外)(2)；矿物燃料、润滑油及有关原料(3)；动植物油、脂及蜡(4)；化学成品及有关产品(5)；按原料分类的制成品(6)；机械及运输设备(7)；杂项制品(8)；未分类的商品(9)。其中，0—4 类商品称为初级产品，5—8 类商品称为工业制品。本章的附表 1-1 给出了 2016 年 6 月我国货物贸易按照《国际贸易标准分类目录》(SITC)统计的进出口商品构成。

贸易统计除适用以上 SITC 外，目前使用最广泛的是《商品名称及编码协调制度》(简称《协调制度》，HS)，它是在《海关合作理事会商品分类目录》(CCCN)和 SITC 的基础上，协调国际上多种主要的税则、统计、运输等商品分类目录而制定的一部多用途的国际贸易商品目录，是一个完整的、系统的、准确的国际贸易商品分类体系。中国也采用这一分类标准。HS 采用 6 位数编码，将国际贸易商品分为 22 类、98 章，章以下再分目和子目。商品编码第 1、2 位数码代表“章”，第 3、4 位数码代表“目”(heading)，第 5、6 位数码代表“子目”(sub-heading)，该 6 位数是 HS 国际标准编码。例如，去壳花生属于初级产品，其 HS 编码为 1202.20。

服务贸易，又被称为无形贸易(invisible trade)、无形商品贸易(intangible goods trade)或劳务贸易。国际服务贸易是指一切不具备物质自然属性的商品(无形商品)的国际交换活动，包括运输、保险、金融、旅游、技术转让等劳务的提供与接受以及其他非实物形态的进出口。按照《服务贸易总协定》(GATS)的定义，服务贸易具有 4 种方式：①过境交付，即服务消费者和消费者都不跨越国境。例如，通过网络进行的国际远程教育、国际医疗等方面的服务。②境外消费，即服务消费者到服务提供者国内接受服务。例如，中国公民出境旅游、留学等。对于中国来说，是在国外实现服务进口；而对外国来说，是在国内从事服务出口。商业存在，即服务企业到国外开办服务场所，提供服务。例如，外国银行到中国开设分行提供相应的金融服务等。④自然人移动，即一国的自然人到服务消费者所在国或第三国提供服务。例如，菲律宾女佣到新加坡家庭提供劳务等。同时，国际服务贸易还可以分为要素服务贸易(factor service trade)和非要素服务贸易(non-factor service trade)。要素服务贸易是一国通过向他国提供劳务、资本、技术和土地等生产要素的服务，而从国外得到报酬的活动。它包括对外直接投资(foreign direct investment，FDI)和间接投资(indirect investment)的收益、侨民汇款及技术贸易的收入。非要素服务贸易是指提供严格符合“服务”的服务而获取外汇收入的交易，是狭义的服务贸易，一般包括国际运输、旅游、教育、工程咨询等。

货物贸易和服务贸易是密切联系的。货物贸易带动了服务贸易，而服务贸易又促进了货物贸易的发展。但是，货物贸易与服务贸易之间存在一个很重要的区别，即货物的进出口要办理海关手续，货物贸易体现在海关的贸易统计上，成为国际收支的重要组成部分；而服务贸易不经过海关手续，通常不显示在海关的贸易统计上，可是它也是国际收支的一部分。如表 1-1 和表 1-2 所示分别为 2015 年中国服务进出口结构及全球部分国家服务贸易发展状况。

表 1-1 2015 年中国服务进出口结构统计

服务类别	进出口		出口		进口	
	金额/亿美元	同比/%	金额/亿美元	同比/%	金额/亿美元	同比/%
总额	7130.0	14.6	2881.9	9.2	4248.1	18.6
旅行	3534.4	18.0	1149.0	8.1	2386.4	26.0
其中：旅游	2181.5	11.8	986.5	7.8	1195.0	44.5
运输	1258.0	−6.5	385.0	0.5	873.0	−9.3
专业管理与咨询	430.7	9.3	291.3	13.6	139.4	1.3
电信、计算机和信息	383.9	22.1	269.9	25.1	114.0	15.6
文化服务	370.8	25.6	200.2	37.2	170.6	14.1
建筑	264.0	28.9	163.0	5.7	101.0	99.9
技术	238.0	0.6	123.7	−4.5	114.3	6.7
知识产权使用费	230.7	−0.3	10.8	64.9	219.9	−2.2
保险	130.0	−52.0	50.0	9.1	80.0	−64.4
金融	48.0	−52.5	22.0	−52.2	26.0	−52.7
其他	240.5	−4.2	217.0	−2.0	23.5	−22.5

表 1-2 2015 年全球部分国家服务贸易发展状况

国家	出口金额/亿美元	占全球出口份额/%	国家	进口金额/亿美元	占全球进口份额/%
世界	46750	100	世界	4570	100.0
美国	6900	14.8	美国	4690	10.3
英国	3410	7.3	中国	4250	9.6
中国	2880	4.9	德国	2920	6.4
德国	2460	5.3	法国	2240	4.9
法国	2390	5.1	英国	2050	4.5
日本	1580	3.4	日本	1740	3.8

三、按统计制度划分

按照各国进行对外贸易统计时所采用的统计制度的不同，可以分为总贸易体制和专门贸易体制。联合国在公布各国对外贸易统计数字时，一般都注明该国采用总贸易体制还是专门贸易体制。总贸易体制以国境作为统计对外贸易的标准。凡是进入该国国境的商品，一律列为进口，称为总进口(general import)；凡是离开该国国境的商品，均列为出口，称为总出口(general export)。一国总贸易值(general trade)等于总进口值加上总出口值。目前,美国、英国、加拿大、澳大利亚、日本、中国等90多个国家和地区采用该统计标准。而专门贸易体制以关境作为统计对外贸易的标准。关境是一国海关法规生效的区域。根据该标准,外国商品进入关境之后被列为进口,称为专门进口(special import)。如果外国商品虽然进入国境,但仍暂时存放于海关的保税仓库之内,或只是在免税的自由贸易区流通,则不被统计为进口。凡是离开关境的商品都要列为出口,称为专门出口(special export)。从关境外、国境内运往他国的商品,不被统计为出口。专门出口值加上专门进口值,即为一个国家的专门贸易值(special trade)。目前,德国、意大利、瑞士等80多个国家和地区采用专门贸易体制统计制度。总贸易体制和专门贸易体制统计出来的贸易数额是不相同的。这是因为:第一,关境和国境往往是不重叠的。例如,英国和埃及在本国境内设立了许多的自由贸易区,因此国境大于关境。而欧盟各国则是关境大于国境。第二,某些特殊形式的贸易,两者的处理不同。例如,过境贸易会计入总贸易值,但不会计入专门贸易值。

四、按经济发展水平划分

按经济发展水平划分,国际贸易可分为水平贸易和垂直贸易。水平贸易(horizontal trade)是指经济发展水平比较相近的国家之间开展的贸易活动。例如发达国家之间、发展中国家之间的国际贸易。垂直贸易(vertical trade)是指经济发展水平不同的国家之间的贸易活动。发达国家与发展中国家之间的贸易大多属于垂直贸易。这些国家在国际分工中所处的地位以及经济技术发达程度相去甚远。一般来说,发达国家从发展中国家进口农产品、工业原料或劳动密集型产品,而向发展中国家输出工业制成品,特别是资本密集型或技术密集型的工业产品。

五、按贸易政策划分

按贸易政策分,国际贸易可分为自由贸易和保护贸易。自由贸易(free trade)是指一国实施的对外贸易政策,往往不干预国家之间的贸易往来,不对进出口贸易活动设置种种障碍,也不给予各种优惠,而是鼓励和提倡市场自由竞争。而保护贸易(protect trade)是指一国实施的对外贸易政策,广泛使用各种政策措施去保护本国国内市场免受外国企业和商品的竞争。实行贸易保护的国家往往一方面采取多种措施,控制各种外国商品的进口;另一方面却对本国商品或劳务的出口活动给予各种政策上的优惠甚至补贴,鼓励其出口。

六、按贸易是否有第三国参加划分

按贸易是否有第三国参加划分,国际贸易可分为直接贸易、间接贸易和转口贸易。直接贸易(direct trade)是指商品生产国与商品消费国之间直接买卖商品的行为,是相对于“间接贸易”而言的。对生产国来说是直接出口,对消费国来说则是直接进口。直接贸易的买卖双方不通过第三国商人作为中介来进行贸易。贸易双方交易的货物可以直接从生产国运输到消费国,也可以通过第三国的国境转运到消费国。

间接贸易(indirect trade)是指商品生产国与商品消费国之间,经由第三国商人进行买卖商品的行为,是相对于“直接贸易”而言的。贸易双方交易的货物可以直接从生产国运送到消费国，也可以通过第三国过境转运到消费国。间接贸易的双方当事人没有直接关系，而是通过第三国的商人作为中介来进行贸易。

转口贸易(entrepot trade)又称为中转贸易，是指一国(或地区)进口某种商品不是以消费为目的，而是将它作为商品再向别国出口的贸易活动。即使商品直接从生产国运送到消费国，只要两者之间并未直接发生交易关系，而是由第三国(或地区)的转口商分别同生产国与消费国签订进口合同与出口合同所进行的交易，仍然属于转口贸易范畴。转口贸易和间接贸易的区别在于看问题的角度不同。商品生产国与消费国通过第三国商人进行的贸易，对商品生产国和消费国来说是间接贸易，对第三国(或地区)来说是转口贸易。从事转口贸易的国家(或地区)大多数地理位置优越、运输便利、贸易限制较少。

转口贸易与过境贸易是两个容易混淆的概念，两者有显著的区别。转口贸易中，有第三国(或地区)的商人参与商品的交易过程，不论货物是否经由第三国(或地区)运送；过境贸易中，没有第三国(或地区)商人的参与。转口贸易以赢利为目的，因此第三国一般会采取一个正常的商业加价来获取贸易利益，属于贸易范畴；而过境贸易一般只收取少量的手续费，属于运输范畴。过境贸易是直接贸易，而非间接贸易。

七、按清偿工具划分

按清偿工具划分，国际贸易可分为自由结汇贸易和易货贸易。在国际贸易中，以货币作为清偿工具的，叫作自由结汇方式贸易，又称现汇贸易(cash settlement)。作为支付手段的货币，必须是在国际金融市场上能自由兑换的货币。目前，常用的国际清偿货币有：美元(USD)、英镑(GBP)、欧元(EUR)、日元(JPY)和港币(HKD)等。值得欣喜的是，中国国务院于 2009 年 7 月 8 日决定，在上海、广州、深圳、珠海、东莞开展跨境贸易人民币结算试点，这是中国最终实现人民币国际化的一个重要的里程碑。

易货贸易(barter trade)又称为换货贸易、对销贸易，它是以货物经过计价作为清偿工具的国际贸易。采用易货贸易的原因，主要是贸易参与双方的货币不能自由兑换，或者各方的自由外汇短缺，因此双方直接以货物交换货物，进口与出口直接联系起来，双方有进有出，一方既是买方同时又是卖方，进出口大体平衡，不以外汇支付。易货贸易有一定的局限性。首先，易货贸易取决于一方对另一方商品的直接需求，导致可供交换的商品种类有限；其次，贸易双方的进口和出口要直接保持平衡，贸易规模受到限制；最后，货物计价通常是通过谈判确定的，而不是由市场竞争来确定的，因此贸易条件(或交换比例)对某一方往往是不合理的。因此，在全球市场经济占主导地位的情况下，自由结汇贸易是最常用的贸易方式，易货贸易只有在一些外汇比较紧缺的发展中国家之间才采用。

八、按贸易形式划分

按贸易形式划分，国际贸易可分为一般贸易和加工贸易。一般贸易(general trade)是指单边进口或单边出口的贸易方式，但设备投资、捐赠除外。加工贸易(process trade)是指利用本国的人力、物力和技术优势，从国外输入原材料、半成品、样品或图纸等，在国内加工制造或装配成成品以后再向国外输出，以生产加工性质为主的一种贸易方式。它又可以分为来料加工、来样加工、来件装配与协作生产等方式。如表 1-3所示为 2014 年中国进出口商品贸易方式及总值。

表 1-3　2014 年中国进出口商品贸易方式及总值

贸易方式	累计			累计同比		
	进出口/万元人民币	出口/万元人民币	进口/万元人民币	进出口/%	出口/%	进口/%
总值	2643345787	1439117412	1204228375	2.3	4.9	−0.6
一般贸易	1421064098	739440063	681624034	4.2	9.6	−1.0
国家间、国际组织无偿援助和赠送的物资	317409	293810	23599	7.2	3.9	80.8
其他捐赠物资	9698	3723	5974	−18.1	−26.7	−11.7
补偿贸易	138	138	—	—	—	—
来料加工装配贸易	115614443	55700807	59913636	3.5	−3.0	10.3
进料加工贸易	749699677	487499214	262200463	2.7	2.3	3.3
寄售代销贸易	73	—	73	−82.2	—	—
边境小额贸易	28912236	22860336	6051900	3.7	19.2	−30.6
加工贸易进口设备	422097	—	422097	−30.0	—	−30.0
对外承包工程出口货物	10026979	10026979	—	1.0	1.0	—
租赁贸易	6474586	200974	6273611	16.6	6.6	17.0
外商投资企业作为投资进口的设备、物品	5576646	—	5576646	−7.8	—	−7.8
出料加工贸易	333414	144670	188743	19.1	17.0	20.7
易货贸易	3887	2104	1783	106.3	65.0	193.1
免税外汇商品	12253	—	12253	−28.1	—	−28.1
免税品	958513	—	958513	−4.7	—	−4.7
保税监管场所进出境货物	94054713	32729748	61324965	15.4	13.4	16.5
海关特殊监管区域物流货物	182496750	67820168	114676583	−18.6	−23.2	−15.5
海关特殊监管区域进口设备	3158124	—	3158124	27.7	—	27.7
其他	24210054	22394677	1815376	40.9	43.0	19.0

注：自 2014 年起，免税品列入海关统计。

第三节　国际贸易概论的主要内容

“国际贸易概论”是一门理论、政策与社会实践密切结合的课程。其内容主要由三部分组成：国际贸易理论、国际贸易政策与国际贸易实务。

一、国际贸易理论

国际贸易理论试图对国际贸易产生的基础、贸易模式以及国际贸易对生产、消费、福利的影响等诸多问题做出理论解释。以 1776 年亚当·斯密的“绝对优势”理论为开端，经过 230 多年，国际贸易理论不断发展，其理论体制从古典贸易理论(classic trade theory)、新古典贸易理论(neo classic trade theory)、新国际贸易理论(new trade theory)，逐步发展到现在的新新国际贸易理论(new-new trade theory)。国际贸易理论发展各阶段及其代表性人物如图 1-1 所示。

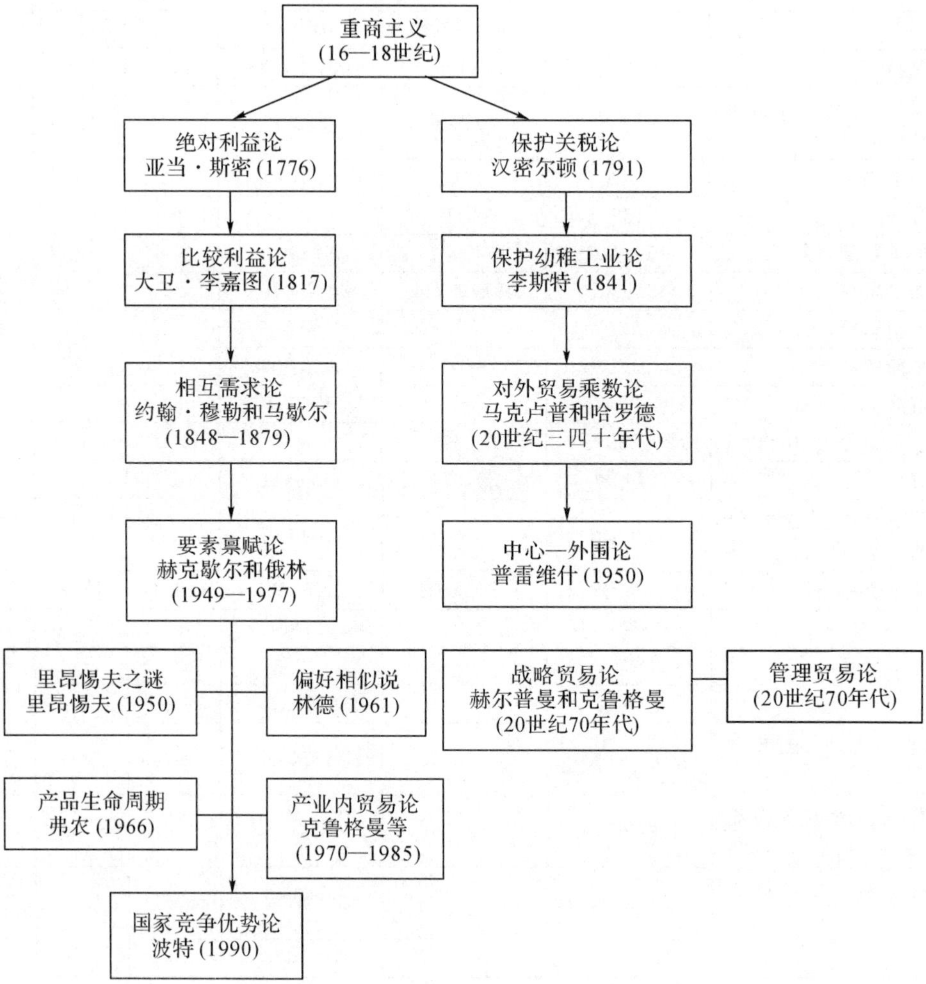

图 1-1 国际贸易理论发展

二、国际贸易政策

为保护本国的贸易利益，各国一般均制定有利于本国的贸易政策和措施来参与国际贸易。综观国际贸易的发展历史，世界各国的对外贸易政策基本上可归纳为两类：自由贸易政策和保护贸易政策。在经济发展的不同时期，为适应经济发展的需要，这两类基本贸易政策相互交替着发挥作用。贸易政策发展到今天，种类已多种多样，除传统的关税壁垒和名目繁多的非关税壁垒外，还有反补贴、反倾销、公平贸易标签等一系列贸易措施。例如，2009 年 1 月 26 日，印度政府对中国进口玩具施行为期 6 个月的禁令。印度方面指控中国产玩具含有有毒物质。而 1997—2008 年，中国共发起 54 起贸易救济案件，其中反倾销 53 起、保障措施 1 起。这 54

起贸易救济案件的详细列表，可参见 http://www.cacs.gov.cn/cacs/images。

三、国际贸易实务

国际贸易实务是从实践和法律的角度，分析研究国际贸易中商品交换的各种做法。

国际贸易作为一种商事行为，需要遵循各种法律规范，包括国际（商务）条约、国际（商事）惯例和各国（或地区）商事立法。各国（或地区）通过缔结条约（或公约），可以将某些强制性的法律规范加之于当事人，当事人必须予以遵守。条约分为双边条约和多边条约（又称“公约”）。一般来说，条约只对缔约国有拘束力，对非缔约国无拘束力。由于许多商事方面的多边条约或公约所做出的规定，反映了商品经济的一般规律，通常被认为属于商业活动应予遵循的规范，因而一般也会得到非缔约国（或地区）的遵守，尤其是那些参加成员较多、历史较长久的公约。但是，由于“国际商事法”所具有的私法特性，因而某些情况下，国际条约（或公约）的效力并非是具有强制执行力的。在某些情况下，有的国际条约（或公约）只有在当事人之间的法律行为中予以采用时，才对当事人有强制约束力，如《联合国国际货物销售合同公约》第 6 条规定：“合同双方当事人可以减少该公约的任何规定或改变其效力。”国际条约（或公约）反映了缔约国对外经济贸易政策的要求，并为缔约国（或地区）的商业组织实现其商事活动所需要。目前，中国已同世界各国（或地区）签订了广泛的国际条约（或公约），它们为加强和发展中国家与世界各国（或地区）的经济贸易关系，发挥了相当重要的作用。国际商事中的主要国际条约如表 1-4 所示。

表 1-4 国际商事适用的主要国际公约

关于国际货物买卖的公约	1	《国际货物买卖统一法公约》（海牙，1964）
	2	《联合国国际货物销售合同公约》（维也纳，1980）
	3	《联合国国际货物买卖时效期限公约》（纽约，1974）
关于国际货物运输的公约	1	《统一提单的若干法律规则的国际公约》（简称《海牙规则》，1924）
	2	《有关修改统一提单的若干法律规则的国际公约议定书》（简称《维斯比规则》，1968）
	3	《联合国海上货物运输公约》（简称《汉堡规则》，1978）
	4	《统一国际航空运输某些规则的公约》（简称《华沙公约》，1929）
	5	《修改华沙公约议定书》（简称《海牙议定书》，1955）
	6	《国际铁路货物联运协定》（简称《国际货协》，1951）
	7	《关于铁路货物运输的国际公约》（简称《国际货约》，1961）
	8	《联合国国际货物多式联运公约》（日内瓦，1980）
关于国际支付的公约	1	《汇票、本票统一法公约》（日内瓦，1930）
	2	《解决汇票本票法律冲突公约》（日内瓦，1930）
	3	《统一支票法公约》（日内瓦，1931）
	4	《解决支票法律冲突公约》（日内瓦，1933）
	5	《联合国国际汇票国际本票公约》（日内瓦，1988）
关于贸易争端解决的公约	1	《关于承认和执行外国仲裁裁决的公约》（纽约，1958）
	2	《关于争端解决规则和程序的谅解》（马拉喀什，1994）

续表

关于国际投资的公约	1	《解决一国与他国国民投资争议的公约》(简称《华盛顿公约》,1965)
	2	《多边投资担保机构公约》(简称《汉城公约》,1985)
关于知识产权的公约	1	《保护知识产权巴黎公约》(巴黎,1967)
	2	《商标注册马德里公约》(马德里,1995)
	3	《伯尔尼公约》(伯尔尼,1971)
	4	《世界版权公约》(日内瓦,1971)

在国际贸易的长期实践中,世界各国的商人不断重复类似的行为,逐渐形成了贸易习惯。而有些贸易习惯再经过漫长的实践过程,由习惯上升为国际惯例,成为"国际贸易上有关特定贸易所涉同类合同的当事人所广泛知道并为他们所经常遵守"。国际(商事)惯例与商业习惯有本质的不同,前者一旦被当事人加以采用,便对该当事人具有法律约束力,而后者只是一种习惯行为。因此,国际惯例虽没有普遍的约束力,无法与国际条约(或公约)的效力相比,但在某些具体的当事人之间确有像国际条约(或公约)一样的强制力。有些国际惯例已经被某些国家纳入其国内的成文法,从而具有普遍的法律约束力;还有一些国家的国内法规定,国际惯例的适用无须当事人明确表示同意。由此可见,当前国际惯例与国际条约(或公约)在强制约束力方面的区别已经逐渐淡化了,采用国际惯例已成为国际发展趋势。一些法学家称国际惯例为"世界通用的语言"。在当今世界,如果没有国际(商事)惯例,或者说各国商人不承认这些惯例具有法律约束力,国际贸易这座大厦顷刻之间就会倒塌。这些惯例已经成为国际贸易得以正常进行的支柱。如表1-5所示为国际商事中常用的国际贸易惯例。

表 1-5 国际商事中常用的国际贸易惯例

国际贸易术语方面	1	《1932年华沙—牛津规则》,国际法协会制定
	2	《1941年美国对外贸易定义修订本》,美国商会、美国进口商协会和美国对外贸易协会等制定
	3	《2000年国际贸易术语解释通则》(简称《Incoterms 2000》),国际商会制定
国际货款收付方面	1	《统一提单的若干法律规则的国际公约》(简称《海牙规则》,1924)
	2	《托收统一规则》1995年修订本(简称《URC522》),国际商会制定
国际运输与保险方面	1	《伦敦保险协会保险条款》,英国伦敦保险协会制定
	2	《国际货物运输保险条款》,中国人民保险公司制定
	3	《约克—安特卫普规则》,国际海事委员会制定
国际仲裁方面	1	《联合国国际贸易法委员会仲裁规则》,联合国国际贸易法委员会制定

由于国际经贸关系的复杂性和多样性,现有的国际惯例和国际条约(或公约)不可能完全满足国际贸易实践的需要,而且个人或企业从事跨国境的经贸和商事活动时,也可能选择某国的国内法来调整国际商事活动,因而国内法在国际贸易实践中仍占有重要地位。中国对自己缔结和参加的国际条约(或公约)、对国际商事活动中的国际惯例,历来给予高度的重视,并诚信地予以遵守。中国的商事立法,随着中国在世界贸易中所处的地位不断提高,越来越多地被外国投资者、法律工作者所关注并研究。如表1-6所示为我国国内法涉及的有关国际贸易的主要法律。

表 1-6 中国国内法所涉及的有关国际贸易的主要法律

适用于国际贸易买卖的国内立法	《中华人民共和国合同法》， 1999 年 3 月 15 日通过，1999 年 10 月 1 日生效
适用于国际货物运输与保险的国内立法	《中华人民共和国海商法》， 1992 年 11 月 7 日通过，1993 年 7 月 1 日生效
适用于国际货款收付的国内立法	《中华人民共和国票据法》， 1995 年 5 月 10 日通过，1996 年 1 月 1 日生效
适用于对外贸易管理的国内立法	《中华人民共和国对外贸易法》《中华人民共和国海关法》《中华人民共和国进出口商品检验法》
适用于国际商事仲裁的国内立法	《中华人民共和国仲裁法》，1994 年 8 月 31 日通过，1995 年 9 月 1 日生效

国际贸易实务包含的具体内容，是将国际贸易实践中所形成的国际惯例、贸易术语、合同条款、结算方式、合同签订与履行以及贸易方式等实际操作工具结合起来，并结合中国对外贸易实践经验，吸收国际上一些通行的贸易惯例和行之有效的习惯做法，学会在进出口业务中，既能正确地贯彻我国的对外贸易方针政策和经营制度，确保实现最佳经济效益，又能按国际规范办事，使我们的基本做法能为国际社会普遍接受。

第四节 国际贸易方式

货物贸易以商品买卖为目的，是以纯粹商业方式所进行的贸易活动。这种性质的交易方式包含着一些具体的交易方法，如直销、经销、代理、寄售、展卖、招标与投标、拍卖、现货贸易与期货交易及跨境电子商务等。

一、经销与直销

经销(distribution)，是指卖方(委托人)与国外经销商达成书面协议，规定经销商品的种类、经销期限和地区范围，利用国外经销商推销商品的一种方式。经销包括总经销、独家经销和一般经销，其中独家经销是国际贸易中习惯采用的方式之一。独家经销又称包销(exclusive sales)，是指卖方(委托人)就某一种或某一类商品，授予国外经销商在一定期限内，在某特定地区范围内独家经营的权利。独家经销同通常的单边逐笔出口不同。贸易双方当事人除签订买卖合同外，还须事先签有独家经销协议。独家经销商与委托人的关系是买卖关系，经销商赚取的是货物的进价与出价之间的差价。独家经销商从委托人处购进货物后，自行销售、自负盈亏，承担货价涨落及库存积压的风险。直销(direct sale)是一种为了达成交易而使用一种或多种广告媒体互相作用的市场营销体制。常见的直销方式有：①邮购目录；②直接邮购；③电话营销；④电视营销；⑤网络营销。

二、代理

代理(agency)是指卖方与国外的代理商达成协议，由卖方作为委托人，授权代理人代表卖方在特定地区和一定期限内推销商品、签订合同的一种贸易方式。代理人在委托人授权的范围内行事,不承担销售风险和费用,不必垫付资金,由此而产生的权利和义务直接对委托人发生效力。代理人通常按成交数额提取约定比例的佣金而不管交易的盈亏。按照委托人对代理人的授权权限不同,代理可分为总代理、独家代理和一般代理。其中,总代理(general agent)是委托人的全权代表,在指定地区内,代表委托人从事销售活动和其他商务活动;独家代理(exclusive agent or sole agent)是指在代理协议规定的时间、地区内,对指定商品享有专营权的代理人,委托人不得在该范围内自行或通过其他代理人进行销售,代理人也不得再成为其他委托人的代理人;而一般代理(agent)是指不享有独家代理专营权的代理商,委托人可同时委托若干个代理人在同一地区推销相同商品,也可以直接或间接地向其他买主出售代理商品。一般代理又称普通代理或佣金代理。

三、寄售

寄售(consignment)是一种委托销售的贸易方式,也是国际贸易中习惯采用的做法之一。寄售有别于代理销售,它是指卖方(委托人、寄售人)先将货物运往寄售地,委托国外一个代销人(受托人),按照寄售协议规定的条件,由代销人代替委托人进行销售,货物出售后,由受托人向委托人结算货款的一种贸易做法。它是一种典型的凭实物进行买卖的现货交易。寄售人与代销人之间是委托代售关系,而非买卖关系。代销人只根据寄售人的指示处置货物,货物的所有权在寄售地售出之前仍属寄售人。寄售货物在售出之前,包括运输途中和到达寄售地后的一切费用与风险,均由寄售人承担。

四、展卖

展卖(fairs and sales)是利用展览会和博览会的形式出售商品,将展览与销售结合起来的一种贸易方式。展卖方式灵活,可由货主自己举行,也可由货主委托他人举办。国际贸易中,展卖可在国外举行,也可在国内举行。将出口商品的展览和推销有机地结合起来是展卖最基本的特点。

五、拍卖

拍卖(auction)是指专营拍卖业务的拍卖行接受货主的委托,在规定的时间和地点,按照一定的章程和规则,将货物向买主公开展示后,由买主相互出价竞购,最后由拍卖人把现货卖给出价最高的买主的一种贸易方式。国际贸易中采用拍卖方式进行交易的商品,是一些品质难以标准化或难以久存,或传统上有拍卖习惯的商品,如皮毛、烟草、木材、茶叶、水果、花卉、贵金属、首饰、古董及其他艺术品等。

拍卖的竞价方式有:①增价拍卖,又称买方叫价拍卖,是最常用的一种拍卖方式。拍卖时,由拍卖人宣布该项商品的预定最低价格,然后由竞买者竞相加价,有时规定每次加价的金额限度,直至某一价格,经拍卖人三次提示而无人加价时,拍卖人击槌表示成交,这批商品将卖给最后出价最高的人。在拍卖时未经允许,卖主不能参加叫价。②减价拍卖,又称荷兰式拍卖,源于世界上最大的荷兰花卉拍卖市场,由拍卖人提出一批货物,并喊出最高价格,然后逐渐减价叫价,直到某一买主表示接受承购为止。减价拍卖方式成交迅速,常用于数量大、批次多的鲜活商品的拍卖。③密封递价拍卖,又称为招标式拍卖,即由拍卖人公布每批商品的详细情况和拍卖条件,然后由买主在规定时间和地点将己方的出价密封递交拍卖人,拍卖人比较后将货物卖给适合的买主并公布买主姓名。这种方法不是公开竞买。拍卖人有时要考虑价格之外的其他因素。拍卖大型设施、数量较大的库存物资、政府或国际组织的罚没物资时,可能采用这种方式。

六、现货交易与期货交易

现货交易(actuals transaction),是以货币为交易媒介进行的商品交换。现货交易根据商品实际交付日期的不同,可分为即期现货交易和远期合约交易。在进出口业务中,无论是即期交货还是远期交货,进出口商之间达成的协议均属现货交易的范畴。而期货交易(futures transaction)是指在特定类型的固定市场(期货市场或称商品交易所),按照严格的程序和规则,通过公开喊价的方式,买进或卖出期货合约的一种贸易方式。期货合约是在交易所达成的标准化的、受法律约束,并规定在将来某一特定地点和时间交割某一特定商品的合约。该合约规定了商品的规格、品种、质量、重量、交割月份、交割方式、交易方式等,它与货物买卖合同既有相同之处又有本质的区别。根本区别在于是否标准化,我们把标准化的期货“合同”称为“合约”,该合约唯一可变的是价格。价格是在一个有组织的期货交易所内通过竞价而产生的。买卖人交纳一定的保证金后,按一定的规则就可通过商品期货交易所公开地竞价买卖。商品期货交易,交易的品种基本上都属于供求量较大、价格波动频繁的初级产品,如谷物、棉花、食糖、咖啡、可可、油料、活牲畜、木材、有色金属、原油以及金、银等贵金属等。

期货交易是在现货交易的基础上发展起来的,但与现货交易相比却存在着明显的区别。现货交易的买卖双方可以任何方式,在任何地点和时间达成实物交易,卖方必须交付实际货物,买方必须支付货款。而期货交易则是在一定时间,在商品交易所内,按照交易所预先制订的“标准期货合同”进行期货买卖,成交后买卖双方并不移交商品的所有权。与现货交易相比,期货交易具有下列几个特点:①期货交易不规定双方提供或者接受实际货物,期货交易买卖的是标准化期货合约;②交易的结果不是转移实际货物,而是支付或者取得签订合同之日与履行合同之日的价格差额;③在期货交易所参加交易的必须是交易所的会员单位,非会员单位只能通过作为经纪人的会员单位来进行交易;④期货合同是由交易所制订的标准期货合同,并且只能按照交易所规定的商品标准和种类进行交易;⑤期货交易的交货期是按照交易所规定的交货期确定的,不同商品,交货期不同;⑥期货合同都必须在每个交易所设立的清算所进行登记及结算。

期货市场具有两大基本经济功能:第一,发现合理价格。现代期货交易是一种特殊的交易方式,具有较强的价格发现机制和转移价格波动风险的功能。期货市场具有价格形成机制,能发现和比较准确地反映真实的供求关系,并具有超前性、预测性等特点。它将众多影响供求关系的因素集中于交易所内,通过公开竞价,形成一个公正的交易价格。这样形成的价格就能比较准确地反映真实的供给和需求情况及其变化趋势的真实性和预期性。因此,期货市场所形成的期货价格,已成为当今国际现货贸易市场上重要的基准价格。第二,回避市场风险(转移价格风险)。现货市场价格经常处于周期性的波动之中,使产生和经营面临不稳定性。而现货交易的特征使生产者和经营者不可能从现货市场找到一种理想有效的转移价格波动风险的机制。期货市场的存在和发展,为生产者和经营者提供了一些比较理想有效的转移价格风险的渠道。期货市场的这种转移价格风险的功能，是通过期货交易中的套期保值业务实现的。

期货交易，根据交易者的目的，有两个不同性质的种类：第一，买空卖空，它是投机者根据自己对市场前景的判断而进行的赌博性投机活动；第二，套期保值，又称为“海琴”(hedge)。所谓“买空”，又称“多头”，是指投机者估计价格要涨，买进期货；一旦期货涨价，再卖出期货，从中赚取差价。期货投机的方法很多，主要有价格差投机和时间差投机等。套期保值又称对冲交易。它的基本做法是在买进(或卖出)现货的同时或前后，在期货交易所卖出(或买进)相等数量的合同作为保值。由于期货市场和现货市场的价格趋势一般来说是一致的，涨时同涨、跌时俱跌，所以现货市场的亏(盈)，可从期货市场的盈(亏)得到弥补或抵销。套期保值可分为卖期保值和买期保值两种。

七、招标与投标

招标与投标(invitation to tender and submission of tender)是一种贸易方式的两个方面。招标，是由招标人(买方或工程业主)在一定时间和地点，发出招标公告或招标单，说明需要采购的商品或发包工程项目的具体内容，邀请投标人(卖方或工程承包商)在规定的时间和地点投标的行为；投标，是投标人(卖方或工程承包商)应招标人的邀请，根据招标公告或招标单的规定条件，在规定的时间和地点向招标人递价以争取成交的行为。投标是针对招标而来的后续行动，有招标才需要投标。招标与投标是一种竞卖方式。

由于招标与投标方式具有公平竞争的特点，因而国际承包工程、政府机构或大企业营建工程、购买成套设备与大宗商品等大多采用招标与投标，特别是国际上的政府贷款项目和国际金融组织的贷款项目，都规定采用国际竞争性招标(international competitive bidding, ICB)的方式进行采购或发包，以保证贷款得到有效和合法的利用。

招标可分为公开招标(open bidding)和选择性招标(selected bidding)两种。公开招标是由招标人通过国内外报刊、互联网或其他媒体公开发布招标单，并由投标人参加监督开标。公开投标是一种无限竞争性招标(unlimited competitive)，凡对该项招标内容有兴趣的人均有机会购买招标资料进行投标。选择性招标又称邀请招标，是由招标人根据自己具体的业务关系和情报资料自行选定投标人，其他人无权参加投标，它是有限竞争性招标(limited competitive bidding)。在实际业务中，招标与投标通常包括招标、投标、开标与中标四个阶段。

八、跨境电子商务

电子商务是指利用计算机硬件设备、软件、网络基础设施，通过互联网将买方和卖方的信息、产品和服务器联系起来，从而实现企业、商户及消费者的网上购物、网上交易及在线电子支付的一种商业运营模式。电子商务具有广告宣传、咨询洽谈、网上订购、网上支付、电子账户、服务传递、意见征询、交易管理等功能。跨境电子商务是指分别属于不同关境的交易主体，通过电子商务的手段将商品陈列、沟通洽谈及交易环节网络化，通过电子商务的服务平台达成交易并进行支付结算，并且通过跨境物流送达商品和完成交易的一种国际商业活动。这种新型交易打破了传统的实体市场交易模式，扩大了交易主体的范围，还利用互联网减少了进出口贸易所需成本，简化了交易步骤。根据阿里研究院报告，2015年尽管全球贸易增速放缓，但是中国跨境电子商务依然逆势增长。全年中国跨境电子商务(包括批发和零售)交易规模达4.8万亿元，同比增长28%，占中国进出口总额的19.5%。其中，中国跨境电子商务零售交易额达到7512亿元，同比增长69%。阿里研究院预计到2020年，中国跨境电子商务交易规模将达12万亿元，约占中国进出口总额的37.6%；跨境电子商务零售出口额将达到2.16万亿元，年均增幅约34%。

第五节 进出口贸易的流程

进出口贸易涉及面广，各环节之间具有密切的内在联系。在实际业务中，由于交易对象不同、交易条件不同，其业务环节和内容也有所不同。在具体业务中，各环节常常需要前后交叉或齐头并进开展活动。下面分别以出口和进口贸易为例，简要介绍其各自的基本流程和主要内容。

一、出口贸易的基本业务流程

一般来讲，出口贸易基本业务流程均可分为以下三个阶段：交易前准备阶段、交易磋商与合同签订阶段、合同履行阶段。具体如图1-2所示。

(一)交易前准备阶段

卖方在出口交易前应做好以下准备工作：选择目标市场、制定出口商品经营方案及建立客户关系等。卖方一般可通过互联网、外经贸局、海关总署、驻外领事馆、银行、商业咨询机构等渠道，开展国际市场调研，通过各种途径了解产品和市场情况，并有针对性地制定有效的营销策略。出口商品经营方案是指卖方在一定时期内对出口商品所做的综合安排，具体包括：目标市场选择、客户关系建立、广告宣传、贸易方式、价格(包括佣金与折扣)、支付条件以及出口商品成本和经济效益的核算等。同时，还要对出口交易过程中可能遇到的问题做出估计，并提出解决问题的方法。一般对大宗重点推销的商品，要分别制定经营方案；而对于交易额不大的小宗商品出口，可只做成本核算和出口定价方案。最后，选择适合的客户并与之建立业务关系。在对出口国家或地区做充分调研的基础上，选择资信良好、经营能力强的客户作为交易对象。在选择具体的客户之前，应对客户的政治背景、政治态度，经营的历史、规模、业绩，企业的注册资本、支付能力、经营作风等做综合的调查。对客户进行资信调查后，卖方可通过交易会、展览会、E-mail、传真、电传、互访等方式主动与对方进行联系，建立正式业务关系。另外，必要时还应做好相关产品的广告宣传和商标注册工作。

(二)交易磋商与合同签订阶段

卖方在选定合适的交易客户并与之建立业务关系后，就具体的交易对象与对方进行实质性的谈判。谈判的内容为国际货物买卖合同的主要交易条款，包括货物的品质、数量、包装、价格、交付、货款结算以及商检、不可抗力、争议处理、索赔等条件。交易磋商可通过书面和口头两种形式进行，书面磋商可采用书信、电报、电传、传真、E-mail等形式；口头磋商可通过电话、展览会、交易会、互访等形式。交易磋商一般要经过询盘、发盘、还盘和接受等四个环节。按照《联合国国际货物销售合同公约》规定，当交易一方向对方做出发盘，若另一方无条件接受发盘,即宣告合同成立。

（三）合同履行阶段

签订国际货物买卖合同后,买卖双方就应按照合同条款,认真履行各自的义务。任何一方违约,给对方造成损失的,将要承担相应的法律责任。在合同履行过程中,根据所采用的贸易术语及具体条款的不同,各自的责任范围也有所差异。以我国出口业务采用 CIF、CIP 贸易术语,并以信用证方式结算为例,对出口商而言,其履行合同主要围绕"货、证、船、款"四个方面展开。

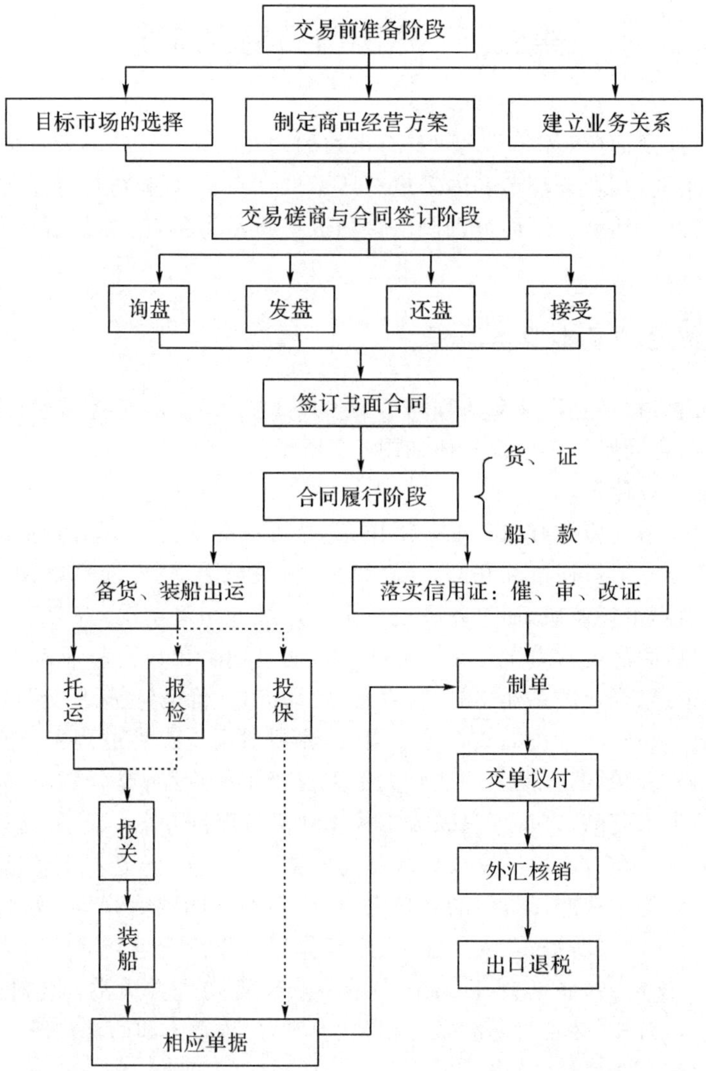

图 1-2　出口贸易流程

注:图中虚线表示该步骤为选择项,由采用的贸易术语而定;以 L/C 结算为例。

二、进口贸易的基本业务流程

进口贸易与出口贸易是同一事物的两个方面,进口贸易的业务流程与出口贸易有许多相同之处,也要经过交易前准备、交易磋商与合同签订、合同履行三个阶段,具体如图 1-3 所示。

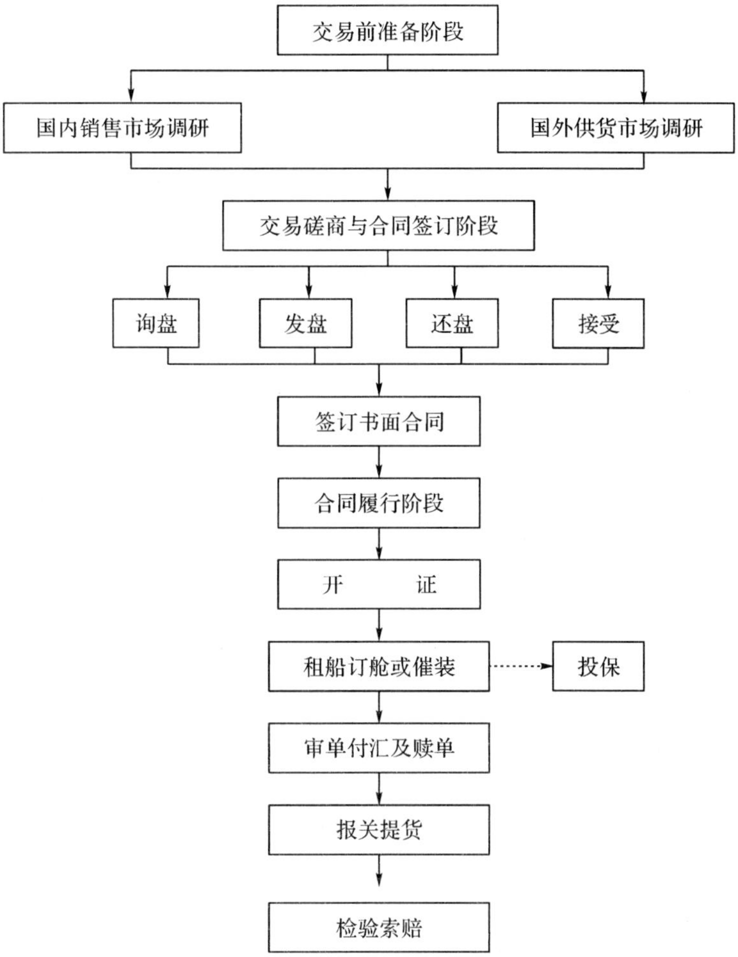

图 1-3 进口贸易流程

（一）交易前准备阶段

买方在进口前应做好进口商品市场调研，包括国内销售市场调研和国外供货市场调研。对于限制进口的商品，在进口前应获得相应的进口核准证明文件，如配额、许可证等。

（二）交易磋商与合同签订阶段

进口交易磋商、合同签订的程序与出口交易过程基本相同。

（三）合同履行阶段

买方履行合同的主要义务是按合同规定付款，并接受单据提取货物。由于所采用的贸易术语及具体的合同条款不同，进口商所承担的具体义务也有所不同。以进口业务采用FOB、FCA贸易术语，并以信用证结算为例，进口商的主要业务活动包括：开证、租船订舱或催装、审单付汇及赎单、报关提货及检验索赔等。

附表 1-1 为 2016 年 6 月的中国进出口商品构成表。

附表 1-1　2016 年 6 月中国进出口商品构成表

商品构成(按 SITC)	出口/千美元		进口/千美元		累计比上一年同期	
	6 月	1 至 6 月	6 月	1 至 6 月	出口/%	进口/%
总　值	180183971	984229001	132275084	727139635	−7.8	−10.2
一、初级产品	8446907	47867362	36649763	201292614	−1.9	−15.4
0 类 食品及活动物	4788137	27996859	4207935	24388473	4.6	−2
00 章 活动物	54864	267077	31739	151545	12.6	−44.5
01 章 肉及肉制品	216147	1190204	1068060	4870068	−11.8	62.2
02 章 乳品及蛋品	21884	121566	278054	1936522	0.3	8
03 章 鱼、甲壳及软体类动物及其制品	1573657	9261862	491055	3191342	0.7	2
04 章 谷物及其制品	104320	612701	546620	3771784	0.6	−26.2
05 章 蔬菜及水果	1803258	10534689	738143	4916514	8.7	−15.8
06 章 糖、糖制品及蜂蜜	174796	1054309	172039	671438	7.6	−37.4
07 章 咖啡、茶、可可、调味料及其制品	317042	1883817	126513	733644	27.2	28.6
08 章 饲料(不包括未碾磨谷物)	238455	1351774	311311	1697294	−1.9	−16.7
09 章 杂项食品	283715	1718861	444401	2448322	0.3	19.5
1 类 饮料及烟类	263785	1693040	427959	3282218	13.4	9.8
11 章 饮料	150651	1084293	381018	2106331	27.2	17.5
12 章 烟草及其制品	113134	608747	46941	1175888	−4.9	−1.7
2 类 非食用原料(燃料除外)	1129536	6550265	16623941	91344564	−7.8	−12
21 章 生皮及生毛皮	2471	13540	240323	1607865	14.3	−28.5
22 章 油籽及含油果实	56621	530764	3298513	16508193	−5.2	−7.3
23 章 生橡胶(包括合成橡胶及再生橡胶)	54054	256433	645515	3815520	−8.9	10.3
24 章 软木及木材	77433	416137	1594575	8723018	−8.7	−5.1
25 章 纸浆及废纸	8017	58429	1314898	8196019	7.2	−6.9
26 章 纺织纤维及其废料	298504	1555734	564094	3198567	−4.7	−28.8
27 章 天然肥料及矿物(煤、石油及宝石除外)	226929	1297239	451013	2388043	−15.1	−11.3
28 章 金属矿砂及金属废料	21608	127304	8360406	46099489	−13	−14.9
29 章 其他动、植物原料	383897	2294684	154604	807850	−5.8	−11.2
3 类 矿物燃料、润滑油及有关原料	2218158	11350907	14896365	79383414	−13.5	−22.9
32 章 煤、焦炭及煤砖	143202	902350	1084889	5214914	−14.3	−18.3
33 章 石油、石油产品及有关原料	1732605	9023941	11957927	62547890	−14.4	−24.9
34 章 天然气及人造气	228652	776723	1827290	11504987	−21.1	−12.4
35 章 电流	113699	647893	26258	115622	17.1	−14.4
4 类 动植物油、脂及蜡	47291	276291	493564	2893944	−11.6	−15.8
41 章 动物油、脂	13207	88239	28159	125862	−22.7	13.2
42 章 植物油、脂	20511	112239	451403	2690184	−14.1	−17
43 章 已加工的动植物油、脂及动植物蜡	13574	75813	14001	77898	12.2	−8.1
二、工业制品	171737063	936361389	95625321	525846998	−8.1	−8
5 类 化学成品及有关产品	10661212	60568918	13770761	77052074	−7.4	−10
51 章 有机化学品	3069077	18071072	3618954	20924205	−5.3	−16.7
52 章 无机化学品	1090826	5964606	756914	3799221	−13.3	−2.9
53 章 染料、鞣料及着色料	540099	3014283	366171	1969001	−4.8	−2.4

续表

商品构成(按 SITC)	出口/千美元		进口/千美元		累计比上一年同期	
	6 月	1 至 6 月	6 月	1 至 6 月	出口/%	进口/%
54 章 医药品	1108032	6656787	2006980	10032069	−2.5	5.5
55 章 精油、香料及盥洗、光洁制品	581668	3063345	588100	3265406	−5.3	13.1
56 章 制成肥料	581188	2985996	132117	1368319	−39.9	−17.7
57 章 初级形状的塑料	1102723	6047215	3690061	21187129	−4	−15.7
58 章 非初级形状的塑料	1111888	6237586	960372	5201391	−1.3	−8.5
59 章 其他化学原料及产品	1475712	8528027	1651092	9305332	−1.4	−4
6 类 按原料分类的制成品	31629536	172656204	10159512	58755198	−10.2	−10.2
61 章 皮革、皮革制品及已鞣毛皮	139799	746480	370816	1998262	−28.3	−23.7
62 章 橡胶制品	1526184	8689744	409734	2333294	−9.7	−34.7
63 章 软木及木制品(家具除外)	1114132	6099146	124704	658562	−7.1	9.3
64 章 纸及纸板;纸浆、纸及纸板制品	1465192	7936570	313810	1784680	−5	−6.3
65 章 纺纱、织物、制成品及有关产品	9070993	51823855	1410945	8053863	−1.6	−16.2
66 章 非金属矿物制品	4017325	22019853	1569866	8018058	−11.8	−0.9
67 章 钢铁	5674397	27053287	1531359	8491373	−18.3	−19.1
68 章 有色金属	1779952	9960891	3242070	20576299	−21.4	−2.1
69 章 金属制品	6841561	38326380	1186208	6840807	−11.7	−8.9
7 类 机械及运输设备	82047901	457412378	55758628	298985854	−7.9	−6.4
71 章 动力机械及设备	3148659	17890482	1740251	9661847	−0.4	−8.5
72 章 特种工业专用机械	3137049	17662500	3054417	17717924	−7.9	0.6
73 章 金工机械	603747	3124054	969575	5534213	−10.7	−9.2
74 章 通用工业机械设备及零件	8966203	50729928	3527655	20758372	−3.3	−12.1
75 章 办公用机械及自动数据处理设备	14076472	78415574	3679593	20731972	−12.6	−14.8
76 章 电信及声音的录制及重放装置设备	21351254	119573268	5196958	28983362	−8.2	−8.7
77 章 电力机械、器具及其电气零件	22912123	125408403	28577747	151801951	−3.6	−4
78 章 陆路车辆(包括气垫式)	5385353	29911744	6097247	32582227	−14.2	−6.9
79 章 其他运输设备	2467043	14696425	2915185	11213987	−22.1	−10.1
8 类 杂项制品	46888421	243815412	10676845	58608937	−7.2	−8.1
81 章 活动房屋;卫生、水道、供热及照明装置	3194577	17019570	74146	393883	−12.3	−13.6
82 章 家具及其零件;褥垫及类似填充制品	4591696	27342133	210984	1190980	−9.9	0.3
83 章 旅行用品、手提包及类似品	2453819	12550420	153252	893332	−9.5	4.3
84 章 服装及衣着附件	14932676	71460149	536509	2881732	−5.5	−0.7
85 章 鞋靴	4371649	22883610	263528	1420659	−11.5	14
87 章 专业、科学及控制用仪器和装置	4559118	24604066	6244965	34050689	−10.1	−12.6
88 章 摄影器材、光学物品及钟表	1495684	8218797	1344222	7346005	−1.5	−9.1
89 章 杂项制品	11289203	59736667	1849239	10431658	−3.4	3.8
9 类 未分类的商品	509993	1908476	5259574	32444935	60.6	−12.5

注:自 2012 年起,第 9 类商品统计范围有所调整。

数据来源:中国海关,由智研咨询整理。

资料 1-1 中国外贸现状及 2017 年对外贸易进出口形势分析

2016 年,世界经济艰难复苏,国内经济稳中向好。国内传统外贸优势逐步削弱,新兴竞争优势有待形成,我国对外贸易维持弱势运行。据海关统计,2016 年我国货物进出口总值 24.33 万亿元人民币,比 2015 年下降 0.9%。其中,出口 13.84 万亿元,下降 2%;进口 10.49万亿元,增长 0.6%;贸易顺差 3.35 万亿元,收窄 9.1%。2016 年我国对外贸易发展面临的不稳定、不确定因素明显增多,下行压力加大,总体形势复杂严峻。随着国家促进外贸回稳向好政策措施效果的逐步显现,2016 年一季度我国外贸进出口值明显下降,二季度出现企稳,三四季度持续实现正增长,全年呈现前低后高、稳中向好的走势。

2017 年对外贸易进出口形势分析

展望 2017 年,世界经济增长动力不足,外部需求改善程度有限,国内宏观经济下行压力较大,我国对外贸易进出口形势仍难有大幅改善。但 G20 共识逐步落实、人民币加入 SDR、外贸扶持政策显效等因素将支持外贸平稳运行。笔者建议下一步加快转变贸易发展方式,加强“一带一路”建设,引导并鼓励新贸易业态发展,促进我国对外贸易提质增效。

结构转型势头增强

进出口增长低位企稳。2016 年以来,由于全球贸易延续放缓态势,人民币汇率走势稳中有贬,我国货物贸易增速继续下滑。由于 2016 年以来,我国出台了一系列支持外贸稳定增长以及促进外贸转型升级的政策措施,各项主要指标降幅较上年有所收窄。若按美元计价,由于受国际大宗商品价格回升、能源产品进口加速、进口价格指数提高等因素影响,进出口下降 6.9%,降幅较上年同期收窄 0.6 个百分点;出口下降 7.5%,降幅扩大 4.4 个百分点;进口下降 6.2%,降幅收窄 8.7 个百分点。但是从贸易量角度衡量,根据 WTO 统计数据,我国 2017 年以来进出口贸易量增长与世界平均增速持平并略有领先,表明我国外贸总体好于全球平均水平。

出口贸易结构不断优化。在供给侧结构性改革提速、“一带一路”倡议等重大政策的推进下,2016 年以来我国对外贸易发展在进出口贸易方式、主要产品、市场多元化结构、贸易主体结构等方面继续优化和改善。一是一般贸易比重不断提升。二是国际市场多元化稳步推进。我国对“金砖”其他国家以及“一带一路”沿线国家出口较快增长。三是民营企业出口比重进一步提升。民营经济是我国国民经济发展的重要组成部分,在发展社会主义市场经济中发挥着重要作用,成为推动外贸增长的生力军,是推进贸易升级与实现贸易产品、模式、业态创新的重要载体。民营经济贸易比重提升,意味着我国外贸领域的创新能力、活跃程度、质量效益持续增强。四是成套大型设备出口提速。我国作为世界制造业第一大国,伴随“走出去”战略实施与“一带一路”倡议推进,在企业大规模对外投资、建设海外工程、实施国际产能合作过程中,有力推进了装备制造和高附加值产品出口。五是对外贸易新模式积极发展。跨境电子商务、市场采购贸易、外贸综合服务企业继续保持较快增长态势,“生产—服务”一条龙配套的产业联盟模式初见端倪。这些新兴模式正成为外贸领域新的增长点。

能源产品与高技术产品进口较快。2016 年以来,一方面,国内经济运行稳中有进,带动大宗商品进口量增加,同时由于国际大宗商品价格超跌反弹,我国进口价格指数略有好转,导致能源主要品种进口较快增长。另一方面,国内产业、消费升级势头明显,带动高技术产品、高档消费品与日用品进口需求增长。2016 年以来，我国机电产品进口增长 1.9%，电子技术、计算机集成制造技术、生命科学技术等高新技术产品进口同比均有所增长。这显示出在国际需求全面放缓的背景下，我国作为负责任的全球贸易大国，积极扩大国内市场，为稳定国际商品市场做出了贡献。

服务贸易加速发展。近年来，国际贸易与投资呈现新趋势，中国对外贸易发展进入新阶段，国内外经济贸易环境要求我国转变外贸发展模式，推进外贸加速升级，大力促进服务贸易发展。2016 年以来，我国服务贸易保持快速增长。出口结构进一步优化；服务贸易创新试点地区服务进出口增势良好，2016 年上半年国务院批复同意开展服务贸易创新发展试点的 15 个省区市服务贸易进出口占全国的比重为 47.5%，比上年提升 0.8 个百分点。

据中国报告大厅发布的 2016—2021 年中国对外贸易产业市场运行暨产业发展趋势研究报告预测，2017 年，世界经济仍然难以摆脱低迷增长，"中国制造"的传统比较优势逐步削弱，我国外贸发展总体形势仍不容乐观。但是，"一带一路"、国际产能合作等加快落实，尤其是对外投资大幅增长，有望带动部分商品出口；人民币汇率稳中趋贬，有助于提高出口竞争力。2017 年，我国对外贸易出口下降 5%左右，进口下降 7%左右。

加强培育外贸新增长点

针对当前世界贸易的低迷形势以及我国外贸存在的主要困难，应进一步加强培育外贸新增长点，加快落实"一带一路"倡议，以对外投资带动贸易发展。

培育货物贸易新的增长点。一是适应国际互联网、大数据、智能制造快速发展的潮流，选择智能家电、智能手机等产品作为未来我国货物贸易出口的重点产品，通过政策引导、财税支持、创新补贴等措施进行大力扶植。二是鼓励企业积极实施"走出去战略"，建设国际营销网络，加大政府资金扶持，发挥广交会等平台作用，加强经贸交往、产业合作，开展园区建设交流，推动对外贸易从数量扩张转向质量提升，巩固贸易大国地位。

扶植外贸新兴业态。大力落实外贸优进优出战略、流通升级战略、国内外市场一体化战略，加快发展外贸综合服务企业、跨境电商、海外仓、市场采购模式等新型贸易业态，提高传统贸易效率。一是推进跨境电子商务建设，加强商务通关服务平台相关系统建设，健全电子支付管理体系，加快发展跨境电子商务物流服务，推动跨境电子商务产业集群发展，提升跨境电子商务对外合作水平。二是鼓励重点跨境电子商务企业发展，重视新型外贸产业联盟等新模式作用，顺应外贸行业发展趋势，以服务企业为核心，打造采购、生产、服务一体化电子信息平台。三是构建新型"内外贸一体化"体系，培育内外贸结合、经营模式与国际接轨的商品交易市场，在主要区域贸易中心举办具有较强国际影响力的大型展会，支持企业建设境外营销、支付结算和仓储物流网络。

借助"一带一路"倡议带动相关商品和服务出口。一是促进各类资源和要素有序流动与合理配置，激发各类企业的活力和潜力，支持高铁、核电等重点领域重大工程项目合作，带动相关装备制造等商品出口。二是结合我国企业发展需求，进一步加大政策创新、服务创新和监管创新的力度，加强企业提升产品质量、品牌、技术服务水平意识，积极打造新的外贸增长点，提高产品附加值，以新的竞争优势和商业模式，提高开拓国际市场的能力。

总体看来，我们认为 2017 年我国外贸的内外部环境错综复杂，所面临的困难也不是短期的，但经过这些年的积累，我国经济及外贸已韧性好、潜力足、回旋余力大，无论外部市场如何波动，我们都有信心应对。通过对 2017 年对外贸易进出口形势分析了解到，2017 年对外贸易领域只要把握住“稳中求进”的工作总基调，巩固落实“稳增长、调结构”系列政策措施，努力使各项改革惠及企业，对外贸易就一定会在提质增效、稳定发展方面取得成效。

（资料来源：中国报告大厅，www.chinabgao.com，2017-01-23）

第二章　自由贸易理论

【案例 2-1】

贸易的好处:加纳和韩国

1970 年,加纳与韩国的生活水平大致相同;当年加纳的人均国内生产总值为 250 美元,韩国为 260 美元。到了 1992 年,韩国的人均国内生产总值达 6790 美元,而加纳仅为 450 美元,这反映出两国完全不同的经济增长率。1968 到 1988 年间,加纳的年均国内生产总值增长率为 1.5%,而 1980 到 1992 年间仅为 0.1%。相反,1968 到 1992 年间韩国的年均国内生产总值增长率高达 9%。为什么加纳和韩国之间会有这样大的差别呢?

这个问题虽然没有一个简单而统一的答案,但是两国对于国际贸易的态度可以部分地说明其中的原因。世界银行的一项研究表明,韩国政府特别支持贸易,而加纳政府却不鼓励本国的生产商参与国际贸易。1957 年,获得独立的加纳对很多进口产品征收高关税,实行进口替代政策以促进本国在某些制成品方面的自给自足,并且采取阻止本国企业参与出口贸易的政策。结果,加纳这一当年非洲十分繁荣的国家之一,现在却变成了世界上十分贫穷的国家之一。与加纳不同,韩国政府强调对制成品的进口设置低障碍,并采取刺激措施鼓励韩国公司进行出口。20 世纪 50 年代后期开始,韩国政府逐渐将进口关税的平均水平从 60%降低到 80 年代中期的 20%以下,并将大多数非农产品的进口关税降为零。此外,受配额限制的进口产品的数目也从 20 世纪 50 年代后期的 90%以上减少到 80 年代初的零。同时,韩国政府给出口商的补贴也从 50 年代后期的占销售价格的 80%逐渐下降到 1965 年的不到 20%,到 1984 年则不给补贴。除在农业部门(农业部门的游说集团强烈要求对农产品施行进口限制)以外,韩国的贸易政策逐渐向自由贸易方向发展,结果导致韩国的资源从农业方面转向劳动密集型的制造业再到资本密集型的制造业领域,特别是汽车、航空、家用电器和先进材料等领域。这也使得韩国制造业在国内生产总值中所占的比例从不到 10%增长到 30%以上,国内生产总值的年均增长率超过 9%。

本案例以加纳和韩国的发展经历为例,一定程度上说明了一国实行自由贸易能给其带来的好处。本章通过梳理自由贸易理论,来分析自由贸易理论是怎样解释国与国为什么要进行贸易、国与国之间为什么能够进行贸易、贸易格局如何、贸易产生哪些影响等问题,并且探讨这些自由贸易理论是如何产生、发展,以及如何突破理论局限性而不断完善的。

第一节 古典贸易理论

古典贸易理论产生于18世纪中期，是在批判重商主义理论的基础之上发展而来的。其核心理论主要有亚当·斯密的绝对优势理论和大卫·李嘉图的比较优势理论。古典贸易理论假设劳动是唯一的生产要素，从劳动生产率差异的角度说明了国际贸易产生的原因、结构和利益分配。该理论论证了自由贸易发生、发展的合理性与可行性，对世界贸易理论的发展具有重大的影响，被国际学术界公认为自由贸易理论的奠基石。

一、绝对优势理论

1776年，亚当·斯密在其划时代的经济学巨著《国民财富的性质和原因的研究》(又称《国富论》)中，对重商主义的思想进行了深刻的批判，并提出了绝对优势理论。当时，英国资本主义的原始资本积累已经完成，正处于从手工业向大机器工业转变、过渡时期，英国工业发展极快，产品具有极强的竞争力，自由竞争就完全可以打败其他国家的竞争对手。因此，英国新兴的工业资本家阶级急需实现自由竞争和自由贸易思想的学说。亚当·斯密的绝对优势理论就在这样的背景下产生了。

资料2-1 亚当·斯密(Adam Smith，1723—1790)

1723年，亚当·斯密出生在苏格兰法夫郡的寇克卡迪。其父亲在他出生前几个月去世；亚当·斯密一生与母亲相依为命，终身未娶。斯密自小博览群书，在14岁时就进入了格拉斯哥大学学习。他选定了人文科学的方向，在逻辑、道德哲学、数学和天文学方面都成绩斐然。1740年，他又进入牛津大学深造，闭门苦读了6年。由于某些政治事件的原因，斯密不得不于1746年回到克考第。之后，他经常到爱丁堡做讲演，内容涵盖法学、政治学、社会学和经济学。这时，斯密开始对政治经济学表现出了特殊的兴趣。从1751年开始，斯密在格拉斯哥大学连续任教12年，先后讲授逻辑学和道德哲学(即社会科学)，颇受学生欢迎。在这段被他称之为“一生中最幸福的时期”中，斯密参加了政治经济学俱乐部活动，而且他每年总要到爱丁堡待上两三个月，宣扬他的经济自由思想。1759年，斯密发表了他的第一部科学巨著《道德情操论》。这部著作标志着他哲学和经济思想的形成。1765—1766年在法国巴黎期间，斯密批判性地借鉴重农主义学派，沿着英国传统的道路，在劳动价值论的基础上创立了自己的经济理论。同法国唯物主义伦理学的重要代表爱尔维修结识后，斯密又将其关于新伦理的思想用于政治经济学，创造了关于人的本性和人与社会相互关系的概念，成了古典学派观点的基础。斯密通过“经济人”这一概念，提出了一个具有重大理论意义和实际意义的问题：关于人的经济活动的动因和动力问题。而“看不见的手”这一提法指出了客观经济规律的自发作用。斯密又把利己主义和经济发展自发规律相结合，提出了自然秩序这一概念。这是他放任主义政策的原则和目的。当他写作《国民财富的性质和原因的研究》(即《国富论》)时，竞争和自由是他的经济学的基石，成为一条主线贯穿于整部《国富论》之中。1767年春，斯密回到克考第开始写作。1776年3月，《国富论》在伦敦出版，其后被翻译成多种语言。他在著作中坚定地提出经济自由主义，重新定义了价值、劳动分工、生产过程、自由贸易、制度发展、天赋人权、政府的作用和资本的作用。此书出版后引起大众广泛的讨论，影响所及除了英国本地，连欧洲大陆和美洲也为之疯狂，因此世人尊称亚当·斯密为“现代经济学之父”和“自由企业的守护神”。斯密成名后，曾在海关工作，但大部分时间还是致力于精炼修改他的这部著作。1790 年 7 月，斯密于爱丁堡逝世，享年 68 岁。

（一）基本内容

绝对优势理论是建立在一系列严格假设基础之上的，这些假设使我们的分析更加严谨，使理论更加接近现实。其假设主要有：

(1)世界上只有两个国家，这两个国家只生产两种商品，投入的只有劳动力一种生产要素；

(2)劳动力在一国之内是完全同质的，且市场处于充分就业状态；

(3)规模收益不变；

(4)市场处于完全竞争状况；

(5)国家之间实行自由贸易，政府对贸易不进行干预；

(6)劳动力在一国之内自由流动，但国家之间不能流动；

(7)不考虑运输费用和其他交易费用。

在以上假设的基础上，绝对优势理论认为两国贸易的原因在于绝对优势。只要一国生产和出口它具有绝对优势的产品，所有参与贸易的国家都将得益。如果一国生产某种产品所需的单位劳动比别国生产同样产品所需的单位劳动要少，或者一国相对另一国在某种商品的生产上有更高的效率，该国就具有生产这种产品的绝对优势，反之则具有劣势。各国应该集中生产并出口其具有劳动生产率和生产成本绝对优势的产品，进口其不具有绝对优势的产品，其结果比自己什么都生产更有利。在贸易理论上，这一学说被称为绝对优势理论。如当时，英国在纺织品生产上拥有先进的制造工艺，从而具有世界上生产纺织品的最高效率。而法国的气候和土壤很适宜种植葡萄和酿造葡萄酒，并且法国人在这方面又具有丰富的经验，所以法国拥有全球效率最高的葡萄酒酿造业。斯密认为，英国应专门生产纺织品，而法国应专门生产葡萄酒。英国可以向法国出售纺织品换回葡萄酒，从而满足它对葡萄酒的全部需要；法国可通过向英国出售葡萄酒换回纺织品来获得它所需要的全部纺织品。

依据上述观点，绝对优势理论认为各国间存在的生产技术上的差别，以及由此而造成的劳动生产率和生产成本的绝对差别，是国际贸易和国际分工的基础。各国应把自己拥有的全部生产要素都集中到自己拥有绝对优势的产品的生产上来，然后通过国际贸易，用自己产品的一部分去交换自己所需要的其他商品。这样，各国在自由交换中，彼此都可以获得绝对利益的好处，可以使各自的资源、劳动力和资本得到最有效的利用，并能大大提高劳动生产率和增加物质财富。

（二）绝对优势的举例说明

根据前面的假定，我们进一步假定，世界上只有两个国家 A 国和 B 国；两个国家都只生产两种产品 X 和 Y，在贸易分工前后，两国和世界的劳动力投入和产出情况如表 2-1 所示。

从表 2-1 可以看出，A 国在 Y 产品生产上具有绝对优势，而 B 国在 X 产品生产上具有绝对优势。按绝对优势理论进行分工后，A 国专门生产 Y 产品，B 国专门生产 X 产品，其结果是 A、B 两国总产量增长，X 产品与 Y 产品的产量均比分工前上升。

表 2-1　绝对优势理论分工与贸易情况

国别	分工前				分工后			
	X产品		Y产品		X产品		Y产品	
	劳动投入量	产出量	劳动投入量	产出量	劳动投入量	产出量	劳动投入量	产出量
A国	15	120	5	100	0	0	20	400
B国	10	120	10	100	20	240	0	0
世界	25	240	15	200	20	240	20	400

假定A国用200单位Y产品与B国120单位X产品进行交换，交换的结果如表2-2所示。与没有参与国际分工和进行国际贸易相比，参与国际分工和进行国际贸易之后，A国和B国的消费量各增加了100单位Y产品。这说明贸易双方开展国际贸易后两国都从中得到了利益。

表 2-2　国际贸易后各国的产量分配

国别	X产品消费量	Y产品消费量
A国	120	200
B国	120	200

由此可以看到，贸易能为从事贸易的所有各方带来净收益。这种净收益也表现为劳动的节约。节约下来的劳动可以再投入生产，进一步增加商品的产量和社会消费总量。节约下来的劳动也可以用于休闲、娱乐、健身、教育等方面，使社会成员的闲暇时间增加，进而从另一个方面提高社会生活的质量。

(三)绝对优势理论的简要评价

亚当·斯密以绝对成本为基础的自由贸易理论是在批判重商主义理论的基础上发展而来的，极大地促进了当时英国资本主义的发展。该理论首次从生产领域阐述国际贸易的基本原因，肯定了国际贸易可以同时为参与贸易的双方带来经济上的利益，从而为各国之间开展自由贸易扫清了障碍，促进了国际贸易理论和实践的发展，为进行国际贸易理论研究提供了基础。而且绝对优势理论也揭示了国际分工对提高劳动生产率具有巨大意义，并且通过专业化的生产能使资源得到更有效的利用，进而说明了只要各国之间根据各自的优势进行分工，通过交换可以达到互通有无的目的。因此，它为国际贸易的进一步发展奠定了理论基础。

然而，绝对优势理论也存在局限性。由于所处的历史条件的限制，亚当·斯密在分析国际贸易的基础时，只看到成本上的差异，而没有看到如质量、花色等使用价值上的差异在国际贸易中所起的作用。该理论只说明生产成本有绝对优势的国家参加国际分工和国际贸易才能获得利益的情形，它只能解释经济发展水平相近国家之间的贸易，因而不具有普遍意义。因为，如果一个国家在所有产品的生产中都处于绝对优势或绝对劣势，那么在这种情况下它是否可以参与国际贸易获得贸易的利益？对于这个问题，亚当·斯密的绝对优势贸易理论是无法解决的。由此可见，亚当·斯密的贸易理论还只是局限于对国际贸易实践中的某个特例展开的研究，带有极大的局限性，还不是一种具有普遍指导意义的贸易理论。

二、比较优势理论

由于绝对优势理论没有回答不具绝对优势的国家是否能参加国际分工与贸易的问题。古典贸易理论主要继承者大卫·李嘉图在他1817年出版的《政治经济学及赋税原理》这本影响广泛的名著中,探讨了上述情况下互利贸易发生的可能性,提出了著名的比较优势理论。当时,机器大工业的蓬勃发展使英国在对外贸易中已处于绝对优势地位,英国资产阶级迫切要求进一步扩大对外贸易。但土地贵族阶级在政治生活中仍然起着重要作用,1815年,英国政府修订实施了维护土地贵族阶级利益的"谷物法"。但"谷物法"限制了外国粮食的进口,招致对方国家采用高关税,阻止英国工业品的出口。于是,围绕"谷物法"的存废问题,英国工业资产阶级同土地贵族展开了激烈的斗争。这时,英国工业资产阶级迫切需要从理论上论证谷物自由贸易的优越性。大卫·李嘉图的比较优势理论就是在这样的背景下产生了。

资料2-2　大卫·李嘉图(David Ricardo,1772—1823)

1772年,大卫·李嘉图出生于英国伦敦一个富有的交易所经纪人家庭。他所受的学校教育不多,14岁就开始跟随父亲在交易所做事。后来,因婚姻和宗教问题与父亲脱离关系,自己经营交易所,干得非常成功,十年之后就拥有了200万英镑的财产。功成名就后,他利用空闲时间学习了自然科学。1799年的一次乡村度假中,他偶然阅读了亚当·斯密的《国民财富的性质和原因的研究》,这是他第一次接触经济学,从此,对政治经济学产生兴趣并开始研究经济问题。当时英国突出的经济问题是"黄金价格"和"谷物法",他热心地参与这两个问题的辩论。在经济理论研究方面,大卫·李嘉图算得上是一位大器晚成的奇才。他27岁时才第一次读到亚当·斯密的《国民财富的性质与原因的研究》,37岁发表他的第一篇经济学论文。随后就一发不可收拾,在他14年短暂的学术生涯中,为后人留下了大量的著作、文章、笔记、书信、演说。其中,1817年出版的《政治经济学及赋税原理》最具盛名,该书包含了他丰富的经济思想,在经济史上有着很重要的地位,是古典政治经济学的集大成者。1819年,他成为一名议员,积极参与讨论银行改革、税收提议等问题,并成为伦敦政治经济俱乐部的奠基人。

(一)比较优势理论的基本内容

大卫·李嘉图的比较优势理论是在继承了亚当·斯密的绝对优势理论基础之上发展而来的。为了使理论更加接近现实,也建立了一系列严格假设。其假设主要有:

(1)假设世界上只有两个国家,它们只生产两种产品,即"两个国家、两种商品"的模式。

(2)生产两种商品只投入劳动这种要素,而且劳动在一国国内可自由流动,在两国间不可自由流动,并且两国国内都要充分就业。

(3)自由贸易是在完全竞争下进行的,以物物交换为形式。

(4)两国国内生产成本不变,规模报酬不变,不存在技术变化,也不考虑运输成本和其他费用。

(5)坚持劳动价值论,即劳动时间决定价值,而且所有劳动都是同质的。

(6)在自由贸易的条件下,贸易按物物交换方式进行,并且一国公民的相对收入水平不受自由贸易的影响,收入分配没有变化。

在以上假设的基础上,大卫·李嘉图的比较优势理论认为:即使一个国家在所有产品的生产上都是最有效率的,即所有产品生产都处于绝对优势,而另一国在所有产品的生产上都是效率最低的,即所有产品生产都处于绝对劣势,但只要它们在生产不同产品的优势(或劣势)上存在差别,如果处于绝对优势地位的国家专门生产优势较大的产品,处于绝对劣势地位的国家可以专门生产劣势较小的产品,通过这种国际分工方式,两国都出口那些它在生产率上最具有比较优势的产品或服务,进口那些它最具有比较劣势的产品或服务,双方仍然可以从贸易中获益。这就是比较优势理论的基本原则,概括起来就是:"两优取其重,两劣取其轻。"李嘉图举例说:如果两个人都能制鞋和帽,其中一个人在两种职业上都比另一个人强些。不过制帽时只强 1/5,而制鞋时则强 1/3。那么这个较强的人就专门制鞋,那个较差的人就专门制帽,这时双方都能获利。

(二)比较优势理论的举例说明

在以上假设条件下,下面用一个例子来解释比较优势理论。在贸易分工前后,两国和世界的劳动力投入和产出情况如表 2-3 所示。

表 2-3 比较优势理论的分工与贸易情况

国别	分工前				分工后			
	X 产品		Y 产品		X 产品		Y 产品	
	劳动投入量	产出量	劳动投入量	产出量	劳动投入量	产出量	劳动投入量	产出量
A 国	10	120	10	100	20	240	0	0
B 国	40	120	20	100	0	0	60	300
世界	50	240	30	200	20	240	60	300

从表 2-3 可以看出,B 国在 X 产品和 Y 产品上的劳动生产率与 A 国相比均处于绝对劣势地位,但 B 国在 X 产品上的劳动生产率是 A 国的 1/4,而 Y 产品的劳动生产率是 A 国的 1/2,相比之下,B 国生产 Y 产品的绝对劣势要小一些,即具有比较优势;另外,A 国在 X 产品和 Y 产品的生产上都具有绝对优势,但由于 X 产品的绝对优势比 Y 产品的绝对优势要大,因此,A 国在 X 产品的生产上具有比较优势。在这种情况下,国际分工和国际贸易的模式就是 B 国专门生产 Y 产品,A 国专门生产 X 产品。这样按照比较优势进行分工之后,两国的总产出都会有所增加。进行国际分工后,世界上 Y 产品的产量由 200 增加到 300,增加了 100 单位。如果假定 A 国以 120 单位 X 产品与 B 国 150 单位 Y 产品进行交换,交换后两国 Y 产品的消费水平比国际分工前都增加了 50 单位,X 产品的产出水平和消费水平没有变化(见表 2-4)。

表 2-4 国际贸易后各国的产量分配

国别	X 产品	Y 产品
A 国	120	150
B 国	120	150

由此可见,比较优势理论解释了即使在没有绝对优势的情况下,双方仍然可以开展国际贸易。它证明各国通过出口相对成本较低的产品、进口相对成本较高的产品就可以实现贸易互利。这是该理论在研究国际分工方面的主要贡献。同时,它为自由贸易政策提供了理

论依据。因此，不仅美、英等发达国家之间可以开展自由贸易，美国等发达国家和中国等发展中国家之间也可以开展自由贸易，其推动着世界各个国家间的相互贸易与国际分工。

（三）比较优势理论的评价

大卫·李嘉图的比较优势理论运用严谨的分析方法，透彻地说明了国际分工给各国带来的利益，将自由贸易领域推广到各种类型的经济水平各异国家的更宽范围，从而论证了自由贸易政策的普遍性和合理性。该理论不仅为自由贸易政策提供了坚实的理论基础，成为自由贸易理论的主线，至今仍是占统治地位的贸易理论，而且该理论为现代国际经济中相对落后的国家实行对外开放提供了理论指导。在全球竞争的大舞台上，相对落后的国家也可找到自己相对优势的产品参与国际竞争而不至于被淘汰。同时，比较优势理论揭示了人类分工协作的大道理，具有较为广泛的一般适用性。因为在社会的劳动分工中，普遍存在着绝对优势或绝对劣势中的比较优势。如姚明、乔丹应当去找剪草坪的工作吗？因此，在社会生活的其他诸多方面，都应该进行合理的社会分工，以取得最大的社会福利与劳动效率。

然而比较优势理论也有自身的局限性。首先，该理论所依赖的一系列严格的假设前提过于严格，使得李嘉图的相对利益理论与实际情况之间有相当大的距离；其次，该理论把多变的经济情况抽象成为静态的、凝固的状态，从一定时点来论证贸易的可能性，是一种静态均衡理论，而没有看到比较成本、比较优势是可变的。事实也证明，一个国家生产的相对优势长期地固定在少数几种产品上，特别是固定在少数初级产品的生产上时，这样的国际分工对该国是非常不利的，因为还没有一个国家只依靠几种产品生产发展起富有生命力的经济；再者，比较优势理论有一个不常见的例外，如一国在两种商品的生产上均处于绝对劣势地位，并且两者的不利程度是相同的，那么就不会发生贸易。如果B国单位劳动投入的Y产品的产量不是5单位，而是2.5单位，则B国在X产品和Y产品上的劳动生产率均只有A国的1/4，那么A国和B国将均无比较优势，两国不会有互惠的贸易发生。

【案例2-2】

法国蜡烛工人的请愿

1845年，巴斯底持虚构了一个法国蜡烛工人请愿的故事，借此希望用比较优势理论来打击当时的贸易保护主义。主要内容如下：我们正在经受着无法容忍的外来竞争，因为有一个比我们优越得多的生产条件来生产光线，可以用一个荒谬的低价位占领我们整个国内市场。我们的顾客全都涌向了他，当他出现时，我们的贸易不再与我们有关，许多有无数分支机构的国内工业一下子停滞不前了。这个竞争对手不是别人，就是太阳。我们所请求的是，请你们通过一条法令，命令关上所有窗户、天窗、屋顶窗、帘子、百叶窗和船上的舷窗；一句话，所有使光线进入房屋的开口、边沿、裂缝和缝隙，都应当为了受损害的工厂而关掉。这些值得称赞的工厂使我们以为已使我们的国家满意了。作为感激，我们的国家不应当将我们置于一个如此不平等的竞争之中……仅仅因为或部分因为进口的煤、钢铁、奶酪和外国的制成品的价格接近于零，你们对这些商品的进口就设置了很多限制，但为什么，当太阳光的价格整天都处于零时，你们却不加任何限制，任它蔓延？如果你们尽可能减少自然光，从而创造对人造光的需求，哪个法国制造商会不欢欣鼓舞？如果我们制造更多的蜡烛，那就需要更多的动物脂，这样就会有更多的牛羊，相应，我们会见到更多人造草场，肉、毛、皮和作为植物生产基础的肥料。

该故事说明了太阳可以看作是能高效生产太阳光的厂商，生产成本为0。由于有了这个“厂商”，国内“太阳光”厂商失去了国内市场，倘若没有太阳，国内会生产并出口人造光。根据贸易保护主义，太阳光威胁到了国内人造光市场，应该禁止使用太阳光。但事实上没有一个国家会禁止使用太阳光，而自己进行生产。原因就在于根据比较优势理论，该国应该进口其具有比较劣势的太阳光。一国的资源是有限的，该国停止生产“太阳光”会节约资源以用于生产具有比较优势的其他商品，从而提高整个国家的福利。

【案例 2-3】

中国电器走向世界，美国自行车“远足”中国

1999年10月初的《参考消息》上连续转载了两篇报道，一条译自9月21日的美国《洛杉矶时报》，题目是“中国电器走向世界”，另一篇是美国《芝加哥论坛报》9月28日的文章，“赫菲公司开始自行车‘远足’”，报道称赫菲(Huppy)公司将自行车生产转移到中国。中国电器从进口到出口，美国自行车从早期生产出口到完全放弃生产，都反映了生产成本比较优势。

1873年，詹姆斯·斯达利发明了自行车。不久，美国人艾伯特·保罗在1878年建立了美国第一家生产自行车的工厂。一百多年来，美国一直生产并出口自行车。近年来，随着本国劳动成本的上升，美国逐渐放弃自行车生产。1999年秋，位于俄亥俄州代顿市的美国最大的自行车制造商赫菲公司决定关闭在美国的最后两家自行车厂，把生产转移到中国的七家工厂(含台湾地区一家)和墨西哥的一家工厂。

另外，中国的家用电器正从原来的进口转为出口。在纽约市场，同索尼、飞利浦和三星等品牌同台竞技的有中国的康佳电视机。5年前，中国的电视机还有70%是外国产的，现在中国产的电视机已在国内市场上占有80%的份额。此外，微波炉生产商格兰仕也在大力开发国际市场。格兰仕利用日本的技术，投资500万美元建立了微波炉生产线。目前，中国的微波炉生产商已经控制了70%的国内市场，并占领了25%的欧洲市场。中国电器正在走向世界。

第二节　新古典贸易理论

由亚当·斯密和李嘉图建立和发展起来的古典贸易理论的一个基本特点，就是只用单一要素劳动的生产率差异来说明国与国之间为什么会发生贸易行为，以及生产率不同的两个国家为什么会通过国际分工与贸易可以增加各自的收入与福利，但没有解释产生这种差异的原因。各国间劳动生产率的不同只能解释部分贸易产生的原因，因为贸易还反映了各国之间的资源差异。但为什么要素生产率会有不同？俄林和赫克歇尔的解释是，生产率的差异主要来源于各国不同生产要素的相对存量。这些不同的要素供给会影响到特定商品的

生产成本，从而奠定了新古典贸易理论的基石。后经保罗·萨谬尔森等经济学家不断加以完善，从而形成了一整套新古典贸易理论的分析框架。直到20世纪50年代，无论在国际贸易的理论界还是在实际应用中一直居于主导地位，被广泛接受和推崇。而后，里昂惕夫对要素禀赋理论进行实证，结论却与要素禀赋理论不一致，由此引发的争论使国际贸易理论发展到一个新的阶段。

一、赫克歇尔—俄林要素禀赋理论(H-O模型)

赫克歇尔—俄林要素禀赋理论从两个方面扩展了比较优势理论。首先，将比较优势的差异及这种差异的原因归结为各国生产要素禀赋的差异，从而重新解释了国际贸易的基础。其次，深入分析了国际贸易对贸易双方要素投入及分配的影响。因为比较优势理论并没有确切地解释这种贸易利益究竟会对贸易双方的收入分配产生什么影响。要正确地理解与掌握要素禀赋理论的基本原理，首先必须要弄清楚几个基本概念，才能够解决如何正确判断一个国家的生产要素自然禀赋状况以及如何正确判断一种商品的要素密集性质的问题。

资料2-3　赫克歇尔与俄林

赫克歇尔于1879年生于瑞典斯德哥尔摩的一个犹太人家庭。1897年起，在乌普萨拉大学学习历史和经济，并于1907年获得博士学位。毕业后，他曾任斯德哥尔摩大学商学院的临时讲师；1909—1929年任经济学和统计学教授。此后，因他在科研方面的过人天赋，学校任命他为新成立的经济史研究所所长。他成功地使经济史成为瑞典各大学的一门研究生课程。他在经济理论方法方面最重要的贡献是他著名的两篇文章：《外贸对收入分配的影响》《间歇性免费商品》。1919年发表的《外贸对收入分配的影响》是赫克歇尔—俄林要素禀赋国际贸易理论的起源。他集中探讨了各国资源要素禀赋构成与商品贸易模式之间的关系，并且一开始就运用了总体均衡的分析方法。他认为，要素绝对价格的平均化是国际贸易的必然结果。他的论文具有开拓性的意义，其后，这个理论由他的学生俄林进一步加以发展。在经济史方面，赫克歇尔更享有盛名。主要著作有：《大陆系统：一个经济学的解释》《重商主义》《古斯塔夫王朝以来的瑞典经济史》《历史的唯物主义解释及其他解释》《经济史研究》等。赫克歇尔通过对史料提出更广泛的问题或假定，进行深入的批判性研究，从而在经济史和经济理论两个方面架起了桥梁，并把两者有机地结合起来。他是瑞典学派的主要人物之一。

俄林于1899年生于瑞典南方的一个小村子克利潘。他1917年在隆德大学获得数学、统计学和经济学学位，1919年在赫克歇尔的指导下获得斯德哥尔摩大学工商管理学院经济学学位，1923年在陶西格和威廉斯的指导下获得哈佛大学文科硕士学位，1924年在卡塞尔指导下获得斯德哥尔摩大学博士学位。1925年任丹麦哥本哈根大学经济学教授，5年后回瑞典在斯德哥尔摩大学商学院教学，1937年在加利福尼亚大学(伯克利)任客座教授。俄林最为著名的工作是他对国际贸易理论的现代化处理，并由此获得1977年的诺贝尔经济学奖。1979年8月于书桌前逝世。他的研究成果主要表现在国际贸易理论方面，1924年出版《国际贸易理论》，1933年出版名著《区间贸易和国际贸易论》，1936年出版《国际经济的复兴》，1941年出版《资本市场和利率政策》等。俄林的理论受他的老师赫克歇尔关于生产要素比例的国际贸易理论的影响，并在美国哈佛大学教授威廉的指导下，结合瓦尔拉斯和卡塞尔的总体均衡理论进行分析论证，在《区间贸易和国际贸易论》一书中最终形成。因此，俄林的国际贸易理论又被称为赫克歇尔—俄林理论。

(一)几个基本概念

1. 生产要素

生产要素是人们进行物质生产所必须具备的物质条件。要素禀赋理论认为，劳动、资本和土地是一切社会生产所不可或缺的三个要素。工资、利息和地租分别是劳动、资本和土地三类要素的报酬形式。

2. 生产要素禀赋

生产要素禀赋是指一国或地区由于自然条件、地理位置的不同，以及历史原因和经济发展的不同水平，造成资源禀赋的不同，这样各国或地区拥有各种生产要素的数量之间的比例也是不同的。一个国家或地区资本、劳动、土地之间的比例称为要素禀赋，也称为生产要素比例。

3. 要素丰裕度

要素丰裕度是指一国所拥有的某种生产要素相对于其他生产要素的相对比例。这是一个相对概念，不能把一个国家或地区拥有生产要素的绝对数作为衡量要素丰裕度的标准，而应将各种生产要素的相对数量进行比较。如 A 国拥有的资本数量为 TK，劳动数量为 TL，则其相对要素禀赋为 TK/TL。在要素禀赋存在差异的情况下，如果一国的要素禀赋大于他国，则称该国为资本丰富而价格低廉的或劳动稀缺而价格昂贵的国家，他国则为劳动丰富而价格低廉或资本稀缺而价格昂贵的国家。即如果 B 国的可用总资本和可用总劳动的比率(TK/TL)大于 A 国的这一比率，B 国就是资本丰裕的，但需要注意的是，如果 B 国的 TK/TL 大于 A 国的 TK/TL，即使 B 国的资本拥有量少于 A 国，B 国仍然是资本丰裕的。

4. 要素相对价格

对要素禀赋差异的界定，还可以按要素相对价格来确定，即以各国资本的租用价格和劳动时间价格来定义。如果 B 国的资本价格和劳动时间价格的比率(PK/PL)小于 A 国的这一比率，则 B 国是资本丰裕的国家。由于资本的价格就是利率(r)，劳动的价格就是工资率(w)，所以 $PK/PL=r/w$。如果 B 国的 r/w 小于 A 国的 r/w，则 B 国是资本丰裕而价格低廉的国家，A 国是劳动丰裕而价格低廉的国家。

5. 要素密集度

要素密集度是指生产某种商品所需要投入的各种要素的比例。在一个只有两种产品(X 和 Y)和两种要素(L 和 K)的世界中，如果生产 X 产品的资本与劳动投入比例大于生产 Y 产品的资本与劳动投入比例，那么 X 就是资本密集型产品，而 Y 是劳动密集型产品，要素密集度也是一个相对概念而非绝对概念。如果资本的相对价格下降，生产者为了减少其生产成本，必定会用资本来代替劳动。结果两种商品都会变得更为资本密集化。因此，只有在任何可能的相对要素价格下，生产 Y 的资本/劳动比率均大于生产 X 的资本/劳动比率，Y 才可以被视为资本密集型商品。要素禀赋理论认为所有商品可以分为劳动密集型、资本密集型、土地(或自然资源)密集型三类。

(二)要素禀赋理论的假设

要素禀赋理论建立在一系列假设的基础之上。当然，这些严格的假设是为了在不影响结论的前提下，使我们的分析更加严谨。这些假设主要分成以下三类。

1. 把问题变得容易处理的假设

世界上只有两个国家(A 国和 B 国),生产两种商品(X 和 Y),所需要两种生产要素(K 和 L),即这是一个典型的 2×2×2 模型;各国可供利用的生产要素总量不变,且生产要素都被充分利用;两国消费者的需求偏好相同,消费无差异曲线的方位与形状都一样。

2. 有关生产技术的假设

两国生产时采用同一种技术,具有相同的生产函数;生产函数是线性齐次的,即生产过程中的规模收益不变;要素密集度不变,产品在一国是资本密集型,在另一国家亦然。

3. 有关贸易条件的假设

国家间实行自由贸易,不存在任何贸易壁垒,没有运输成本和交易成本;两国的商品和要素市场都是完全竞争的;生产要素(主要指劳动、资本和土地(自然资源))只能在一国范围内流动,但产品可以在国家之间自由流动。

(三)要素禀赋理论的内容

要素禀赋理论首先由赫克歇尔提出。他认为,产生两国成本差异的前提是两个国家的要素禀赋不同和产品生产过程中所使用的要素比例不同,正是两国间产品的成本差异产生了国际分工和贸易。赫克歇尔的学生俄林对这一观点加以进一步发展,比较完整地阐述了要素禀赋理论的基本观点。俄林在阐述该理论时,有着严密的逻辑分析,可归纳为以下几个要点:

(1)商品价格的国际绝对差异是国际贸易产生的直接原因。商品价格的国际绝对差异是指同种商品在不同国家中的价格差异。价值规律引导着各种商品从价格低的地方流向价格高的地方,商品经营者便会从中获利。进出口国都会在这种国际贸易中获利。

(2)这种价格的绝对差异是由生产同种产品的成本差别造成的。各国生产产品的成本不同,是由生产要素的价格不同造成的。

(3)生产要素的价格差是由各国生产要素的供给差异造成的。由于商品和要素的价格决定于他们的供求,两国生产要素的供给差异造成了两国生产要素价格的差异。

(4)两国生产要素供给的差异是由两国的要素禀赋决定的。某种生产要素在一国相对比较丰裕时,其供给量就大。相反,另一种生产要素在该国比较稀缺,则其供给量就少。正是各国生产要素的不同丰裕度和各种产品所需要的要素比例的不同,使各国在生产相同产品时,分别在不同的产品生产上具有比较优势,从而导致国际贸易的产生。

根据俄林的分析,我们得出要素禀赋理论核心思想为要素禀赋决定一国的比较优势和贸易模式。因为不同国家要素禀赋(要素丰裕度)不同和不同产品要素投入的比例(要素密集度)不同,根据比较优势原则,各国应生产和出口本国相对丰裕和便宜的要素密集型商品,进口本国相对稀缺和昂贵的要素密集型商品,即资本丰富的国家在资本密集型产品上相对供给能力较强,劳动丰富的国家则在劳动密集型产品上相对供给能力较强。这意味着,A 国出口商品 X 是因为 X 是劳动密集型产品,而且劳动是 A 国比较丰富和便宜的要素。同样的,B 国出口商品 Y 是因为 Y 是资本密集型产品,而且资本是 B 国比较丰富和便宜的要素。

二、要素价格均等化定理

要素禀赋理论从各国资源禀赋的角度解释了国际贸易的产生原因。然而,当国际贸易发生以后,各国的资源禀赋状况会发生怎样的变化呢?1948 年,美国经济学家保罗·萨谬尔森在要素禀赋理论的基础上,充分论证了国际贸易能够促使生产要素价格实现均等化。因此,经济学界把 H-O 定理引申而来的要素价格均等化定理称为 H-O-S 定理。该理论的基本内容是:自由贸易不仅会使商品的价格均等化,而且会使生产要素的价格均等化,以致两国所有的工人都能获得同样的工资率,所有的土地都能获得同样的地租报酬,而不管两国的生产要素的供给和需求模式如何。但生产要素价格均等化是怎样形成的呢?下面对此进行分析。

贸易开始前,由于各国的要素禀赋是不同的,所以各国的要素价格也不一致,从而一国比较丰裕的生产要素的价格较低,而比较稀缺的生产要素的价格较高。但国际贸易会使一国的生产结构发生变化,各国会较多生产并出口密集使用本国比较丰裕的要素的产品,较少生产并进口密集使用本国较稀缺的要素的产品。国际贸易造成贸易参加国生产结构的变化,也使各国对不同生产要素的需求程度发生了变化。这种生产要素需求程度的变化又进一步影响到各生产要素的价格。从而使本国的比较丰裕的生产要素的价格水平上升,本国比较稀缺的生产要素的价格下降。为说明这一点,我们假定,A 国是资本相对丰裕、劳动相对稀缺,B 国是劳动相对丰裕、资本相对稀缺,X 是资本密集型产品,Y 是劳动密集型产品。

开展国际贸易后,B 国将大部分生产要素用于生产 Y 产品(劳动密集型产品),A 国将大部分生产要素用于生产 X 产品(资本密集型产品)。这样,B 国的生产要素市场上,对劳动力的需求会增加。在劳动力的总供给量一定的情况下,要吸引更多的劳动力转向 Y 产品的生产部门,该部门就要提高劳动力的工资水平。实际上,当经济开放以后,Y 产品的价格上升,即使劳动力的边际物质产品不变,劳动力的边际产品价值也会上升。由于生产要素的报酬是由其边际产品价值决定的,因而 B 国 Y 产品的生产部门劳动力的工资水平必然提高。另外,当 Y 产品的生产部门增加 Y 的生产时,它不仅要增加对劳动力的需求,也会增加对资本的需求,但由于增加的是劳动密集型产品,所以对资本需求增加的程度比对劳动力需求增加的程度要低。相反,由于 B 国减少了资本密集型产品的生产,因而对资本的需求会减少,同时也会减少对劳动力的需求,但由于减少的是资本密集型产品,所以对劳动力需求减少的程度不如对资本需求减少的程度高,其结果使资本的报酬率下降。实际上,经济开放后,B 国成本较高的资本密集型产品的价格必然会下降,从而带来资本边际产品价值的下降。因此,从总体上看,劳动力的价格上升了,而资本的价格下降了。这种变动使过去比较稀缺因而价格较高的生产要素的价格水平下降了,过去比较丰裕因而价格较低的生产要素的价格水平提高了。

从 A 国的情况看,贸易前,资本比较丰富因而价格较低,劳动力比较稀缺因而价格较高。开展国际贸易后,A 国较多地生产资本密集型产品 X,为增加 X 产品的生产,必须将一部分资本从 Y 产品的生产部门吸引到 X 产品的生产部门。为此,该部门要提高资本的报酬率。为增加 X 产品的生产,不仅要增加对资本的需求,也会增加对劳动力的需求,但由于增加的是资本密集型产品,所以对劳动力需求增加的程度比对资本需求增加的程度要低。相反,A 国减少了劳动密集型产品的生产,因而对资本和劳动力的需求会减少。但由于减少的是劳动密集型产品,所以对资本需求减少的程度不如对劳动力需求减少的程度高,其结果是劳动力的报酬率下降。这样,贸易后,过去比较稀缺因而价格较高的劳动力的价格下降了,而过去比较丰富因而价格比较低的资本的价格上升了。

从两国的总体看,A、B 两国生产要素价格的反向运动,使两国同一生产要素的价格趋于均等化。贸易前，B国的资本价格比A国的要高，B国的劳动力价格比A国的要低。贸易发生后，一方面，B国资本的价格下降，A国资本的价格上升，结果两国资本的价格趋于相同或接近；另一方面，B国劳动力的价格趋于上升，A国劳动力的价格趋于下降，因而两国劳动力的价格也趋于相等。由此可以得出结论，贸易不仅使商品的价格均等化，也使生产要素的价格趋于均等化。

需要强调的是，要素价格的均等是以商品价格的均等为先决条件的。现实中，由于运输成本和一些贸易壁垒的存在，各国的商品价格难以达到一致，因此，国际要素价格均等化在现实中一般难以实现。另外，要素价格均等还要求生产技术条件必须完全一样，这也是一个比较苛刻的条件。不过，要素价格均等化理论有两点重要的意义：第一，证明了在各国要素价格存在差异，以及生产要素不能通过国家间自由流动来直接实现最佳配置的情况下，国际贸易可以替代要素在国家间流动，"间接"地实现世界范围内资源的最佳配置；第二，说明了贸易利益在一国内部的分配问题，即说明国际贸易如何影响贸易国的收入分配格局。也就是说，国际贸易会提高该国丰富要素所有者的收入，降低稀缺要素所有者的收入。这一结果的重要含义是国际贸易虽改善了一国整体的福利水平，但并不是对每一个人都是有利的，因为国际贸易会对一国要素收入分配格局产生实质性的影响。

资料 2-4　萨缪尔森(1915—2009)

萨缪尔森于1915年出生于美国印第安纳州，获得芝加哥大学的学士学位和哈佛大学的博士学位。从1940年开始，他一直在麻省理工学院任教。他对经济理论的几乎所有方面都做出过根本性的贡献，因而获得了一个经济学家所能获得的所有荣誉：第一个克拉克奖章获得者(1947年)；第二个诺贝尔经济学奖获得者(1970年)；他曾是美国经济学会会长(1961年)，经济计量学会会长(1951年)，国际经济学会会长(1965—1968年)以及其他许许多多的奖励和荣誉。萨缪尔森为人谦逊，曾把前辈们比喻为牵引他的火车头。他学识渊博，精通经济学、数学、历史等，是第一个对经济学进行定量分析的经济学家，并对其他学科也有自己独到的见解。萨缪尔森充满活力、才华横溢，到1938年发表的文章数量达到每年5篇，这样断断续续地维持了半个世纪。他应用数学重新表达了一些经济思想，在学术界广泛传读，奠定了他在经济学界的地位。他对推动经济学沿着这个方向演进做出了非凡的贡献。值得一提的还有他那本著名的教科书《经济学》，几十年来一直流行不衰，以完善的体系与跟随时代不断发展的实例改版，吸引了无数经济学学生。

在国际贸易方面，萨缪尔森有不少具有巨大影响力的论文，涉及贸易与收入分配、价值转移与贸易条件问题、李嘉图模型、赫克歇尔—俄林—萨缪尔森模型以及瓦伊纳—李嘉图模型、特定要素模型等各个方面。他最早的一篇国际贸易的论文是1941年的《保护与实际工资》，提出了斯托尔珀—萨缪尔森定理。在1948年发表的《国际贸易和要素价格均等化》以及1953年《一般均衡中的要素价格和商品价格》的文章中，他在更普遍的意义上讨论了国际贸易与收入分配问题。萨缪尔森对贸易理论的贡献是经典的，他还与赫克歇尔和俄林一起共同构建了新古典贸易模型的分析框架。

三、对要素禀赋理论的评价和检验

赫克歇尔—俄林的要素禀赋理论是国际贸易中具有影响力的理论思想之一。相对于李嘉图比较优势理论而言,很多经济学家更倾向于接受要素禀赋理论,同时它也一直被实践所检验。

(一)对要素禀赋理论的评价

要素禀赋理论以各国相对生产要素禀赋的差异来解释国际贸易产生的原因,并认为自由的国际贸易将会使生产要素价格趋于均等化。这一贸易理论是对古典贸易理论的创新,因此该理论被称为新古典贸易理论。其创新点主要表现在以下几个方面:

(1)古典贸易理论侧重研究贸易利益问题,其分析方法属于福利经济学的范畴;而要素禀赋理论侧重解释贸易产生的原因,其分析方法属于实证经济学范围。

(2)古典贸易理论认为国际贸易会导致完全专业化生产,即完全国际分工;而要素禀赋理论则认为国际贸易可能会,但也可能不会导致完全专业化生产。

(3)古典贸易理论只涉及一种生产要素——劳动;而要素禀赋理论以土地、劳动和资本三种要素为基础。

(4)古典贸易理论认为国际贸易不会使生产要素价格趋向均衡;而要素禀赋理论则认为国际贸易将会使生产要素趋于均等。

(5)要素禀赋理论把比较利益理论、生产费用理论和相互依存、供求均衡等理论结合起来解释国际贸易,集各家之大成,形成较全面的理论。

(6)要素禀赋理论开拓了新的研究领域,诸如区域贸易、贸易与生产布局的关系等。

但是,要素禀赋理论是建立在一些不符合现实的假设基础之上的,而且分析方法是静态的,所以这个理论也有一些不完善的地方。

(1)要素禀赋理论的分析只假定投入两种生产要素,实际上,生产要素可以分成许多种类,即使是某一类生产要素也可以进一步分成许多项。而且,每个国家的生产要素都是一个变量,随着生产力的提高、国民经济的发展,生产要素的数量、质量和构成都会发生变化。

(2)要素禀赋理论比较强调静态结果,排除了技术进步的因素,从而把比较优势和生产要素的禀赋差别看成是绝对的、永恒的和不变的,忽视了生产力的动态变化。

(3)要素禀赋理论对于需求因素并未予以充分的重视,这也影响了其对于现实问题的分析。

(二)对要素禀赋理论的检验

要素禀赋理论的中心论点是一个国家将出口使用相对丰裕、相对密集的生产要素生产的产品,而进口使用相对稀缺的生产要素生产的产品。自 20 世纪 50 年代初开始,经济学家对要素禀赋理论进行实证检验,随着工作不断深入,这一理论的一些不足也开始暴露出来。在众多的实证研究中,其中最具影响的是美国经济学家瓦西里·里昂惕夫。他在 1953 年发表了一份著名的研究报告,对要素禀赋理论的正确性提出了疑问。里昂惕夫指出,与其他国家相比,美国的资本拥有量相对丰富,按照要素禀赋理论,美国应该是资本密集型产品的出口国和劳动密集型产品的进口国。然而,他却惊讶地发现,美国出口产品比进口产品的资本密集程度要低。由于这一结果与理论预测不同,所以被称为里昂惕夫之谜。里昂惕夫之谜的出现,使要素禀赋理论处于一种颇为尴尬的境地。为什么会存在里昂惕夫之谜?问题究竟出在哪里?这吸引了许多经济学家试图从各个方面来解开这一令人困惑的现象,这些探索推动了第二次世界大战后国际贸易理论的巨大发展。对里昂惕夫之谜产生的原因,有各种各样的解释。归结起来,主要有两类:一类是对里昂惕夫的统计方法及统计资料的处理提出不同的意见;另一类是对要素禀赋理论本身进行重新的研究和探索。以下介绍几种有代表性的解释。

1. 里昂惕夫的解释

对于矛盾现象的出现,里昂惕夫本人也觉得难以置信,他曾反思自己有没有认真评估美国的要素禀赋。对此,他从有效劳动的角度做出如下解释:由于劳动素质各不相同,在同样资本的配合下,美国工人的劳动生产率比他们的外国同行要高得多,因此若以他国做出的衡量标准,则美国的有效劳动数量应是现存劳动量的数倍。从有效劳动数量看,美国应为劳动相对丰富的国家,而资本在美国则成为相对稀缺的要素:这样一来,矛盾现象似乎就不存在了。但这一解释没有被广泛接受,里昂惕夫自己后来也否定了它。

2. 人力资本说

一些学者在要素禀赋理论的框架下引入人力资本这一因素。由于质量上的差异,一般劳动可区分为熟练劳动和非熟练劳动两类。其中,熟练劳动是指具有一定技能的劳动,这种技能不是先天具备的,而是通过后天的教育、培训等手段积累起来的。这种后天的努力类似于物质资本的投资行为,所以我们称熟练劳动为人力资本。这样一来,资本的含义更广泛了,它既包括有形的物质资本,又包括无形的人力资本。美国在人力资本上的投入远远超过了其他国家,这就意味着美国劳动力含有更多的人力资本,这使美国出口商品的资本密集度要大于进口商品的资本密集度。该学说认为,新时代人力资本与物质资本同样重要,一个国家应重视人力投资,才能取得好的投资效益。在加入人力资本后,里昂惕夫之谜也就可以解释了。

3. 自然资源说

自然资源说解释认为,在要素禀赋理论中,只考虑了两种生产要素,即资本和劳动,而忽略了自然资源要素,如土地、矿藏、森林、水资源等。许多贸易产品都是资源密集型的。自然资源要素与资本要素之间存在相互替代关系。如果生产某种商品的自然资源不足,就必然要投入较多的资本(先进设备等)。研究表明,美国的多数进口商品正是美国资源稀缺的商品,作为进口竞争品在美国生产,必须投入较多的资本。而对于出口国来说,这些产品是资源密集型的,所需投入的资本相对较少,生产成本较低。在考虑自然资源这一因素后里昂惕夫之谜也可得到解释。从自然资源的角度看,实际上美国进口的是其稀缺的自然资源,而不是资本。

4. 贸易保护说

要素禀赋理论是建立在完全自由竞争的假设之上的,而现实的国际贸易中存在着大量的关税和非关税壁垒。美国的贸易政策是:限制高技术产品(一般是资本密集型产品)的出口,阻碍劳动密集型产品的进口。一些研究表明,美国进口劳动密集型产品比进口资本密集型产品受到更严格的进口壁垒限制。特别受到保护的是技术落后的产业和非熟练、半熟练的劳工集团。

5. 要素密集度的逆转

在要素禀赋理论中,我们曾假设,无论在什么情况下,X 与 Y 的要素密集度的关系都是不变的,即 X 总是劳动密集型的,Y 总是资本密集型的。但在现实中,要素密集度可能发生逆转。要素密集度逆转是指一种给定的商品在劳动丰裕的国家生产就是劳动密集型产品,在资本丰裕的国家生产就是资本密集型产品。例如小麦,在美国由于资本相对丰裕,可以用资本密集(机械化)的方式生产,在中国由于劳动力相对丰裕,则可以用劳动密集(手工作业)

的方式生产。这样，美国的进口品在其国内生产时，属于资本密集型产品，而在其出口国，则属于劳动密集型产品。因此，从要素密集度逆转的角度同样能解释里昂惕夫之谜。

【案例 2-4】

中国与世界最大的其他五国所属生产要素禀赋的比较[①]

全世界有 6 个国土面积超过 750 万平方公里的大国，依其国土面积大小排分别是俄罗斯、加拿大、中国、美国、巴西和澳大利亚，它们分布于欧洲、北美洲、亚洲、南美洲和大洋洲。从现状看，中国和其他 5 个大国比较，反映出中国要素禀赋并不优越，人均资源相对短缺，生态环境十分脆弱的问题。中国总劳动力数量居第一，但从人的素质角度来看，中国成年女性的识字率在六大国中处于最低水平，中国人文发展指数在六大国中居于最后，只能排到全世界第 111 位。而且，中国的人口密度是六大国中人口密度最小者澳大利亚的 54.3 倍。中国所拥有的具备生产能力的土地面积占国土面积的 27%，在六大国中居于第 4 位；然而，中国的人均成熟土地面积却最小，只占六大国中人均数量最大者澳大利亚的 6.6%。中国森林总面积居倒数第二，中国自然保护区总面积也在六国中居后。在水资源方面，中国的人均水资源量在六大国中最小，1995 年每人平均只拥有 2292 立方米，而加拿大的人均水资源量则达到 98462 立方米，约是中国的 50 倍。在安全饮用水的比较方面，中国居民获得安全饮用水的人口比例无论是城市还是农村都处于最后一位。因此，牛文元说，所有这些资源地位和基本要素中的劣势造成了中国较高的发展成本，如果将全世界的平均发展成本定为 1，那么中国的发展成本就是 1.25，也就是说，花一美元可以在世界大多数国家做到的事情，到了中国却要多拿出 0.25 美元。“用竞赛术语来比喻，我们是腿上绑着沙袋和别人在跑道上竞走。”

【案例 2-5】

从全国各省区市的要素资源禀赋看其发展战略[②]

中国疆域辽阔，人口众多，资源分布差异较大，资源禀赋状况有着巨大差别，因此，不同的省区市必然存在着如何有效使用资源的问题，并有着不同的发展战略。从土地存量、水资源、劳动力、资本存量、人力资本、市场化程度、开放度等几个方面的要素看：广东省的市场化程度、外贸依存度、对外投资比率和固定资本份额指标排名全国第一，在全国属于开放程度最高、资本投资最为充裕的省。广东省劳动力份额排全国第四位，不过劳动素质不高，逊于北京、上海、天津。劳动力成本很高，排全国第三位，劳动生产率也次于北京、上海、天津。耕地面积排在全国后列。水资源指标稍强一点，排在全国中游水平。北京、上海、天津共同的特征是多项指标排在全国第 2、3、4 位。如外贸依存度、劳动力成本等。尽管三市的劳动力资源并

① 资料来源：戴廉. 从六国比较看可持续发展. 生态环境与保护，2004(4).

② 资料来源：经济参考报. 李玉举，姜荣春. 2004 年 9 月 15 日.

不丰富，但其人力资本(知识含量)是全国最佳的，分列前三位，劳动力素质高，带来的直接后果就是劳动生产率遥遥领先其他省区市，上海的劳动生产率甚至达到广东的2.5倍。但是，上海的劳动力成本也是全国最高，北京次之。三市的耕地面积、水资源是全国最为稀缺的，位列倒数前三位。三市的市场化程度不高，北京、天津、上海分列第12、7、6位。江苏、浙江和山东三省也有多项指标排在全国第2、3、4位。如市场化程度、固定资本份额，仅次于广东省。从外贸依存度、外资依存度指标可以看出，这类省区市是比较外向型的省区市。劳动力资源较丰富，不过素质不高，全员劳动生产率处于中游水平。海南、辽宁和福建，除了在市场化程度、固定资本份额、劳动力份额、水资源存在一定差距以外，这类省区市和上面三省比较类似。山西、陕西、吉林、黑龙江、新疆、甘肃、宁夏、内蒙古等八省(自治区)，市场化开放程度远低于全国平均水平，对外开放程度较低，劳动力资源不算丰富，但土地资源非常丰富。湖南、四川、河南、江西、广西、河北、湖北、安徽、重庆等九省区市，市场化开放程度略高于全国平均水平，对外开放程度很低，劳动力资源较丰富，水资源非常丰富。贵州、云南、青海三省的资源禀赋情况非常差，绝大多数指标位列全国倒数几位，如人力资本(知识含量)、市场化程度、外贸依存度、固定资本份额、劳动生产率等。不过三省的自然资源，包括土地资源，尤其是水资源在全国是最丰富的。

由于各省区市之间要素禀赋的差异，导致了各省区市在国际分工中的位置不同。因此其发展战略也不一样：广东省土地稀缺，不适宜发展土地密集型产业。而劳动力丰富，对外开放程度高，因此可以发展加工贸易，以解决劳动力就业问题。资本份额最高，可以充分发挥资本密集型产业的比较优势。北京、上海、天津的土地、水资源禀赋处于全国最低水平。不过市场开放，劳动力素质高，加上资本充裕，应该优先发展资本要素与人力资本相对密集的、高附加值的制造业与服务业。由于江苏、浙江、山东、海南、福建和辽宁六大省有着共同的明显特征，对内、对外开放程度较高，尤其是外资在经济增长中起到了重要的作用。其中江苏、浙江、山东省固定资本投资份额在全国位居前列，可以优先发展资本密集型产业，而海南、福建和辽宁省可以凭借港口经济，优先发展加工贸易，建设外向型经济大省。对于山西、陕西、吉林、黑龙江、新疆、甘肃、宁夏、内蒙古等八省(自治区)来说，市场化开放程度远低于全国平均水平，对外开放程度较低，劳动力资源不算丰富，土地资源非常丰富，可以发展土地密集型产品，优化出口商品结构，加大绿色有机食品的生产。东北老工业基地、新疆、甘肃、宁夏等地有机肥料多，气候多样性，再加上传统的栽培技术，可以在绿色有机食品方面大显身手。而这一点，恰恰是美国、加拿大等大国的弱项。对于其他省区市，由于资源严重失调，仅有自然资源禀赋较高，经济增长所需的其他资源十分短缺，仅适宜发展土地密集型产业。

第三节 现代国际贸易理论

国际贸易理论经历了以斯密、李嘉图等人为代表的古典贸易理论阶段和以赫克歇尔、俄林等人为代表的新古典理论阶段后，国际贸易环境发生了很大的变化，国际贸易出现了许多新的现象，如同类产品之间的贸易量大大增加、发达国家之间的贸易量大大增加、产业领先地位不断转移。这些现象在古典和新古典的传统国际贸易理论框架内难以得到解释，这迫使经济学家寻求新的贸易理论来解释这些现象。经济学家的这种努力促成了现代国际贸易理论的形成。现代国际贸易理论正是从放松传统贸易理论的假设前提出发来分析国际贸易实践的新格局的。

一、技术差距贸易理论

各国的技术水平一致，因而参与国际交换的商品的生产函数一定是要素禀赋理论的一项重要的理论假定。然而，在生产要素的自然禀赋状况迥异，总体经济发展程度和科学技术水平相去甚远的国家之间，采用相同的生产技术从事某种商品的生产的确是难以想象的。尤其是在科学技术日益深入发展的当代，现实的国际经济交往中，国际贸易的结构、商品流向以及参与贸易的各国所享受到的国际贸易条件，越来越明显地受到各个国家在科学技术总体水平方面相对差距的左右。所以，传统的国际贸易理论关于参与国际贸易的各个国家技术一致的理论假定已经越来越同现实的国际贸易活动相背离。因而，就难以做出令人信服的合理的解释和说明。于是引发了国际经济学界关于各国间的技术差距同国际贸易的关系方面的一系列理论研究。1961 年，美国学者波斯纳首先运用技术创新理论来修正要素禀赋理论，在论文《国际贸易中的技术变化》中以技术差距来说明国际贸易发展的原因，提出了技术差距论。

技术差距论认为，科学技术在形成国际贸易商品的比较优势中能起决定作用。由于各国进行技术创新的条件不同，技术革新的进展情况很不一致，技术领先的国家就可能享有出口技术密集型产品的比较优势。因为当技术领先的国家开发出一种新产品或新的生产工艺时，别国尚未掌握这项技术，于是产生了国家间的技术差距。但是，技术领先国家很少能够长期垄断制造任何产品所需要的技能，随着新技术推广到国外，技术差距就会逐渐消失，而贸易将持续到其他国家的生产能够充分满足国内需求为止。目前工业发达国家进行的贸易大多为高技术产品的贸易，由于上述两个时滞，创新国可在一段时间内获得垄断利益。这是由于需求时滞短于反应时滞，所以新产品被市场吸纳一段时间之后才有进口国的产品与之竞争。反应时滞往往受规模经济、关税、运输、需求弹性、收入水平、国外市场大小等因素的影响，使创新国仍可出口获利。这样，贸易发生的原因在于该国技术水平的差距。经济实力雄厚，技术力量强的国家在贸易中有着比较利益。

技术差距理论的主要内容(见图 2-1)：

(1)新产品总在发达国家首先出现，先进国家利用对新产品的技术控制，保持领先地位，在国际贸易中获得比较利益。

(2)其他国家由于技术差距，要等一段时间后才能进行模仿生产，其他国家的需求会先于模仿产品而出现。由于模仿国供给和需求之间的时间差距，在这一段时间内创新国就可以向模仿国出口新产品。

(3)当其他国家可以模仿生产以后，随着模仿规模的扩大，模仿国的规模经济和廉价的劳动力使得创新国逐渐失去比较优势，导致创新国的出口下降，甚至最后创新国可能从模仿国廉价进口该产品。该理论表明：需求时滞和模仿时滞之间的差距导致了国际贸易的可能性。较

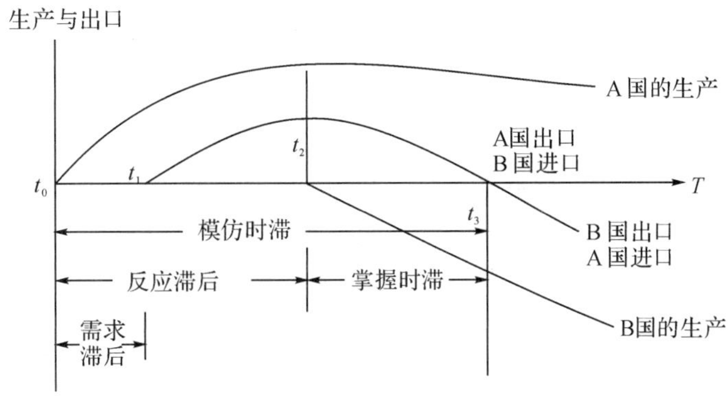

图 2-1　技术差距贸易模式

说明：假设 A 国为技术领先国，发明新产品并暂时垄断新产品的生产。B 国为追随国，t_0 到 t_1 为 B 国需求时滞，t_1 开始进口，t_2 开始仿制产品，t_3 停止进口转向出口，t_0 到 t_2 为反应时滞，t_2 到 t_3 为掌握时滞，t_0 到 t_3 则为整个模仿滞后的时间长度。从 t_1 开始贸易发生，B 国从 A 国进口新技术产品，t_1 到 t_3 为 B 国从 A 国进口的贸易时间。当 B 国完全掌握该产品技术后，生产规模达到一定程度，进口停止，并转而出口该产品。

早的创新者将产品出口到需求时滞小于反应时滞的国家，其贸易利益较大。技术领先国能有效抑制模仿，技术利益能保持长久；两国技术水平和市场范围差距越小，需求时滞的时间越短，则贸易发生越早，发展速度也越快；模仿时滞后，追随国的贸易利益取决于低工资成本。

【案例 2-6】

高科技产品首先出现在发达国家

纵观历史可以发现，世界上高科技产品大多首先出现在发达国家：1901 年英国和加拿大之间出现第一次横贯大西洋的无线电通信；1903 年美国第一架飞机试飞成功；1920 年出现机械扫描的电视机，1929 年应用于公共电视播放；1940 年最早的手机——手持双向对讲机在美国由摩托罗拉公司研制成功；1941 年美国研制成功远程无线电导航系统，将电子技术与航空器结合起来；1942 年德国研制成功 V-2 火箭；1946 年第一台电子计算机在美国诞生；1957 年苏联发射第一颗人造地球卫星；1962 年美国和苏联同时发射宇宙飞船；1979，第一台随身听在日本问世；等等。

二、产品生命周期理论

继波斯纳提出技术差距理论以后，20 世纪 60 年代中期，以美国经济学家雷蒙德·弗农为主要代表人物的一批学者在波斯纳的基础上，进一步研究了某项新技术和体现该项技术的新技术产品在国际上传递和转移的规律，以及此种技术转移或产品转让对国际贸易结构和国际贸易商品流向的影响。1966 年，弗农在其《国际投资和产品生命周期中的国际贸易》一文中，建立了国际贸易的产品生命周期理论。以后许多经济学家如威尔斯、赫希哲等对该理论进行了验证，并进一步充实和发展了这一理论。

产品生命周期论大多认为，工业制成品的创新一般总是首先发生在美国。一方面，由于新产品的早期购买者通常是年纪轻、文化程度高、收入高和社会地位高的阶层，美国的收入水平决定了对新产品的需求欲望强烈；另一方面，由于美国工业发达，拥有雄厚的科学技术力量，用于研究和开发的投资充裕，并拥有丰富的人力资本，因而新技术和新产品创新总是在美国，然后再传递和扩散到西欧各国，最后到发展中国家和地区。同时，各国在国际贸易中的地位也相应地发生变化。因此在产品生命周期演化过程中，把贸易国分成三类：出口新产品的工业高度发达国家，如美国；较小的工业发达国家，如大多数欧洲国家；某些发展中国家。而且弗农从创新国和模仿国的角度，将产品生命周期分为 5 个阶段。

（一）第一阶段——产品的导入期

需要投入大量的研发与开发费用，因此此阶段产品属于资本密集型的产品，价格也很高，只能在发达国家生产和消费。新开发的工业制成品的生产技术为美国所垄断，开始时生产仅仅能够满足国内市场需求，随着国外对该产品不断产生需求，美国开始将产品出口。由于收入水平较高的发达国家对新产品需求较之发展中国家缺乏价格弹性，因此欧洲发达国家为美国新产品提供了较大市场。

（二）第二阶段——产品的成长期

随着新技术的扩散和新产品的不断普及，原来收入水平较低的消费者也开始购买该产品，国外市场逐步扩大，价格弹性有所提高，美国通过降低价格增强竞争力，扩大出口量。一旦国外市场扩大到足以使当地生产获得规模经济时，国外厂商就会自行生产。这时美国与欧洲发达国家之间的生产技术差距基本消失，欧洲开始在国内生产，美国通过对外直接投资设立子公司或分支机构在当地生产。于是，美国对该市场的出口放缓甚至下降，但市场仍在美国控制之下；并保持着向还未开始生产的发展中国家出口。

（三）第三阶段——产品的成熟期

生产技术定型，开始大规模生产，模仿国也开始生产，但不足以满足国内需求；但美国在产品非生产国的出口开始被其他工业发达国家的出口所替代。随着生产技术的相对稳定和市场扩大，欧洲企业的生产费用不断下降，美国的贸易领先优势开始丧失，出口减少。

（四）第四阶段——产品的标准化期

只需流水线上的简单劳动力即可完成生产，技术优势让位成本优势，模仿国凭借低廉劳动力成本，生产激增，不仅能满足国内需求，还能以低价出口，创新国产量下降，生产向模仿国转移；美国由净出口国转而成为净进口国。欧洲工业发达国家的生产规模进一步扩大，美国制造业的竞争能力日渐消失。与此同时，发展中国家通过关税和数量限制等保护措施实施进口替代政策。

（五）第五阶段——产品的退出期

产品已完全标准化，模仿国生产持续扩张，开始向创新国低价出口，创新国生产大幅下降直至完全停止，创新国致力于更新产品的研究与开发。产品竞争转向以成本为中心的价格竞争，这样比较优势最后转移到技术相对落后、劳动力资源丰富而工资低的发展中国家和地区，它们将产品出口到发达国家。在产品生命周期的整个过程中，国际贸易的演变可用图 2-2 来描述。

从图 2-2 可以看出，产品在生命周期的整个时期内，在生产国之间呈波浪式推进：当美国发明新产品并大量向欧洲出口时，正是欧洲大量进口之际；当美国出口下降时，正是欧洲开始生产以替代进口时期；当美国出口由高峰急剧下跌时，正是欧洲出口迅速增长时期；欧

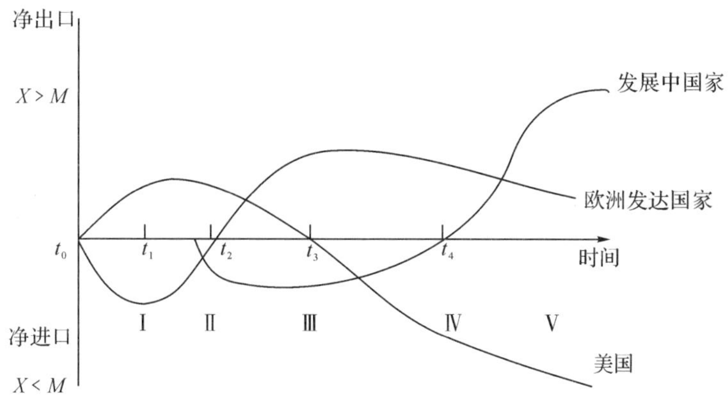

图 2-2　产品生命周期贸易模式

说明：中横轴表示时间，纵轴上端表示净出口，下端表示净进口。在初始时刻（t_0），新产品刚刚由创新国研制开发出来。在新产品阶段，由于产品的技术尚未成形，生产规模较小，消费仅限于国内市场。到了 t_1 时，开始有来自国外的需求，于是开始出口。由于该产品是别国不能生产的新产品，所以创新国具有垄断优势，能获得某种垄断利润。由于新产品售价较高，只有那些与发明国收入水平接近的其他发达国家才能进口这种新产品，因此贸易只是在发达国家之间进行。随着时间的推移，进口国逐渐掌握了生产技术，能够在国内进行生产，并逐渐替代一部分进口品，于是进口开始下降，随后，一小部分发展中国家开始有了一些需求，创新国的产品也开始少量出口到一些发展中国家。到 t_2 时，生产技术已成型，成品达到了标准化，由技术密集型转化为资本密集型。这时来自发达国家的第二代生产者开始大量生产和出口该产品，原来的创新国从 t_3 开始成为净进口国。最后，当产品转变为劳动密集型产品时（t_4），发展中国家成为净出口国。

洲出口明显下降，则是发展中国家扩大出口时期。

产品周期理论的结论是：

（1）反映的是知识密集型产品方面比较利益的动态变化，它与 H-O 贸易模型是一致的。所不同的是，H-O 理论假设技术不发生变化，做的是静态分析。

（2）根据产品的生命周期模型，任何产品最后都会成为劳动密集型产品。现在中国的洗衣机、冰箱、空调已进入了美国市场，机电产品的出口已有相当规模。在不久的将来，汽车也会成为劳动密集型产品，到时中国的汽车也会走向国际市场。

（3）产品周期理论关注的重心在于预见比较利益的变动，而对于国际贸易利益的得失的预见力是含糊的。

产品生命周期理论从技术变化的角度探讨了比较优势的动态演变，解释了生产要素密集性质的动态变化、贸易国比较利益的动态转移以及进口需求的动态变化，也为跨国公司对外直接投资提供了理论依据。从现实来看，一些产品确实经历了这一生命周期，如无线电、不锈钢剃须刀、电视机、半导体、纺织业等。近些年来，新技术的扩散、新产品的模仿、比较优势从发明国向模仿国转移的时间间隔越来越短。因此，发明国被赶超的压力越来越大。

【案例 2-7】

复印机、收音机和半导体工业的国际贸易模式演变

复印机是 20 世纪 60 年代初由美国施乐公司开发的，最初是卖给美国的用户。

后来，施乐公司将复印机从美国向外出口，主要是出口到日本和西欧的一些发达国家。随着这些国家需求的增长，施乐公司开始通过合资的形式在日本（富士—施乐）和英国（兰克—施乐）建立了生产基地。另外，施乐公司对复印机生产工艺的专利权一到期，外国竞争对手就开始打入复印机市场，如日本的佳能等。这样一来，美国的复印机出口量下降，美国的用户开始从成本更低的外国渠道，特别是日本购买复印机。不久，日本公司发现，本国复印机的生产成本太高了，于是它们将生产转移到新加坡和泰国等发展中国家。结果，最初是美国，现在是其他几个发达国家（比如日本和英国）都从复印机出口国转变为进口国。这种复印机产品的国际贸易模式的演变与产品生命周期理论的预测相一致。

第二次世界大战刚结束时，美国基本控制了真空管收音机的国际市场。几年之后，日本通过模仿美国技术和利用本国廉价劳动力，占据了很大一部分市场份额。随后美国发明了晶体管，重新在技术上领先。但几年之后，日本也获得了这一技术，又一次可以用低价与美国竞争。而美国又通过使用印刷电路再次在同日本的竞争中占了上风。生产无线电的技术究竟是劳动密集型还是资本密集型，决定了美国是否能在世界市场上占据一席之地，以及美国和日本最终会不会被诸如韩国、新加坡这些成本更低的生产商所代替。而新加坡和韩国后面又有像菲律宾和泰国这样的国家在追赶。

半导体工业的发展始于第二次世界大战后初期。1947 年，美国贝尔电话公司实验室首先发明了晶体管。随后，以晶体管为主的半导体工业于 20 世纪 50 年代逐渐在美国形成。到了 60 年代，美国企业又发明了集成电路，取代晶体管成为半导体工业的主要产品。半导体除了作为电脑、通信设备、家用电器等电子产品的主要元件之外，也被越来越多地用于汽车、机械、飞机等产品中。1988 年，全球半导体产业的市场销售额为 350 亿美元。十年之后（1998 年）达到了 1220 亿美元，到了 2001 年已超过 1800 亿美元。美国首先发明了半导体并主宰了全球半导体产品市场达 30 年之久。20 世纪 70 年代中期，美国企业的全球市场占有率将近 70%。但到了 90 年代，美国的市场份额仅剩下 30%左右。美国开始成为半导体产品的净进口国。日本的半导体工业始于 20 世纪 60 年代。半导体产品的主要生产者包括富士通、日立、东芝、三菱和 NEC 等公司。日本公司在全球市场的份额从 70 年代末的 24%增加到 1990 年的 49%。在广泛用于数控设备的集成电路 DRAM 的全球市场上，日本产品曾一度占有 80%的份额。在 80 年代到 90 年代初，日本取代美国成为半导体产品的最大生产国和出口国。但是，从 20 世纪 90 年代中期开始，日本的半导体工业的世界领先地位逐渐开始动摇。到 1998 年末，日本在集成电路 DRAM 市场上的份额从最高峰时的 80%下降到 30%，并进而跌到 2000 年的 20%左右。而迅速崛起并有可能取代日本半导体产品霸主地位的是韩国和我国台湾地区。

三、产业内贸易理论

20 世纪 60 年代以来，绝大多数国际贸易在要素禀赋相似的国家间进行，而且大部分贸易具有在同一产业内进行的性质，甚至还出现相同产品的互相买卖。这是传统贸易理论无法解释的。不少人先后对此做了探讨和分析。20 世纪 70 年代中期，格鲁贝尔、劳艾德、克鲁格曼等人系统地阐述了产业内国际贸易理论，并指出产业内贸易发生的依据主要是产品的同质性、异质性、规模经济、需求偏好，引起西方国际贸易理论界的广泛兴趣。

（一）产业内贸易和产业间贸易

当代国际贸易中的分工格局，从产品结构上可分为产业间贸易和产业内贸易两类。其中，产业间贸易是指各国以不同的产业部门所生产的产品进行的交换，如初级产品与工业制成品的交换；而产业内贸易是指各国彼此交换同一产业部门所生产的产品，即一个国家在对外贸易中同时进口和出口同类产品，如美国和日本之间相互输出汽车。

然而，产业内贸易与产业间贸易的主要区别有以下几点：

(1)产业间贸易是建立在国家间要素禀赋差异产生的比较优势之上，而产业内贸易则是以产品的差异性和规模经济为基础。国家间要素禀赋差异越大，产业间贸易的可能就越大，国家间的要素禀赋越相似、经济规模越接近，产业内贸易的机会就越大。可以说，产业间贸易反映了自然形成的比较优势，而产业内贸易反映的是可获得的比较优势。

(2)产业间贸易的流向可以根据贸易前同种产品的价格差来确定，如果在规模经济条件下进行差别产品的生产与产业内贸易，贸易前相对商品价格就不能准确地预测贸易模式。因为，不论大国还是小国，所有国家利用规模经济降低成本的机会是相同的，很难事先预测哪个国家将生产哪一种产品。

(3)按照 H-O 模型，产业间贸易会提高本国丰裕要素的报酬和降低本国稀缺要素的报酬。而基于规模经济的产业内贸易可以使所有要素都获得收入。这可以解释为何第二世界大战后制成品的自由化进程都没有遭到各种利益集团的阻挠，而发达国家向新兴的发展中国家开放市场却遭到了本国劳工力量的强烈抗议。

(4)在以要素禀赋差异为基础的产业间贸易条件下，要素的国际流动在一定程度上是贸易的一种替代品；而在要素禀赋相似的国家间产业内贸易条件下，要素流动带来了作为产业内贸易主要载体的跨国公司的兴起，从这点来说，产业内贸易与要素流动之间存在着一定的互补关系。

（二）产业内贸易指数

产业内贸易的发展程度可用产业内贸易指数来衡量。从某一产业的角度分析，产业内贸易指数的计算公式为：

$$T=1-[|X-M|/(X+M)]$$

其中，X 和 M 分别表示对某一特定产业或某一类商品的出口额和进口额，并且对 $X-M$ 取绝对值。T 代表产品的产业内贸易指数，在 0～1 变动；越接近 1，说明产业内贸易的程度越高；越接近 0，则意味着产业内贸易程度越低。当一个国家只有进口和出口即不存在产业内贸易时，$T=0$；当对某一商品的进口等于出口即 $X=M$ 时，产业内贸易达到最大，$T=1$。当 $X=M$ 时，$T=1$，说明某种产业部门产品的进口和出口的流量相等，贸易是完全的产业内贸易。当 $X=0, M\neq 0$，或者 $X\neq 0, M=0$ 时，$T=0$，说明该产业产品的贸易是完全的产业间贸易。通常情况下，$0<T<1$，一国经济发展水平越高，T 值越大。产业间贸易指数＝1－产业内贸易指数。一般而言，产品的技术含量越高，加工越复杂，产业内贸易指数越高。

然而，当我们用产业内贸易指数 T 来衡量产业内贸易时，不宜将一个产业或产品集团的范围定义得过于宽泛，否则该指数将失去意义。例如，我们可以定义电视机产业，而不宜定义家电产业。一国既进口电视机又出口洗衣机的贸易，不属于产业内贸易，虽然电视机和洗衣机都是家电，但它们是完全不同的产品。因此，在计算产业内贸易指数时，该产品应按国际商品标准分类法统计，至少属于同类、同章、同组的商品，而且该产品既出现在该国的进口项目中，又出现在该国的出口项目中。

据GATT和WTO的统计资料，自20世纪60年代以来，约2/3甚至更多的世界贸易是发生在技术、资源和偏好均比较相似的发达国家之间。根据克鲁格曼的考察，按照标准产业分类，产业内贸易占到世界贸易的1/4，在工业化国家之间，在制成品贸易中，产业内贸易占据主导地位，而制成品贸易又占全球贸易的70%以上。

（三）产业内贸易理论的内容

产业内贸易理论的解释主要有以下几种观点：同质产品的产业内贸易、异质产品的产业内贸易、规模经济理论、重叠需求理论等。

1. 同质产品的产业内贸易

同质产品是指性质完全一致因而能够完全相互替代的产品，如同样的水果、砖等。国际贸易中出现同质产品的买卖，往往来自如下原因：

(1)许多原材料(如黄沙、水泥等)单位价值低而运输成本相对很高，消费者应该尽可能靠近原料供应地来获得它们。所以，一国可能同时进口和出口大宗原材料。

(2)一些国家和地区(如新加坡)大量开展转口贸易和再出口贸易，其许多进出口商品的形式自然基本不变。

(3)由于一些产品(如水果、蔬菜)具有季节性特点，所以一个国家会有时进口而有时出口这类商品。

(4)某些商品的价格被人为地扭曲(如国家干预导致某些国家一些商品的国内价格明显低于世界市场价格)，为了利润极大化，私人企业便同时进出口一些同样的商品。

(5)出于经济合作或特殊技术条件的需要，有些国家也进行某些同质产品的交易。这些同质产品贸易只要加入运输成本等一类因素的分析，都仍然能用H-O理论加以说明。

2. 异质产品的产业内贸易

按照产业内贸易理论，异质产品是指那些不能完全互相替代的产品。在人们日益追求生活质量的时代里，在科技进步的作用下，出口产品要真正能跻身于世界市场，已不再是依赖其生产要素禀赋的优势，而在于凭借它的某些特色来满足消费者的欲望，因此同一类商品也会有异质性。如同样是轿车，它们的牌号、款式、性能以及销售服务都可能有所不同，它们都是具有异质性的同类产品。应该看到，正是这种异质性构成了产业内贸易的基础。如果一国消费者对外国产品的某种特色产生了需求，它就可能出口和进口同类产品。如美国轿车豪华舒适，日本轿车轻便省油，两国都有一部分人需求对方轿车的特色，于是两国就同时进口和出口轿车。可见，生产要素禀赋相同或相似的国家之间同样可以进行贸易活动。

3. 规模经济与产业内贸易

规模经济是指在产出的某一范围内，平均成本随着产出的增加而递减。规模经济可分为内部的和外部的。内部规模经济指的是单位产品成本取决于单个厂商的规模而非行业规模；外部规模经济指的是单位产品成本取决于行业规模而非单个厂商的规模。

内部和外部的规模经济对市场结构具有不同的影响。一个只存在外部规模经济的行业，一般由许多相对较小的厂商构成，且处于完全竞争的状态，即大厂商没有优势；相反，存在内部规模经济的行业中，大厂商比小厂商更具有成本优势，就形成了不完全竞争的市场结构。

内部规模经济的实现依赖于厂商自身规模的扩大和产出的增加。在这种产业中，大厂商比小厂商更具有成本优势，能够迫使小厂商退出市场，从而获得市场势力，但也形成了不完全竞争的市场结构。在规模经济显著的产业，国际贸易可以使消费者享受到比封闭经济条件下更多种类的产品，较好地解决了规模经济与竞争性之间的矛盾。

外部规模经济是由于各种原因某个产业集中在一个或几个特定的区域内集中生产，从而降低了该产业的成本。导致其发生的主要原因有三方面：厂商集中能够促进专业化的供应商的形成；厂商的地理集中分布有利于劳动力市场的共享；厂商的地理集中有助于产生知识外溢。这一切都使整个产业的劳动生产率得到提高，所有厂商的成本下降，该产业有一条向下倾斜的供给曲线。产业的规模越大，生产成本越低。由外部经济而带来的成本优势，能使该国成为商品的出口国。或许出口产业的建立是偶然性的，但一国一旦建立起大于别国的生产规模，该国就会获得更多的成本优势。这样，即使其他国家更具有比较优势，如果该国已先行将产业发展到一定的规模，那么其他国家就不可能成为该产品的出口国。在外部规模经济存在的情形下，贸易模式并不能根据比较优势而加以确定，强烈的外部经济会巩固现有的贸易模式：可能导致一国被“锁定”在某种无比较优势的专业化分工模式中，甚至可能导致该国因国际贸易而遭受损失。

4. 重叠需求理论

1961 年，瑞典经济学家林德尔出版了《论贸易与转变》，该书在国际贸易理论方面重点从需求上探讨了国家间贸易的原因、模式，提出了重叠需求理论（需求偏好相似理论），从需求角度揭示了产业内贸易现象。其主要内容有：

（1）国内需求是产品出口的基础。在最初阶段，首先是在对国内需求了解的基础上满足国内市场的需求。在生产的过程中，生产者不断进行技术革新，降低成本，增加产量。当国内市场制约了企业生产规模扩大的时候，生产企业便会开拓相对不熟悉的国际市场，通过产品的出口，扩大生产，增加盈利。

（2）影响一国需求结构的决定因素是人均收入水平。不同收入的消费者消费偏好不同，收入高的消费者偏好质量高的商品，收入低的消费者偏好质量差的消费品或称为生活必需品。世界不同国家的消费者如果收入水平相同，其偏好也相同。因此，人均收入水平不同的国家，其需求结构也不同。由于一国国内人均收入的差别，会出现总体人均收入水平较高国家的一部分人均收入较低的消费群体与另一总体人均收入稍低国家的一部分人均收入较高的消费群体的消费需求相似的现象。

（3）人均收入水平越接近，贸易量就越大。由于本国的潜在出口产品由本国的消费结构决定，本国的消费结构又由本国的人均收入水平决定。因此，两国的需求结构越相似，两国的产品结构就越类似，两国相互需求就越大，贸易量就越大。因为富国也有穷人，而穷国也有富人，发达国家与发展中国家之间的工业制成品贸易问题取决于它们需求结构的重叠程度。这决定着发达国家与发展中国家之间工业制成品贸易的流量和规模。

【案例 2-8】

中国的产业集群

随着改革开放的顺利进行,产业集群也在全国范围内蓬勃发展起来。如北京中关村的电子产业群,上海的纺织业和机械制造业群,四川西昌的中国航天产业群,山东寿光的蔬菜产业群,青岛的家电电子产业群,河北清河的羊绒产业群,香港的手表产业群,云南斗南的花卉产业群等。这些产业群广泛地分布在广东、浙江、福建、山东、河北、河南、江苏等省区市,其中以广东和浙江最为集中。

在珠江三角洲的404个建制镇中,以产业集群为特征的专业镇占了四分之一。如广东佛山的陶瓷产业群,东莞的电子和服装产业群,惠州的制鞋产业群,中山的灯具群,南海纺织印染群,汕头澄海区的玩具、工艺品产业群,云浮云城的石材群,顺德伦教、龙江、乐从三镇的家具群等。

浙江省以"块状经济"为代表的产业集群众多,形成了富有特色的"专业化产业区"。目前浙江省平均每个县有3个产业集群,具有代表性的产业集群有:浙江嵊州的领带产业群,温州的鞋、服装、眼镜和打火机集群,金乡镇的标牌产业群,绍兴的轻纺和化纤产业群,永康的五金产业群,义乌的日用小商品制造业集群,海宁的皮革、服装产业群,余姚的轻工模具群,鄞州区的服装产业群,奉化的服饰产业群,慈溪的鱼钩和长毛绒产业群,永嘉的纽扣和泵阀产业群,诸暨大唐的袜业群和山下湖镇的珍珠集群,瓯海的阀门产业群,柳市的低压电器群,台州的精细化工产业群,湖州市织里镇的童装集群,杭州的女装集群等。

另外,在苏南地区,产业集群也初露端倪。其中,苏州吴江区逐步形成了一批"一镇一业"的特色产业,正由松散型的产业集群向战略联盟型的产业集群转变,由劳动密集型产业集群向劳动技术密集型产业集群转变,由"一镇一品"型产业集群向"一镇一业"型产业集群转变。其中,闻名全国的吴江区横扇镇的羊毛衫产业集群,年产羊毛衫1亿件,全镇羊毛衫生产经营户已基本做到足不出户便能完成从生产到销售的全部环节。

四、国家竞争优势理论

1990年,哈佛商学院的米歇尔·波特发表了一项研究成果,此项研究旨在确定为什么有些国家能够在国际竞争中取得成功而其他国家却失败了。波特和他的研究小组考察了10个国家的100个行业,并出版了一本名为《国家竞争优势》的书,对此项研究的结果做了详尽说明。这本书似乎注定会对国际贸易理论做出重要贡献。波特认为,一个国家的经济环境对企业的竞争优势乃至对国家的竞争优势有着相当大的影响。这其中起决定影响作用的因素有四项,即生产要素、需求状况、相关产业与支持产业以及企业战略组织与竞争。这四项因素互相发生着作用,共同决定着国家竞争优势。这就是波特的国家竞争优势模型,又称其为"波特钻石模形",如图2-3所示。

国家竞争优势理论的四个决定因素构成了一个金刚石。波特认为,公司最有可能在金刚石条件最为有利的行业或行业部门中取得成功。他还认为,金刚石是一个相互补充和相

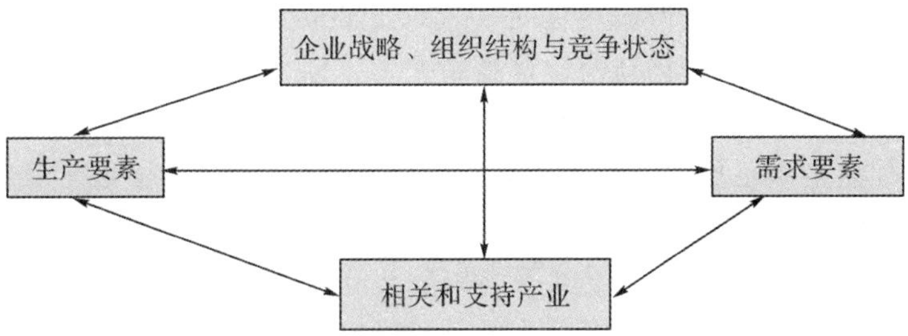

图 2-3　波特的国家“钻石”模型

互强化的系统，一个因素的影响力取决于其他因素的状况。如果国内的竞争不足以使公司对有利的需求状况做出反应，那么这些有利的需求状况也不可能带来竞争优势。波特还指出，有两个附加变量可以对国家的金刚石系统产生重大影响，这就是偶然性的机遇和政府。大的革新等偶然性事件会造成某些中断，而这些中断可以使产业结构摆脱原有的束缚或得以重建，并为一个国家的公司提供超过别国公司的机会。政府通过采用不同的政策可以改善或损害国家优势。比如，政府的规定可能改变国家的需求状况，反垄断政策可能影响某个行业的竞争激烈程度，政府对教育的投资则可以改变要素禀赋，如图 2-4 所示。

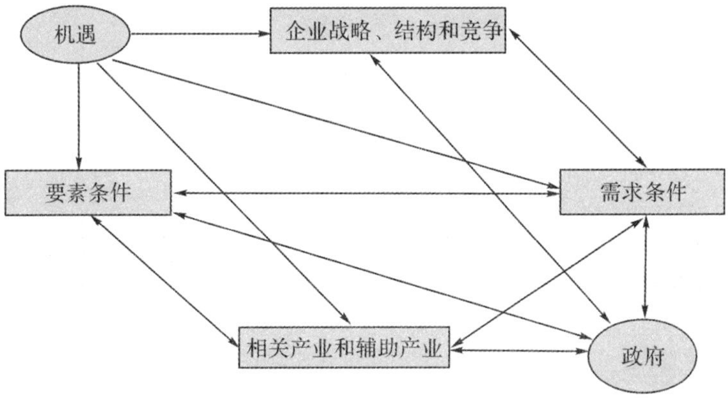

图 2-4　波特的国家“钻石”模型

下面对国家竞争优势理论的 6 大要素进行简要阐述：

（一）要素条件

要素条件是指一国在生产要素方面所处的地位，包括基础要素（如自然资源、气候、地理位置和人口等）和高级要素（如通信设施、掌握高技术的熟练劳动力、科研设施和技术诀窍等）。波特认为，高级要素对竞争优势是最为重要的，而且与基础要素不同（基础要素是自然赋予的），高级要素是个人、公司和政府投资的结果。因此，政府对基础教育和高等教育的投资可以提高国民的整体技能和知识水平，鼓励高等院校进行先进技术的研究与开发能提高国家高级要素的水平。高级要素与基础要素之间的关系是很复杂的。基础要素可以提供最初优势，而这种优势则通过对高级要素的投资得以加强和扩展。相反，一个国家在基础要素方面的劣势可以给它带来压力，促使其在高级要素上进行投资。

（二）需求状况

需求状况即为该产品的本国需求情况。波特认为，国内需求对提高竞争优势的水平具有重要作用。公司往往对与它们最接近的顾客的需求最为敏感。因此，国内需求的特点对于国内产品特征的形成和促进创新及质量提高尤为重要。波特认为，如果一个国家的消费者精明而挑剔，那么这个国家的公司能够获得竞争优势。精明而挑剔的消费者可给国内公司带来压力，迫使它们满足更高的产品质量标准并生产出创新产品。

（三）相关产业和辅助产业

相关产业和辅助产业是指国内是否具备国际竞争力的供货行业和相关产业。相关产业和辅助产业对高级生产要素的投入所产生的效益可以波及另一产业，从而帮助该产业在国际市场上确定竞争地位。相关产业必须是领先的或是一流的。如果相关产业比较发达，则有紧密合作的可能、互补产品的需求拉动、企业优良的信息环境等。一国在国际市场具有竞争力的成功产业一般是由很多相关产业组成的一个产业群。

（四）公司的策略、结构和竞争

波特认为，不同国家有不同的管理理念，管理模式要适合国情。竞争对手越趋集中，竞争越激烈，竞争效果也越好。国内竞争最终迫使国内企业寻求全球市场并力求成功。只有经过国内激烈竞争的检验，企业才能赢得国际竞争优势。一个国家最有希望称雄世界的行业是其国内最受崇敬的行业，那些出英雄、出亿万富翁的行业。如意大利是时装；瑞士是银行；以色列是国防和农业；美国是金融和娱乐业。

（五）机遇

机遇是指有重要的新发明、重大技术改变、投入成本剧变、外汇汇率的重大改变、突发的世界需求、外国政府的政治决定和战争等。重要性在于打断事物发展的进程，改变一个国家在一个产业中的国际竞争地位。

（六）政府

政府的作用在于对前面所述四种要素的影响。强调政府不可能通过政策扶持创造有竞争力的产业，而应选择提高生产率的制度、政策和法律，为企业创造有利的环境。

【案例 2-9】

芬兰诺基亚公司的崛起

移动电话设备工业是 20 世纪 90 年代发展最为迅速的行业之一。到 1994 年年底，全球共有移动电话用户 5000 多万，而 1990 年还不到 10 万个。当时在全球移动设备市场上占主导地位的有三家公司：摩托罗拉、诺基亚和爱立信。其中，诺基亚的迅速崛起也许是最令人惊讶的。诺基亚的崛起开始于 1981 年，当时，北欧国家决定创立世界上第一个国际移动电话网络，它们也有充分的理由成为这一领域的开拓者。由于北欧各国人口稀少，冬季异常寒冷，要铺设传统的有线电话网费用太高。而正是这样一些特点使得通信在当地备受重视。在北极圈严寒的冬季里驾车行驶的人和居住在偏远的北部地区的人一旦遇到意外情况就需要用电话来求助。因此，瑞典、挪威和芬兰就成为世界上最早认真考虑移动通信的国家。它们发现，要把传统的有线电话服务接通到北部的偏远地区，每个用户需花 800 美元，而采用无线移动电话设备每人只需花 500 美元。因此，到 1994 年，斯堪的纳维亚国家中已有 12%的人拥有移动电话，而在美国这一比例还不到 6%。诺基亚长期以来一直都是通信设备的供应商，它自然可以充分利用北欧国家的这种优势。但是，芬兰国内的一些因素也对诺基亚公司创建自己的竞争优势起到了促进作用。与所有其他的发达国家不同，芬兰对电话行业从来就没有过国家垄断。相反，在该国，电话服务一直由50个自治的地方电话公司提供，这些公司的董事会通过公民表决的方法来确定价格（这当然意味着低价格）。这些独立的成本意识很强的电话服务供应商，使诺基亚公司在本国感受到强大的竞争压力而不敢掉以轻心。芬兰人有着特有的实用思想，它们愿意从成本最低的供货商处购买电话服务，不论它是诺基亚、爱立信、摩托罗拉还是其他供货商。这种情况与直到80年代末90年代初还盛行于大多数发达国家的情况截然不同。当时，在那些国家，国内的电话服务垄断商往往只从当地市场的一个主要供货商处购买设备，或者是自己生产设备。而诺基亚面对本国激烈的竞争压力，在努力保持其在移动通信技术方面的领先优势的同时又竭尽所能降低生产成本。芬兰国内的这些因素给诺基亚公司带来的影响是显而易见的。在数码移动技术这一未来的潮流领域中占领先地位的是诺基亚，而不是摩托罗拉公司，而诺基亚之所以能在这一领域中处于领先地位是因为斯堪的纳维亚国家比世界其他地区早五年便开始转向数码技术。此外，面对成本意识很强的芬兰消费者的压力，诺基亚公司十分注重降低成本，它的成本结构是目前世界上移动电话设备制造商中最低的，这就使它能获得比摩托罗拉更高的利润率。

思考题

1. 国际贸易理论从哪些方面来怎样解释各国间为什么会发生贸易的？

2. 国际贸易理论经历了哪几个发展阶段，每个阶段主要有哪些贸易理论？为什么说每个阶段都是对前一阶段的继承和发展？

3. 近年来“中国将成为世界工厂”的舆论常见报端，肯定的有之，怀疑的有之。有人喜，有人忧。请运用相关的国际贸易理论结合有关国际经济贸易的现实做出自己的分析和判断。

4. 分析中国对外贸易的现实，你认为哪些理论能解释这种现实，你认为什么理论更能支持中国从贸易大国转变为贸易强国？

第三章　保护贸易理论

【案例 3-1】

贸易保护主义风潮日益严重

据哈萨克国际文传电讯社报道，由世界贸易组织和智囊机构经济政策研究中心统筹的监测服务“全球贸易预警”2009 年 9 月 17 日公布的一份研究报告显示，世界各国政府违背了不采取贸易保护主义措施的承诺，正在准备出台 130 个保护主义措施，报告中点名的准备实施保护主义措施的国家有俄罗斯、南非和日本。分析家们认为，贸易保护主义可能给正在复苏中的世界经济带来不利影响。2009 年全球贸易额下降了 10%。“报告”还提到了上周美国决定对中国出口至美国的轮胎加征 25%～35%的特别关税，以及北京所做出的回应：向世界贸易组织申诉并对美国出口至中国的肉鸡和汽车产品启动反倾销和反补贴立案审查程序。据报告称，各国所做出的歧视性贸易措施的数量与促进贸易自由化的措施数量之比为 6∶1。有数据显示，许多保护性措施都是针对中国的，所涉及的领域主要是汽车和农产品。

在一贯标榜“贸易自由主义”的美国的带领下，全球正在掀起一股严重的贸易保护主义风潮。世界贸易组织(WTO)总干事拉米近日表示，不断上升的失业率，无疑会进一步增大未来几年保护主义抬头的可能性，预计 2009 年全球贸易受此影响将缩水 10%。北京权威专家表示，中国已经成为贸易保护主义的最大受害国，本轮环球金融危机以来，中国遭到贸易保护主义冲击的产品金额超过 100 亿美元。主要负责协调 WTO 全球贸易预警组织的瑞士圣加仑大学贸易和经济发展教授西蒙·伊文奈特指出，平均每三天就有一个成员国采取贸易保护主义措施。

以上案例充分说明了在 2008 年后由于美国的金融危机导致全球经济下滑的时候，许多国家纷纷采取了贸易保护主义措施来限制外国商品的进口，保护本国产业的发展，促进经济的复苏。从前面第二章介绍可知：自由贸易能增加一个国家的福利。然而，从世界贸易史来看，大多数国家、多数历史时段所奉行的贸易政策均带有鲜明的保护主义色彩，很多国家都或多或少地在限制贸易。因此，本章我们将探讨分析一些贸易保护的理论以及决定贸易政策的因素。

第一节　重商主义理论

重商主义是15至17世纪欧洲资本原始积累时期，代表商业资本利益的经济思想和政策体系。这一时期，商业资本不断发展，在经济生活中居于统治地位。为了扩大产品销路，商业资本不满足于国内市场，积极扩大对外贸易。于是便出现了反映这种商业资本向外扩张要求的理论，即重商主义，主张通过国家干预实行外贸扩张。

一、重商主义理论的思想

重商主义顾名思义就是重视商业，认为广泛开展商业活动是积聚国民财富，并最终实现富国强民的必经之路。重商主义主要研究对外贸易是怎样能够为一国带来财富的。作为经济思想的重商主义，其基本思想包括：

(1)财富观。重商主义者认为，金银或货币是财富的唯一形式，财富就是金银，金银代表财富，一国是否富裕，主要取决于该国所拥有的金银数量。攫取金银的活动是创造财富的唯一活动，国家的一切经济活动和经济政策，其目的都是为了获取金银。

(2)保持外贸顺差。重商主义者认为，国内贸易是由一部分人支付货币给另一部分人，从而使一部分人获利，另一部分人受损。国内贸易的结果只是社会财富在不同集团之间的再分配，整个社会财富的总量并没有增加，也就是说国内贸易不能增加国内的货币数量，而对外贸易可以使一国从国外获得金银货币从而使国家致富。因此，只有对外贸易才是获得和增加货币的源泉，而要从对外贸易中获得货币，关键是要保持国际贸易的顺差，即在国际贸易中坚持少买多卖的原则，最终使货币流入本国。

(3)提倡国家干预经济。为保持贸易顺差，重商主义者提倡国家应采取干预的经济政策，如保护关税和限制进口，采取奖金、退税、协定和殖民地贸易等措施鼓励出口。但是，在具体贸易政策重心上，不同时代的重商主义者的政策主张是不同的。因此，重商主义的发展呈现出了早期与晚期两个阶段。

二、重商主义理论发展的两个阶段

重商主义分为早期和晚期两个阶段，两个阶段的基本思想是相同的，区别主要在于对通过顺差贸易来获取金银货币有不同的看法和主张。

(一)早期的重商主义

早期的重商主义盛行于14世纪末到16世纪末，以约翰·海尔斯和威廉·斯塔福德为主要代表的早期重商主义坚持认为，一国的所有进口都会减少它所积累的货币或“财富”，而所有的出口则会增加它所积累的货币或“财富”，因此增加国民财富的贸易政策应该是尽可能少地输入且尽可能多地输出，最好的政策是光输出不输入。由于这一时期的重商主义者要求在每一宗贸易中都要严格地实现出超，主张控制商品进口和货币外流，以赚取金银，他们的主张被称为货币差额论。在16世纪中叶之前的大约150年时间内，欧洲主要君主国的贸易政策都带有重金主义的特征。其中最典型的做法，莫过于严禁输出贵金属。如英国在爱德华四世统治期间，即 1461—1483 年间，就将输出金银定为大罪，与叛国罪相提并论。而欧洲大陆的西班牙、葡萄牙、法国等，亦有类似法规或政策。

(二)晚期的重商主义

晚期的重商主义盛行于 16 世纪下半叶之后到 17 世纪中期。以英国的托马斯·孟为主要代表的晚期重商主义者从长远的观点看，认为既然对外贸易是增加国民财富的主要源泉，一国政府就应该大力鼓励对外贸易，而增加国家财富的外贸政策不仅应该鼓励出口，而且应该鼓励那些可以增强本国未来出口能力的进口；只要是出于扩大贸易的目的，适当的金银输出是有利的；只要在贸易中始终保持顺差，即出口大于进口，就会增加一国货币存量，因而增加一国的财富。由于这一时期的重商主义者认为在一定时期内的外贸逆差是允许的，只要最终的贸易结果能保证顺差，保证货币最终流回国内就可以。他们的主张被称为贸易差额论。

贸易差额论是重商主义国际贸易思想中的核心内容，比货币差额论得到更为广泛的运用。在重商主义流行的几个世纪中，所采取的贸易政策措施主要有以下几种：

(1)严格的关税保护政策。对进口货物除原材料外，征收高额的进口关税，限制外国制成品尤其是奢侈品的进口。

(2)积极的出口鼓励补贴政策。对出口制成品实施财政补贴，现金奖励在国外市场上出售本国产品的商人，禁止本国熟练工人外流和工具设备的出口，为工场手工业者发放贷款等。

(3)独占性的海外殖民政策与国家特许贸易体制。各国纷纷开辟海外独占殖民地，发展贸易，政府设立特许贸易公司，独占与某个地区的贸易。

(4)国家武力垄断海上运输。各国竞相颁布《航海法》，实行国家对外贸运输的特许与垄断经营。

三、理论评价

重商主义理论是西方最早的国际贸易理论，也是最早从外贸学说史的角度分析对外贸易对一国经济的影响的理论。这种理论及其政策主张极大地促进了资本的原始积累，推动了资本主义生产方式的发展，因而在历史上曾起到一定的积极作用。重商主义理论的政策主张特别是贸易差额论的某些政策主张对于广大发展中国家根据本国国情制定相应的对外贸易政策有非常重要的理论和现实意义，如积极发展出口工业、提高产品质量、保持出口产品的竞争优势；禁止奢侈品进口和对一般制成品奖出限入；实行保护贸易政策，保护本国的民族工业，等。

但是，重商主义隐含着一个错误的假定前提，即认为世界的物质财富是固定的、有限的。一国之所得必为他国之所失，误认为财富和利润都产生于流通过程，这会导致损人利己的贸易政策，因此在理论上还不成熟，还没有形成系统的理论。同时，重商主义的理论带有强烈的经济民族主义色彩，它认为对外贸易对增加一国财富有很大的作用，并把国际贸易看成是一种零和博弈，即一国的获益就是另一国的损失。这种理论观点代表了资本原始积累时期处于上升阶段的商业资本的利益，但后期则变为生产力发展的障碍。

【案例 3-2】

中国的贸易理念仍停留在重商主义阶段

中国的人民币汇率政策受到世界各国的关注，当然与中国经济总量不断增加有关，但其背后的理论意义就在于，当今世界正在从重商主义过渡到重融主义，而中国的贸易理念仍然停留在重商主义阶段。从世界各国经济发展的基础理论来看，经过了重农主义、重商主义和重融主义三个阶段。重农主义强调农业发展的重要性，符合自然经济条件下经济发展需求；重商主义强调货币的价值，希望通过国际贸易囤积大量的真金白银。中国发展对外贸易的初期，就是为了赚取更多的外汇，以购买发达国家先进的技术和装备。这样的发展思维方式决定了，中国为了增加外贸出口，必须采取一系列经济补偿措施。有些企业出口到国外的产品的价格甚至比在国内销售的价格还要低。之所以如此，是因为国家出台了出口退税的优惠措施。随着外国反倾销、反补贴指控的日益增多，中国政府逐渐调整了外贸出口政策。但现在看来，重商主义指导下的外贸政策并没有发生根本性的改变，很多企业仍然把出口创汇作为直接目的。然而，当中国企业把目光集中在企业产品销售收汇环节的时候，西方国家早已将金融服务业发展作为优先考虑的问题，他们通过利用国际金融市场汇率的变化，在外汇结算过程中或者在外汇交易的环节，赚取了大量的利润。

第二节　保护幼稚工业理论

保护幼稚工业是到目前为止最古老的支持政府干预国际贸易的经济理由，它最早是由美国第一任财政部长亚历山大·汉密尔顿(Alexander Hamilton)在 1792 年《关于制造业的报告》中提出，后由德国经济学家弗里德里希·李斯特(Friedrich List)在 1841 年《政治经济学的国民体系》中得到了系统的阐述。当时的背景是：19 世纪初，英法先于其他国家开展工业革命，特别是英国已成为世界工厂，工业发达，大量廉价商品进入国际市场。因此，两国经济学家极力倡导大卫·李嘉图自由贸易理论。但美国、德国等后起的资本主义国家，经济虽有所发展，但还比较落后，尤其无法与英国的廉价工业品竞争，资本主义发展受到相当大的阻碍。为了保护本国工业发展，防止英国工业品的侵入，客观上需要对其进行保护。保护幼稚工业理论就在这样的条件下产生的。

资料 3-1　弗里德里希·李斯特(1789—1846)

李斯特于 1789 年 8 月 6 日出生于德国符腾堡的罗伊特林根(Reutlingen)。他早期的生活并不引人注目。他最初几年是在父亲的制革店中工作，一段时间后，他进入了政府部门任职，1811 年他在蒂宾根得到一个职位，并开始不定期地旁听法律讲座，两年后放弃公职专心学习。1816 年，他开始参与出版一个改良主义杂志，撰写改革地方管理的文章，也参与提出在蒂宾根大学创立一个新的国家经济学院的建议。1818 年，李斯特成为蒂宾根大学管理和政治学的教授。1819 年，李斯特参加了德国贸易和商业协会的成立会议。这一协会的目的是取消国内贸易壁垒，所以其后一年中，他作为协会的代表四处旅行宣扬自由主义，并入选了符腾堡的议会。结果，他的议会活动遭到当局迫害，不仅失去了教授职位、被驱逐出符腾堡议会，而且被捕监禁9个月。之后，李斯特开始了流亡生活，1825年来到美国，成为矿业主和铁路制造者，积累了一笔财富。他和宾夕法尼亚制造和机器业促进会过从甚密，亲眼见到美国实施保护主义政策对制造业发展的影响，开始转而成为保护关税的“美国制度”的支持者，李斯特于1827年出版了第一部真正的经济学著作《美国政治经济学大纲》。1832年他作为驻莱比锡的美国领事回到德国。为了促进德国经济发展，李斯特鼓动德国经济统一和南部德国保护主义，甚至于1843年创立了《关税同盟报》，努力拥护关税同盟的形成，宣扬他的保护主义和保护幼稚工业理论。李斯特在1841年出版了他的代表著作《政治经济学的国民体系》。然而李斯特最终感到自己的经济政策理想在现实社会中无望实现，绝望之余，于1846年自杀身亡。

一、保护幼稚工业理论的内容

保护幼稚工业理论是18世纪末、19世纪的美国和德国以及20世纪的发展中国家推进各自工业化进程中的重要理论依据。其主要观点是：后起国家的新兴产业起步时，如同幼儿一样没有自理能力。在自由贸易环境下，必然会被国外有竞争力的产品所摧毁而永无长大可能，因而政府必须限制国外同类产品的进口以保护本国的幼稚产业，当该产业具有国际竞争力时再取消保护，走向自由竞争。只有这样才会真正享受到自由贸易的利益。

保护幼稚工业理论的主要内容有：

(1)生产力论理论。生产力论理论是李斯特保护幼稚工业理论的基础。其核心思想是：财富的生产力比之财富本身不晓得要重要多少倍。因此，相对落后国家在经济发展中，应该把发展生产财富的能力放在第一位，超过对于财富本身的追求。李斯特认为：比较优势理论虽然能使落后国家通过参加分工和贸易获得利益，但长期本国工业即财富的生产力却难于得到发展。因此，落后的国家必须对建立起来的幼稚工业实行适当保护，虽然一开始国内商品价格会上升，但生产力提高后价格会下跌，这样既有了生产财富的能力，又有了廉价的商品。一国的发展程度不取决于通过贸易获得多少比较利益，却在于拥有作为财富源泉的生产力的发展程度。

(2)国民经济发展阶段说。李斯特认为，各国在历史、经济等各方面都存在差异，因而对外贸易政策一定要与各国所处时代相一致。他把一国的经济发展分为五个时期：原始未开化时期、畜牧时期、农业时期、农工业时期、农工商业时期。根据不同发展阶段的特点，各国应采取不同的贸易政策。在农工业时期以前，应采取自由贸易政策，以便于国内农产品的出口和外国工业品的进口，逐步培育本国工业基础；进入农工业时期后，由于本国产业处于幼稚阶段而缺乏竞争力，应采取保护贸易政策以利于本国工业的生存和发展；而到了农工商业时期，随着本国工业国际竞争力的提高，应消除保护政策来充分享受自由贸易的利益。

(3)政策主张。李斯特主张的保护贸易政策目的是促进本国生产力的发展。保护的对象是受到国外强有力竞争的，但有发展潜力的幼稚希望工业，而且受保护对象通过一段时期的发展能够成长起来。不存在强有力竞争对手的幼稚工业不用保护，农业也无须保护，工业强了农业自然会跟上。保护的手段是关税，即用关税壁垒措施挡住国外具有较强竞争力的商品进入国内市场。保护的程度是适度保护，应针对工业中的不同行业采取程度不同的保护措施，对国内生产生活必需品的行业应通过高关税给予充分保护，对国内生产昂贵奢侈品的行业可以只给予最低限度的保护，对于国内不能生产的各种复杂机器的进口应当免税或只征收极轻的进口税，因为对这类产品的进口过分限制会影响国内工业的快速发展。保护期限要适度，当被保护的工业生产的产品价格低于进口产品价格而可以与之竞争时，或经过一个时期保护被保护的工业仍然不能自立，就应该放弃保护，这段时期一般不能超过30年。

二、对保护幼稚工业理论的评价

李斯特的保护幼稚工业理论不是保护落后的手工劳动，而是通过关税保护，用现代的生产代替传统的生产方式，在德国工业资本主义的发展过程中曾起过积极的作用。该理论是在对自由贸易理论批判的基础上发展而来的，是第一个从理论上探讨在国际竞争下运用保护政策措施促进本国经济发展，建立完整体系的保护贸易理论。保护贸易政策只是一种手段，而不是目的，保护贸易的结果是最终要实现自由贸易。这对指导发展中国家发展民族生产力、实行经济自卫起到了积极作用。

然而，很多经济学家发现，保护幼稚工业理论在实践中有两个很难克服的困难：一是保护对象的选择。正确选择保护对象是保护幼稚产业政策成败的关键，但在实际选择中往往取决于各种政治经济力量的对比。许多发展中国家政府选择保护目标并不是真正从经济利益出发，而是从政治或其他利益出发。另外，是否能选准那些应该保护的行业还有一个信息和判断问题。由于人们不可能掌握全部信息，决策中就有可能出现错误。即使从经济利益出发，也会出现技术上的错误判断，结果不能达到预期目标。二是保护手段的选择。有时对象选对但手段用错，其结果仍然达不到通过对幼稚工业的保护来促其成长的目的。保护幼稚工业的传统手段主要是征收进口关税，但很多经济学家认为，既然保护的目的是增加国内生产，而不是减少国内消费，那么最佳的策略应是采取生产补贴而不是关税的手段来鼓励国内生产。由于采用关税手段政府可以得到关税收入，而采取生产补贴政府既失去关税收入，又要增加财政开支，因而欠发达国家更多地倾向于采用征收关税限制进口的手段来保护本国工业。然而，通过限制进口的手段来保护幼稚工业还有一种常常不被人注意的社会代价，即推迟接受和普及先进技术和知识所造成的损失。

【案例3-3】

中国报刊业还是一个幼稚产业

2004年，我国有20家日报进入世界日报发行量前100名排行榜，与日本并列世界第一，但这20份日报占全国日报总发行量的比重接近25%，德国虽然只有3家日报上榜，但这3份日报发行量占全国日报总发行量的比重却高达25%，美国上榜的18份日报发行量占全国日报总发行量的比重超过了33%，埃及1份上榜日报的发行量占全国的比重高达48%，英国7份上榜日报发行量占全国的比重超过了56%，日本20份上榜日报发行量占全国日报总发行量的比重为87%。可见，我国日报业达到上述国家日报规模效益指标的路程还很长。我国上榜的20份日报发行量105万份，年增长率为4.17%；日本上榜的20份日报发行量305万份，年增长率为−0.67%。按照这样的速度发展，我国大约需要53年才能达到日本如今的规模效益。韩国3份上榜日报发行量217万份,年增长率5.6%,速度远高于我国,可见,以此速度我国日报的规模效益百年之内难以赶上韩国。从这个角度看,如韩国日报业100岁、日本的日报业53岁的话,我国日报业才1岁!

尽管目前我国是世界报业第一大国,报纸发行量位居世界首位,比日本多100万份、比印度多250万份、比美国多270万份,但是我国日报发行量每千成年人才91份,英国为393份、美国为263份、日本为647份、冰岛为706份,可见我国日报市场开发程度非常低。按照最近5年的平均年增长率,我国日报业赶上英国大约要59年、赶上美国要69年、赶上日本要132年、赶上冰岛要502年!如果说冰岛日报业已502岁、日本的132岁、美国的69岁、英国的59岁的话,我国日报业才1岁!如果说英国、美国日报业步入了青年期,日本日报业进入壮年期,冰岛日报业进入老年期,我国日报业无疑正处于婴儿期。

同样,在非日报业领域,我国无论是报纸种类还是发行量与世界先进国家相比,都存在比较明显的差距:从每百万人口的报纸种类看,我国仅1.2种,英国为22种、印度有65种、韩国有128种;从非日报每千成年人发行量看,我国为109份、英国为596份、丹麦为1761份,以目前年增长率概算,我国赶上英国大约要120年,赶上丹麦是百年无望。如果说丹麦、英国非日报业正处于壮年期的话,我国非日报业显然处于婴儿期。由此可见,我国报业,无论是日报业还是非日报业,为典型的幼稚产业。

国际比较结果还清楚地显示:我国的报业还属于典型的幼稚产业,因而需要国家提供强有力的政策保护。无论是与汽车工业、计算机产业相比,还是与纺织业、钢铁业相比,我国传媒业具有明显的比较优势。保护有比较优势的幼稚产业是一个国家最基本的产业发展战略。

第三节　超保护贸易理论

1929—1933年,资本主义世界发生了经济大危机,使资本主义国家陷入长期萧条之中。这种国内经济萧条的加深,使国外市场争夺日益激烈,自由贸易已应付不了这种局面。面对生产停顿、经济萎缩、失业增加等严重的经济危机,人们对资本主义制度的信心发生了动摇,对自由贸易理论产生了质疑。1936年,凯恩斯在《就业、利息和货币通论》中阐述了政府干预经济的理论,对传统贸易理论进行了批判,提出了超保护贸易理论。由于他的理论影响深远,被称为凯恩斯主义,至今在西方经济学界仍占据一定支配地位。

资料3-2　约翰·梅纳德·凯恩斯(1883—1946)

关于约翰·梅纳德·凯恩斯,有权威人士说:毫无疑问,他是20世纪英国经济学界的主要人物,也是经济学方面重要的世界级人物。1883年6月5日生于英格兰的剑桥,14岁以奖学金入伊顿公学主修数学,曾获“托姆林奖金”。毕业后,以数学及古典文学奖学金入学剑桥大学国王学院。1905年毕业,获剑桥文学硕士学位。之后又滞留剑桥一年,从师马歇尔和庇古攻读经济学。1908 年回剑桥任经济学讲师至 1915 年。其间,1909 年以一篇概率论论文入选剑桥大学国王学院院士,另以一篇关于指数的论文获亚当·斯密奖。1936 年其代表作《就业、利息和货币通论》(简称《通论》)出版,开创了"凯恩斯革命",但其声誉卓著不单是由于这部书,还包括其他著作,其中最著名的是《论货币改革》(1923)和《货币论》(1930),这两部著作是其研究货币理论的代表作。在世界著名经济学家中,凯恩斯几乎是最成功的一位,做着剑桥大学的经济学教授;权威刊物《经济学杂志》的主编以及其他一些经济学类刊物的主编;在不断推出新的著作与论文的同时,还能在证券交易所里大赚其钱;还同时兼任不少公司的顾问或者董事;甚至还开办过艺术剧院;担任过皇家学院的总务长。此外,也参加一些自由党的党派活动,被聘为政府一些有关经济的会议的委员或者顾问。1942 年,为了表彰他对国家所做出的杰出贡献,英国女王封其为男爵。他是唯一有爵位的经济学家。30 年代之后,他就已经成为国际知名人士,不仅在学术方面,在公共事业方面也是如此。第一次世界大战结束后曾代表英国财政部参加巴黎和会,第二次世界大战时则担任英国财政部顾问,为战事出谋划策,1944 年 7 月率英国政府代表团出席布雷顿森林会议,并成为国际货币基金组织和国际复兴与开发银行(世界银行)的英国理事,在 1946 年 3 月召开的这两个组织的第一次会议上,当选为世界银行第一任总裁。返回英国不久,因心脏病突发于 1946 年 4 月 21 日在索塞克斯家中逝世。

凯恩斯一生对经济学做出了极大的贡献。凯恩斯最根本的理论创新就在于为国家干预经济的合理性提供了一整套经济学的证明,这是凯恩斯主义出现以前任何经济学都根本做不到的,所以第一次世界大战后几乎各主要的资本主义国家都采用了凯恩斯理论,一度被誉为资本主义的"救星""战后繁荣之父"等。

一、超保护贸易理论的内容

凯恩斯认识到了重商主义的合理性而提出了新的贸易保护主义理论,随后其追随者对凯恩斯本人的贸易保护论做了进一步发挥,从而完善了超贸易保护理论。

(一)凯恩斯的新重商主义理论

凯恩斯的保护主义理论主要是建立在以下三点的基础上发展而来的:

(1)对古典自由贸易理论假设条件的批评。古典自由贸易理论假定国内是充分就业的,国家间贸易以出口抵偿进口,进出口能够平衡。偶尔出现差额,也会由于黄金的移动和由此产生的物价变动而得到调整,进出口复为于平衡。但凯恩斯认为,古典学派的贸易理论已经过时了。首先,他们的理论前提条件,即充分就业事实上并不存在,现实社会存在着大量的失业现象;其次,传统理论只用国际收支自动调节机制来"证明贸易顺差、逆差的最终均衡过程",忽视了在调节过程中对一国国民收入和就业的影响,这是不对的。

(2)贸易顺差有益,贸易逆差有害。凯恩斯主义认为,总投资包括国内投资和国外投资,国内投资额取决于资本边际收益率和利息率,国外投资额则由贸易顺差大小决定。增加顺差,乃是政府可以增加国外投资之唯一直接办法。若贸易为顺差,则贵金属内流,故又是政府可以减低国内利率,增加国内投资之唯一间接办法。因此,贸易顺差对国民经济的作用犹如投资,它有利于国内危机的缓和与扩大就业量。反之,贸易逆差则造成资金外流,投资减少,使国内经济趋于萧条和失业人数增加。

(3)重商主义理论有合理的、科学的成分。因为一国对外的净投资决定于贸易差额的大小,且贸易收支顺差越多,对外净投资就越多。国际贸易收支顺差从两个方面促进有效需求的增加:一是一国净出口的增加本身就是本国有效需求水平的提高,进而导致国民收入的提高;二是通过贸易收支的顺差,直接影响到国内货币的供应量,从而压低国内利息率,刺激国内的私人贷款,增加私人的消费和投资需求。因此,凯恩斯及其追随者在一国对外贸易上赞成贸易顺差,反对贸易逆差,提倡国家干预对外贸易活动,运用各种保护措施,采取奖励出口、限制进口以获得贸易顺差。由于凯恩斯主张通过国家干预经济,追求贸易顺差,实现国民经济的振兴与发展,同重商主义理论如出一辙。因此,凯恩斯主义的国际贸易理论也被称为“新重商主义”。

(二)凯恩斯的贸易乘数理论

后凯恩斯主义经济学家马克卢普和哈罗德等对凯恩斯的贸易保护论做了进一步发挥,把乘数理论运用到对外贸易领域,建立了对外贸易乘数理论。其含义是:出口收入增加,对国民经济会发生连锁反应,而使国民收入发生更大规模的增加。因为人们收入和消费增加,这就会引起其他部分生产相应地增加,就业和收入、消费增加。反复下去,则国民经济的收入量就是新增加出口量的若干倍。因此,仅有贸易顺差时外贸才能增加一国就业、增加一国收入,且增加量是贸易顺差的若干倍;而进口增加时就会产生相反的效应:货币支出增加,国内收入减少,消费下降,引起其他部门生产萎缩。对外贸易乘数的推导如下:

开放经济条件下的总需求方程为 $Y=C+I+G+(X-M)$;由于消费函数为 $C=Ca+bY$,其中 b 为边际消费倾向,代入总需求方程得 $Y=Ca+bY+I+G+(X-M)$。在不考虑 Ca、I 和 G 变化的情况下有 $Y=bY+(X-M)$,即 $Y-bY=(X-M)$,也就是 $Y=1/(1-b)\cdot(X-M)$。令 $k=1/(1-b)$,则有 $Y=k(X-M)$。可见,要增加 Y,就要扩大 $(X-M)$,即增加出口,减少进口。因此在开放条件下,通过鼓励出口、限制进口的措施维持贸易顺差,使 Y 成 k 倍增加。对外贸易乘数在一定程度上揭示了外贸与国民经济的内在相互依存关系,所以说外贸出口是拉动经济的三驾马车之一。

二、超保护贸易理论的特点

超保护贸易理论相对于传统保护幼稚工业理论有以下不同的特点:

(1)保护的目的不同。以李斯特为代表的传统保护贸易政策的主要目的是为了发展本国的生产力,而超保护贸易政策的实施目的则是为了争取外贸顺差,解决工人失业问题。

(2)保护对象不同。传统保护贸易政策的保护对象主要是经济落后国家的幼稚工业,而超保护贸易政策的保护对象则主要是经济发达国家的夕阳工业。

(3)保护手段不同。传统保护贸易政策的保护手段主要是关税措施,而超保护贸易政策的保护手段不仅包括关税措施,还包括各式各样的非关税壁垒措施。

(4)保护的策略不同。传统保护贸易政策以防御性的限制进口为主,而超保护贸易政策不仅采取防御措施,还经常以政府补贴和商品倾销等手段主动向别国市场进攻。

三、超保护贸易理论的评价

凯恩斯提出的国家干预经济生活的理论,对于第二次世界大战后世界经济发展起了重要的促进作用。凯恩斯由此奠定了其作为西方经济学界一代名师的不可动摇之地位。此外，超保护贸易理论中的合理成分值得引起重视，如对外贸易乘数理论揭示了贸易量与一国宏观经济以及各主要变量（如投资、储蓄等）之间的相互依存关系。在某种程度上指出了对外贸易与国民经济发展之间的某些内在的规律性。

同其他理论相比，凯恩斯的超保护贸易理论更侧重政策方面，即理论的实用性。该理论是代表垄断资本主义利益的贸易理论，在政策取向上是不择手段地保护垄断资产阶级的利益。该理论没有考虑到国家之间贸易政策的连锁反应，当本国奖出限入政策遭到贸易伙伴国报复时，其经济与贸易的负面效应会更严重。超保护贸易政策实施的结果是国家财政赤字增加，导致通货膨胀，因为过分追求贸易顺差，使外汇积累过多，本币就要相对减少而升值，不利于本国的商品出口，而同超保护贸易理论追求贸易顺差的初衷相悖。

【案例 3-4】

新重商主义重塑世界经济

2008 年 12 月 31 日，美国《新闻周刊》刊登了罗伯特·萨缪尔森的一篇文章《告别自由贸易，召唤重商主义》。其中指出：在世界各国经济变得更加相互依存之际，各国的民族主义色彩也越发浓重。各国政府试图为实现自身利益去操控市场，正在采取旨在通过牺牲别国而增进自身经济和政治利益的政策，重商主义卷土重来。并列举了四个新重商主义的例子：普京、人民币、美国—秘鲁贸易协定、查韦斯。该文章指出，中国人民币由于长期人为因素造成的低值推动了出口等产业的就业机会增加，使得中国的贸易顺差自然膨胀。2007 年中国的经常账目下顺差已高达 4000 亿美元，约占国内生产总值的 12%。按占国内生产总值的份额计算，中国的经常账目下顺差是 20 世纪 80 年代处于经济巅峰时期的日本的 3 倍。这也导致墨西哥、印度等发展中国家和美欧处于劣势。同时，该文还指出重商主义观念还对能源贸易造成了影响。欧洲近 1/4 的天然气需求量依靠俄罗斯供应。拉迪将此局面描述为“被熊掐住了咽喉”。普京经常谈到要建立一个世界天然气联盟。欧洲人担心，严重依赖俄罗斯天然气的局面将使他们遭受政治勒索。查韦斯将委内瑞拉的石油以折扣价卖给古巴和其他拉美友邦。令人忧虑的是，匮乏的能源供给将日益根据政治承诺进行分配。该文最后还指出，放弃全球贸易协定也是新重商主义的一种表现。世界范围内的多哈回合贸易谈判却深陷困境。各国更喜于达成双边和地区性贸易协定，因为他们可对上述协定的条款拥有更多控制权。

【案例 3-5】

日本是一个新重商主义国家吗？

在国际舞台上，日本一直是一个自由贸易协定的坚定支持者。但是，美国政府却一再指责说，日本所采用的是一种无所顾忌的新重商主义做法。美国说日本总是乐于签署要求外国向日本公司的产品开放市场的国际协议，而同时日本又总是对外国产品封闭本国市场。美国政府官员指出，美日之间的巨额贸易不平衡即是证明。1995年,美国对日本的贸易逆差达600亿美元。美国政府的指责最近从三位日本经济学家处获得了声援。在1994年公布的一份研究报告中,这三位经济学家以食品、化妆品和化工产品为例,说明日本政府如何通过各种进口限制措施,包括对出口到日本的某些产品实行配额限制来保护本国工业免受生产效率更高的外国公司的竞争。据三位经济学家分析,如果在这些领域里没有进口障碍,进口产品的数量将会翻一倍多,而日本国内的产品价格也会大幅度下降。这份研究报告显示,在1989年,价格的下跌可能使日本的消费者平均节省大约890美元,但同时日本在某些产品方面的产量可能下降20%以上,这些产品包括小麦、油菜籽、烟叶、罐装水果和蔬菜及化妆品。贸易自由化还可能使日本丧失超过18万个就业机会。因此,日本政府防止生产效率更高的外国竞争对手对本国的这些产品领域造成冲击似乎是为了避免本国就业机会的减少,但其实是让普通的日本消费者支付更高的全球经济聚焦价格。日本政府对食品工业进行保护也许是因为由此获益的日本农民是该国一支强大的政治力量。美国政府宣称,日本采取新重商主义作法的另一个领域是汽车和汽车零部件的进口。日本的汽车及零部件大量出口到美国和欧洲,但从历史上讲,它的汽车和零部件的进口只分别占其总量的3%和2%,而其他发达国家汽车和零部件的进口比例则分别为22%~78%和16%~60%。美国的贸易谈判代表说,日本政府要求对进口的汽车产品进行严格的安全检查以限制进口,而这些检查明显是为了提高外国厂家在日本的销售成本。比如,美国商业部称,只有日本要求对某种休闲车外加前刷防护器的安全检查,而要做这种检查就必须对每部车进行一次费用达3000美元的全面重检。

第四节　战略性贸易理论

20世纪70年代以后,世界贸易格局发生了新的变化:一些第三世界国家在世界贸易中崛起,在纺织、制鞋、钢铁等行业中呈现出比较优势;石油输出国家自建立起OPEC(石油输出组织)以来,控制供给并提高价格,主宰了国际石油市场;工业国家之间的双向贸易和制成品之间的贸易成为世界贸易中的主要部分。由于贸易结构的改变,使发展中国家、发达国家面临着工业制成品市场的激烈竞争。在新的形势下,贸易保护主义在理论与政策上都有了新发展,这种新的贸易保护主义理论认为:由于国际市场上的不完全竞争性和规模经济的存在,一国政府可以通过补贴或保护国内市场的手段,扶植本国战略性产业的成长,增强其在国际市场上的竞争力,占领他国市场,获取规模报酬和垄断利润的贸易政策。这就是战略性的贸易理论。

一、战略性贸易理论构成

根据战略性贸易对贸易利益的着眼点不同,可以将战略性贸易理论分为以下两个分支:

(一)利润转移理论

利润转移理论是指政府可以通过干预性的贸易(政策),将利润从他国转移到本国来。作为战略性贸易政策的倡导者,伯兰特和斯本塞认为,现实经济世界到处都是能够影响市场价格的大厂商,因此市场存在着垄断因素,同时许多产业存在规模经济。他们借助产业组织理论和博弈论的研究结果和手段,创造性地探讨了在不完全竞争的市场结构和规模经济的条件下,政府的补贴对于生产和出口的影响,建立了战略性贸易政策理论的基本分析框架。随后,克鲁格曼提出,在寡头垄断市场和规模经济的条件下,一国政府通过关税、配额等贸易保护手段将国内市场部分或全部关闭起来,为本国厂商的发展提供国内市场基础,从而获得规模经济效应。克鲁格曼还分析了战略性贸易政策发挥作用的条件、机理和后果,丰富和发展了战略性贸易政策理论。

以上这些观点都表明:在规模经济和不完全竞争的市场结构下,一国政府可以通过关税、配额等保护措施限制进口,同时利用出口补贴、研发补贴来促进出口,增强本国厂商的国际竞争力,扩大其在国际市场上的市场份额,实现垄断利润从外国向本国的转移,提高本国福利。它们都强调的是利用国家贸易政策将利润从外国向本国转移的作用,因此被称作战略性贸易政策理论的"利润转移"理论。

资料 2-3 保罗·克鲁格曼(Paul R. Krugman, 1953—)

保罗·克鲁格曼于 1953 年出生于一个美国的中产阶级家庭,在纽约的郊区长大,童年时代喜爱看科幻小说,曾梦想成为一名心理或历史学家。当他成为一名著名的经济学家后,他诙谐地说:"有趣的思想与有趣的生活经历关系甚微。"保罗·克鲁格曼于 1974 年毕业于耶鲁大学。在大学期间主修经济,但他只上了经济学必修课,选的更多的是历史课。大学毕业后,在诺德豪斯的推荐下,克鲁格曼进入麻省理工学院(MIT)攻读博士学位。在 1977 年取得经济学博士学位之后,便直接去耶鲁任教,从此开始了他作为专业经济学家的研究生涯。克鲁格曼的成名是在 1978 年。他当时写了一篇关于国际贸易的论文(即《规模报酬递增、垄断竞争和国际贸易》,于 1979 年发表于《国际经济学杂志(JIE)》),并于当年 7 月在美国国民经济研究局(NBER)的研讨会上宣读。他的这篇论文奠定了国际贸易理论新的分析框架,从而也使克鲁格曼一夜成名了。克鲁格曼回忆道:"那是我生命中最美好的 90 分钟。"奠定他在国际贸易领域中权威的另两篇文章分别是《规模经济、产品差异化和贸易方式》(《美国经济评论》,1980 年)和《产业间分工和贸易福利》(《政治经济杂志》,1981 年)。克鲁格曼整合了此前经济学界在国际贸易和地理经济学方面的研究,在自由贸易、全球化及推动世界范围内城市化进程的动因方面形成了一套理论。他于 1991 年获得了两年一次颁发给 40 岁以下的美国杰出经济学者的约翰·贝茨·克拉克奖。2008 年,他一人独获 2008 年诺贝尔经济学奖,以表彰他在分析国际贸易模式和经济活动的地域等方面所做的贡献。他的其他有影响的成果:1996 年:他看衰亚洲经济,预言将出现金融危机;2001 年:他断言油价可能将飙涨;2006 年:他呼吁关注美国房价潜在的暴涨暴跌风险;美国会出现严重的经济衰退;2008 年:他声称全球经济陷入衰退。

(二)外部经济理论

外部经济理论是指将政府战略性的贸易干预政策看作是追求外部经济的手段。该理论认为,政府应该对那些能够产生巨大外部经济的产业进行扶植与保护。通常具有巨大外部规模经济的产业就是具有战略意义的产业。这些产业由于具有外部性,而这个外部性不能被企业所享有,因此单凭企业的自我决策不能使企业发展到令社会福利最大化的规模。这样,政府就要通过补贴等保护行为使企业发展到令社会福利最大化的规模。

二、战略性贸易理论例解——波音与空客之争

为了使战略性贸易理论在实践中获得成功，首先必须要选择好战略性产业。选择的战略性产业，可以是具有广泛的外部经济效应、巨大的内部规模经济、巨大的外部规模经济、可能取得出口垄断地位或是重要的尖端的研发性产业。当然，战略性贸易理论政策对这些产业的扶植，不仅仅单纯追求这些产业自身的发展，还要利用这些产业的外部效应，同时还需要政府有完全的信息和准确的判断，对保护成本和收益有准确预期；受保护的企业要能够长期保持垄断地位，该产业具有很高的进入壁垒，能够保持寡占的市场结构，以及其他国家不会采取报复式的保护；等等。

我们以美国波音公司（以下简称"波音"）与欧洲空中客车公司（以下简称"空客"）为例来说明。

（一）假设两家公司是同质企业

假定两家公司生产技术和能力相近，都有能力生产500座的大型客机，生产具有规模经济，生产越多成本越低，生产量越小成本越高，且会有亏损。由于市场需求有限，如果两家公司都生产，都会亏本。如果都不生产，则都不会亏本，但也都没有利润。只有在一家生产而另一家不生产的情况下，生产的那家才会有足够的生产量获得利润。

1. 两家公司均不享受政府补贴

我们将利润、亏损用正负数表示。两家公司在都不享受政府补贴的情况下，其选择策略有下列几种：①两家均选择生产，则两家均亏损5万美元，在表3-1中显示为（－5，－5）；②一家选择生产，另一家选择不生产，则生产方获得100万美元的利润，选择不生产的一方获得的利润为0。在表3-1中，显示为（100,0）或（0,100）。其中，（100,0）表示波音生产，而空客不生产。（0,100）表示空客生产，而波音不生产。③两家均选择不生产，则两家既没有利润，也没有亏损。在表3-1中显示为（0,0）。

表3-1　波音和空客在不享受补贴情况下的利润与亏损情况　　单位：万美元

		空中客车公司	
		生产	不生产
波音公司	生产	（－5，－5）	（100,0）
	不生产	（0,100）	（0,0）

因此，两家公司的最佳策略是"谁先进入谁生产，而另一公司选择不再进入"，存在两种博弈均衡：如果波音先进入生产，空客的最佳策略是选择"不生产"，即表3-1的（100,0）；如果空客率先进入生产，波音的最佳策略也是"不生产"，即表3-1的（0,100）。

2. 空客享受补贴，而波音不享受补贴

假设欧洲政府采取战略性贸易政策，补贴空客10万美元进行生产，而波音公司不享受政府补贴，两家公司的利润、亏损情况发生了变化：①如果两家公司均选择生产，空客从原来亏损5万美元变成盈利5万美元，而波音依然亏损5万美元，具体显示为表3-2中的（－5,5）。因此，波音的理性选择是"不生产"。②如果空客生产，而波音选择不生产，那么波音利润为0，而空客获得利润却从100万美元上升为110万美元，在表3-2显示为（0,110）。在波音公

司理性选择“不生产”而退出竞争的情况下，空客独占市场，获得 110 万美元的利润。对空客或者欧洲政府来说，这种结果极具吸引力：政府只支付了 10 万美元的补助，却换来了 110 万美元的收益，净得利 100 万美元。

表 3-2　空客公司享受补贴、波音不享受补贴的利润与亏损情况　　单位：万美元

		空中客车公司	
		生产	不生产
波音公司	生产	(−5, 5)	(100,0)
	不生产	(0,110)	(0,0)

从表 3-2 可知，一国政府的保护政策可以使本国企业在国际竞争中获得占领市场的战略性优势并使整个国家受益。新保护主义常常以此来说明保护政策在现代国际竞争中的重要性。

3. 两家公司均享受补贴

在空客享受政府补贴的情况下，假设美国政府也给予波音同等的补贴(10 万美元)，两家公司的利润、亏损情况发生变化，具体如表 3-3 所示。两家公司竞争的最终结果必然是两家都选择“生产”，并均获利 5 万美元(5,5)。虽然两家公司在政府补贴下仍能获利，但各国政府的支出(10 万美元)大于企业所得利益(5 万美元)，造成整个经济净损失。因此，政府给予企业补贴存在信息准确性问题。

表 3-3　空客与波音享受政府同等补贴情况下的利润与亏损情况　　单位：万美元

		空中客车公司	
		生产	不生产
波音公司	生产	(5, 5)	(110,0)
	不生产	(0,110)	(0,0)

(二)假设两家公司是异质企业

即使美国政府不给予波音任何补贴，欧洲政府仍然存在信息不完全和盲目保护、不能达到预期效果的问题。我们具体假设：①波音与空客在生产技术、经营管理上存在差别，而波音的生产效率比空客高。②波音独享市场的利润为 125 万美元，而空客独享市场的利润依然为 100 万美元。③如果两家都生产，空客亏损 5 万美元，波音赢利 5 万美元。因此，两家公司在均不享受政府补贴的情况下，它们的利润、亏损情况具体如表 3-4 所示。

表 3-4　均不享受补贴情况下的利润与亏损情况　　单位：万美元

		空中客车公司	
		生产	不生产
波音公司	生产	(5, −5)	(125,0)
	不生产	(0,100)	(0,0)

在以上假设基础上，两家公司的生产情况如下：

(1)如果两国政府均不给予企业补贴，其结果必然是波音生产而空客不生产，波音公司独占市场。因为在波音公司选择生产的前提下，空客选择生产或不生产的最终结果分别为

亏损 5 万美元或利润为 0。因此,空客的理性选择是“不生产”。

(2)如果欧洲政府不了解情况,仍然给予空客补贴 10 万美元,企图借此将波音挤出市场,但结果是不能如愿的,具体情况如表 3-5 所示。虽然空客挤进市场开始生产,但波音公司不会退出市场,只是少赚利润而已,但空中客车无法独占市场,只能得到 5 万美元利润,减去补贴,整个国家仍然亏损。

表 3-5 波音公司和空中客车公司补贴标准不一样情况下的利润/亏损

单位:万美元

		空中客车公司	
		生产	不生产
波音公司	生产	(5,5)	(125,0)
	不生产	(0,110)	(0,0)

因此,只要波音公司的生产效率足够高(比如,在双方均生产的情况下,他能获得利润 5 万美元),无论欧洲政府补贴多少,双方共享市场的结果不会改变。由此可见,战略性贸易保护政策在实践中仍有许多困难。

三、对战略性贸易政策的批评

战略性贸易政策理论广泛借鉴和运用了产业组织理论与博弈论的分析方法和研究成果,而博弈论的运用应该说是国际贸易理论在研究方法上的突破。战略性贸易理论表明,在现实与自由贸易理论的前提假设(完全竞争和规模报酬不变)相背离的当今世界,政府干预对外贸易是有必要的。战略性贸易政策虽不乏支持者和实践者,但这一政策也遭到了不少人的批评。首先,反对者认为战略性贸易政策在实际应用时所需的信息大于各国政府所能获得的信息。这样,在实际应用过程中,战略性贸易政策的效果可能会因信息不充分而不能得到有效的发挥。其次,反对者还认为,战略性贸易政策下的政府补贴极有可能会招致别国的报复,致使此种政策的效果更加难以实现。而且在研究方法上,该理论还缺乏不完全竞争条件下政策干预效应的统计分析,需要进行更多的定量分析和实证研究。

【案例 3-6】

日本贸易立国战略

1949 年 9 月,日本公布实行的《经济复兴五年计划》中确定了贸易立国的经济发展战略。该计划指出:“将来经济规模乃至生活水平的高低,最终取决于我国的出口规模。”而出口贸易的关键是发展技术,提高劳动生产率,这样才能增强日本商品的国际竞争力。日本贸易立国战略是以振兴出口贸易作为其核心内容的。而且,这个战略确立的最初 10 年,仍含有保守的经济自立主义的思想,直到 1960 年的《国民收入倍增计划》,才使贸易立国的战略得到进一步发展,从过去那种以振兴出口贸易作为手段促进日本经济自立的思想转变为要以全世界作为日本的原料、燃料供应地,以全世界作为日本的商品销售市场之开放的、经济合理主义思想。

日本贸易立国战略的主要措施有：

(1)建立对外贸易的管理部门，并健全、加强其职能。1949年成立了主管贸易和产业的通产省。1954年设立了受通产省指导的特殊法人——日本贸易振兴会，负责海外市场调查，收集经济信息与情报，联系和组织国际贸易活动，并向海外宣传日本的贸易政策，介绍日本的企业和产品等。同年，日本还设立了出口会议，由总理大臣亲自出席，内阁各有关大臣及政府职能部门的官员参加，以及产业界和经济学界的企业家和学者代表。每年召开2～3次会议，议定年度出口目标，研究如何扩大出口等问题。

(2)通过行政指导和立法手段促进企业的合理化，推动产业向高级化方向发展，以加强日本出口商品的国际竞争力，并获得高附加价值。20世纪50年代，日本政府通过各种形式的审议会、调查会、协议会和委员会等加强产业界与政府的联系、交流和协商。同时，还利用政府的权力与地位及其财税政策与其所控制的金融部门诱导企业向政府规划的高级化产业目标迈进。60年代，政府又积极撮合汽车行业大企业的合并与协作。五六十年代，日本为加强出口贸易，核心的产业政策目标是实现重化学工业化。为此，不仅依靠行政指导手段，还制定了一些专门的法规。如《振兴特定工业临时措施法》《振兴电子工业临时措施法》《机械工业振兴临时措施法》《扶植石油化学工业对策》等。在扶植大企业，促进产业高级化的同时，对中小企业也给予指导照顾，促进其联合、协作，与大企业形成系列化分工，在金融税制方面亦给予优惠。但总的来说，对它们的扶植要比大企业来得迟。

(3)采取一系列鼓励出口的政策措施。对出口企业实行优惠的外汇配额和贷款，甚至实行出口预付金融制度，成立了进出口专业银行。在税收方面实行出口收入扣除制度，按出口多寡比例加速折旧等。还建立出口保险制度，减少了出口企业的风险。

(4)日本的进口政策和制度尽管在贸易立国战略中不占主要地位，但也是它的有机组成部分。20世纪五六十年代，日本的进口政策和制度主要是围绕两个方针而展开的。一个是为出口而鼓励的进口，主要是进口原材料、燃料和非最终商品的初级产品，再就是鼓励为提高产业结构而进口高技术含量的机械设备；另一个就是为保护本国落后的基础业如农业，幼稚产业如轿车业、计算机业等，而实行的限制进口政策。

贸易立国战略的效果有：日本的贸易立国战略推动了50年代中期至70年代初期日本经济的高速增长，增强了日本的综合国力。由于贸易立国战略的提出，明确了日本经济的发展方向和目标，使日本的产业界努力和国际市场接轨，把企业置身于国际竞争的大舞台中，极大地增强了日本商品的国际竞争力，使日本出口贸易的规模不断扩大，刺激了国际市场对日本商品的有效需求，从而使日本的出口产业获得了极大发展，带动了整个国民经济的起飞，使日本出现了1956—1973年高速增长的经济局面。为了有效地实现贸易立国战略，日本实行了扶植以重化学工业为中心的产业政策，使日本的生产能力与综合国力发生了质的飞跃，对外贸易收支从1965年开始出现了持续稳定增长的大幅度盈余(也有个别的入超年份)。如果没有贸易立国的战略，那么，日本极其贫乏的国内资源，与五六十年代那种狭隘有限的国内市场容量是无法支持经济高速增长的。同时,以振兴出口为中心的贸易立国战略,由于不断扩大出口规模,也就有能力不断扩大进口,特别是对原材料和燃料的需求,这就弥补了资源匮乏的不利条件。否则,如果在五六十年代即搞内需型经济,不仅难以扩大国内市场,而且,由于日本资源不足,以国外增加进口势在必行,但内需型经济对外出口又不占主要地位,那么,进口原料、燃料的外汇资金则无法解决,国际收支也难以平衡,因而内需型的经济也就失去了立足点。日本贸易立国战略,使日本政府和经济界把很大精力都集中在国际贸易上,这使日本企业在获得市场信息、引进先进技术,借鉴高效管理经验方面都处于领先和有利的地位,促进了企业活力的增强。

思考题

1. 保护贸易理论主要有哪些,这些理论从哪些方面阐述了为什么一个国家要对贸易进行保护的现实意义?

2. 保护幼稚工业理论和超保护贸易理论有哪些不同点,你认为这两种理论中哪种理论更适合 WTO 允许发展中国家进行贸易保护的理论依据,为什么?

3. 在分析中国加入 WTO 的利弊时,有人说"为了能够打开出口市场,我们不得不降低关税,进口一些外国产品。这是我们不得不付出的代价",请分析评论这种说法。

4. 国际贸易将趋向自由贸易化还是趋向保护贸易主义,从理论和实践两方面来进行分析。

第四章　关税措施

【案例 4-1】

中国关税措施的历史演变

1950 年 1 月，中国国务院通过了《关于关税政策和海关工作的决定》，宣布中国实行独立自主的保护关税政策。在改革开放初期，中国实行保护国内工业的进口替代贸易政策。据世界银行 1989 年研究报告，世界上实行进口替代战略的主要国家的制成品进口关税税率，印度为 112%，孟加拉国为 100.8%，中国为 91.2%。其中，在耐用消费品的进口关税上，中国的进口税率为 130.7%，印度为 128.5%，孟加拉国为 116.1%。因此，当时中国的商品进口关税税率是非常高的。20 世纪 90 年代初，中国采用自行调整和谈判约定两种方式对高关税壁垒进行削减。1992 年中国海关税则从布鲁塞尔目录转化为协调制度的 H.S 目录，平均进口关税率为 42%。1992 至 1999 年期间，中国五次大幅度自行削减进口关税：①1992 年年底，对涉及 371 个税号的关税进行削减，平均关税水平下降为 39.9%；②1993 年再次削减关税，涉及 2898 税号关税，平均关税降到 35.9%；③1996 年 4 月 1 日起，对涉及 4900 多个税号的关税进行调整，使平均关税税率从 35.9%降至 23%；④1997 年 10 月起，再次下调进口关税 26%，涉及 4874 个税号商品，占总税目 73%，经销减后关税水平由 23%降至 17.05%；⑤1999 年 1 月 1 日起，中国再次降低部分进口关税，共计 1014 个税目，占总税目的 14.6%，平均关税税率则由 1998 年的 17.05%降到 16.78%。

2001 年中国正式成为世贸组织成员，中国关税水平调整的幅度更大。中国承诺在 2005 年将工业品关税降到 10%。经过逐年关税削减后，中国 5669 个工业品关税税号中，约 60%工业品关税税率下降到 10%以下，约 30%税目关税税率在 10%～20%，仅有 2.5%税目税率在 25%左右或以上。2007 年 1 月 1 日，中国将进口关税、综合税率降到了 9.8%，其中，工业品是 8.95%，农产品是 15.2%。农产品还必须有一个比较充分的保护期，所以税率偏高。2009 年 1 月 1 日起，中国降低“进口税则”中鲜草莓等 5 个税目的最惠国税率，其余税目的最惠国税率维持不变。

通过国际贸易纯理论的学习，我们对国际贸易产生的原因、国际贸易的形态及利得等问题已经进行了分析，结论显示国家应该实行自由贸易。但在国际贸易政策的实际制定中，国际贸易理论研究中那些被剔除掉的因素及其他因素都会进入到政策制定者的视野，从而使国际贸易保护层面显现出来。当前，国家贸易政策在总体上显现向贸易自由化发展，各国经济越来越开放。但当我们放眼世界，仍然能够看到国际贸易不完全自由的一面。关税作为一国对外贸易中的重要政策和壁垒之一，在多边自由贸易体系下更显得跟以往有所不同。

第一节 关税概述

关税是国与国之间贸易的第一道公开壁垒。在中国加入世贸组织谈判的过程中，关税尤其被关注。在加入世贸组织后，关税也是中国为了履行承诺而做得最彻底的一个环节。

一、关税的概要

（一）关税的定义

关税是进出口商品通过一国关境时，由该国政府设置的海关对进出口商品所征收的一种税。关境又称税境或海关境域，是海关征收关税的领域，也是海关所管辖并执行海关各项有关法令和规章的区域。

一个国家的关境与国境，在一般情况下是一致的，但在某些特定情况下，关境和国境不一致。如一国境内存在关税同盟、自由港（区）或保税区等自由域，该国的关境小于国境；但当几国结成关税同盟，组成一个共同关境实施统一关税法律和对外税则，彼此之间商品进出国境不征收关税，但对非同盟成员国的商品进出共同关境时征收关税，此时关境大于一国国境。例如，香港是中国最大的自由贸易口岸，在区内实施零关税的自由贸易政策，虽然它属于中国境内，但却在中国关境之外。因此，中国的关境小于国境。而欧盟各国因组建关税同盟，对其成员国实施零关税政策，对非成员国实施统一的关税管理，因此欧盟各成员国的国境就要小于关境。

（二）关税的特点

关税的税收主体（即纳税人）是本国进出口商；关税的税收客体（即课税对象）是进出口商品。关税是国家税收的一种，其具有以下特点：

(1)关税是间接税，是进出口商人先代理消费者将关税交给国家，并将关税转嫁到商品价格中。因此，关税的最后承担者仍然是消费者。

(2)关税具有强制性和无偿性，不管愿不愿意，它必须交给国家。

(3)关税是预定的和透明的，每年年初海关会通知当年的关税税率。

(4)关税是一个国家执行经济政策的手段，具有涉外性。如果一国想让某种产品进入国内，其进口关税一定很低，反之关税就比较高。

(5)关税在一定程度上反映了一国的经济发展水平。目前，美国的进口关税税率平均是2%，发展中国家是11%，中国已经降到了发展中国家平均税率水平以下。

（三）关税的作用

关税一直以来都是一国对外贸易中引人关注的重要政策措施。在不同时期，一国政府实施的关税政策反映了其对外贸易的政策取向，因而具有极其重要的作用。

(1)增加一国的财政收入。一国可通过征收财政关税来增加财政收入。

(2)保护国内市场。出于保护目的征收的关税，可以削弱国外产品的竞争力，从而保护本国生产产品的市场占有率。

(3)保护本国幼稚产业。可以利用征收关税税率高低的影响来保护本国工业。

(4)引导产业结构的调整。提高关税可以减少进口商品的数量,提高国内同类产品的价格,而降低关税可使国内同类商品价格下降。

(5)调节贸易收支。当一国贸易顺差大时,可以降低关税。相反,当一国贸易逆差大时,可调高关税税率。

但是,关税也具有一定的消极作用。例如,关税增加了国内消费者的负担,不利于国际自由贸易的开展,增收过高的关税会出现过度保护问题等。

二、关税的种类

按照不同的标准,关税可以划分为不同种类。

(一)按照征税的对象和商品流向分类

按照征税的对象和商品流向,关税可分为进口关税(import duty)、出口关税(export duty)和过境关税(transit duty)。

1. 进口关税

进口关税是进口国家的海关在外国商品输入时,根据海关税则对本国进口商所征收的关税。进口关税在外国商品直接进入关境或国境时征收,或者在外国商品从自由港、自由贸易区或海关保税仓库提出,运往进口国国内市场销售时,由海关征收。

2. 出口关税

出口关税是出口国家的海关对本国输往国外的商品所征收的关税。目前,大多数国家对绝大多数商品不征收出口关税,因为征收出口关税必会提高本国商品在国外市场上的销售价格,降低出口商品的竞争能力,不利于出口的扩大。但有时为了一些特殊的目的,一些国家尤其是发展中国家也征收出口税。例如,中国政府自 2005 年 1 月 1 日起对部分纺织品出口征收从量税,以确保纺织品一体化的平稳过渡。消息一出,美国与欧盟就发表声明,欢迎中国政府对出口纺织品“主动设限”。

3. 过境关税

过境关税又称通过关税,它是一国对于通过其关境的外国货物所征收的关税。征收的目的是为了增加本国的财政收入,但目前很多国家取消了过境关税,目的主要是为了发展本国的交通运输业或提高物流水平。

(二)按照征税的目的分类

按照征税目的的不同,关税可分为财政关税(revenue tariff)和保护关税(protective tariff)。

1. 财政关税

财政关税是指以增加国家的财政收入为主要目的而征收的关税。为了达到增加国家财政收入的目的,对进口商品征收关税的税率要适中或较低。如果税率过高,将阻碍商品进口,达不到增加财政收入的目的。

2. 保护关税

保护关税是指以保护国内产业为目的而对外国商品课征的关税。保护关税的税率越高,保护程度越强。保护关税的税率一般都比较高,因为税率高,才会使进口的外国商品成本上升,竞争力下降,以此来达到保护本国生产的目的。在 18 世纪重商主义时期,重商主义者把关税用作一种限制国际贸易的工具,使关税具有保护关税的性质。直到现在,绝大多数国家大量地使用关税作为削弱外来竞争的保护贸易措施,只有极少数发展中国家把关税作为财政收入的主要手段。

(三)按照差别待遇和特定实施情况分类

按照差别待遇和特定实施情况分类,关税可分为进口附加税(import surtax)、差价税(variable levy)、特惠税(preferential duty)和普遍优惠税(generalized system preferences)

1. 进口附加税

国家对进口商品,除了征收一般进口关税以外,往往根据某种目的再加征进口附加税。进口附加税采取以下两种征收方式:

(1)对所有进口商品征收进口附加税。例如,1971 年,美国出现了巨额贸易逆差,国际收支恶化。美国总统尼克松为了应付国际收支危机实行"新经济政策",宣布对外国进口商品一律征收 10%的进口附加税,以限制商品进口,缩减收支失衡。

(2)针对个别国家和个别商品征收进口附加税,以限制特定国家或商品的进口。这种进口附加税主要有以下两种:① 反补贴税,它是对于直接或间接的接受任何奖金或补贴的外国商品进口所征收的一种进口附加税;② 反倾销税,它是对实行倾销的进口商品所征收的一种进口附加税。征收反倾销税的目的是抵制进口商品低价倾销,以保护本国产品和本国市场。

2. 差价税

差价税又称差额税。某种产品在国内生产的价格高于同类进口产品的价格时,为削弱进口商品的竞争能力,保护国内生产和国内市场,按国内、外价格之间的差额征收的关税。

3. 特惠税

特惠税又称优惠税,它是指对某个国家或地区进口的全部商品或部分商品,给予特别优惠的低关税或免税待遇。在按照差别待遇的分类中,特惠税最低。特惠税有的是互惠的,有的是非互惠的,但都是一种地区性的优惠安排,所以它不适用于从非受惠国家或地区进口的商品,非受惠国家不能援引最惠国待遇条款来要求享受特惠税待遇。目前,中国对来自巴基斯坦、斯里兰卡、孟加拉国和撒哈拉沙漠以南 22 个国家的很多产品都给予特惠税。如果某件产品,巴基斯坦有,印度也有,那肯定是从巴基斯坦进口的关税更低。

4. 普遍优惠税

普遍优惠税,全称普遍优惠制,又称普惠制,它是发达国家承诺对从发展中国家或地区输入的商品,特别是制成品和半成品,给予普遍的、非歧视的和非互惠的关税优惠制度。现在给惠国绝大多数是发达国家,还包括一部分东欧国家,受惠国有 190 多个。普惠制的目标是增加发展中国家或地区的出口收益,促进发展中国家或地区的工业化,加速发展中国家或地区的经济增长率。普惠制的作用是通过关税削减产生的价格影响来体现的。普惠制的给惠国,在提供普惠制待遇时,通过普惠制方案来执行。这些方案包括的内容有对受惠国或地区的限制、对受惠商品范围的规定、对受惠商品减税幅度的规定、对给惠国的保护措施规定(免责条款、预定限额、竞争需要标准和毕业条款及对原产地的规定等)。

目前,中国没有获得的是美国的普惠税。根据美国的规定,要获得其普惠税须满足两个条件:第一,必须是世界贸易组织和国际货币基金组织的成员,中国已经满足;第二,该国家必须实现政治民主，不能由一党专政。这一条其实是针对中国的，引起了中国的强烈不满。

欧盟现在每年把普惠清单发到中国海关，如果某公司的产品在普惠清单上，就需要到出入境检验检疫局开具原产地证明书，然后交给进口商，在报税时将会享受更多优惠。欧盟规定，当某国商品达到市场份额的15%(纺织品和服装达到12.5%)即毕业，取消普惠税，进口关税从9%上升到12%。2005年，中国16类50章商品从普惠制毕业，目前只剩下11类44章，在中国工业制成品中仅剩工艺品和收藏品享受普惠税。

(四)按照征税标准进行分类

按照征税标准，关税可分为从量税(specific tariffs)、从价税(ad valorem tariffs)、混合税(compound tariffs)和选择税(alternative tariffs)。

1. 从量税

从量税是指按商品的数量、重量、体积、容积和面积等计量单位为标准征收的关税，从量税额的计算公式为：从量税额＝货物数量×单位从量税。例如，中国目前每件服装出口需要征收0.2元的从量税，出口10000件服装，出口商需要缴纳出口关税2000元。

征收从量税实际上是鼓励同类产品中质量高、价格高的商品进出口。如果对廉价商品课征较重的从量税，或者在商品价格下跌或商业衰退时期加征从量税，会加重商品的关税税负。因此，假如对每双鞋进口征收2美元的从量税，实际上是鼓励每双价格是25美元的鞋进口，而不是鼓励每双价格是10美元的鞋进口。另外，征收从量税对货物价值不敏感。海关当局无须确定其价值而只需要知道其数量便可征纳关税。

2. 从价税

从价税是指按进口货物的价值征收一定百分比的关税，它以征税对象的价格或者金额为计税依据，按照一定比例计征税收。从价税一般适用于工业制成品，如对软木制品征收10%的从价关税。目前中国以从价税为主，中国平均税率是9.8%左右，美国是2%左右。

从价税额的计算公式为：从价税额＝货物价值×从价税率

从价税的特点是：① 从价税与商品价格的涨落成正比关系。如果产品价格上涨(比如发生了通货膨胀)，则从价税的保护程度和关税水平同步变动，特别是对高价格的制成品，其保护作用和从量税相比更有效。② 从价税的税率明确，便于比较不同国家的税率。③ 从价税的税收负担较为公平，符合税收的公平原则。④ 从价税的征收比较简单，对于同种商品可不必因其品质的不同再详细加以分类。

3. 混合税

在从量税和从价税的基础上，将从价税和从量税这两种方法混合使用便构成了复合税，又称混合税。例如，对天然软木制品征收10.5%的从价税，另外每千克加征1美元的从量税。

混合税额的计算公式为：复合税额＝从量税额＋从价税额

混合税在具体征收时还有两种情况：以从量税为主，另外加征从价税；或以从价税为主，另外加征从量税。

4. 选择税

选择税是指对同一种进口商品同时订有从价、从量或混合税率。在需要限制进口时，海关可选择其中税率高的一种形式征税；在需要鼓励进口时，海关可选择低税率的一种形式征税。例如，日本对坯布的进口征收税率有协定税率10%或7.5%，另外每平方米加征2.6日元两种，具体征收关税时，按其中高者进行。

第二节 海关税则

一、海关税则的概念

海关税则又称关税税则，是一国对进出口商品计征关税的规章和对应免税商品加以系统分类的一览表，海关凭此征收关税。海关税则是关税政策的具体体现，一般包括海关课征关税的规章条例与说明及关税税率表两部分。关税税率表主要包括税号(tariff NO. 或 heading NO. 或 tariff item)、货物分类目录(description of goods)和税率(rate of duty)三部分。

二、海关税则的分类

(一)根据税目所对应的税率栏目个数分类

根据税目所对应的税率栏目个数，税则分为单式税则(single tariff)和复式税则(complex tariff)。

1. 单式税则

单式税则又叫一栏税则，一个税目只对应一个税率，适用于来自任何国家的商品，没有差别待遇。显然，它是一种无歧视性关税。目前，只有少数发展中国家如委内瑞拉、巴拿马、冈比亚等仍实行单式税则。

2. 复式税则

复式税则又称多栏税则，指在一个税目下订有两个或两个以上的税率，其目的是对来自不同国家的进口商品适用不同的税率，实行差别待遇和贸易歧视政策。绝大多数国家都采用这种税则。

(二)按税则制订者的不同分类

按税则制订者的不同，税则可分为自主税则(autonomous tariff)和协定税则(conventional tariff)。

1. 自主税则

自主税则又叫国定税则，是指一国法定机构根据关税自主原则单独制定而不受对外签订的贸易条约或协定约束的一种税率。自主税则可分为自主单式税则和自主复式税则，前者为一国对一种商品自主地制定一个税率，这个税率适用于来自任何国家或地区的同一种商品；后者为一国对一种商品自主地指定两个或两个以上的税率，分别适用于来自不同国家或地区的同一种商品。

2. 协定税则

协定税则是指一国与其他国家或地区通过贸易与关税谈判，以贸易条约或协定的方式确定的关税率。这种税则是在本国原有的国定税则以外，另行规定的一种税率。它是国家之间关税减让谈判的结果，要比国家税率低。协定税则又可分为两种：① 单边协定税则。

例如,第二次世界大战前的弱小国家被迫订立不平等条约,向帝国主义国家单方面做出减让的税率。② 双边或多边协定税则,是指由两个或两个以上的国家通过谈判而达成减让的税率。例如,WTO 历次谈判所达成的关税减让表,适用于各成员方,属于多边协定税则。

协定税则不仅适用于条约或协定的签字国,某些协定税率也适用于享有最惠国待遇的国家。对于没有达成关税减让的商品或不能享受最惠国待遇的国家的商品,仍采用自主税则。这样形成的复式税则,叫作自主—协定税则或国定—协定税则。

(三)按进出口货物进行分类

按照进出口货物,海关税则可分为进口税则和出口税则。有的国家如中国将进出口货物的税则合在一起,即在同一个税则中分列进口税率和出口税率。中国的税则就是这一种。

第三节 关税的有效保护度

一、关税水平

关税水平(tariff level)是指一个国家进口关税的总体水平或称一般水平,是反映一国保护程度的指标。关税水平的计算方法有:简单算术平均法、加权算术平均法。

(一)简单算术平均法

简单算术平均法计算关税水平的公式为:

$$t=\sum t_i/n$$

式中:t_i 代表个别关税率;n 代表税率的个数;t 代表总体关税水平。

该方法是将一国或地区的税率表中的所有税率加总除以税率的个数而得到,但这种方法忽视了不同时间贸易商品变化的重要性。

(二)加权算术平均法(method of weighted arithmetic mean)

加权算术平均法以该国进口征收关税的商品价值量为权数,是结合税率计算出来的。公式为:

$$t=\sum t_i f_i$$

式中:t_i 代表个别关税率;f_i 代表某一关税率的进口商品占总进口商品的比例,其总和等于 1;t 代表总体关税水平。

此种方法的欠缺是对于禁止性关税和高关税几乎没有给予考虑,但它仍然被主要国家和国际谈判时采用。

二、关税的名义保护率和有效保护率

(一)名义保护率(nominal rate of protection)

一国对进口商品征收保护关税,可以保护国内市场和国内生产。关税保护作用的大小取决于进口税率高低。在其他条件相同的情况下,进口关税的税率越高,对于本国生产同类产品部门的保护程度也就越高,反之保护程度就低。

$$名义保护率(NRP)=\frac{P-P^*}{P^*}$$

式中：P^* 为自由贸易价格；P 是进口商品的国内价格，包括国内关税，即 $P=P^*+T$。由于实际生活中看不到自由贸易价格，大多数经验研究便将产品的国际价格作为 P^* 的值。

因此，名义保护率是和自由贸易状况下相比，征收关税后使货物产品价格的增长比例。

(二)有效保护率(effective rate of protection)

由于经济全球化和国际分工由产业间向产业内发展，中间产品贸易量大大增加，因此国际贸易商品很少完全是产自一个国家。在许多情况下，产品生产需要引进投资和进口零部件。中间产品贸易的存在给关税经济分析及关税保护效应的估量造成了极大的误差。

有效保护率是相对于自由贸易的增值而言的，是征收关税所导致的该产业每个单位产品附加值增加的百分比。有效保护率的值不仅取决于有关成品的名义关税，还受到所使用的投入原料或原材料的进口关税，以及这些投入在产品中所占的比重的影响。

有效保护率计算公式为：有效保护率(ERP)$=\frac{V-V^*}{V^*}$

式中：V 是指征收关税后单位成品的国内价值；V^* 是自由贸易下产品的价值。

例如，假定自由贸易条件下的某产品价值为 100 元，其中 50 元为进口投入，50 元为国内附加值。

(1)如果对同类的进口产品征收 20%的关税，但对进口原材料或半成品免税，这种产品在国内市场的价格上升到 120 元。保护关税就使国内附加值增加到 70 元(120－50＝70)。那么，对这种产品的有效保护率为：

$$ERP=\frac{70-50}{50}=40\%$$

(2)假如对这种产品的进口投入也同样征收 20%的关税，则投入的价格上升到 60 元(50＋50×20%＝60)，国内附加值减少到 60 元(120－60＝60)。那么，对这种产品的有效保护率下降为：

$$ERP=\frac{60-50}{50}=20\%$$

(3)假如对该产品的进口投入征收 50%的关税，但对进口产品征收 20%的关税，则投入价格上升到 75 元(50＋50×50%＝75)，国内附加值减少到 45 元(120－75＝45)。那么对这种产品的有效保护率变成了负数，为：

$$ERP=\frac{45-50}{50}=-10\%$$

通过该例子的分析，得出如下的结论：

(1)当最终产品的名义税率即关税税则中规定的税率大于其投入的名义税率时，对最终产品的有效保护率大于名义税率；

(2)当最终产品的名义税率等于其投入的名义税率时，对最终产品的有效保护率等于名义税率；

(3)当最终产品的名义税率小于其投入的名义税率时，对最终产品的有效保护率则小于名义税率；

(4)当对进口投入征收的税率过高时，则会出现负数的保护率。

在对生产该产品的原材料同时征收进口税的情况下，计算该产品的有效保护率时就复杂了一些。此时，可以通过下面的公式进行计算：

$$\text{ERP}=\frac{T-\sum a_i t_i}{1-\sum a_i}$$

式中：T 表示该产品的名义进口关税率；a_i 表示在未征税前原材料价值在该产品全部价值中所占的比重；t_i 表示原材料的名义进口关税率。

上式反映出关税的有效保护率具有以下性质：

如果 $a_i=0$，则 $\text{EPR}=T$，即如果没有进口投入要素，则有效保护税率与名义税率相同。

如果 a_i、t_i 值不变，则名义税率 T 越高，有效保护率 ERP 越高。

如果 T、t_i 值不变，则 a_i 值越大，有效保护率越高。

如果 t_i 大于或等于或小于 T，则有效保护率 ERP 小于或等于或大于 T。

如果 $a_i t_i>T$，则 $\text{ERP}<0$，即这种关税结构不利于保护，反而削弱国内产品的国际竞争力。

上面对有效保护率的分析表明，利用关税对国内市场的保护不仅依赖于较高的税率，还要有合理的关税结构和生产结构。各国政府在关税设计中普遍采取了关税升级结构。

三、关税升级结构(tariff escalation)

关税升级结构又叫瀑布式关税结构，即对原材料进口实行免税或只征收极低的关税，对中间产品征收较低的关税，对最终产品实行高关税率，从而使最终产品受到最充分的保护。在实行关税升级结构的国家，关税的实际保护率明显高于其名义税率。在发达国家中特别是美国、欧盟和日本成功地实施了瀑布式关税结构保护模式，即随着国内加工程度加深，关税税率不断上升，使国内加工程度越深，有效或实际保护率超出名义关税率的比例越大(见表 4-1)。

表 4-1　美国、欧盟和日本的瀑布式关税结构

产品	初级产品	半成品	最终产品	产品	初级产品	半成品	最终产品
美国				纸	0	0	4
羊毛	4	9	11	锌	0	2	7
皮革	0	3	14	以上产品平均	0.0	1.3	5.0
棉花	2	7	7	全部产品平均	1.2	4.2	6.9
铁	0	1	4	日本			
铜	0	1	2	可可	0	2	25
铅	0	4	8	黄麻	0	8	20
锡	0	0	2	铝	0	9	12
以上产品平均	0.9	3.6	11.1	以上产品平均	0.0	6.3	19.0
全部产品平均	0.2	3.0	6.9	全部产品平均	0.5	4.0	6.0
欧盟							
木材	0	2	4				

第四节　关税对世界经济贸易的影响

关税是一国限制进出口的重要措施，是贸易壁垒的主要内容。每个国家都会对进出口的商品根据其种类和价值征收一定的税款，这直接起到保护本国产业和调节进出口的作用。但在经济全球化的今天，关税措施带来的经济影响体现在以下诸多方面。

一、关税对一国经济的影响

对关税经济影响的分析可以建立在不同的基础之上，以下是在自给自足经济体的静态分析基础上，对实施进出口关税的影响进行分析。但不同类型的国家关税对其经济的影响也有所不同，这些不同主要存在于消费总量和生产效率。根据消费总量可将国家类型分为大国和小国；根据本国生产效率跟全球生产效率的不同可分为低效率、等效率和高效率国家。鉴于各国关税以进口关税为主，所以以下的分析选择以低效率的国家为主要对象。

以小国低效率的情况为例：对某类商品小国消费很少，且生产效率很低，因此要进口。此时，该国征收进口关税对其经济和社会福利的影响，具体表现在消费效应、财政收入效应、生产效应、国内再分配效应等方面。

(1)对进口国消费者产生影响。它提高了商品的国内价格，增加了消费者的负担。一方面消费者的需求量不得不由于价格上涨而减少，另一方面消费者不仅要用较高价格购买进口商品，而且同样要以较高价格购买本国同类产品。

(2)增加进口国政府的税收收入。它是进口国政府提高关税的直接动力，但这种收入完全是由本国消费者最终负担的。

(3)保护了进口国与进口商品竞争部门。因为征收进口关税，必然会使部分消费者因为进口商品的高昂价格而转向国内的同类商品，这促进了本国同类商品的销售。这部分销售收入也是由本国消费者来负担的。

(4)引起国内再分配效应。征收关税必然会造成消费者的收入转移至生产者，这样，征收关税以后，生产者与政府的收入增加，消费者的收入减少，而且消费者的损失要比本国生产者与政府所获得的收入大得多，这部分超出的损失并没有在国内再分配给任何人，而成为该国征收进口关税所导致的净损失。

总之，低效率的小国征收进口关税会直接损害国内消费者的利益，却增加生产商和政府的利益，整个国家经济与福利都会降低。反之，若该国降低进口关税，对其消费者来说是福音，而生产者与政府会因此减少收入，整个国家福利增加。因此，对于低效率的小国来说，能够增加其社会总福利的最优关税就是零，即不征收进口关税，这对它最为有利。

而大国低效率的情况就有所不同了：对某类商品大国消费很多，且生产效率很低，因此主要是进口。与小国低效率情形类似，大国征收进口关税也会引起消费效应、财政收入效应、生产效应、国内再分配效应，但因为大国消费总量很大，它征收进口关税后，进口量会有所减少(减少的程度取决于这类产品的国际需求是否具有弹性)，而外国生产商会受到影响而降价，成为该国关税措施利益的贡献者之一。如果这种贡献度越大，该国关税措施导致的国内损失就会被抵消得越多，甚至于产生净利益，这同时也提供了对该国生产者过多的保护，而过多的保护是不利于生产者成长的。因此，对低效率的大国而言，最有利于国内生产发展和人民福利水平提高的最优关税则是存在的，它应该就是关税措施导致的国内净损失与外国生产商所贡献的收入相等的税率。

【案例 4-2】

关税减让对中国的影响

中国加入 WTO 时做出了诸多的关税减让承诺，这给中国会带来什么影响呢？这主要有财政收入、产业保护等影响。中国海关税收（包括关税和增值税）一直是财政收入中非常稳定可靠的一个来源。以 2000 年为例，海关共上缴税收 2242 亿元（其中关税 751 亿元，进口环节税 1491 亿元），占中央财政总收入的 29.6%。那么，降低关税会不会减少财政收入呢？理论上降低关税财政收入会减少，但实际上国际贸易自由化的经验证明，由于降低关税刺激了贸易，在许多情况下海关税收反而增加。1992 年中国关税水平是 43.2%，当年海关征税（包括进口环节税）381 亿元。2000 年关税水平降至 16.4%，海关征税达到 2242 亿元，相当于 1992 年征税额的 5.9 倍；在产业方面，中国关税制度对国内工业实施了长达 40 多年的高关税保护。1950 年颁布的新中国第一部税则，平均税率 52.9%，至 1985 年下调至 38%。1992 年税则目录转换，平均税率又调到 39.9%。在不适当的高关税庇护下，中国产业结构调整缓慢，国际竞争力很弱。1992 年以来，中国实行过三次大幅度的自主降税方案。国内产业从农业到工业，从原材料到制成品，从零部件到机器设备，都经历了来自外国同类产品的激烈竞争。中国经济在竞争中获得了发展，增长速度居世界之最。包括通信设备、计算机、芯片在内的 200 多项信息技术产品于 2005 年实施零关税，这对中国电子、信息行业是一个巨大的挑战。但是，WTO 内信息技术产品的生产大国和贸易大国几乎都取消了关税，信息技术变成一个贸易自由化的领域，因此中国实施零关税的利弊得失应该是平衡的。而机器设备制造业一贯实施减免税政策，2008 年此类减免税进口总额多达 145 亿美元，免税额超过人民币 300 亿元，机器设备税率的降低，对该行业的影响是有限的。原材料和零部件降低原材料和零部件的关税，一方面会加大对国内原材料和零部件工业的竞争压力，另一方面又会减低国内制造业的成本，提高中国制成品在国际市场的竞争力。关于中国经济对国际市场的较高的依赖度，降低原材料和零部件关税对中国经济产生的影响是利大于弊。

二、关税对国际贸易的影响

（一）影响国际贸易发展的速度

在其他条件不变的情况下，世界市场上的主要国家关税税率的增减幅度与国际贸易发展速度成反比关系。当世界市场的主要国家普遍提高关税、加强关税壁垒时，国际贸易的发展速度将趋向缓慢，反之会加快。在关税及贸易总协定（general agreement on tariffs and trade, GATT）主持的八轮回合中，谈判主要涉及的就是如何降低关税壁垒的问题。通过会谈，世界各国在第二次世界大战以来关税水平都有大幅度的下降，现在发达国家的平均关税水平为 3.7%,发展中国家的平均关税水平为 13%,世界贸易呈现出高速发展的态势。

(二)影响商品结构和地理方向

关税会影响商品结构和某些国家的对外贸易地理方向的变化。第二次世界大战以后,发达国家的工业品进口关税下降速度超过农产品:40 年来,工业品的关税从 GATT 成立前的平均 40%下降到 WTO 成立时的平均 3.7%,使得工业品的贸易增长了 17 倍;而农产品的关税谈了 40 年仍然在平均 40%左右徘徊,因此在 40 年间,农产品的贸易只增长了 6 倍。

(三)影响进口国产品的国际竞争力

关税虽然可以起到保护进口国的同类产业的作用,但如果进口国的关税水平长期偏高,保护期过长,不仅会损害进口国消费者的利益,而且会削弱本国产品和生产者的竞争能力。

(四)影响一国的贸易差额和国际收支

如果一国出现严重的贸易逆差和国际收支不平衡,进口国政府一般会采用提高关税的办法来进行调整。但这种方法若长期使用,极有可能引起有关国家的连锁反应,如采用反报复措施。这将使进口国的产品出口更加困难,贸易差额和国际收支不平衡的问题不会得到解决。

思考题

1. 试述关税的主要种类及特点。

2. 假定一国对外国进口手表征收混合关税。其中,进口从价税率为 15%,从量税率为每只手表 10 美元。有一个进口商以每只 100 美元的价格进口 10000 只手表,问该进口商共要交纳多少美元的关税?

3. 论述征收进口关税对一国经济产生的影响。

第五章 非关税措施

【案例 5-1】

发达国家的绿色包装规定

欧盟:1991 年颁布有关包装、包装废弃物指令,1992 年 12 月 20 日欧盟议会又通过了相关计划(94/62/EC),为包装材料及包装废弃物的回收利用制定了一个目标,到 1999 年要有 50%～65%的包装废弃物(按重量计)被再利用,要达到包装废品中的 25%～45%的包装材料被再回收,实现每种材料至少回收 15%;从 2001 年 1 月 1 日起从市场上停止销售不可回收的包装。在改进包装质量方面,欧盟规定,限制包装材料的重金属含量,以及限制其他构成部分如油墨、染料、黏合剂、瓶盖、纤维等,限制卤素及其他危险物质,指令特别规定了有毒金属铅、镉、水银等在包装材料中的密度不得超过下列数据,指令实施后 2 年、3 年和 5 年分别为 600ppm、250ppm 和 100ppm;包装材料由溶剂类向水基类转移;限制使用由氯漂白的包装材料。

日本:1992 年起草了《能源保护和促进回收法》,该法于 1993 生效,包装是该法的一个重要组成部分,强调有选择地收集包装废弃物,生产可回收的包装产品。后又发布《回收条例》《废弃物清除条例修正案》,并且强制执行。1998 年 8 月,日本农林渔业部宣布了关于对含有转基因成分的食品加贴标签的初步计划。

美国:美国目前尚无一个统一的联邦包装法规,但每个州却有自己的相关规定,如在缅因州,不允许生产铝铂饮料包装盒。在标签规定方面,美国却是全世界领头羊,尤其是在食品标签法规方面,号称世界最完备、最严谨、最领先的国家。美国的食品标签在 1992 年 12 月 12 日实施。新的食品标签于 1993 年开始出现,而从 1994 年 5 月起,美国所有包装食品,包括全部进口食品都必须强制使用新的标签,但新鲜肉类、家禽、鱼类和果菜可不受其限。

除了关税壁垒外,世界上还有很多各式各样的非关税措施用于保护本国产业和贸易,如进口配额、"自愿"出口限制、技术壁垒、绿色壁垒等,这些措施与前一章的关税措施不同。虽然在 GATT 诸多谈判中也曾以消除各类关税与非关税手段为主要目的,但随着国际经济与贸易发展的新形势变化,非关税壁垒在当今的国际贸易中被使用得更为广泛和隐蔽,形式越来越多样,影响越来越广泛。例如,绿色壁垒作为当今国际贸易主要的非关税措施,在世界各国被广泛应用。案例 5-1 中的发达国家和地区,运用了绿色包装的规定作为实施国际贸易保护政策的手段,这给国际贸易带来了诸多影响。

第一节 非关税壁垒概述

一、非关税壁垒概念及特点

关税不是实施保护以避免外国竞争的唯一手段。在国际贸易中存在着各种各样的非关税措施，被自由贸易论者称为非关税壁垒(non-tariff barriers, NTBs)。它泛指一国政府为了调节、管理和控制本国的对外贸易活动，从而影响贸易格局和利益分配而采取的除关税以外的各种行政性、法规性措施和手段的总和。

从历史上看，早在重商主义时期，限制和禁止进口的非关税性措施就开始盛行。1929—1933年大危机时期，西方发达国家曾一度高筑非关税壁垒，推行贸易保护主义。尽管如此，“非关税壁垒”这一术语是在GATT建立以后才逐渐产生的。真正把非关税措施作为保护贸易政策的主要手段开始于20世纪70年代。非关税壁垒与关税壁垒相比，具有以下几个明显的特征：

(一)非关税措施具有更大的灵活性和针对性

关税的制定，往往要通过一定的立法程序，要调整或更改税率，也需要一定的法律程序和手续，因此关税具有一定的延续性。而非关税措施的制定与实施，则通常采用行政程序，制定起来比较迅速，程序也较简单，能随时针对某国和某种商品采取或更换相应的限制进口措施，从而较快地达到限制进口的目的。

(二)非关税措施的保护作用更为强烈和直接

关税措施是通过征收关税来提高商品成本和价格，进而削弱其竞争能力，因而其保护作用具有间接性。如果出口国采用出口补贴、商品倾销等办法降低出口商品成本和价格，则限制了关税保护作用的发挥。而一些非关税措施如进口配额，预先限定进口的数量和金额，超过限额就直接禁止进口，这样就能快速和直接地达到关税措施难以达到的目的。

(三)非关税措施更具有隐蔽性和歧视性

关税措施，包括税率的确定和征收办法都是透明的，出口商可以比较容易地获得有关信息。另外，关税措施的歧视性也较低，它往往受到双边关系和国际多边贸易协定的制约。但一些非关税措施则往往透明度差，隐蔽性强，而且有较强的针对性，容易对别的国家实施差别待遇。

二、非关税措施的类型

从不同角度，我们将非关税措施归纳为以下几种类型：

(一)从制定主体角度分类

从制定主体角度可分为内生性非关税措施与外生性非关税措施。内生性非关税措施与外生性非关税措施的区别在于它们究竟是本国自主决定还是由外界压力或通过谈判达成协议决定。例如，1981年美国单方面规定从中国进口的羊毛衫配额为18.73万打，即为自主配额，属于内生性措施。但是，目前大多数“自限协定”或“有秩序销售协定”均是通过谈判达成的，就属于外生性的措施。

（二）从实施手段的特性角度分类

从实施手段的特性角度可分为制度性非关税措施与技巧性非关税措施。制度性非关税措施，如利用进口配额、许可证、反补贴、反倾销、海关估价、原产地规则、政府采购等制度形成制度性壁垒；而技巧性非关税措施，如利用技术标准、质量标准、环境标准、劳工标准、商品检验、包装、标签等形成技巧壁垒。技巧性壁垒的隐蔽性极高，看上去似乎并不违背国际贸易的公共规则，但内容却变幻莫测，行之有效，使人防不胜防。它不仅直接阻碍了来自别国商品的进口，出口国为适应其看似合理的要求，还要对生产要求、技术标准、产品规格等做出一系列的调整，增加了不合理的成本和费用负担。

（三）从影响方式角度分类

从影响方式角度可分为直接影响性、间接影响性以及溢出影响性非关税措施。此种分法是联合国贸易和发展会议在 20 世纪 80 年代所做出的。

(1)直接影响性非关税措施，是出于保护国内产业、加强国内产业在国外市场的竞争力的考虑，而采取的对从外国进口限制和对本国出口进行限制或激励的措施，如配额、许可证、进口押金制等。这类措施对贸易的限制很明显，亦比较直截了当。

(2)间接影响性非关税措施，从表面上看是出于其他目的而制定的，比较含蓄，不易发现，但仍被怀疑具有隐藏的限制贸易动机，如质量标准、广告数量、海关程序等。

(3)溢出影响性非关税措施，是指并非主要针对贸易，却不可避免地导致国际竞争条件失常，从而对贸易产生影响的一些非关税壁垒措施。这类措施有：政府对某种或某类商品在生产、销售和分配方面的垄断，影响贸易的产业结构和地区发展政策，政府特定的国际收支政策措施、关税制度的不同，国家社会保险制度的不同，折旧期限制度的不同，政府资助的防卫、航天和非军事采购引起的需求变动，国家标准和规定及做法的变动，国外运输费和国家批准的国际运输协定，结构成本等。

（四）从实施目的或作用机制角度分类

从实施目的或作用机制角度可分为数量限制型与成本价格型非关税措施。这是联合国贸易和发展会议在影响方式角度分类上的进一步解释。数量限制型非关税措施是通过直接限制进口商品的数量或进口金额从而直接达到有效限制进口的目的，如配额、许可证、国内采购法规、国内含量规定等；成本价格型非关税措施是通过直接影响进出口商品或国内产品的成本进而削弱外国商品的竞争力来达到限制进口的目的，如运费差别待遇、海关估价做法、环境标准、劳工标准等。

为了更清晰地了解非关税措施的主要形式及其特性，我们将其归纳如表 5-1 所示。

表 5-1 非关税措施分类

作用机制	直接影响	间接影响	溢出影响
控制数量	配额、许可证 自愿出口限制 进出口禁令 当地含量要求 混合规定 禁止性政府采购政策 直接影响贸易的投资措施	通信工具限制 广告数量和市场限制 间接影响贸易的投资措施	产业和地区发展政策 特定的国际收支政策 税收制度的差异 国家社会保障制度 折旧期限的差异 国家订货的规模效应 国际运输协定
影响成本	进口附加税 反倾销措施、补偿关税 进口押金制 国内费用的差别待遇	海关估价 外汇管制 包装、标签规定 质量、卫生、环境标准 安全、劳工标准 报关程序 披露规定和行政指导 专业服务中的许可证、文凭 销售证规定	

第二节 进口配额

一、进口配额的类型

进口配额(import quotas)又称进口数量限制或进口限额,是一国政府在一定时期(如一季度、一年)内,对于某些商品的进口数量或金额加以直接限制。在规定的期限内,配额以内的货物可以进口,超过配额不准进口,或者征收较高的关税或罚款。它是进口国实施数量限制的主要手段之一。根据控制的力度和调节手段,进口配额可分为绝对配额(absolute quotas)和关税配额(tariff quotas)两种类型。

(一)绝对配额

绝对配额是指在一定时期内,对某些商品的进口数量或金额规定一个最高限额,达到这个数额后,便不允许进口。在具体实施过程中它又有三种方式:①全球配额。全球配额(global quotas; unallocated quotas)是属于世界范围的绝对配额,对来自任何国家或地区的商品一律适用。主管当局通常按进口商的申请先后或过去某一时期的进口实际数额给予一定的额度,直至总配额发放完为止,超过总配额就不许进口。②国别配额。国别配额(country quotas)是在总配额内按国别和地区分配给固定的配额,超过规定的配额便不准进口。实行国别配额可以使进口国家根据它与有关国家和地区的政治经济关系情况,分别给予不同的配额。国别配额又分为单方面配额和协议配额。单方面配额又称自主配额,是由进口国单方面规定在一定时期内从某个国家或地区进口某些商品的配额；协议配额是由进口国与出口国双方通过谈判达成协议规定的某种商品的进口配额。③进口商配额。进口商配额(importer quotes)是指进口国政府把某些商品的配额直接分配到进口商，分到配额的多寡决定着进口的多寡。发达国家政府往往把配额分给大型垄断企业，中小进口商却难以分到或分到的数量甚少。

(二)关税配额

关税配额是指对商品的进口绝对数额不加限制，而对在一定时期内，在规定的配额以内的进口商品给予低税、减税或免税待遇，对超过配额的进口商品则征收较高的关税或附加税甚至罚款。这种配额与征收关税相结合，具有一定的灵活性。表 5-2 为我国部分关税配额商品税率。关税配额措施的显著特征是它拥有两个调控手段：一是配额数量；二是配额内外的税率。由此又产生了三种形式：①关税配额的配额内关税税率等于 0 或近似等于 0 时，配额数量对进口有绝对的限制性。采用这种配额的商品往往是进口需求大，国内价格没有优势的生活必需品。②关税配额的配额数量较大，配额内的进口数量可能会满足国内的需求，此时真正起作用的关税税率是配额内税率，配额外税率实际上不起作用，只形成了一个保护框架。③关税配额的配额外关税税率很高时，有接近进口绝对配额的趋势。

表 5-2　2002 年中国部分关税配额商品税率

货物名称	税则号列	配额外税表		配额内税率/%
		最惠国税率/%	普通税率/%	
豆油	15071000	52.4	190	9
糖	17011100	65.9	125	20
羊毛	51011100	38	50	1
棉花	52010000	54.4	125	1
化肥	31021000	50	150	4

【案例 5-2】

关税配额的两个案例

(1)1992 年 12 月，欧共体农业部长会议决定，对欧共体从拉美国家进口的“美元香蕉”征收 20%的关税，即每吨征收 117 美元而且年限额为 200 万吨，如果超过限额还要征收 170%的税金。在这 200 万吨进口限额中有三分之一还必须来自法国、英国、西班牙等国的殖民地。此前，香蕉是少数没有受发达国家配额限制的大宗农产品之一，作为欧共体成员国的德国原来一直免税无限制地主要从中、南美国家进口香蕉，每年高达 140 万吨。这样一来，拉美香蕉出口国每年将损失 4 亿多美元，因此，该关税配额遭到了拉美国家的强烈反对。

(2)在 2000 年 12 月 16 日至 2001 年 12 月 31 日，俄罗斯实行原糖进口配额制，总额为 365 万吨，第一季度为 115 万吨，第二季度为 150 万吨，第三季度为 60 万吨，第四季度为 40 万吨，对此征收 5%的关税。超配额部分征收 30%的关税，但每千克关税不低于0.09欧元。

二、进口配额的经济效应

一国实施进口配额产生的经济效应是多方面的。以低效率的小国为例，该国对某种商品消费量少，且国内生产效率较世界生产效率低下，因此进口。假设该国对进口实施进口配额制度管理，由于进口限制而导致国内价格上升，从而产生生产效应、消费效应、国际收支效应、配额利润效应、再分配效应和贸易条件效应。具体而言，如果将实行进口配额后的状况同自由贸易时相比，可以看出以下效应：

(1)保护效应。由于进口配额限制，导致该商品的国内价格提高，国内低效率的生产得到鼓励而供应量增加，生产者由于得到关税保护可以较高价格生产和出售商品，因此利益增加。

(2)消费效应。在进口配额下，消费者要以较高价格购买比自由贸易更为少量的商品，所以消费量受到影响而下降，消费者利益受到损失。

(3) 国际收支效应由于进口配额的控制，该商品进口量直接减少，贸易支出减少，使国际收支得到改善。

(4)配额利润效应。小国实施进口配额时，该商品的配额获得者(即进口商)可以以较低的价格进口配额限量的商品，但却可以在国内以较高的价格出售商品，因此可从中获得配额利润。

(5)再分配效应。实施进口配额限制进口后，消费者因为支付更高的价格购买商品而受到的损失，实际上相当大的部分都转化为生产者剩余和进口商的配额利润了。那么进口配额的综合效应，就应当等于增加的生产者利益、进口商配额利润与减少的消费者利益的总和。事实上这个总和(净效应)是负的，因为生产者的低效率生产中有一部分保护成本是没有得到补偿的，代表国内资源的浪费，从而形成国民经济净损失。还有，因为国内销售价格提高后带来的消费量减少，也是净损失的一部分。

(6)贸易条件效应。一国实行进口配额后，贸易条件趋于恶化还是趋于改善，主要取决于两个因素：一是需求；二是垄断。当本国对外国产品有着强烈的需求时，本国会以更多的产品换取配额进口的外国产品，本国的贸易条件就会趋于恶化；而当外国对本国产品有着强烈的需求时，情况就会逆转，本国的贸易条件就会趋于改善。如果本国出口商具有垄断性地位时，他们会利用这种垄断性力量，减少数量，抬高价格，本国贸易条件得以改善；而当外国出口商具有垄断性地位时，他们也会利用这种垄断性力量，采取自动限制出口，任由本国进口商进行竞争，抬高进口商品的价格，从而导致本国贸易条件的恶化。

在实行进口配额的条件下，不管其贸易条件对本国来说是改善、不变或是恶化，贸易量都是减少的。进口配额是一种数量限制，因此，它必然会直接导致国际贸易量的下降。

三、进口配额措施与关税措施的区别

配额与关税的经济效应有相似之处，但也存在着许多重要差别，主要表现为以下几个：

(一)配额容易导致垄断

当征收关税时，国内市场价格为国际市场价格加关税，因此国内市场价格仍然是由国际市场的供求决定的，国内产业无法形成垄断；当实行配额时，国内厂商可以垄断除配额以外的国内市场，此时国内市场的价格由垄断厂商的利润最大化原则决定，而与国际市场价格无关。当国内市场呈垄断状态，还会产生由垄断造成的额外损失，而这种损失在关税情况下是没有的。

（二）配额的管理效率低

配额一般以非价格竞争方式（如直接颁发和申请颁发）进行分配，容易导致如下问题：①如果以生产能力作为颁发标准，可能助长企业盲目扩大设备投资和生产能力，从而造成生产过剩和资源浪费。②如果政府产生判断失误或存在某种偏好，会破坏市场的公平竞争。③非价格竞争方式透明度低，容易产生官员的寻租行为。④烦琐的行政程序会造成资源浪费等。

（三）配额的限制作用强于关税

关税与配额对供求变动的反应不同：

（1）征收关税时，国内价格与国际价格的差距是既定的（相当于税率），而且国内价格是固定的。当需求发生变动时，进口量仍然会相应改变。如果消费者愿意支付较高价格，进口可以继续增加，进口状况不易确定。关税的经济效应取决于本国进口需求和外国出口供给的弹性，由于它们不易测定，关税效应难以预知。

（2）在进口配额下，进口量是被限定的，无法增加，所以进口需求的增加只会导致价格的变化，不改变进口量。由此可知，配额对进口的限制更强，保护效果更好，而且是确定的。但配额下国内价格与国际价格的差价，从理论上说可以是无限大的。

（四）其他差异

（1）在把配额改换为进口关税时，并不能保证进口量总能与配额相等，即使最初可以做到这一点。其原因在于税率不能经常调整，进口量随本国进口需求与外国出口供给的变化而改变，而这种变化是不确定的。

（2）对进口投入要素实行配额管理将提高生产成本，使利润下降。但征收关税时，如果实行出口退税，则所征进口税对生产和利润并无影响。

（3）配额易于管理和实施，适合于应对紧急情况。关税的调整比较复杂，不够灵活。

（4）关税会扭曲价格机制，但并不抹杀价格机制的作用。配额却使国际市场或国内市场的价格机制对进口完全失效。

通过上述分析可以得出一个基本结论：关税优于配额；即使要实行配额管理，也应采取进口配额的竞争性拍卖形式。

第三节 绿色壁垒

一、绿色壁垒

（一）绿色壁垒的概念

所谓绿色壁垒，是指以保护自然资源、生态环境和人类健康为名，通过制定一系列复杂苛刻的环保制度和标准，对来自其他国家和地区的产品及服务设置障碍，限制进口，以保护本国市场为目的的新型非关税壁垒。

(二)绿色壁垒的成因

绿色贸易壁垒是新贸易保护主义与环境保护运动相结合的产物。它的运用和泛滥有其深刻的历史背景和复杂的原因。

1. 全球自然资源匮乏与生态环境恶化

全球自然资源匮乏,生态环境恶化,为“绿色壁垒”的出现提供了契机。当今世界,“加强环境管理”已经成为各国经济干预的潮流之一。与此相适应,同国际贸易有关的环境保护法规、标准、绿色标志等的绿色贸易制度正在逐步形成,而有些国家特别是发达国家制定的贸易制度的内容又过于严格、苛刻,从而使国际贸易的发展受到诸多限制,进口国常以环保为由对贸易商进行刁难,造成了绿色壁垒的事实。

2. 绿色消费需求的内在推动

国际贸易的商品结构和市场结构正在发生新的变化。从绿色食品、绿色用品,到生态文具、生态玩具;从生态时装、生态住宅,到绿色汽车、绿色飞机;从绿色能源到绿色材料,从绿色生产到绿色旅游;从绿色产业到绿色市场。有关资料显示,77%的美国人表示,企业的绿色形象会影响他们的购买欲;欧洲市场上,40%的人喜欢购买绿色商品,贴有绿色标志的商品更受青睐。发达国家利用了这些消费心理转变浪潮,纷纷出台了贸易中的环境保护措施,达到了限制进口和扩大出口的目的,使“绿色壁垒”成为新的贸易壁垒。

3. 各国技术水平和环保标准的差异

由于各国生产力水平、经济实力存在差异,各国对环保的资金投入和技术要求必然存在差异,加之世界商品种类繁多,生产过程和生产方法五花八门,要制定统一的环境标准困难非常大,成为绿色壁垒存在的直接原因。例如,1988 年美国根据《海洋哺乳动物保护法》限制进口大型渔网捕捞的金枪鱼,以保护海豚。很明显,该法案表明美国是根据本国利益而制定其环境标准的。有些发达国家要求的进口品环保指标,只有其本国的企业能做到,这样就起到保护本国企业、打击外国企业的目的。

4. WTO 在环保规范方面的缺陷

20 世纪 90 年代后,全球生产过剩,市场矛盾日益尖锐,发达国家在彼此谴责对方推行贸易保护主义政策的同时,自己又竭力加紧寻找和运用更为灵活、隐蔽的非关税壁垒措施。已加入 WTO 的国家,关税和传统的非关税措施已难以成为保护本国市场的有效手段。面对环保和开放双重压力,发达国家通过在贸易领域为进出口商品制定特定环保标准、规定特定环保要求的方式来限制甚至禁止外国商品进口的壁垒形式——绿色贸易壁垒,逐渐发展成为贸易保护的有效手段。

【案例 5-3】

WTO 绿色保护的有关措施及案例

根据 GATT/WTO 的有关协议,用以保护环境的贸易措施可分为财政措施和非财政措施。前者主要指环境关税制度,后者则包括数量限制及相关标准。

(1)环境关税:GATT 第 2 条可以理解为保护环境的环境关税制度,第 11 条对此做了肯定。一国可在第 3 条第 2 款——国民待遇的基础上,对进口的相同产品征收特别的、以保护环境为目的的关税,但必须遵守有关减让表的其他规定,不得破坏减让表。

(2)数量限制:GATT/WTO原则上禁止数量限制,但也存在许多例外。其中GATT第11条所规定的三个例外:①"为防止或缓和输出缔约国的粮食或其他必需品的严重短缺而临时实施的禁止限制出口"可作为例外对待。②"为实施国际贸易上商品分类、分级和销售的标准及条例,而必须实施的禁止或限制进出口",也允许实施数量限制措施。③"对任何形式的农副产品实施的必要进口限制"也可作为禁止数量限制的例外。

(3)有关标准:WTO的《卫生和动植物检疫措施协定》明确规定,一国有权选择它认为合适的保护措施来保护本国领土内的人类、动植物的生命和健康安全,采取的标准可以高于国际标准。

世界贸易组织成立后受理的第一起贸易纠纷即是源于环保——委内瑞拉与美国关于美国限制汽油进口的纠纷。美国环保署于1994年为在美国九大城市出售的汽油制定了新的环保标准,规定汽油中硫、苯等有害物质的含量必须低于一定的水平。美国环保署还规定,美国生产的汽油可以逐步达到有关标准,而进口汽油则必须在1995年1月1日该规定生效时立即达标,否则禁止进口。委内瑞拉作为向美国出口汽油最多的国家,是这一规定的最大受害国,因而上诉世贸组织。虽然,委内瑞拉最终获得WTO的支持,但美国的歧视性标准却给包括委内瑞拉在内的其他石油输美大国带来了极大的损害。

二、绿色壁垒的具体形式

世界各国特别是发达国家将环境与贸易问题挂钩以后,制定并实施了大量的绿色贸易壁垒措施,其表现形式是多种多样的,大致可归纳为以下几种类型。

(一)绿色关税制度

绿色关税制度是绿色壁垒的初期表现形式,即进口国以保护环境为理由,对一些污染环境、影响生态环境的进口产品除征收一般正常关税外,再加征额外的关税。这其实是一种进口附加税,又称为环境进口附加税。例如,1987年美国对加拿大、欧共体及墨西哥进口石油课征进口附加税的税率比同类产品高出3.5美分/桶。关贸总协定对此进行了仲裁,认为美国违背了GATT的非歧视原则。

(二)环境配额制度

配额的数量限制措施现已延及环境贸易领域。国际上有些环保主义者主张,根据某一出口国某种产品环保实绩来确定其在本国市场的销售配额,即按时期(如年、季度、月)分配给相关出口国输入本国该产品的最高数量。这种做法对发展中国家和各国小企业具有很大的歧视性。因为发展中国家受自身经济实力和技术实力的限制,很难在短期内提高其环境技术标准和质量。这种主张不仅在实践上行不通,在理论上也不攻自破,而且直接违背了WTO关于废除数量限制的原则。

(三)环境许可证制度

环境许可证制度要求在取得许可证的基础上才会被允许进口或出口,也就是要在出口前获得进口国的"预先通知同意"。这种做法源于《濒危野生动植物物种国际公约》等国际绿色规范。如该公约规定,对于不加保护有消失危险的野生动植物的贸易应受到严格的限制,在管理当局批准承认的出口许可证的基础上才允许出口,进口国只能在出口国颁发出口许可证的前提下才进口。一些国家据此实施绿色准入制度。

(四)禁止进口与环境贸易制裁

环境贸易制裁是绿色壁垒中极端严厉的措施,轻者实施禁止输入,重者实施报复。国际上对违反环保规则采取强制性措施的案例非常之多,举不胜举。

【案例5-4】

国际上禁止进口与环境贸易制裁的5个小案例

(1)1980年至1990年,泰国限制从美国进口卷烟。

(2)1980年,美国在加拿大与美国有争议的200海里区域内扣押了正在捕捞长鳍金枪鱼的渔船,并禁止其制品进口。加拿大就此向关贸总协定申诉。总协定工作组认为,由于美国对其国内金枪鱼的消费量没有限制,因此,禁令不符GATT有关规定。1991年,美国又根据其《海洋哺乳动物保护法》《保护海豚消费者资讯法》,宣布禁止从墨西哥进口金枪鱼,理由是墨西哥船队使用超美国标准的大型渔网捕获金枪鱼,同时也捕杀了应受保护的海豚。

(3)1991年,美国禁止日本高达3亿美元的鱼类和珍珠的进口。

(4)1994年,美国因我国台湾地区环保不力而援引"培利修正案"对我国台湾地区进行制裁,使我国台湾地区蒙受了超过1000万美元的经济损失。

(5)1996年10月8日,印度尼西亚、马来西亚、巴基斯坦和泰国就美国1996年4月19日修订并颁布的新版《濒危物种法第609条款实施细则》对外国构成歧视,联合向WTO争端解决机构提出上诉。原因是"609条款"禁止从那些在捕捞虾时不使用"海龟排除器"的国家进口虾。印度尼西亚等四国宣称他们在捕捞虾时已经使用了本国技术保护海龟,无法接受强制性购买和使用"海龟排除器"的做法,并认为美国是在运用单边贸易措施,不符合WTO的规则。

绿色壁垒影响面颇大。仅1996年,欧盟国家禁止进口的非绿色产品价值就达220亿美元,其中发展中国家提供的产品占90%。

(五)绿色补贴制度

当企业无力投资于新的环保技术、设备或无力开发清洁技术产品时,政府需要采用环境补贴来帮助筹资控制污染,这些方式包括专项补贴、使用环境保护基金、低息优惠贷款等。按WTO修改后的《补贴与反补贴措施协定》的规定,这类补贴是"为促进现有设施适应法律和规章所规定的新的环境需求而给予的有关企业的资助",它属于不可申诉补贴范围,因而为越来越多的国家和地区所采用。如20世纪90年代,美国就曾以环境补贴为由对来自巴西的人造胶鞋和来自加拿大的速冻猪肉提出了反补贴申诉。

(六)环境成本内在化制度

一些发达国家根据外部经济理论制定环境成本内在化制度,对来自于那些环保制度宽松国家的产品以"生态倾销"为名实行保护主义措施。他们认为,由于环境不同造成的"成本投入差异"使外来产品取得了不公正的成本优势和市场竞争优势,如发展中国家低成本的环境标准,构成了所谓的"生态倾销",认为是不公正贸易。并对政府施加压力,要求本国政府征收“生态倾销税”。但事实上与环境有关的成本一般只占全部产品销售价值的1%～2%。只有部分污染密集型行业和自然资源部门此项成本高于平均值,如化工、矿业、采炼工、造纸业等。

(七)繁杂苛刻的环保技术标准

处于技术垄断地位的发达国家在环境保护的名义下,通过立法手段,制定严格的强制性环保技术标准,限制国外商品出口,有些国家甚至执行内外有别的环保标准。很多环保标准对发展中国家来说,短期内根本无法达到。现今,这种标准的繁杂和苛刻程度连发达国家内部的企业都感到难以适应。据欧共体商业协会1992年的非关税壁垒调查报告,在12个被调查成员方的主要制造商中,有1.1万多家企业将欧共体内部多达10万多条的技术标准、法规视为阻碍贸易的主要因素之一,在德、法、英三国的大部分被调查者更视其为最主要的障碍。

【案例5-5】

各类商品的绿色环保技术壁垒及案例

(1)绿色食品技术标准。目前,欧美实施的绿色食品(国外又称有机食品)标准不是由国家颁布的,而是由民间组织和企业自发制定的。近年来,欧盟相继出现疯牛病、二恶英污染等食品安全问题,引起全人类高度警惕。各国正在加快制定本国的食品安全法规和标准,这无疑给中国企业带来了严峻的挑战。

(2)纺织品环保技术标准。欧盟1996年开始禁止含偶氮的纺织品进入其统一大市场,并在欧盟推行。美国、西班牙等国甚至提出纽扣也只能使用天然材料制成。拉链、别针等金属配件都应使用不锈钢合金制成,不能电镀。值得关注的是,对纺织品环保要求的检验标准也越来越高,欧美对服装作为“环保纺织品”要求共提出了七项理化性指标,分别是:酸碱度、甲醛、重金属(包括砷、镉、钴等十种)、杀虫剂、五氯苯、偶氮染料、颜色牢固度。中国纺织行业近年来受发达国家绿色技术标准影响颇大。从1994年起,德国、法国、荷兰和日本相继颁布法规禁止偶氮染料的服装和纺织品进口,使中国正在使用的104种偶氮染料的纺织品的出口中断。

(3)机电产品的绿色标准。机电产品的绿色标准主要体现在汽车的尾气排放标准以及家用电器使用氟利昂等标准上。由于在欧洲市场上,从日本进口的轿车以高级休闲和大型轿车为主,其平均的二氧化碳排放水平比欧洲当地生产的车要高出近10%。1999年4月1日,日本开始实施《节能修正法》新法案,规定到2010年,在日本市场上销售的不同质量和用途的汽车,必须达到相应的节能标准,以减少汽车的废气排放。为此美国政府于1999年3月向WTO递交了一份意见书,指出日本单方面提高汽车节能标准是直接阻碍国外小汽车进口的不正当行为,要求WTO正式调查。

(八)复杂苛刻的绿色检验检疫措施

发达国家对食品的安全卫生指标十分敏感,尤其对农药残留、放射性残留、重金属含量的要求日趋严格。如1993年4月第24届联合国农药残留法典委员会大会上,讨论了176种农药在各种商品中的最高残留量。欧盟对在食品中残留的22种主要农药制定了新的最高残留限量，即从严控制其在食物中的残留限量。在日本，有关农药残留限量方面的标准多达6000多个。

（九）绿色包装和标签制度

绿色包装也称环境包装，通常认为是指包装材料节省资源，用后可以回收利用，焚烧时无毒害气体产生，填埋时少占地，并能生物降解和分解的包装。国外有人形象地把绿色包装归纳为4R，即reduce：减少材料消耗量；refill：大型容器再填充使用；recycle：可循环使用；recovery：可回收使用。一些国家往往从包装材料对环境所造成的负面影响和标签给社会带来的危害方面考虑，对两者做出严格规定。这种绿色技术规定使设置的国家能够有效地防止出口国的病虫传入，但过分苛刻的要求就会大大增加出口商品成本，成为贸易的障碍。

（十）绿色环境标志和认证制度

环境标志是指贴在商品或其外包装上的一种图形，它是根据有关的环境标准和规定，由政府管理部门或民间团体依照严格的程序和环境标准颁给厂商，附印于产品及包装上，向消费者表明，该产品或服务，从研制、开发到生产、使用直至回收利用整个过程均符合环境保护的要求，对生态系统和人类无危害或危害极小。通常列入环境标志的产品类型有：节水节能型、可再生利用型、清洁工艺型、低污染型、可生物降解型、低能耗型等。

【案例5-6】

世界各国的绿色环境标志与认证制度概览

环境标志制度兴起于20世纪70年代，此后得以迅速发展，现已成为市场准入的通行证。如1977年联邦德国的“蓝天使计划”，以一种画着蓝色天使的标签作为产品达到一定生态环境标准的标志；加拿大的“环保选择方案”、日本的“生态标志制度”和北欧四国的“白天鹅制度”，还有美国率先使用的“再生标志”等。发展中国家也纷纷制定了环境标志制度，如印度的“生态标志制度”、新加坡的“绿色标志制度”等。这些绿色环境和认证制度对世界各国的影响越来越明显。如近年来中国出口产品屡遭国外环境技术和认证制度的阻挡。据统计，从1987年以来，中国每年被美国海关扣留的食品批次中，25%左右是由于标签不合格，另外约8%的批次是因为使用了未经食品药品管理局认可的添加剂。

第四节 技术性贸易壁垒

一、技术性贸易壁垒

（一）技术性贸易壁垒的含义

所谓技术性贸易壁垒，是指通过颁布法律、法令、条例、规定，建立技术标准、认证制度、检验制度等方式，对外国进口商品制定的技术、卫生检疫、商品包装和标签标准，从而提高产品技术要求，增加进口难度，最终达到限制进口的目的。它实际上是一些发达工业国家，利用其科技上的优势，通过商品法规、技术标准的制定与实施，通过商品检验及认证工作，对商品进口实行限制的一种措施。它是一种无形的非关税壁垒，是国际贸易中最隐蔽、最难对付的非关税壁垒之一。

（二）技术性贸易壁垒的表现形式

1. 技术法规与技术标准

（1）技术法规

技术法规是指由进口国政府制定、颁布的有关技术方面的法律、法令、条例、规则和章程，它具有法律上的约束力。技术法规所涉及的范围包括环境保护、卫生与健康、劳动安全、节约能源、交通规则、计量、知识产权等方面，对商品的生产、质量、技术、检验、包装、标志以及工艺流程进行严格的规定和控制，使本国商品具有与外国同类商品所不同的特性和适用性。对于出口国厂商来说，向国外出口商品时就必须考虑并严格遵守进口国制定的技术法规，否则，进口国有权对违反技术法规的商品限制进口，甚至扣留、销毁直至提起申诉。

（2）技术标准

技术标准是指由公认的（规定产品或有关生产工艺和方法的）规则指南或机构所核准，供共同和反复使用的，不强制要求与其一致的一种文件。出口商品只有符合进口国规定的标准，才准予进口，从而达到其限制或阻止商品进口的目的。美国、欧盟、日本等国家和地区利用它们在科学技术方面的优势，直接制定了有关技术的贸易保护法规和标准。

【案例 5-7】

美国 FDA 技术标准

美国联邦政府各部门颁布的直接或间接与进出口贸易有关的技术法规比较健全。例如，人所共知的食品药品管理局（Food and Drug Administration，简称 FDA），是美国联邦政府的一个主要职能部门，其主要使命是执行政府有关食品药品等方面的法令、法规，确保消费者的健康、安全。FDA 所遵循的有关政府法令主要有：①《联邦食品、药品及化妆品法案》。②《合理包装及标记法案》。③《控制辐射、确保健康安全法案》。④《营养标签法案》。

在美国关税表上，与 FDA 有关的商品编号约有 3944 个。FDA 从保护美国广大群众的健康、安全和消费利益的立场出发，实施一系列的技术法规，其原则是确保消费者所享用的食品必须是纯正的、干净的，在卫生的条件下出产、安全无虑。药品及医疗用品必须是安全的、有疗效的。化妆品必须是安全的，由许可的配料制成的。具有辐射性的器具必须合乎规定标准等。对于活畜、肉类、禽类、畜产品、兽用药物和新鲜农产品等方面的贸易，美国农业部制定了一些强制性标准，如肉禽必须附有证书，证明符合美国标准后方可进入美国市场。

【案例 5-8】

欧盟的技术法规和标准

欧盟共有 10 多万个技术法规和标准，不少都比较苛刻复杂。除了技术条文本身外，其实施过程和认证措施也常常是国际贸易的障碍。1985 年 5 月，欧盟在一项决议中决定，在有关的行政法规中参照使用欧洲标准的原则，从而铺平了欧洲标准化和行政法规"新方法"的道路。欧盟将不再采用为解决一个个贸易问题而制定指令的老方法，而是制定涉及统一市场内一个个技术领域的指令。行政管理指令不必很详细，只包括一般的基本要求，详细的技术参数和要求应符合 CEN 和 CENELCE 制定的标准。进入欧盟市场的商品符合了相应的标准，就视为达到了指令的基本要求。自 1970 年以来，欧盟委员会已发布了 350 多个法令以协调其成员国有关机动车辆的各项指标，并在 1987 年形成了一系列法规，促进其成员国生产和销售车辆，限制非成员国车辆进入欧盟市场。例如，1987 年 6 月 25 日，欧盟颁布了 87/358/EEC 指令，对轮胎统一发放 CE 标志，如检测数据不符合该指令的要求，就要禁止该类轮胎在统一市场上销售，并撤销 CE 标志。

2. 包装和标签要求

各国对包装、标签都有细致入微的规定，这些规范有的是必需的。但是，即使这样也会大大增加出口成本，更何况有些特殊的要求很难做到。例如，美国是世界上食品标签法规最为完备、严谨的国家，新法规的研究制定处于领先地位。美国食品和药物管理局要求大部分的食品必须标明至少 14 种营养成分的含量，仅仅是在这一领域处于领先地位的美国制造商就为此每年要多支出 10.5 亿美元，由此可以想象其他落后国家的出口商的成本压力了。再如，日本《食品卫生法》对食品加工、制造、使用、调理、保存标准以及添加剂、包装容器、标签标准等做了详尽规定。欧盟理事会 92-5EEC 指令对容器、包装等做出了严格的规定，并一直通过产品包装、标签的立法来设置外国产品的进口障碍。

3. 商品检疫和检验规定

商品检验检疫方面的规定多如牛毛。例如，美国利用其安全、卫生检疫及各种包装、标签规定对进口商品进行严格检查。对进口食品的管理，除了市场抽样外，主要在口岸检验，不符合要求的将被扣留，然后以改进、退回或销毁等方式处理；欧盟进口肉类食品，不但要求检验农药的残留量，还要求检验出口国生产厂家的卫生条件；日本对海外进入其境内的农产品、畜产品及食品类实行严格的检疫、防疫制度。

4. 信息技术壁垒

随着电子商务在发达国家的应用日趋广泛和成熟，一些国家开始强行要求以 EDI(电子数据交换)方式进行贸易。虽然电子商务为国际贸易带来了极大便利，但从世界范围来看，电子商务的成功应用大多是在发达国家，而发展中国家由于信息技术发展相对落后，计算机软硬件设备、通信设施以及法规建设都不健全，很难达到 EDI 的硬性要求，尚未能执行完全的电子签证系统。如果硬性要求 EDI 交易，则会造成贸易壁垒。例如，1996 年美国纺织品协议执行委员会已向美国政府提出建议，彻底执行针对柬埔寨、马来西亚以及中国的电子签证系统。这实际上已成为发达国家对发展中国家设置贸易障碍的借口。

二、技术性贸易壁垒盛行的原因

据统计，20 世纪 70 年代的非关税壁垒中，技术性壁垒占 10%～30%，进入 20 世纪 90 年代，这一比例有了更大的提高，已成为非关税壁垒中最隐蔽、最难对付的一种。究其原因有以下几种：

（一）科技水平的差异导致技术性贸易壁垒的强化

技术密集型产品占世界贸易额的比例进一步上升，国际贸易中所涉及的各种技术问题变得更加复杂。技术先进的发达国家在激烈的国际市场竞争中，凭借其先进的技术法规、产品标准等，不断地生产和出口具备先进性、科学性、经济性、适用性、可靠性、竞争性的商品，因而在国际贸易中始终占据主导地位。由于发展中国家科技发展水平远落后于发达国家，技术法规、标准等的制定水平和内容与发达国家相比存在很大的差距，出口商品往往达不到发达国家的规定，从而容易受技术壁垒的影响。

（二）关税大幅度削减与传统数量限制措施被抑制使用

“乌拉圭回合”谈判成功地签署了一揽子协议，进一步强化和完善了非关税壁垒的约束机制，尤其是传统的限制类措施被规定了削减或取消时间表。在这种情况下，进口国如再设置高关税、数量限制等障碍以达到保护本国市场、限制商品进口的目的，必将招致有关国家的谴责和反对，甚至贸易报复。所以，世界各国特别是发达国家纷纷高筑贸易技术壁垒这种无形的非关税壁垒，促使技术壁垒成为贸易保护主义的新式武器。

（三）消费观念和保护意识增强亦促使技术壁垒“合法”存在

产品品质直接影响消费者的利益，随着消费者自我保护意识的增强，要求制定相应技术标准的呼声越来越强烈。消费者对商品的选择性强，对质量要求高，对款式变化敏感，对卫生、安全指标的要求严格，相应地促使贸易中的技术壁垒合理合法地存在。目前世界上许多国家对外国产品进入本国市场都有严格的质量把关，如美国规定对进入该国市场的电气用品必须通过“UL”标志。一旦产品在进入美国市场前被检验出不够安全，或产品在销入美国市场后出现安全问题造成事故，美国政府在调查时必以 UL 所规定的安全标准为衡量尺度，因此，UL 标准似乎可被视为“非联邦法规的公认法规”；欧盟则要求销往欧盟的大部分商品必须经过 ISO 9000 系列的认证。

（四）WTO 某些协议中的例外规定给技术壁垒的设置大开方便之门

《贸易技术壁垒协议》中虽然规定，要保证技术法规及标准，包括包装、标志和标签要求，以及按技术法规、标准评定的程序都不致给国际贸易造成不必要的障碍，但也允许各参加方为提高产品质量、保护人类健康和安全、保护动植物生命和安全、保护环境或防止欺骗行为等，可以提出一些例外规定。在服务贸易协定、农产品协定和贸易有关的知识产权协定等中都有类似的例外规定。诸此种种弹性规定实际上给技术壁垒的设置提供了法律借口，也使得发达国家往往打着维护人类健康和安全、维护动植物生命和安全以及环境保护等旗号，制定出严格、繁多、苛刻的技术法规和标准等，名正言顺地达到既有利于扩大本国商品出口，又有利于限制别国商品进口的双重目的。

【案例 5-9】

GATT / WTO 贸易技术壁垒协议的基本原则

为削弱和消除技术法规、标准和使用评定程序等贸易技术壁垒对国际贸易的阻碍作用，关贸总协定在“东京回合”谈判期间达成了《贸易技术壁垒协议》(agreement on technical barriers to trade)，并于 1980 年 1 月 1 日正式生效。该协定的缔结与生效是总协定历史上第一个全面规范技术标准的法律文件，从而具有重要的意义。“乌拉圭回合”在原有协议的基础上达成了一项新的协议。虽然新协议的体系和内容与旧协议相似，但新协议属于一揽子接受的多边协定的范畴，从而保证了WTO关于技术壁垒制度的效力将具有真正的普遍性和广泛性。但在协议中也规定这些技术法规和标准，包括包装、标志、标签等不会给国际贸易制造不必要的障碍，也不能用这些措施作为对情况相同的国家进行歧视或变相限制国际贸易的手段。“乌拉圭回合”达成的贸易技术壁垒协议由序言、十五个条款和三个附件组成。

贸易技术壁垒协议的基本原则为：

(1)无论技术法规、标准，还是合格评定程序的制定，都应以国际标准化机构制定的相应国际标准、导则或建议为基础；它们的制定、采纳和实施均不应给国际贸易造成不必要的障碍。

(2)在涉及国家安全、防止欺诈行为、保护人类健康和安全、保护动植物生命和健康以及保护环境等情况下，允许各成员方实施与上述国际标准、导则或建议不尽一致的技术法规、标准和合格评定程序，但必须提前一个适当的时期，按一般情况及紧急情况下的两种通报程序，予以事先通报；应允许其他成员方对此提出书面意见。

(3)实现各国认证制度相互认可的前提，应以国际标准化机构颁布的有关导则或建议作为其制定合格评定程序的基础。此外，还应确认各出口成员方有关合格评定机构是否具有充分持久的技术管辖权，以便确信其合格评定结构是否持续可靠，以及接纳出口成员方指定机构所做合格评定结果的限度进行事先磋商。

(4)在市场准入方面，协议要求实施最惠国待遇和国民待遇原则。

(5)就贸易争端进行磋商和仲裁方面，协议要求遵照执行“乌拉圭回合”达成的统一规则和程序——“关于争端处理规则和程序的谅解协议”。

(6)为了解答其他成员方的合理询问和提供有关文件资料，协议要求每一成员方确保设立一个查询处。

《贸易技术壁垒协议》适用于所有产品，包括工业产品和农业产品。各政府机构拟订的为其本身的生产或消费需求的采购规格不受该协议的约束，但受政府采购协议约束的产品范围除外，而且各国关于卫生与植物检疫的各项措施均不受该协议的约束。

第五节　其他常见的非关税措施

除了上述几种主要的非关税措施以外，国际贸易中还存在着诸多的非关税措施，下面介绍常见的一些具体壁垒。

一、进口许可证制(import license system)

进口许可证制是指商品的进口，事先要由进口商向国家有关机构提出申请，经过审查批准并发给进口许可证后，方可进口，否则一律不许进口。

从与进口配额的关系上看，进口许可证可分为两种：

(1)有定额的许可证，即政府有关机构预先规定有关商品的进口配额，然后在配额的限度内，根据进口商的申请对于每一笔进口货发给进口商进口许可证，一般只允许一定数量进口而非全部申请数量。

(2)无定额的进口许可证，即进口许可证不与进口配额相结合。进口国政府不预先公布进口配额，颁发有关商品的进口许可证，只在个别考虑的基础上进口。因为它是个别考虑的，没有公开的标准，因而就给正常的贸易活动造成更大的困难，起到更大的限制进口作用。

按照进口许可的程度来分，进口许可证一般有两种：

(1)公开一般许可证，又称公开许可证或一般许可证。凡是列明属于公开一般许可证的商品，进口商只要填写公开一般许可证后，即可获准进口。因此，这类商品实际上是“自由进口”的商品。

(2)特种进口许可证，进口商必须向政府有关当局提出申请，经政府有关当局逐笔审查批准后才能进口。这种进口许可证，多数都指定进口国别或地区。

二、自动出口配额制(voluntary export quotas)

自动出口配额制又称“自动限制出口”，指出口国家或地区在进口国的要求或压力下，自动规定在某一时期内(一般是 3 到 5 年)，限制某些商品对该国的出口，在限定的配额内自行控制出口，超过限额即禁止出口。这种自动限制并非出自出口国的真正自愿，出口国的自我限制是为了避免进口国更加严厉的进口限制措施。自动出口配额制最早始于美国，是第二次世界大战后出现的一种非关税壁垒措施。它与绝对进口配额制在形式上不同，绝对进口配额制是由进口国家直接控制进口配额来限制商品的进口，而自动出口限额是由出口国家直接控制这些商品对指定进口国家的出口。但是就进口国家而言，自动出口配额制与绝对进口配额制一样，起到了限制商品进口的作用，它主要有“非协定”的自动出口配额和“协定”的自动出口配额两种形式。

三、原产地原则(rules of origin)

原产地规则是指各国政府为了确定商品原产国和地区而采用的法律、规章和普遍运用的行政命令的总称。其核心内容是判定货物原产地标准，实施正常的贸易管理。各国原产地标准通常将原产品分为两大类：一类是完全原产品，即完全使用本国原料和零部件生产、制造的产品。这种百分之百由国内生产的产品，其原产地是明明白白的，不易引起异议；另一类是含有进口成分的原产品，即全部或部分使用了进口的包括来源不明的原材料或零部件制成的产品。

在经济全球化的今天，这种带有“多国产品”特征的货物的原产地是很难确定的。在长期的国际贸易实践中，逐渐演化成以最后一个发生“实质性改变”的国家作为多国产品“国籍”的原则。这种“实质性改变”有三种不同的标准：①加工工序标准。即根据制造加工工序清单，以对产品进行了符合要求的加工工序的生产地作为产品原产地。②增值标准(百分比标准)。即以产品增值量或产品中原产国的原料和劳务价值必须占到产品价值的一定百分比作为确定原产地的标准。(3)税目改变标准。即以对产品进行了改变税则分类目录中税则号的生产加工产地作为产品原产地，但允许存在一些例外。

四、对外贸易国家垄断制(foreign trade under state monopoly)

对外贸易国家垄断制又称进出口的国家垄断，指国家对某些商品的进出口规定由国家直接经营，或者是把某些商品的进口或出口的垄断权给予某个垄断组织。发达国家对商品贸易的国家垄断主要体现在以下三方面：①烟和酒的垄断，并从中获得巨大的财政收入。②农产品贸易，国家往往把对农产品的对外垄断销售作为国内农业政策措施的一部分。③武器贸易。一些发展中国家为了打破外商在对外贸易上的垄断，成立国有贸易机构，直接控制进出口业务和主要进出口商品的品种和数量。有些发展中国家对其他国家国有贸易机构的贸易往来，采取了由国有贸易机构直接经营的办法。

五、歧视性的政府采购政策(discriminatory government procurement policy)

歧视性的政府采购政策是指一些国家通过法令，规定政府机构在采购时必须优先购买本国产品，从而对国外产品构成歧视。如美国实行的"购买美国货法案"规定，凡是联邦政府所需采购的货物，应该是美国制造的，或是用美国原料制造的，只有在美国自己生产的数量不够，或者国内价格过高，或者不买外国货就会损害美国利益的情况下，才可以购买外国货。许多国家都有类似的规定，如英国限制政府向外国采购通信设备和电子计算机，日本有几个省规定，政府机构需用的办公设备、汽车、计算机、电缆、导线、机床等不得采购外国产品。

六、各种国内税(internal taxes)

一些国家特别是西欧国家，广泛采用国内税制度来限制进口。这是一种比关税更加灵活和更易于伪装的贸易壁垒手段。因为国内税通常不受贸易条约或多边协定的限制，国内税的制定和执行是属于本国政府机构有时甚至是地方政府机构的权限。通常的做法是对国内货物和进口货物征收较大差幅的消费税，通过对进口货物征收高于国内产品的消费税，来削弱进口商的竞争力，从而抑制进口。

七、最低限价(minimum price)

最低限价是指进口国对某一商品规定最低价格，进口价格如低于这一价格就征收附加税。最低限价往往是根据某一商品生产国在生产水平最高的情况下生产出的价格而制定的。例如，欧洲共同体 1978 年起对钢材规定了最低限价，这一价格是根据日本生产钢材的最高生产水平而制定的，凡低于该价格的，就要征收差额部分的附加税。美国为抵制西欧和日本的低价钢材和钢制品进口，在 1977 年也实行了类似的保护制度。

八、设置海关障碍

(1)海关任意估价。有些国家专断地提高进口货的海关估价，来提高进口货的关税负担，阻碍商品的进口。实施这项措施的国家以美国最为突出。

(2)改变进口关道。有些国家往往不按合同规定，任意改变货物入关口岸，即让进口货物在海关人员少、海关仓库狭小、商品检验能力差的海关进口，拖延商品过关时间，增加进口商的负担，从而达到限制进口的目的。例如，法国1982年规定，所有从日本进口的录像机都必须通过POITIERS海关，而那个海关位于法国北部港口数百公里的小镇上，海关人员少，房子窄小。结果，进入法国的录像机从每月6万台降低到每月不足1万台。

(3)制定独特的商品分类。有些国家不依关税合作理事会制定的税则和“协调制度”(HS)来制定本国海关税则和商品分类，而是自己单独搞一套商品分类，使出口商难以应付。例如，欧盟把胡萝卜归类于水果。欧盟做出这样的规定，使胡萝卜生产在欧盟内得到保护，因为水果的关税是很高的；法国规定蜗牛属于鱼类；法国将菜中的蜗牛归类为鱼，可以使欧洲的蜗牛养殖者领取养鱼补贴，使蜗牛相对于其他产品更有竞争力。

九、外汇管制(foreign exchange control)

外汇管制是一国政府通过法令对国际结算和外汇买卖实行限制来平衡国际收支和维持本国货币汇价的一种制度。在实行外汇管制的国家，出口商必须把出口所得到的外汇按官定汇率卖给外汇管制机关，进口商也必须在外汇管制机关按官定汇价申请购买外汇。一些国家往往与许可证制度结合使用来控制进口商品品种、数量和进口国以及用汇数额，从而达到平衡国际收支、保护国内市场的目的。这种方式一般被称为数量性外汇管制。另外，有些发展中国家还实行复汇率制度，利用外汇买卖成本的差异，间接影响不同商品的进出口。一般被称为成本性外汇管制。

十、进口押金制(advanced deposit)

预付进口押金又称预先进口存款。在这种制度下，进口商在进口商品时，必须预先按进口金额的一定比率和规定的时间，在指定的银行无息存放一笔现金，从而增加了进口商的资金负担，达到限制进口的目的。意大利、芬兰、新西兰及巴西等国均实行这种制度。

十一、有秩序的销售安排(orderly marketing arrangement)

所谓“有秩序的销售安排”，是20世纪70年代由发达国家提出的一种新型的非关税壁垒措施。发达国家认为国际贸易应由“自由贸易”转变到“有秩序地进行贸易”。它与“自动”出口配额相似，其目的是保护发达国家国内工业和销售市场，避免国际性竞争，尤其是来自发展中国家产品的竞争。“有秩序的销售安排”是通过政府正式干预，由出口国和进口国签订具体协定。按照这一协定，出口国将自己产品的出口约束在一定的水平上。如美国与日本在1977年谈判“有秩序的销售安排”，由政府首脑出面，要求日本减少彩电、收音机、电炉等的出口，并规定日本到1980年对美出口彩电175万台，比1979年减少40%。

十二、服务贸易壁垒(barriers to trade in services)

第二次世界大战后，服务贸易发展迅速。由于各国服务行业发展不平衡，有些国家采取了保护措施。服务业的特殊性，决定了各国限制的办法只能用非关税措施。服务贸易中的非关税壁垒对传统的服务项目的限制主要集中在运输、旅游以及外国银行在本国设立分支机构等方面。如对进口服务者报供歧视性捐税，或者制定苛刻的要求与标准等。20世纪80

年代以来，在对新兴服务业的限制上主要体现在以下几个方面：

(1)数据处理和通信设备服务方面的歧视限制，如有些国家禁止在本国内使用在本国以外进行处理的数据。

(2)限制外国公民在本国建厂、开设银行、进行技术咨询服务活动。

(3)对外国银行、企业的开业权加以严格限制。

十三、劳工标准(international laborer's standard)

关于"劳工标准"，目前尚无统一精确的定义。总的来讲，它是由国际劳工组织的基本公约或核心标准构成，主要包括劳动者的权利(如结社自由权、罢工权、集体谈判权)、人格尊严(如禁止强迫劳动等)、禁止劳动歧视(如男女同工同酬，禁止就业和职业方面对不同种族、肤色、宗教等的歧视)、下一代成长(规定准许就业的最低年龄标准以及禁止童工劳动)、工人工作条件(如工作环境要符合健康安全的标准)等有关人权方面的问题，以及与贸易效益相关的社会福利待遇标准(如制定工人的最低工资标准、保障工人的合理收入、维持工人的基本生活等)。由于它有其深厚的经济、社会和法律渊源，故有众多提法。如："核心劳工标准""人权—社会条款""贸易—社会保障标准""人权国际法""贸易—社会联系""贸易—劳工标准联系"等。把劳工标准与贸易挂钩就可形成贸易壁垒。

【案例 5-10】

劳工标准与贸易挂钩的是与非

早在19世纪上半叶，发达国家在"以道德为由调节国际贸易"的基调下对此问题做了规定。1890年，美国率先禁止进口囚犯生产的产品，1930年禁止进口的范围扩大到所有强制性劳工生产的产品。进入20世纪20年代，几个欧洲国家对进口"低劣雇佣条件"下生产的产品征收特别关税，同时很多国家也禁止进口劳改产品。1953年，美国向关贸总协定缔约方建议，GATT应采用更一般的手段来处理包括囚犯劳动在内的不公平的工作条件问题。这种不公平的工作条件被界定为"低于生产力水平允诺的水准"。在1971年实施普惠制(GSP)方案时，欧美等国家在其各自的普惠制方案中均对受惠国的劳工标准做了规定，以此作为获得优惠的条件。GATT第七轮多边贸易谈判期间，美国又倡议建立相关的多边协定，但因发展中国家的抵制和部分发达国家的反应冷淡而未得逞。1988年，美国出台的《贸易与竞争综合法案》中首次将"持续否定工人权利的行为模式"列入不合理外国贸易做法清单，对所谓不尊重"世界公认的雇员权利"的国家挥舞大棒的政策披上了国家法律的外衣。1992年，美、加、墨达成《北美自由贸易协定》，该协定要求成员国必须在国内立法中加入保障结社自由、集体谈判等原则，强调成员国加强合作，通过技术援助和信息交换来改善三国的劳工标准，从而将劳工标准列入区域性法律框架。1995年，美国总统经济报告公然宣称：本届政府要在国际上推动劳工标准方面有所建树。欲将北美自由贸易区的劳工合作协定模式推广到WTO的多边体制之中。1995年，欧盟开始执行一项新规则，规定对那些执行明确劳工标准的国家在适用普惠制时，给予额外优惠。

世贸组织成立以后，发达国家伺机将“劳工标准”问题多边化。在 2000 年 2 月 19 日闭幕的联合国贸易与发展会议第十届大会上，发展中国家对劳工标准达成了重要共识，拒绝把劳工标准纳入国际贸易制度中，发展中国家必须团结协作，共同努力建立“公平、公正、安全”和非歧视的多边贸易体制。而发达国家也在进行紧密磋商，力求协调立场、统一行动，向发展中国家进一步施加压力。在 2001 年 11 月 WTO 卡塔尔多哈部长会议之前，发达国家仍然坚持将劳工标准问题多边化。但发展中国家认为，WTO 新加坡会议已就此达成协议，不应再提此事。

十四、动物福利标准

随着国际形势的变化，动物福利标准如果和贸易壁垒挂钩，则成为一种新型的国际贸易壁垒。这源于国际上公认动物享有五大自由：不受饥渴的自由、生命舒适的自由、不受痛苦伤害和疾病威胁的自由、生活无恐惧的自由、表达天性的自由。如果动物类的贸易品没有满足这些自由条件，就很容易被进口国家拒之门外，从而成为一种新的非关税壁垒。

如对猪的“动物福利”国际法的规定中，猪在运输途中，必须保持运输车清洁，按时喂食和供水，运输时间超过 8 小时，就要休息 24 小时。另外，猪在宰杀时，应使用高压电快速击中致命部位，以减少宰杀的痛苦并且必须隔离屠宰，以防被其他猪看到而产生恐惧感。例如 2003 年，乌克兰一批生猪经过 60 多个小时长途运输，抵达法国，却被拒之门外，理由是没有考虑“动物福利”。再如中国某龟鳖丸广告中曾介绍，将野生龟鳖冷冻到零下 192℃，这样制成药品更容易为人体所吸收。这种虐杀动物的生产方法，在海外遭到强烈抗议，由此引起市场萎缩。由此可见，动物福利壁垒已经成为当今国际社会的新非关税壁垒。

十五、投资措施中的贸易壁垒

随着对外直接投资的快速发展，产生了许多影响贸易格局的投资措施。这种贸易性投资措施最初被拉美国家运用在汽车工业中。其目的在于阻止在当地出现纯粹的组装厂。如墨西哥规定其国内汽车生产中，国有比率必须达到所创价值的 36%，大型车必须达到 40%。贸易性投资措施包括数量众多的激励和调节手段，通过古老、广泛的国产比率要求的形式对外国企业施加影响，客观上对国际贸易产生直接的负面影响。随后，这种贸易性投资措施产生了一系列变形。在这些变形中对国际贸易产生直接影响的有贸易平衡规定、外汇平衡限制和出口规定。贸易平衡规定将投资者的进口量与其出口量相联系，从而起到促进出口、限制进口的作用，其做法往往是规定投资者的进口量不能超过出口量的一定比例；外汇平衡限制是要求投资者必须保障出口所得的外汇收入和进口初级产品的外汇支出之间保持平衡；出口规定是指规定投资者出口一定比例的生产产品。

通过本章讲解可知，非关税措施对国际贸易的影响从很多方面可以得到反映。首先，在对国际贸易发展的影响方面，一般来说，非关税壁垒对国际贸易发展起着重大的障碍作用。其次，在对国际贸易商品的影响上，国际贸易中受非关税壁垒措施保护的商品越来越多，保护的程度越来越高。再次，对发展中国家贸易的影响大大超过发达国家。再从非关税措施对进口国和出口国的影响角度来看，非关税壁垒与关税壁垒一样，一方面可以为一国的新兴工业或幼稚工业提供有积极意义的保护，并且可以有效地用于抵制外国产品的不公平竞争；

但另一方面，它也使世界市场发生扭曲，对世界贸易的发展产生消极影响。对进口国而言，非关税壁垒起着限制进口、保护进口国市场的作用。

思考题

1. 试比较非关税措施与关税措施对限制进口的作用。
2. 发达国家如何利用技术标准达到限制进口的目的？
3. 试述进口配额措施对国际贸易的影响。

第六章 国际贸易救济措施

【案例 6-1】

中国钢铁遭遇国外联合反倾销诉讼

2009 年 4 月 8 日，美国对中国钢铁提起了反倾销诉讼，诉讼金额高达 27 亿美元；同一天，欧盟委员会发布公告，对中国产无缝钢管征收临时反倾销税。以美国钢铁公司为首的七家钢铁企业和钢铁工人联合会向商务部和美国国际贸易委员会提出申诉，称中国以低于美国同类产品的价格向美国倾销了用于生产钻井设备的钢柱和钢管，价值总计 27 亿美元。美国钢铁业提交的起诉书多达 300 余页，涉及 212 家中国供应商，涉案金额 33 亿美元。美国钢铁工人联合会发言人哈伯德说，从事钢管生产的美国钢铁工人有 6000 人，大约 1/3 已被裁员。他认为对中国提出反倾销是“为了在经济复苏后，我们都有工作”。这是迄今为止美国对中国提出的规模最大的反倾销申诉之一。

同日，欧盟委员会对于 2008 年 7 月发起的对中国产无缝钢管的反倾销调查做出初裁，将对华菱衡钢、攀钢成都钢铁有限责任公司等征收从 15.6%到 24.2%的临时反倾销税。此案中，没有中国企业获得市场经济待遇。在国际贸易反倾销调查过程中，往往是寻找一个替代国的国内价格与中国出口产品的价格做比较。而在欧盟对中国产无缝钢管的反倾销判定中，欧盟选择的替代国是美国。由于中国的人力成本要大大低于美国，用美国的“成本价”当作中国产品的成本价，很容易得出“倾销”的结论。目前中国钢铁企业出口到各国的产品都有一定的利润，以钢管为例，利润在 1000～2000 元/吨。

中国钢铁出口遭遇强大的反倾销贸易壁垒是有着诸多深刻原因的，而根本原因还在于国际需求不足，欧美企业日子难过，所以会想办法限制进口，保护自己的市场份额。因此，一旦能够找到机会，美国将会毫不犹豫地拣起反倾销这一措施，对中国钢铁进行限制。这给本来已经出现困难的中国钢铁出口，更是带来了严峻的挑战。2009 年前两个月，中国钢材出口直线下降，1、2 月份合计出口量同比下降 52.5%，进口量同比下降 26.8%。据中钢协显示，2009 年中国钢材出口量下降了 80%。

本例只是中国商品受到的诸多反倾销起诉的案件之一。自从 1979 年欧共体首次对中国糖精钠征收反倾销税至今，中国一直是世界上最大的反倾销受害国。当前美国、欧盟等发达国家滥用反倾销手段，对发展中国家的出口商品实施不平等待遇，中国首当其冲。中国受 WTO 反倾销立案占到成员方立案总数的 1/7 左右，远远高于中国占世界贸易的比重。而在诸多的反倾销仲裁中，中国常常难以获得市场经济地位而导致发达国家对华反倾销中替代国价格的任意性。这种种问题，已经很大程度上影响了中国对外贸易的发展。

反倾销、反补贴、保障措施和特保措施都是 WTO 规定的国际贸易救济措施，有着深刻的产生和发展原因。国际贸易救济措施是为了维护国际贸易活动中的公平贸易环境而实施的，也反映了 WTO 公平贸易的原则，有着自身与诸多传统国际贸易措施不同的特点和存在的基础。这些国际贸易救济措施作为各国参与国际贸易的新型的政策措施，为维护国际贸易的公平竞争环境提供了运行的平台。在国际贸易不断发展和变化的过程中，各国特别是发达国家为了各自的经济利益，在不同时期不同层面滥用了这些公平贸易措施，从而导致反倾销、反补贴、保障措施和特保措施成为国际贸易新时期中的新壁垒。

第一节　国际贸易救济措施概述

一、国际贸易救济措施

WTO 的国际贸易救济措施正在成为实施一国对外贸易政策的新手段。根据 WTO 的相关协议，反倾销和反补贴是针对不公平贸易的救济措施，而一般保障措施和特别保障措施则是针对公平贸易环境的特定情况，WTO 成员可以采取的保护本国产业的救济措施，这些措施共同构成国际贸易救济措施的主要内容。

（一）反倾销措施

倾销作为一种国内销售行为由来已久，之后逐渐发展成为国际贸易行为。早在 16 或 17 世纪时，英国就采用这种方式击垮了外国同类产业的竞争对手，从而达到了占领国际市场并最终赚取巨额垄断利润的目的。到了 19 世纪末 20 世纪初，“倾销”一词开始在国际贸易中被广泛使用。但是，在第一次世界大战前，世界上还鲜有国家提起反倾销。第一次世界大战后，反倾销才逐步成为各国保护贸易的重要政策措施。根据《1994 年关税与贸易总协定》第六条，当一个缔约方的产品以低于正常价值的办法输入到另一缔约方，对该进口缔约方已经建立的相关产业造成实质性损害或实质性损害威胁，或者实质阻碍此缔约方内相关产业的新建，则倾销应该予以谴责。在《倾销与反倾销协议》中规定不公平竞争的倾销行为应实施反倾销措施。

【案例 6-2】

美国对原产于中国等 6 个国家的冷冻和罐装暖水虾征收高额反倾销税

2004 年 2 月 17 日，美国国际贸易委员会建议对原产于中国等 6 个国家的冷冻和罐装暖水虾征收高额反倾销税。这在中国水产业，特别是虾产业中引起了强烈震动，使中国虾产品出口严重受阻。2004 年 4 月，中国渔业大省——浙江的虾产品对美出口全面停止。2004 年中国向美出口海产虾 6.61 万吨，同比下降 18.84%；金额 3.386 亿美元，同比下降 23.78%。而 2004 年美国虾产品进口量在

50 万吨的水平，中国虾产品占有率为 13.2%。自 2004 年下半年开始，中国几乎失去了美国虾产品市场。这是中国进入世贸组织后，在国际贸易中遭受的第一起有关水产品的反倾销调查。

（二）反补贴措施

补贴与反补贴措施也历经了近半个世纪的漫长发展历程。从 1947 年“关贸总协定”的原则性规定到“乌拉圭回合”达成的《补贴与反补贴措施协议》（简称 ASCM 协议），世界贸易组织正式确立了比较完善的补贴与反补贴措施的约束机制。协议共分 11 个部分，并附有 7 个附件，主要涉及补贴的定义与分类、反补贴措施的范围与进行、负责的机构与成员方的差别待遇等。为了抵消对制造、生产或出口所直接或间接给予的任何津贴或补贴而实施反补贴措施，可以征收反补贴税。反补贴税的征收金额，不得超过此种产品在原产国或出口国制造、生产或出口时所直接或间接给予的津贴或补贴的估计金额等。这类措施是在外国对出口产品实施了补贴而导致的不公平竞争环境，而准许采用的国际贸易救济措施。

【案例 6-3】

中、美、墨关于“中国贸易补贴问题”的磋商

2007 年 3 月 20 日，中国、美国和墨西哥在世贸组织总部就所谓“中国贸易补贴问题”举行了联合磋商。磋商源于 2 月 2 日美国就中国的出口补贴条款向世界贸易组织提起申诉，墨西哥后来加入美国对中国的诉讼，欧盟、日本、澳大利亚则作为第三方。这表明，中国在补贴问题上面临强大的国际压力，中国企业遭受反补贴的威胁迫在眉睫。2004 年 4 月 13 日起，加拿大在不到半年时间内连续对中国出口烧烤架、碳钢及不锈钢紧固件和复合地板发起了反倾销、反补贴调查。2006 年 6 月 8 日加拿大边境服务署对原产于中国的铜制管件进行反倾销调查和反补贴调查。案件涉及中国 25 家企业，其中浙江 12 家。同年 10 月 20 日加拿大边境服务署做出初裁，对涉案企业临时反倾销税率、反补贴税率分别为 39%和 17%。2007 年 1 月 18 日，加拿大边境服务署终于做出最终裁定。没有参加应诉的出口商反倾销税为 37%，反补贴税为每千克产品加征 17.73 元。而乐清天力管件有限公司、诸暨浩海空调器制造有限公司零税率。

（三）保障措施

保障措施是 WTO 允许的在没有遭受不公平贸易情况下使用的贸易救济措施，也被称为国际自由贸易体制“安全阀”（safety valve），源自于美国贸易法中的“逃避条款”（escape clause），由美国推动，被《关贸总协定》第 19 条认可。《关贸总协定》第 19 条对“保障措施的使用”进行了基本的规定。为了加强对各项措施实施的约束，防止成员方滥用这些措施，WTO 专门签订了各项协定，如《反倾销协定》《补贴与反补贴措施协定》《保障措施协定》。但在实践中，GATT 签约国日益频繁地使用旨在限制某种产品进口的所谓“灰色区域”措施，如“自愿出口限制”“有序销售安排”等，影响了贸易的正常往来，其合法性受到质疑。现在适用的《保障措施协议》产生于“乌拉圭回合”谈判，明确禁止使用“灰色区域”措施。

而特别保障措施是 WTO 成员利用特定产品过渡性保障机制，针对来自特定成员的进

口产品采取的措施,即在 WTO 体制下,在特定的过渡期内,进口国政府为防止来源于特定成员国的进口产品对本国相关产业造成损害而实施的限制性保障措施。特别是保障措施和一般保障措施在适用的目的、对象和条件等方面都存在着很大的不同。保障措施是在促进国际市场竞争的前提下,为鼓励进口国国内产业的结构性调整而对自由贸易所采取的例外性措施。而特保措施是其他 WTO 成员为了防止中国的产品在中国入世之后较低的关税水平条件下冲击其国内产业而设置的一项制度。

【案例 6-4】

美国对原产于中国的轴承传动器的特别保障措施

2002 年 8 月 21 日,美国国际贸易委员会依据 1974 年贸易法的“421 条款”,对原产于中国的轴承传动器展开特别保障措施调查。此次调查是应美国 Motion Systems 公司的申请而发起的。该公司在其申请书中,指控中国轴承传动器对美出口激增,明显扰乱了美国相关市场秩序,并导致该公司销售量减少,因而要求美国政府对该行业从业者提供救济保护。10 月 18 日,美国国际贸易委员会以 3∶2 的投票结果,认定自中国进口的轴承传动器对其国内生产同类产品或直接竞争产品的产业构成“市场扰乱”。此案的裁决报告连同救济措施的建议,已呈报总统,届时将由美国总统就是否采取及采取何种救济措施做出最后决断。该案是中国入世后,美国首次依据《中华人民共和国入世议定书》第 16 条有关特定产品过渡性保障措施的承诺所展开的调查。在这之后,印度、美国还相继发生了分别针对中国出口缝纫机针和座椅升降装置的两起特别保障措施案。此外,2009 年 2 月 6 日,应印度哈里亚纳邦 SRF 有限公司和孟买 Century Enka 有限公司的申请,印度财政部对原产于中国的尼龙帘子布进行特别保障措施调查。这是印度 2009 年对华的第三起特别保障措施调查。据印商工部统计,2007 年 4 月至 2008 年 3 月,印自中国进口涉案产品就达到 5908 万美元。鉴于印度目前正对中国涉案产品征收反倾销税,并于 2008 年 9 月 16 日发起了有关日落复审,印保障措施局在立案公告中特意声明,法律并不禁止在征收反倾销税的同时征收保障措施税。可见,针对中国的特别保障措施对中国经济与贸易产生的影响将持续相当长的一段时间。

二、国际贸易救济措施被滥用的原因

(一)滥用反倾销措施的原因

(1)使反倾销企业得到更严格的保护,而被反倾销的企业受到严重损害。当某项产品被征收反倾销税后,该项产品的出口就受到严重影响,进而影响到该产品所在行业的发展,最后影响就业状况。那些反倾销国家的相关企业,由于该产品进口的减少,对企业的冲击得到缓解甚至消除,企业的发展得到有效保护。

(2)对出口国企业具有阻碍和威吓作用。实践表明,在许多情况下,仅仅提出反倾销的申诉立案就可有效地阻止进口活动。有时,甚至发出要进行反倾销的威胁也可以达到一定阻止和威吓作用。例如,在美国对钢铁反倾销立案的数月中,美国市场热轧钢板的进口数量就下降了65%以上。

(3)使进口国国内企业获得额外的利益。某些国家的反倾销法具有很强的偏袒性。这些法律的实施会给申诉方带来额外的利益。由于反倾销对出口国企业的阻碍和威吓性，当反倾销国对某项商品进行反倾销立案时，该商品的进口数量下降，则反倾销国此类商品的价格就大幅上升，国内该产品的同类企业就可获得额外的利益。即使官司打输了，企业获得的额外利益远远大于打官司的费用。这就是打反倾销官司的益处。

(二)滥用反补贴措施的原因

(1)反补贴协议规则的缺陷。世界贸易组织的《补贴与反补贴协议》仍有许多缺陷。例如，农产品是世界最重要的出口产品之一，但目前仍游离于该协定之外。协议中对于"禁止性补贴""可诉补贴""不可诉补贴"的定义尚有待于做进一步的完善。因此，有些国家正是利用了这些定义的不完善性而滥用反补贴措施以达到其保护主义的目的。

(2)对出口企业和进口商具有威胁性。在反补贴的起诉和调查过程中，国外的出口企业和国内的进口商会感到很大的压力。有些外国企业会自动地增加其出口价格或减少其出口额，以躲避反补贴税的惩罚；国内的进口商也会对反补贴税造成的高昂进口价格望而却步。这样正好起到了贸易保护的效果。

(三)滥用保障措施的原因

(1)保护国内缺乏竞争力的"夕阳产业"。随着国内产业结构的不断调整，一些发达国家曾经辉煌一时的产业，如钢铁、纺织、服装等产业，并没有从经济领域中退出，在发达国家这些产业已成为所谓的"日落产业"。而这些产业恰恰是发展中国家具有比较优势的产业，具有很强的竞争力。当发展中国家的这些具有较强竞争力的产业影响到发达国家同行业的生存状况时，发达国家不管是否符合有关规定，往往会援引"保障条款"。威胁要实施，或武断地单方面决定实施"临别保障措施"，以保护它们缺乏竞争力的"日落产业"。

(2)保障措施实施比较容易。反倾销和反补贴的实施都要进行复杂的数量上的调查和计算，而实施"保障措施"则不需要这些复杂的程序。

(3)保障措施调查所产生的影响远远大于反倾销调查的影响。反倾销针对的是个别世贸组织成员的某一产品，而保障措施则是针对某一产品的所有外来进口。通常，一项保障措施调查案涉及的成员往往5～10个。由此可以看出，保护主义的作用远大于其他非关税壁垒。

三、滥用国际贸易救济措施的影响

WTO为了加强对各项国际贸易救济措施实施的约束，防止成员方滥用这些措施，专门签订了各项协定如《反倾销协定》《补贴与反补贴措施协定》《保障措施协定》。遗憾的是，以上各个协议与协定似乎并没有办法杜绝这些贸易救济措施的滥用。正是这些贸易救济措施被滥用，使得它们成为一些国家政府用来实施贸易保护政策的手段。实施贸易保护政策的目的之一，是通过政府行为改变国际贸易当中的竞争结果，即扩大本国企业利润，把别国企业的超额利润转变成本国的收入；促进本国出口或者扶持本国相关产业发展。而反倾销、反补贴、保障措施如果运用得当，完全能够达到以上目标。当一国的某些国内企业由于受到进口产品的巨大压力而无法得到利润的时候，这些企业可以进行反倾销申诉，也可以进行保障措施的申诉。本来认定是否构成倾销、倾销幅度以及实质性损害，都是有客观标准的，但是在实际操作中各国政府都难以达到完全客观,从而使这些贸易救济措施有可能成为国际贸易新壁垒。这些 WTO 所允许的贸易救济措施被滥用,其影响是多方面的。

(一)保护国际贸易救济措施发起国的国内产业和市场

(1)对于应用这些措施的国家,其国内产业将受到保护。

(2)受到保护的产业可以得到更多的利润,得到扶持的产业有可能最终形成国际竞争优势。

(3)受到保护的产业在此国可能已经是夕阳产业,此国没有办法提供条件使这个产业重新获得竞争优势,这种保护就是没有效率的。

(4)长时间的保护本身就有可能使受到保护的产业不思进取,结果整个产业的竞争力下降,只能靠政府的保护维持。

【案例 6-5】

中国宣布对进口聚氯乙烯继续实施反倾销措施

中国 2009 年 9 月 28 日宣布,决定自 2009 年 9 月 29 日起,对原产于美国、韩国、日本、俄罗斯以及我国台湾地区的进口聚氯乙烯继续实施反倾销措施,实施期限为五年。此次聚氯乙烯反倾销期终复审,由中国氯碱工业协会牵头组织,行业内 8 家重点企业申诉、12 家企业明确支持,参与调查企业的产量总数超过了国内全行业总量的 50%。据统计,在 2003 年中国聚氯乙烯反倾销后的几年,中国聚氯乙烯的产能、产量增长迅速。2005 年增长率分别达到 46.4%和 33.2%,2006 年分别为 19.1%和 22.8%。2007 年中国聚氯乙烯产能、产量进一步提高到 1448 万吨/年和 972 万吨,增长率达 25.0%、18.1%。这一阶段行业发展速度明显高于 GDP 增长率。

(二)直接影响措施针对国的出口贸易

对于国际贸易救济措施针对的国家,它们的出口贸易将受到负面影响。出口数量的减少、市场份额的失去将使这些国家从贸易中获得的利益减少。伴随着贸易条件的恶化,这些出口国企业利润中的一部分变成了进口国的收入。

【案例 6-6】

中国 2008—2009 年遭受国际贸易救济措施案件

据 WTO 统计,2008 年中国遭遇到的反倾销调查达 73 起、反补贴调查达 10 起,分别占全球同类案件总数的 35%和 71%,是全球遭遇贸易救济调查最多的成员。2009 年上半年,中国遭受的反倾销、反补贴、保障措施及特保措施等贸易救济调查更多达 58 起,涉案金额超过 80 亿美元。2009 年 8 月以来,美国轮胎特保案以及欧盟针对中国铝合金轮毂发起反倾销调查诉讼。目前铝合金轮毂反倾销调查涉及的中国生产企业有 46 家,直接影响出口 3.9 亿美元。输美轮胎特保案涉及的中国企业有 20 多家,10 万多工人。如果第一年向中国征收 55%的关税将把中国的轮胎完全排除在美国市场之外。2008 年中国轮胎产量达到 3.5 亿条,其中 40%

的产品出口。而出口到美国的达4600万条,占整个出口量的1/3,出口额达17亿美元。而铝合金轮毂案还处于反倾销调查阶段,调查启动后,涉案企业须于15日内应诉。之后约有9个月的反倾销调查期,在这段时间内并不影响中国企业的出口情况,而真正产生影响的是该案得到裁决认定之后。

(三)恶化国际贸易环境

不管是反倾销措施、反补贴措施,还是一般保障措施或特别保障措施,一旦它们被一国滥用为对外贸易的保护政策或出于各种利益目的的政治经济外交手段,则会对初衷为构建国际贸易的公平竞争环境的救济措施带来扭曲,并随着国际贸易活动的日益频繁和国际经济危机的变化等,会逐步恶化国际贸易的国际环境。

第二节 反倾销措施

一、倾销

(一)倾销定义

WTO《反倾销协议》规定,倾销有市场经济国家和非市场经济国家两个角度的定义。

1. 市场经济国家倾销的定义

市场经济国家关于倾销的定义有成本定义和价格定义两种。①成本定义。成本定义是指在出口市场上以低于成本的价格销售商品。②价格定义。价格定义是指出口市场上的销售价格低于国内市场上的销售价格。

根据关贸总协定(1994年)第六条和WTO《反倾销协议》的规定,确定某一进口产品是否存在倾销的条件:

(1)低于相同产品在出口国正常情况下用于国内消费时的可比价格。

(2)如果没有这种国内价格,则低于:

① 相同产品在正常贸易下向第三国出口的最高可比价格。

② 产品在原产国的生产成本加上合理的管理费、销售费等费用和利润。

2. "非市场经济"国家倾销的定义

(1)价格定义。价格定义是指选择一个第三国,即市场经济的国家的同类产品,在该市场上或者在其他国家市场上的销售价格作为公平价值。凡是"非市场经济"国家的出口商品低于公平价值,就为倾销。

(2)成本定义。成本定义是指选择一个市场经济的国家作为替代国,并以替代国同类产品的成本作为标准成本。凡是在出口市场上的销售价格低于标准成本就为倾销。

【案例6-7】

中国入世协定中的非市场经济条款

1999年《美中双边WTO协议概要》中,美国将中国视为"非市场经济国家"。

在《中华人民共和国加入WTO议定书》中,它被纳入第15条。该条为"确定补贴和倾销时价格可比性"。该条a项第2目规定,从中国进口产品的世贸成员在反倾销调查时,"如接受调查的生产者不能明确证明生产该同类产品的产业在制造、生产和销售该产品方面具备市场经济条件,则该世贸进口成员可使用不依据与中国国内价格或成本进行严格比较的方法。"d项规定,该规定自中国加入之日后15年中止。受此影响,一些发展中国家也订立了非市场经济国家条款,如印度、巴西、韩国、墨西哥等。

(二)倾销分类

一般来说,倾销包括商品倾销和外汇倾销两种。

1. 商品倾销

商品倾销是指出口商在国际市场上,以低于国内市场价格甚至低于成本的价格向国外市场抛售商品,以打击竞争者并占领市场。显然,它是一种价格歧视。

实施商品倾销的原因有很多,例如:①清仓性质的偶然性倾销(sporadic dumping)。国内商品积压多了,需要清理,故低价抛售库存积压商品。②掠夺性倾销(predatory dumping)。为了打击竞争对手,以低价把对方从某一国外市场挤走。③持续性倾销(persistent dumping)。在开辟和进入一个新市场时,低价易于进入并站稳脚跟。为了独占(垄断)的优势,以最低价格全面占领和垄断市场后再提价。

2. 外汇倾销

外汇倾销是指出口企业利用本国货币对外贬值的机会,进行商品倾销,争夺国外市场的一种特殊手段。外汇倾销不能无限制和无条件地进行,只有具备以下条件才能有效:① 货币贬值的程度要大于国内物价上涨的程度。② 对方国家不采取同样的倾销措施。③ 对方不采取其他报复性措施。④ 商品不再复进口到本国市场。

二、反倾销措施

根据WTO相关协议,对不公平竞争的倾销行为应实施反倾销措施。在过去反倾销的实践中,由于多边贸易规则的不完善,更多的是基于单边规则的公平贸易政策,而不是基于国际规则的公平贸易政策。一些国家出于贸易保护的目的,制定本国的反倾销规则并强加于他国,出现了大量滥用反倾销政策的现象。反倾销等公平贸易政策的滥用现在已经被公认为一种主要的不公平贸易行为,而成为一种新型的非关税贸易壁垒。

(一)实施反倾销的目的

反倾销的初衷是抵销不公平竞争。当出口商的价格歧视给进口国产业造成损害时,其产品在进口国将会受到法律的制裁,即遭到反倾销。WTO各成员都认为倾销是一种不公正的贸易行为,同意对它进行抵制,即实行反倾销。这本来应是公平竞争宗旨的体现,但实际上,各国普遍实行的反倾销,却主要是考虑了以下因素:

(1)倾销导致进口国经济的不稳定,而且可能成为垄断工具。

(2)进口国政府一般更关心生产者利益而非消费者利益。同时,进口价格的降低,也许还导致政府不愿看到的某种国内收入再分配的情况。

(3)导致不公平。公平贸易只有在进、出口国的生产者同样有效率、具有同样是向下倾斜的成本曲线时才能体现出来，这时可能形成双方各自占据本国国内市场或双方依据产品差异分割市场的情况。但如果出口国企业获得了关税保护，就可以以低于平均成本的价格出口，既占有国内市场又占有进口国市场。或者，如果出口国企业的国内市场规模较大，就可以获得“不公平”优势，使其出口价格更低，甚至低于平均成本，从而同时夺取两国的市场。

（二）实施反倾销的条件与程序

1. 反倾销的条件

根据 WTO 的《反倾销协议》，只有具备以下条件，成员方才能采取反倾销措施：

(1)存在倾销。倾销是指一个产品的出口价格低于出口方旨在用于本国消费的同类产品的价格，在确定一个产品是否倾销时，必须比较该产品的出口价格与出口方的国内消费价格。如果前者低于后者，即被认为是倾销。但是，如果出口方国内市场销售行为不正常或者国内市场销售量较小时，倾销的确定不能根据出口价格和出口方的国内消费价格的比较，而应该把出口价格同以下两者之一进行比较：①同类产品出口到第三国的可比价格；②在进口产品生产成本加上一般费用、销售与管理费用和利润的基础上计算出来的推定价值。

(2)存在实质损害。实质损害是构成法律倾销与采取反倾销措施的必要条件。实质损害有三种表现，或是指对进口国国内产业的实质损害，或是指对进口国产业产生实质威胁，或是指对进口国新建产业产生实质阻碍。以下内容构成对国内产业的损害或受到损害的威胁：

①进口大量增加，相对于进口国的生产或消费而言，或是绝对增加或是相对增加；

②进口产品的价格降低了国内同类产品的价格，或阻碍其价格的提高。

③倾销与损害之间存在因果关系

进口方如果要采取反倾销行动，除了证明一进口产品存在倾销行为和对国内产业存在损害之外，还必须证明倾销和损害之间存在因果关系，即证明进口国国内相同或相似产业的损害是由于进口产品的倾销造成的。

2. 反倾销的程序

(1)反倾销调查的提起与受理。反倾销调查可以有两种方式提起：一种是由一个受倾销影响的国内产业或其代表向有关当局以书面形式提起反倾销调查；另一种是由有关当局决定进行反倾销调查。

(2)初步裁决。在适当调查的基础上，有关当局对于倾销或损害可做出肯定或否定的初步裁决。

(3)价格保证。反倾销调查开始后，如果收到出口商令人满意的产品修改价格或停止向该地区以倾销价格出口产品的自动保证后，主管当局认为倾销的损害结果将得以消除，可中止或终止调查。但如果主管当局认为接受出口商的价格保证不现实，则可拒绝其价格保证，但应该说明理由。

(4)临时措施。在初步裁决存在着倾销和损害的事实后，进口方当局为防止该国产业进一步受到损害，可采取反倾销的临时措施。临时措施可以采取临时关税的形式，也可以征收与反倾销税等量的保证金或保税金。临时措施只能从开始调查之日起的 60 天后采取，实施期限通常不超过 4 个月。只有在出口商主动请求或者有关当局认为确有必要时，可以适当延长，但最多只能延长 2 个月。

(5)征收反倾销税。在有关当局最终确认进口商品构成了倾销，并因此对进口方某一相同或类似产品的产业造成了实质性损害，就可对该倾销产品征收反倾销税。征收反倾销税的数量应该等于或小于倾销幅度，征税期限以足以抵销倾销所造成的损害所需的时间为准，但一般不得超过5年。

(6)行政复审和司法审查。在征收反倾销税的一段合理的时间之后，有关当局根据当事人的请求或自身的判断，可进行行政复审，以确定是否需要继续征收反倾销税。有关当局的最终裁决和行政复审可特别要求司法、仲裁或行政法庭进行复审。同时，WTO规定，在《反倾销协议》实施过程中，如果缔约方之间发生分歧，首先应该相互协商。如果协商不成，应提请世界贸易组织反倾销实施委员会进行调解。如果在3个月内无法解决分歧，反倾销实施委员会应在争议一方请求下成立专门小组，来审查整个案件。

第三节 反补贴措施

补贴与反补贴问题是全球贸易体制的重要问题之一。作为各国政府推行国家政策的手段，补贴对于一国实现其在贸易、发展和金融方面的目标有重要作用。但是，补贴会对贸易和生产产生有害的影响，它扭曲了资源的分配，使生产不根据市场原则进行。尤其对国际贸易而言，出口产品补贴使得出口产品的价格低于在国内销售的价格，从而对进口国的国内产品构成不正当竞争。因此，为了维护世界贸易中非歧视、自由、透明和公平竞争的秩序，WTO专门制定了《补贴与反补贴措施协定》，旨在规范和统一各国的财政补贴政策及其行为。

一、补贴

(一)补贴的含义和特点

1. 补贴的含义

按照WTO的补贴与反补贴规则，补贴是指一成员国政府或任何公共机构(any public body)向某一企业或某一产业提供财政捐助(financial contribution)或对价格、收入的支持，结果直接或间接增加从其领土输出某种产品或减少向其领土内输入某种产品，或者因此对其他成员利益造成损害的政府性行为或措施。补贴的表现形式包括：①资金直接转移，如政府赠予、贷款；②潜在资金转移，如贷款担保；③政府对本应收取的资金给予豁免，如减免税收；④政府提供一般基础设施之外的其他服务或商品，或政府购买商品；⑤任何形式的收入支持或价格支持等。

2. 补贴的特点

(1)补贴是一种政府行为，这里的政府行为具有广义的含义，不仅包括中央和地方政府的补贴行为，还包括政府干预的私人机构的补贴行为。

(2)补贴的对象是国内的生产商或出口商。

(3)补贴是一种财政行为，它可通过立法的形式或行政手段实施，它有现金补贴的直接方式和免税、退税、低息贷款等间接方式。

(4)补贴的目的和结果是增强国内企业生产的产品在国内和国际市场上的竞争地位。

(5)补贴必须授予被补贴方某种利益，使被补贴方的产品可以低于进口产品的价格在国内销售或低于同类外国产品的价格在国际上销售，从而达到阻碍进口和鼓励出口的效果。

(二)补贴的分类

1. 根据补贴的形式分类

根据补贴的形式，补贴可分为直接补贴和间接补贴。

(1)直接补贴

直接补贴是指由政府或公共机构给本国的生产商、出口商的现金贴补，以弥补商品的经济损失或确保能获得较高利润。目前，美国、欧盟对农产品都给予直接补贴。

(2)间接补贴

间接补贴是指政府或公共机构对本国的生产商或出口商提供财政上的优惠或技术上的资助或赠予，如减免或退还税款、提供优惠贷款或担保、工人工资及社会福利方面的优惠等。目前，各国的间接补贴形式多样，有较大的隐蔽性，在反补贴实践中易引起争议。

2. 根据补贴的对象分类

根据补贴的对象，可将补贴分为进口替代补贴和出口补贴。

(1)进口替代补贴

进口替代补贴是指法律上或事实上以出口实绩(export performance)为条件而给予的补贴。如中国对一些进口替代型企业给予的特殊税收减免优惠及财政资助，实质上构成了进口替代补贴。1992 年 8 月 22 日，中国已公布取消了 1751 项进口替代清单，进口替代产品目录已作废，今后也不再制订此类清单，中国不再对进口产品采取进口替代措施，不再以国内已能生产相同产品为由而限制进口。

(2)出口补贴

出口补贴是指国家政府或同业公会对某商品的出口商所给予的现金补贴或财政上的优惠待遇，其目的在于降低出口商品的价格，加强其在国外市场的竞争能力。如中国曾对初级产品出口有少量补贴，1987 年的补贴额约为出口总额的 4%。1988 年实行外贸承包经营责任制时，补贴额在 1987 年的基础上冻结。1991 年在实行对外贸易承包经营责任制的基础上，国家决定取消补贴，在外经贸全行业实行自负盈亏经营，已达到了世贸组织的有关要求。

3. 根据补贴是否导致反补贴分类

根据补贴是否导致反补贴和《补贴与反补贴措施协议》的规定，补贴可分为：禁止性补贴(prohibited subsidies)、可申诉补贴(actionable subsidies)和不可申诉补贴(non-actionable subsidies)。

(1)禁止性补贴即“红色补贴”，指成员方不得授予或维持的补贴，因为这种补贴直接扭曲进出口贸易，包括出口补贴和进口替代补贴两种。前者在法律上或事实上以出口实绩(export performance)为条件而给予补贴；后者以使用国产货物为条件而给予补贴。

(2)可申诉补贴也被称为“黄色补贴”，在一定范围内允许实施，但如果在实施过程中对其他成员方的经济贸易利益产生负面影响时，受影响的成员方可对其补贴措施提出申诉。这种不利影响包括对另一成员方的国内产业造成损害、使其他成员根据 GATT1994 直接或间接产生的利益减损或丧失特别是根据 GATT1994 第 2 条项下的约束性关税减让而产生的利益、严重歧视另一成员的利益三个方面的内容。

(3)不可申诉补贴即“绿色补贴”，指不具有专向性的补贴，或虽具有专向性的补贴，但符合《补贴与反补贴措施协议》中的一切条件的补贴。包括：① 研发补贴，对企业或高等院校、科研机构在与企业合同基础上进行研究的资助。② 贫困地区补贴，在成员方的领土范围内根据地区发展总体规划并且非专向性对落后地区提供的资助。③ 环保补贴，改造现有设备，使之适应由法律所提出的新环境要求而提供的资助。对于这三类补贴，WTO 成员方不得提出申诉或采取反补贴措施。

根据 WTO 的《补贴与反补贴措施协议》，对其他成员造成负面影响的补贴措施可以采取两种救济方式：① 通过 WTO 的争端解决程序进行多边救济。② 启动征收反补贴税的单边救济，在经过规定的调查程序后征收反补贴税。但同时规定，只有在补贴对成员国国内相关产业造成损害的情况下，才可以启用反补贴程序，在其他情况下，只能援引争端解决程序。

二、反补贴

（一）反补贴的目的

和反倾销一样，反补贴措施也是世贸组织规则允许其成员用于保护国内产业的一种重要的公平贸易措施。根据世贸组织《补贴与反补贴措施协议》，反补贴指凡进口商品在生产、制造、加工、买卖、输出等过程中接受来自政府或同业协会的直接或间接的补贴，并对进口国已建立的国内产业造成实质损害，或产生实质损害威胁，或对建立国内产业造成实质阻碍的，进口国可对该产品进行调查。采取反补贴措施，对该产品按补贴数额征收反补贴税。征收反补贴税的主要目的是抵消国外政府对其出口企业的补贴，避免国外制造商或出口商享有不公平竞争利益，对本国相关产业产生不利影响。

（二）反补贴措施的确定与实施

反补贴措施的确定与实施包括反补贴调查、就业损害的确认和采取的补救、征收反补贴税措施等。

1. 反补贴调查的发起

(1)反补贴调查发起的基础

对某项进口产品进行正式的反补贴调查，应基于受到有关补贴措施不利影响的进口成员方国内产业或其代表所提交的书面请求而正式发起。

(2)反补贴调查申请书的内容

反补贴调查申请书包括：补贴与数量；损害状况；补贴进口与受损害的因果联系。应充分证明某种已大量进口的产品享有某种补贴和对申诉产业造成的损害。反补贴调查书面请求应包括以下内容：申诉者的身份及代表的产业，产品的数量与价值；受补贴产品状况，如出口国家或出口地、出口厂商、进口商名单；补贴的数量和性质；补贴进口产品对国内工业的损害，如补贴进口量的演变，它们对国内相同产品价格的影响，对国内工业的冲击影响等。

(3)当局对申请书证据的准确性和充分性予以审核

审核后如果确认可开始进行调查；如发现证据不足，应尽快拒绝调查申请和终止调查。调查不能妨碍海关程序，调查应自发起日的一年内，最长不能多于 18 个月内结束。

2. 反补贴调查的程序

反补贴调查一般经过下列程序：

(1)在反补贴调查中，有关利益成员方和全部利益方以书面形式提出其认为与调查有关的情况和意见，并尽快通知所有有利害关系的各当事者。

(2)出口商、外国生产商或有利害关系的成员方在受到问卷调查后的 30 天内予以答复，必要时可再延长30天。

(3)在调查中,调查当局对属于机密性质的资料、信息,如未经同意,不得泄露。

(4)在征得企业、当事成员方的同意后,可到其他成员方境内进行调查。

(5)利益成员方或利益各方在合理的时间内拒绝接受或不提供必要的信息,或严重阻碍调查,则肯定的和否定的,初步的和最终的裁决,可在已有事实的基础上做出。

(6)在做出最终裁决以前,调查当局应就形成决定的重要事实通告利益成员方和所有利益方,以使利益各方有足够时间维护其利益。

(7)调查当局也对被调查产品的工业用户、消费者组织提供机会,由其提供被调查产品的补贴、损害和因果资料。

(8)在利益各方,尤其是小公司遇到提供资料的困难时,调查当局要进行帮助。

3. 对补贴损害和实质性损害威胁的确认

反补贴调查的目的是确认相同产品的产业是否因补贴受到损害。

(1)损害的依据

损害的依据有:一是受补贴产品的进口量及补贴产品对国内相同产品的价格影响;二是受补贴产品进口对国内同类产品的生产者的后续冲击。在衡量受补贴产品的进口量时,要考虑按绝对量或与在进口成员方的生产或消费相比,一直有重大的增长;在受补贴进口产品对价格的影响方面,要考虑与国产同类产品相比,它是否有重大的削价,或大幅度地压低价格或阻止价格提高。而测定受补贴产品对进口成员方国内产业的影响应综合考虑下述因素:生产、销售、市场份额、利润、生产率、投资收益、资本利用率的现实和潜在的下降、影响国内价格的要素等。

(2)实质性损害威胁的认定

在做出存在实质性损害威胁的认定时,调查当局应特别考虑下述因素:①补贴的性质或受控补贴对贸易的影响。②受补贴产品进口国国内市场的高增长率表明进口的巨大增长。③出口商自由处置能力的巨大增长表明受补贴产品向进口成员方市场出口的巨大增长。④受补贴商品进口后的价格对国内价格的重大压低或抑制作用,将使进口需求提高;受调查的国产品的库存状况等。⑤受补贴的进口产品造成的损害和实质性损害威胁被认定后,可做出采取反补贴措施的申请。

(三)反补贴措施的种类

1. 临时措施

如果反补贴调查当局初步肯定存在补贴,且对进口成员方国内产业已造成实质性损害或严重威胁,为防止在调查期间继续造成损害,可采取临时措施。临时措施可采用临时反补贴税的形式,临时反补贴税由初步确定的补贴额所存交的现金存款或债券来担保。临时措施不得早于自发起调查之日起后的60天,实施临时措施应限定在尽量短的时期内,不得超过4个月。如果最终确认了损害,或在认定损害威胁的同时又认定在不采取临时措施,其影响肯定会导致损害时,对于本应实施临时措施的那一段时期可以追溯征收反补贴税。若最终认定的反补贴税额高于原现金存款或债券所担保的余额,超出部分不应再征收;若低于原现金存款或债券所担保的金额,对于多收部分应尽快退回。若反补贴调查的最终结论是否定的,则在执行临时措施期间所提交的现金存款或债券担保都应尽快退回。

2. 补救承诺

如果在反补贴调查期间，出现下述情况，反补贴调查可停止或中止。

(1)出口成员方政府同意取消补贴，或采取其他措施。

(2)出口商同意修正其价格，使调查当局满意地认为补贴所造成的损害性影响已消失。

这样就算达成了“补救承诺”。补救承诺达成后，则反补贴调查应停止或中止。如果以后的情况表明不存在产业损害或损害威胁，补救承诺应自动取消。补救承诺可以由出口成员方提出要求，也可以由反补贴调查当局提出建议，但不能强迫出口商承担这一承诺。补救承诺的期限不得长于反补贴税所执行的期限。

3. 反补贴税

如果反补贴调查最终裁定存在补贴和产业损害，进口成员方当局便可决定对受补贴进口产品征收反补贴税，但它不得超过经确认而存在的补贴额，且应无歧视地征收。但对于已撤回的补贴或已按本协定规定做出承诺的供应国的进口应给予例外。反补贴税的执行期限，只能以抵销补贴所造成的损害所必需的时间为准，执行期限不得长于5年。如调查当局通过调查确认有“充分理由”继续执行，可适当延长期限。

第四节 保障措施与特别保障措施

保障措施是在促进国际市场竞争的前提下，为鼓励进口国国内产业的结构性调整而对自由贸易所采取的例外性措施。而特别保障措施是其他 WTO 成员为了防止中国的产品在中国入世之后较低的关税水平条件下冲击其国内产业而设置的一项制度。两者在适用的目的、对象及条件等方面都存在着很大的不同。

一、保障措施

(一)保障措施的含义

保障措施也称一般保障措施，它是 WTO《保障措施协议》所允许的保护国内产业免受进口损害的贸易救济手段。当某项商品进口急剧增加，并造成进口国的国内产业受到严重损害或严重损害威胁的情况下，进口国政府可采取临时的提高关税或实施数量限制等手段，以保护国内产业的贸易限制措施。保障措施在性质上完全不同于前述的反倾销措施和反补贴措施。保障措施针对的是公平贸易条件下的进口产品，而反倾销和反补贴措施针对的是不公平贸易。它对于在贸易自由化过程中，防止因国外商品的大量涌入而对国内产业造成严重损害，保护本国幼稚工业，促进国内产业适应国际贸易的激烈竞争具有重要意义。

(二)实施保障措施的条件

保障措施的实施必须满足以下三个基本条件：

(1)某项产品进口激增，且进口激增是由于不可预见的情况和成员方履行 WTO 义务的结果。进口激增是指产品进口数量急剧增长，包括绝对增长和相对增长。绝对增长指产品实际进口数量增长；相对增长指相对进口方国内生产而言，进口产品所占市场份额上升(实际进口量并不一定发生改变)。未预见的情况指根据 GATT 第19条，只有发生了(在当初关税减让谈判时)不能合理预见的情况，即“未预见的发展”(unforeseen development)，缔约方才能引用保障措施。

(2)进口激增对国内生产同类产品或直接竞争产品的产业造成了严重损害或严重损害威胁。严重损害指一国产业状况的重大全面减损。严重损害威胁指明显迫近的严重损害，或者说是危急且显而易见的威胁。

(3)进口激增与对国内产业造成严重损害或严重损害威胁之间存在因果关系。调查机关必须根据客观证据证明有关产品进口增加与严重损害或严重损害威胁之间存在因果关系。

除了上述的基本条件以外，保障措施的实施还应该是无歧视的，即保障措施应针对一正在进口的产品实施，而不考虑其来源，即必须在无歧视(最惠国)待遇的基础上实施。

(三)保障措施的具体实施

1. 实施的形式和期限

保障措施可以是关税措施(将关税提高至高于 GATT 规定的关税水平)，也可以是进口数量限制(包括纯粹的数量限制和关税配额限制)，但应仅在防止或救济严重损害所必要的限度内实施。WTO 成员仅应在防止或补救严重损害和便利产业调整所必需的期限内实施保障措施。该期限一般不得超过 4 年，除非根据新的调查，防止或补救严重损害仍然有必要，且有证据表明该产业正在进行调整，则期限可予延长。但一项保障措施的全部实施期(包括临时保障措施)不得超过 8 年。

2. 临时保障措施

在延迟会造成难以弥补损害的紧急情况下，进口成员方可不经磋商而采取临时保障措施。主管机构只能在初步裁定进口激增已经或正在造成严重损害或损害威胁的情况下方可采取。实施期限不得超过 200 天，且此期限计入保障措施总的期限。临时保障措施应采取增加关税形式。如随后的调查不能证实进口激增对国内有关产业已经造成损害或损害威胁，则增收的关税应迅速退还。成员方应在采取临时保障措施前通知保障措施委员会，在采取措施后应尽快与各利害关系方举行磋商。

3. 实施保障措施的若干限制

适用期限预计超过一年的保障措施，进口方应在适用期限内按固定时间间隔逐渐放宽该措施；如果实施期限超过三年，进口方须进行中期审议，并根据审查结果撤销或加快放宽该措施。延长期内的保障措施，不得比最初适用的措施严格，且应继续放宽。

对同一进口产品再次适用保障措施，应遵守以下规定：一般情况下，两次保障措施之间应有一段不适用的间隔期，间隔期应不短于第一次保障措施的实施期限，至少为 2 年；如保障措施适用期≤180 天，且在该措施实施之日前 5 年内，未对同种产品采取两次以上保障措施，则自该措施实施之日起 1 年后，可针对同种进口产品再次适用保障措施，实施期限至多为 180 天。

4. 补偿与报复

由于保障措施针对的是公平贸易条件下的产品进口，其实施必然影响到出口方的正当利益。因此，有关成员方可就保障措施对贸易产生的不利影响，协商贸易补偿的适当方式。补偿的形式一般为减少受措施影响的出口成员国所感兴趣的商品的关税。如在 30 天内未能达成补偿协议，则受影响的出口方可对进口方对等地中止 1994 年 GATT 项下实质相等的减让或其他义务，即实施对等报复。但实施对等报复应在进口方实施保障措施后 90 天内，并在货物贸易理事会收到出口方有关中止义务的书面通知30天后进行，且货物贸易理事会对此中止不持异议。

但如果保障措施是由于进口绝对增长而采取的，且该措施符合《保障措施协议》规定，则出口方自保障措施实施之日3年内不得进行对等报复。

（四）程序要求

《保障措施协议》对保障措施的实施规定了比较详细的程序，主要包括调查、通知和磋商三个环节。

（五）发展中国家成员优惠待遇

《保障措施协议》对发展中成员做了特殊规定。对来自发展中成员的产品，只要其有关产品的进口份额在进口成员的该产品进口中不超过3%，且来自该发展中成员的进口份额总计不超过有关产品总进口的9%，则保障措施不得适用于来自该发展中成员的产品。在保障措施的延长及再次实施方面，发展中成员同样享有特别待遇。发展中成员有权将保障措施的实施期在规定的最长期限基础上再延长2年（即可长达10年）。在保障措施再度适用方面，对发展中成员的规定也较宽松。

二、特别保障措施

（一）特别保障措施的含义

特别保障措施是指WTO成员利用特定产品过渡性保障机制，针对来自特定成员的进口产品采取的措施，即在WTO体制下，在特定的过渡期内，进口国政府为防止来源于特定成员国的进口产品对本国相关产业造成损害而实施的限制性保障措施。相比一般保障措施而言，特别保障措施具有一系列宽松条件。

（二）特别保障措施的性质及特征

如果说保障措施是WTO自由贸易原则的例外制度，特别保障措施则是保障措施的例外。

特别保障措施具有严重的歧视性，其适用条件具有模糊性和随意性，一些相关规定实质上限制了中国采取报复措施的权利。区别于一般保障措施，特别保障措施有以下几点不同：

1. 原则依据不同

《保障措施协议》规定，保障措施应针对一正在进口的产品实施，而不考虑其来源，而《中华人民共和国入世议定书》（以下简称《议定书》）规定，某一WTO成员可只对中国的进口产品提起特别保障调查。显然，后者是《保障措施协议》所遵循的非歧视性原则的一个例外。

2. 实施条件不同

《保障措施协议》对各成员方实施保障措施规定了较为严格的前提条件：必须存在有关进口产品进口数量的大量增加的事实；产品进口的大量增加必须是进口成员方在其承诺有关关税减让义务时无法合理预见的；必须有损害事实的存在；产品进口的大量增加与损害事实之间存在因果关系。《议定书》则规定，一WTO成员只需在中国产品对其生产同类产品或直接竞争产品的国内产业造成“市场扰乱”的情况下，即可针对中国进口产品提起特别保障调查。

3. 实施期限不同

通常情况下，一般保障措施的实施期限不得超过4年，特殊情况下可以延期，但最长不得超过 8 年，发展中国家的实施期限则最长可为 10 年。而《议定书》对特别保障措施的实施期限则没有明确的限制性规定，唯一可以作为参考的是"WTO 成员只能在防止和补救市场扰乱所必需的时限内根据本条采取措施"这一弹性条款。在此需要注意的是，无论是特别保障措施，还是一般保障措施，其临时措施的期限均"不得超过 200 天"。

4. 实施措施的后果不同

在进口相对增长的情况下，对一般保障措施而言，受影响成员方可以及时针对实施该措施的 WTO 成员的贸易中止实施 GATT 1994 项下实质相当的减让或义务；而对特别保障措施而言，只有在该措施实施满 2 年以后，中国才有权中止实施减让或义务。在进口绝对增长的情况下，两者的措施后果则是一致的，即在该措施实施的前 3 年内，不得针对实施该措施的 WTO 成员的贸易中止实施 GATT 1994 项下实质相当的减让或义务。

【案例 6-8】

特别保障措施对 WTO 成员的具体适用实例

(1)日本是世界上最早适用特别保障措施的国家。1953 年日本申请加入 GATT，一些 GATT 缔约国担心日本的纺织品进口可能对本国相关产业造成损害，决定在日本加入 GATT 之后，其他成员国可以对日本适用特别保障条款，即 GATT 缔约国在发现原产于日本的纺织品进口数量增加从而对本国构成市场扰乱时，可以单方面针对日本的纺织品采取保障措施，以抵消或减少对国内产业的冲击。

(2)波兰、匈牙利、罗马尼亚等东欧社会主义国家加入 GATT 时，也适用特别保障措施条款。

(3)WTO 针对中国的特别保障措施主要包含在《议定书》和《中国加入工作组报告书》(以下简称《报告书》)中。根据《议定书》第 16 条规定，在中国加入 WTO 之日起的 12 年内，如果原产于中国的产品在进口至任何 WTO 成员领土时，其增长的数量或所依据的条件对生产同类产品或直接竞争产品的国内生产者威胁或扰乱市场，该 WTO 成员可请求与中国进行磋商，包括该成员是否应根据《保障措施协议》采取措施。如磋商一致，则中国应采取行动以防止或补救此种市场扰乱；如磋商未果，则该受影响的 WTO 成员有权在防止或补救此种市场扰乱所需的限度内，对中国产品采取撤销减让或限制进口措施。在中国入世后的 12 年内，WTO 其他成员可以在比较宽松的条件下对中国进口产品实施限制措施。而在目前 WTO 的成员方中，中国是唯一做出此类承诺的国家。可以说，特别保障措施是只对中国产品实行的更具保护主义色彩的特别保障规则，是与 WTO《保障措施协议》不一致的歧视性条款。

根据规定，任何 WTO 成员在实施特别保障措施的过程中必须首先出台关于执行针对中国的特别保障措施的立法，然后才能依照法律程序实施。从立法的情况看，除了 WTO 成员中最具影响力的美、日、欧三大经济体，发展中国家印度、土耳其也专门设定了针对中国的特别保障立法，对全球 WTO 成员方和各自国内的产业界产生了巨大的引导效应。

中国加入 WTO《报告书》第 242 条规定：如一成员国认为原产于中国的纺织品和服装产品由于市场扰乱，威胁阻碍这些产品贸易的有序发展，则可请求与中国进行磋商，以期减轻或避免此市场扰乱。中方应在收到磋商请求后将上述商品的出口数量控制在提出磋商请求的当月前的最近 14 个月中的前 12 个月的实际进口数量的 7.5%（羊毛产品类别为 6%）的范围内。若在 90 天磋商期内双方无法达成协议，则该成员可继续维持进口限制，时限不能超过 1 年，且不得重新实施。但当民间主体再次向 CITA（美国纺织品协议执行委员会）提出申请，或 CITA 自行发起，启动该程序，则 CITA 可根据前面的步骤，做出是否应该采取该特别保障措施决定。如做出决定是肯定的，则可再次实施该特别保障措施。该条款的有效期至 2008 年 12 月 31 日。美国、欧盟、韩国、日本、加拿大、印度等主要贸易伙伴纷纷根据此条款进行了国内立法。

思考题

1. 简述国际贸易救济措施的内容和各自的特点。
2. 试论反倾销、反补贴措施跟保障措施和特别保障措施的区别。
3. 试分析反倾销的经济效应。

第七章 区域经济一体化

【案例 7-1】

中国—新西兰自由贸易区的建立

2004 年 11 月，胡锦涛主席与新西兰克拉克总理共同宣布启动“中国—新西兰自由贸易区谈判”，这是中国与发达国家启动的第一个自贸区谈判。经过 3 年共 15 轮的磋商，双方于 2007 年 12 月结束谈判。2008 年 4 月 7 日，《中华人民共和国政府和新西兰政府自由贸易协定》(以下简称《协定》)在两国总理的见证下正式签署，并于 10 月 1 日生效，同时双方开始签发自贸区原产地证书。《协定》签署后，引起了国际舆论广泛关注，各大主流媒体均在第一时间予以报道。《福布斯》杂志发表评论称，中国与新西兰达成了具有里程碑意义的贸易协定，使中国在自由贸易的奥运会上拿到了第一块重要的个人金牌。中国正在追赶美国，建立自己的双边贸易伙伴俱乐部。这是中国与发达国家签署的第一个自由贸易协定。中新两国虽相距遥远，但经济互补性强。近年来，两国经贸关系保持着良好的发展势头。2007 年双边贸易额达 37 亿美元，同比增长 26%。中国已成为新西兰第三大贸易伙伴、第四大出口市场和第二大进口来源地。双方在服务和投资领域的合作也日趋密切，这些都为两国达成《协定》奠定了良好的基础。《协定》的签署将进一步全面提升中新两国的合作关系，为双方经贸合作提供制度性保障，营造更加开放和稳定的商业运行环境，创造更多的贸易投资机会。双方的企业和产品将按照《协定》提供的优惠条件进入对方的市场，有利于拓展合作空间，提高竞争力，实现互利共赢。双方的消费者也可以更便宜的价格享受到优质产品和服务。同时，这个《协定》是中国加入世贸组织 6 年后推进对外开放的重要举措，也是中国“十七大”提出的自由贸易区战略的重要组成部分。特别是在改革开放 30 周年这样一个历史时刻，《协定》的签署充分体现了中国在新时期、新起点上进一步扩大开放的信心与决心，也为中国同其他国家，包括发达国家谈判自由贸易区积累了经验。《协定》实施后，在货物贸易方面，新方承诺将在 2016 年 1 月 1 日前取消全部自华进口产品关税，其中 63.6%的产品从《协定》生效时起即实现“零关税”；中方承诺将在 2019 年 1 月 1 日前取消 97.2%自新西兰进口产品关税，其中 24.3%的产品从《协定》生效时起即实现“零关税”。对于没有立即实现“零关税”的产品，将在承诺的时间内逐步降低关税，直至降为“零关税”。

区域经济合作泛指国际上以地缘关系为基础开展的各种政府间的经济合作活动，是经济全球化发展进程中出现的一个重要趋势。但是，两个或两个以上的国家在不违反 WTO

的基本原则基础上，为了共同的经济利益，都可以签署一系列协议，从而使区域经济一体化超越了地理位置的局限。区域经济一体化发展主要是从第二次世界大战以后的西欧开始的，进入 21 世纪以来，区域经济一体化在全世界呈现出蓬勃发展的趋势。

目前，中国已与世界很多国家和地区建立了广泛的区域经济合作，中国已与东盟、智利、巴基斯坦、新西兰、秘鲁、韩国、澳大利亚、哥斯达黎加、冰岛等 20 多个贸易伙伴签订了自贸协定。而中国正在与海湾合作委员会（包括沙特阿拉伯、科威特、阿联酋、阿曼、卡塔尔和巴林 6 国）、挪威、南部非洲关税同盟等国家和地区进行自贸区谈判。如表 7-1 所示为中国已签订协议的自由贸易区、正在谈判的自由贸易区和正在研究的自由贸易区清单。另外，中国已签订的优惠贸易安排是亚太贸易协定。

表 7-1　中国的自由贸易区谈判进程

已签协议的自贸区	正在谈判的自贸区	正在研究的自贸区
· 中国—格鲁吉亚 · 中国—澳大利亚 · 中国—韩国 · 中国—瑞士 · 中国—冰岛 · 中国—哥斯达黎加 · 中国—秘鲁 · 中国—新加坡 · 中国—新西兰 · 中国—智利 · 中国—巴基斯坦 · 中国—东盟 · 内地与港澳更紧密经贸关系安排	· 中国—东盟（“10＋1”）升级 · 《区域全面经济合作伙伴关系协定》（RCEP） · 中国—海合会 · 中日韩 · 中国—斯里兰卡 · 中国—马尔代夫 · 中国—以色列 · 中国—挪威 · 中国—巴基斯坦自贸协定第二阶段谈判 · 中国—新加坡自贸协定升级谈判 · 中国—新西兰自贸协定升级谈判 · 中国—智利自贸协定升级谈判	· 中国—哥伦比亚 · 中国—摩尔多瓦 · 中国—斐济 · 中国—尼泊尔 · 中国—巴新 · 中国—加拿大 · 中国—孟加拉 · 中国—毛里求斯 · 中国—蒙古 · 中国—秘鲁自贸协定升级联合研究 · 中国—瑞士自贸协定升级联合研究

第一节　区域经济一体化的内涵与形式

一、区域经济一体化的内涵

区域经济一体化有广义和狭义之分。广义的经济一体化，即世界经济全球化，是指世界各国经济之间彼此相互开放，形成一个相互联系、相互依赖的有机体。狭义的经济一体化，即地区经济一体化，是指区域内两个或两个以上的国家或地区，在一个由政府授权组成并具有超国家性的共同机构下，通过制定统一的对内对外经济政策、财政金融政策等，消除国别之间阻碍经济贸易发展的障碍，实现域内互利互惠、协调发展和资源优化配置，最终形成一个政治经济高度协调统一的有机体的过程。概括地说，地区经济一体化是地理位置相邻近的两个或两个以上的国家通过签订条约达成协议、组建超国家的组织机构。目前,地区经济一体化几乎遍及世界所有的地区,众多国家加入到经济一体化的行列中。区域经济一体化的发展呈现出以下特点:①地区经济集团的数量日益增多。②一些地区经济集团的规模越来越大,向洲际化方向发展;③地区经济一体化的程度不断加深,成为与经济全球化同样重要的一种经济发展趋势,已经引起世界各国的政治家与经济学家的高度重视。

二、区域经济一体化的形式

在区域经济一体化发展过程中,逐渐形成了优惠贸易安排、自由贸易区、关税同盟、共同市场、经济同盟和完全经济一体化等形式。

(一)优惠贸易安排

优惠贸易安排(preferential trade arrangement)是经济一体化中最低级和最松散的一种形式。各成员国间通过协定或其他形式,对全部商品或一部分商品给予特别的优惠关税。最著名的组织为1932年成立的由英国及一些大英帝国以前的殖民地国家组成的英联邦特惠制。

(二)自由贸易区

自由贸易区(free trade area)是指签订有自由贸易协定的国家组成的贸易区。在区内,各成员之间取消一切贸易壁垒,实行区内商品的自由流动,但每个成员国仍保留它对自由贸易区以外其他国家的贸易限制,象征国家经济主权的海关也依然存在。最著名的组织为1960年由英国倡议建立的欧洲自由贸易联盟,以及由美国、加拿大、墨西哥三国组成的北美自由贸易区。

(三)关税同盟

关税同盟(customs union)是在自由贸易区的基础上更进一步的形式。关税同盟内的各成员国之间完全取消关税或其他壁垒,共同协调其相互之间的贸易政策,建立起对外的统一关税。这意味着各国在制订关税过程中要让渡出一部分国家主权,但这种形式简化了同盟内部的商品流通,并使同盟在关税谈判中能够作为一个整体来与其他国家讨价还价,从而开始带有超国家的性质。最著名的组织为1993年以前的欧洲经济共同体。

(四)共同市场

共同市场(common market)是在关税同盟的基础上,进一步消除成员国之间对生产要素流动的限制,使得不仅商品可以在成员国之间自由流动,而且生产要素也可以在成员国之间自由流动。共同市场也需要有协调一致的税收、社会保险和失业救济制度,实行共同的农业政策。各方彼此之间的外汇汇率要固定,各国要发展共同的劳动力市场和资本市场。

(五)经济同盟

经济同盟(economic union)是在共同市场的基础上,成员国之间逐步废除经济政策上的差异,制定和执行某些共同的经济政策和社会政策,向经济一体化的最后阶段迈进。当前的欧盟就属此类。

(六)完全经济一体化

完全经济一体化(complete economic integration)是经济一体化的最高阶段,成员国间建立起一个超国家的管理机构,完全统一各国的财政、货币和经济政策,使用共同货币,在国际经济决策中采取同一立场。这也是欧盟的终极目标,即所谓全欧洲"用一个声音说话"。

三、区域经济一体化发展的原因

当前,参与区域经济一体化实践的国家数量、合作的广度和深度等方面都发展迅速,其各方面的发展具有深刻的历史、政治和经济原因。

(一)社会生产力高速发展

第三次科技革命极大地促进了社会生产力的发展,也日益扩大了发达国家之间国际分工的范围,越来越多的商品、资本、劳动力、信息需要在国际上流通交换。然而,经济生活国际化的发展趋势却受到各个国家关税与非关税壁垒的限制,阻碍了其进一步发展的可能。因此,生产力的发展日益要求打破传统的国家疆界,在国与国之间进行经济协调和联合。

(二)美苏对峙迫使西欧联合

第二次世界大战后,美、苏两个超级大国在欧洲形成了对峙,欧洲成为冷战前沿。不满于"夹缝"地位的西欧国家为避免成为美苏争霸的牺牲品,维护国家主权,恢复和提高西欧的国际地位,迫切需要加强西欧内部的联合,走一体化道路,以便同美苏相抗衡,这是欧洲经济共同体和欧洲自由贸易联盟适时出现的重要外因。欧洲经济共同体成立后,其成员国出口增长了2.5倍,而美国只增长了64%。

(三)维护民族权益与经济发展

第二次世界大战后,殖民体系纷纷瓦解,原殖民地附属国纷纷取得政治上的独立,但经济上由于仍受到发达国家的全面垄断控制,且多年殖民经济造成产业结构单一、国内市场狭窄、物质和技术能力薄弱、资金短缺,使它们难以单靠本国力量建立起足以获得规模经济效益的工业体系。这种状况迫使这些国家或地区在保持和发展与原宗主国经济联系的同时,努力加强彼此间的经济合作,走经济一体化的道路,进行集体的自力更生。正因为如此,目前已有80多个发展中国家参加了25个一体化组织。

(四)世界政治经济多极化发展

由于政治经济发展不平衡,当今资本主义世界出现了美国的相对衰落和西欧、日本的崛起。世界由两霸争夺走向多极化,各国积极参与国际经济交流合作,努力提高自己的国际地位,以应付日趋激烈的竞争,这是世界经济区域集团化的大背景。由于地区经济一体化组织各成员国的利益联系在一起,因而在世界市场上和各种经济贸易组织谈判中能发挥集体效应,大大加强了为争取自身的利益而谈判的力量,有利于改善其在世界经济贸易中以及政治舞台上的地位。事实证明,欧盟的成立与发展确实增强了欧盟在国际舞台上的力量,促进了其经济与政治地位的提高。

第二节　区域经济一体化的经济效应

第二次世界大战后,地区经济一体化的发展在理论界也引起日益广泛的关注。许多经济学家对这种现象进行了研究和探讨,形成了一些理论。其中,最重要的理论是由范纳(J. Viner)和李普西(K. G. Lipsey)建立和发展的关税同盟理论,分析了区域经济一体化的静态效应和动态效应。

一、区域经济一体化的静态效应

区域经济一体化的静态效应包括贸易创造效应和贸易转移效应。

(一)贸易创造效应

贸易创造效应是指因关税同盟内取消了关税,使生产转向同盟内部成本较低的成员而产生的净利益,消费者可以用更低的价格从成员国进口更多的货物。

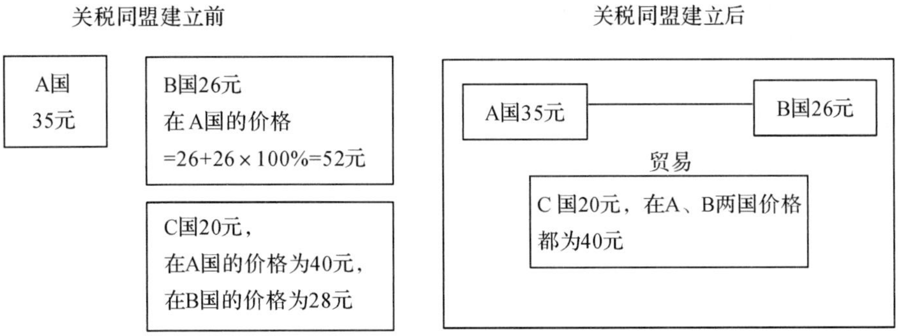

图 7-1 贸易创造效应示意

某种商品在 A、B、C 三国的价格分别是 35 元、26 元和 20 元,若进口关税都为 100%,三国之间没有贸易,因为进口价格均比国内生产价格高。若 A、B 之间建立联盟,取消关税,A 就会改由从 B 国进口商品(26 元)来代替本国生产(35 元),两国之间开展贸易,这即是贸易创造效应。这时,C 被排除在外,因为虽然其效率最高,但加上 100%的关税后,其价格至少为 40 元如图 7-1 所示。可见,贸易创造效应能促使联盟内部专业化生产。

(二)贸易转移效应

贸易转移效应是指因关税同盟对外实行统一关税壁垒,使成员国内的消费者不向非成员国的第三国购买成本低的产品,而转为从成员国进口成本高的产品,产生了贸易转移效应。

某种商品 A、B、C 三国的价格分别是 35 元、26 元和 15 元,假设关税都为 100%。但是,即便有关税,A 仍要向 C 购买产品,因为 A 从 C 进口的价格仅 30 元,比 A 自己生产便宜。但如果 A、B 结盟,A、B 之间取消关税,而 A、B 同盟从 C 进口的关税假设仍然为 100%,则 A 从 B 进口的价格是 26 元,低于从 C 进口的 30 元,这时 A 转向从 B 进口产品(26 元),如图 7-2 所示。因此,A 原来与同盟外的贸易转为同盟内的贸易。在本案例中,关税同盟阻止了从同盟外部低成本的进口,以同盟内高成本的供给来源代替低成本的供给来源,使消费者由原来购买外部的较低价格商品转向购买成员国的较高价商品,增加了开支,造成福利损失。从全世界的角度看,这种生产资源的重新配置导致生产效率的降低和生产成本的提高。

由上可见,从福利角度看,贸易创造导致福利的增加,而贸易转移导致福利的减少。如果贸易创造效果大于贸易转移效果,则建立关税同盟是有利的,否则是不利的。

二、区域经济一体化的动态效应

区域经济一体化的动态效应又称为"次级效应",是指对成员国的就业、产出、国民收入、国

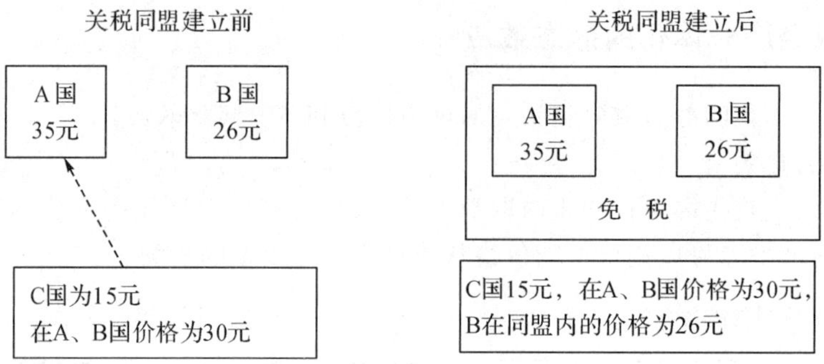

图 7-2　贸易转移效应示意

际收支和物价水平等产生的影响。区域经济一体化的动态效应主要体现在以下几个方面：

(一)优化资源配置

关税同盟建立后，成员国之间的竞争加剧，专业化分工的广度和深度不断拓展，使生产要素和资源得到更优化的配置。

(二)获得规模经济效应

在建立一体化组织前，如果一个成员国某个产业的国内市场不够大，还没有能力完全获得规模经济效益，那么，建立一体化的组织会使成员国的市场联合起来形成一个统一的市场，自由市场的规模可以扩大，产品成本趋于下降，企业可以获得规模经济利益。

(三)竞争效应加强

区域经济一体化组织的建立，打破了原来的关税壁垒，那些原来在关税保护下的生产者(尤其是原来垄断市场的企业)将被迫面对来自成员国内更多生产者的竞争，这样成员国不得不提高技术含量和管理水平，以提高效率，降低成本，以期在激烈的竞争中占有一席之地。因此，区域经济一体化的建立使成员国间的市场竞争加剧，加深了专业化分工，使生产要素和资源的配置更加优化。

(四)减少行政支出

关税同盟建立后，彼此之间取消关税，废除海关，消除了走私的根源。打击走私的费用没有必要支出，亦有助于提高社会的道德水准，并为同盟各国节省大量开支。

(五)增强集体谈判力量

由于关税同盟使成员国作为一个整体在国际贸易谈判中“对话”，因而能比单个国家获得更大的谈判力量。

三、区域经济一体化对经济的影响

区域经济一体化几乎都是实施对内实行自由贸易、对外实行保护贸易的歧视性政策，这种政策无论是对成员国的分工和贸易，还是对世界的分工和贸易都产生了一系列重大影响。

(一)区域经济一体化对区域内经济的积极影响

(1)促进了区域内部的贸易自由化发展。区域经济一体化建立后，取消了关税和非关税壁垒，在内部形成一个统一的市场，成员国相互提供稳定的销售渠道，加快了商品、技术、人力和资本等生产要素在区域内的自由流动，而且扩大了市场，为区域内的厂商实现规模经济提供了有利条件，而规模经济的实现又使得成本降低，国民收入水平相应提高，进一步扩大了市场的容量，同时成员国之间的依赖性进一步加强，使一体化组织的内部贸易迅速扩大。

(2)有利于区域内科学技术的协调与合作。当今世界的竞争越来越体现为物化在商品中的科学技术含量的竞争，科技越先进的产品性能和质量越好，生产成本越低，竞争越有利。现代科技项目不仅需要投入大量的科技力量和研究经费，培养大批科技人才，而且风险大，周期长。单靠一个国家是难以承担这样重大的科研项目的，如计算机及因特网的开发应用、空间技术的开发、原子能的利用等。因此，各成员国可以在科技研究与开发领域进行广泛的合作，为区内企业的生产提供科技成果。

(3)促进了成员国资源优化配置和产业结构调整。区域经济一体化组织消除了关税和非关税壁垒，使得区域内部市场扩大，竞争也随之加剧。各个生产者为了应对竞争，必须根据自身的条件，进行有效细致的分工合作，使国际分工更为密切和精细，使资源配置更加合理化，促使各国生产自己在市场上最具优势的产品。由此，分工和生产的专业化有利于各成员国之间的协调和合作，迅速提高劳动生产力水平。

(4)加强了区域贸易集团的经济力量。随着区域经济一体化内部贸易迅速增长，使区域内的成员国的贸易往来更为密切，与非成员国的贸易有所减少。因此，区域经济一体化改变了国际贸易的地区分布，使贸易趋于内部化。

(5)有利于区域内国家吸引国际投资。区域经济一体化的内外差别待遇，使集团外企业处于相对劣势地位，为了避开关税与非关税壁垒，国际资本明显向区域经济一体化组织流动。

(6)加速了区域内部的资本集中和垄断。关税同盟使关税与非关税壁垒减少甚至消失，加剧了区域内成员国之间商品的竞争，优胜劣汰，使一些中小企业受到强烈冲击，或被淘汰，或兼并，这使资源流向大企业；同时大企业在市场扩大及竞争加剧的刺激下扩大生产规模，增强企业实力，因而趋于结成或扩大为一国或跨国的垄断组织。

（二）区域经济一体化对区域外经济的消极影响

区域经济一体化尽管对非成员国家的经济贸易活动会产生一定的积极影响，但区域经济集团内外有别的歧视性政策，对于区域外国家更多的是消极作用。

(1)加剧了世界经济发展的不平衡。由于区域经济一体化具有先天的贸易保护功能，从而使平等竞争、自由贸易受到了一定的限制。也就是说，区域内贸易的扩大是以牺牲与区域外国家的部分贸易为代价的，即贸易转移效应，使得区域外国家的贸易环境恶化，尤其会使发展中国家更为困难，加剧了世界经济发展的不平衡。

(2)降低了对区域外国家的投资。区域经济一体化改变了区域国际投资的流向。为规避因实施区域经济一体化对区域外国家带来的种种限制，区域外国家不断增加对区域内国家的直接投资，从而降低对区域外国家的投资。

(3)不利于多边贸易体制的改进和完善。区域经济一体化在区域内实行自由贸易，为多边贸易体制提供了一个试验机会，起到了一定的示范作用，但其消极作用不容忽视。日益增多的区域性经济集团已成为困扰多边贸易体制进一步发展的重要因素。区域经济一体化对区域外实施歧视性待遇，违背了 WTO 的非歧视原则，它的出现加强了世界市场的垄断，抑制了竞争，削弱了 WTO 在区域内的影响，使得各国把追求自由贸易的目光转向区域经济集团，从而不利于 WTO 的进一步发展，更使得在全世界范围内的自由贸易难以实现。

(4)阻碍了经济全球化的发展进程。经济全球化追求的目标是在全球范围内平等、公平、互惠、共赢地实现贸易自由化,使世界上所有的国家共同参与国际分工。经济全球化标志着生产社会化进入了一个全新的阶段,给世界各个国家和地区带来难得的机遇,这是生产力发展到一定阶段的必然产物。但是,区域经济一体化实际上是以牺牲全球的贸易自由来换取局部范围内的自由,在一定发展阶段会成为经济细化发展的障碍。

第三节 区域经济一体化的实践

目前,世界各国或地区之间建议区域经济一体化的地域范围已从洲际范围拓展到洲际范围外。

一、洲际范围内的区域经济一体化实践

(一)欧洲

欧洲最主要的区域经济一体化组织是欧洲联盟。欧洲联盟(简称欧盟,European Union, EU)是由欧洲共同体发展而来的,是一个集政治实体和经济实体于一身,在世界上具有重要影响的区域一体化组织。1991 年 12 月,欧洲共同体马斯特里·赫特首脑会议通过《欧洲联盟条约》,通称《马斯特里赫特条约》(简称《马约》)。1993 年 11 月 1 日,《马约》正式生效,欧盟正式诞生。总部设在比利时首都布鲁塞尔。欧洲联盟的条约经过多次修订,截至 2014 年欧洲联盟的运作方式是依照《里斯本条约》,共有 28 个成员国。政治上所有成员国均为民主国家(2008 年《经济学人》民主状态调查),经济上为世界上第一大经济实体(其中德国、法国、意大利、英国为八大工业国成员),军事上绝大多数欧洲联盟成员国为北大西洋公约组织成员。

资料 7-1 欧盟的发展历程

早于 1946 年 9 月,英国首相丘吉尔就曾提议建立“欧洲合众国”。1950 年 5 月 9 日,当时的法国外长罗贝尔·舒曼(1886—1963 年)代表法国政府提出建立欧洲煤钢联营。这个倡议得到了法、德、意、荷、比、卢 6 国的响应。1951 年 4 月 18 日,法国、联邦德国、意大利、荷兰、比利时和卢森堡在巴黎签订了建立欧洲煤钢共同体条约(又称《巴黎条约》)。1952 年 7 月 25 日,欧洲煤钢共同体正式成立。此时处于优惠性贸易安排与自由贸易区时期。1957 年 3 月 25 日,这 6 个国家在罗马签订了建立欧洲经济共同体条约和欧洲原子能共同体条约,统称《罗马条约》。1958 年 1 月 1 日,欧洲经济共同体和欧洲原子能共同体正式组建。1965 年 4 月 8 日,六国签订的《布鲁塞尔条约》决定将 3 个共同体的机构合并,统称欧洲共同体。但 3 个组织仍各自存在,具有独立的法人资格。《布鲁塞尔条约》于 1967 年 7 月 1 日生效,欧洲共同体正式成立。1968 年 7 月 1 日,完成了《罗马条约》赋予的取消成员国之间的贸易限制和关税以及统一各国对外关税税率的任务,建成关税同盟。

1973 年后,英国、丹麦、爱尔兰、希腊、西班牙和葡萄牙先后加入欧共体,成员国扩大到 12 个。欧共体 12 国间建立起了关税同盟,统一了外贸政策和农业政策,创立了欧洲货币体系,并建立了统一预算和政治合作制度,逐步发展成为欧洲国家经济、政治利益的代言人。1985 年 6 月米兰首脑会议期间,欧委会正式提出了关于建设内部统一大市场的白皮书,其

中列举了300项具体措施(最后定为282项),提出要在欧共体内部建立"无国界"的统一大市场,真正实行人员、商品、资本、服务的自由流通,1985年12月统一大市场白皮书得到理事会批准,此时进入共同市场时期。1989年6月马德里首脑会议通过了分三阶段建立经货联盟的"德洛尔报告",欧洲经货联盟开始进入实质性建设时期。1991年12月11日,欧共体马斯特里赫特首脑会议通过了以建立欧洲经济货币联盟和欧洲政治联盟为目标的《欧洲联盟条约》,1993年11月1日正式生效,欧共体更名为欧盟。这标志着欧共体从经济实体向经济政治实体过渡。1995年,奥地利、瑞典和芬兰加入,使欧盟成员国扩大到15个。

2002年11月18日,欧盟15国外长会议决定邀请塞浦路斯、匈牙利、捷克、爱沙尼亚、拉脱维亚、立陶宛、马耳他、波兰、斯洛伐克和斯洛文尼亚10个中东欧国家入盟。2003年4月16日,在希腊首都雅典举行的欧盟首脑会议上,上述10国正式签署入盟协议。2004年5月1日,这10个国家正式成为欧盟的成员国,这是欧盟历史上的第五次扩大,也是规模最大的一次扩大。2007年1月,罗马尼亚和保加利亚两国加入欧盟,欧盟经历6次扩大,至2007年成为一个涵盖27个国家,总人口超过4.8亿、国民生产总值高达12万亿美元的当今世界上经济实力最强、一体化程度最高的国家联合体。

2009年4月28日,阿尔巴尼亚总理贝里沙在捷克首都布拉格向欧盟轮值主席国捷克总理托波拉内克正式递交加入欧盟申请。阿尔巴尼亚2006年6月与欧盟签署了《稳定与联系协议》,该协议已得到欧盟27个成员国的批准。2014年6月阿尔巴尼亚成为欧盟候选国。而冰岛议会于2009年8月16日通过了关于冰岛政府正式向欧盟提出加入申请的提案。冰岛政府于2009年8月17日向欧盟轮值主席国瑞典正式递交加入欧盟的申请书(冰岛政府在2015年初宣布放弃申请加入欧盟)。2011年6月上旬克罗地亚加入欧盟的司法谈判获得成功,2013年7月1日,克罗地亚正式成为欧盟第28个成员国。

(二)美洲

在区域经济一体化实践过程中,美洲出现了多个区域经济一体化组织。

1. 北美自由贸易区

欧盟的成功和世界范围内贸易集团化趋势的兴起,对美国造成了很大冲击。为与众多贸易集团对抗,保证自己的势力范围,美国加紧在美洲大陆构建以自己为中心的经济圈,以与欧盟等相抗衡。

资料 7-2　北美自由贸易区的建立与发展历程

建立北美自由贸易区的设想,最早出现在1979年美国国会关于贸易协定的法案提议中。1980年,美国前总统里根在其总统竞选的有关纲领中再次提出。但因种种原因,该设想一直未受到很大重视,直到1985年才开始起步。

1985年3月,加拿大总理马尔罗尼在与美国总统里根会晤时,首次正式提出美加两国加强经济合作、实行自由贸易的主张。由于两国经济发展水平及文化、生活习俗相近,交通运输便利,经济上的互相依赖程度很高。因此,自1986年5月开始经过一年多的协商与谈判,于1987年10月达成了协议。1988年1月2日,双方正式签署了《美加自由贸易协定》。经美国国会和加拿大联邦议会批准,该协定于1989年1月生效。美加自由贸易区是一种类似于共同市场的区域经济一体化组织,标志着北美自由贸易区的萌芽。

由于区域经济一体化的蓬勃发展和《美加自由贸易协定》的签署,墨西哥开始把与美国建立自由贸易区的问题列上了议事日程。1986 年 8 月,两国领导人提出双边的框架协定计划,并于 1987 年 11 月签订了一项有关磋商两国间贸易和投资的框架原则和程序的协议。在此基础上,两国进行多次谈判,于 1990 年 7 月正式达成了美墨贸易与投资协定(也称"谅解"协议)。同年 9 月,加拿大宣布将参与谈判,三国于 1991 年 6 月 12 日在加拿大多伦多举行首轮谈判,经过 14 个月的磋商,终于在 1992 年 8 月 12 日签署了《北美自由贸易协定》。该协定于 1994 年 1 月 1 日正式生效,北美自由贸易区宣告成立。

北美自由贸易区是典型的南北双方为共同发展与繁荣而组建的区域经济一体化组织,南北合作和大国主导是其最显著的特征。

(1)南北合作。北美自由贸易区既有经济实力强大的发达国家(如美国),也有经济发展水平较低的发展中国家,区内成员国的综合国力和市场成熟程度差距很大,经济上的互补性较强。各成员国在发挥各自比较优势的同时,通过自由的贸易和投资,推动区内产业结构的调整,促进区内发展中国家的经济发展,从而减少与发达国家的差距。

(2)大国主导。北美自由贸易区是以美国为主导的自由贸易区,美国的经济运行在区域内占据主导和支配地位。由于美国在世界上经济发展水平最高,综合实力最强;加拿大虽是发达国家,但其国民生产总值仅为美国的 7.9%(1996 年数据),经济实力远不如美国;墨西哥是发展中国家,对美国经济的依赖性很强。因此,北美自由贸易区的运行方向与进程在很大程度上体现了美国的意愿。

(3)减免关税的不同步性。由于墨西哥与美国、加拿大的经济发展水平差距较大,而且在经济体制、经济结构和国家竞争力等方面存在较大的差别。因此,自《美加自由贸易协定》生效以来,美国对墨西哥的产品进口关税平均下降 84%,而墨西哥对美国的产品进口关税只下降 43%;墨西哥在肉、奶制品、玉米等竞争力较弱的产品方面,有较长的过渡期。同时,一些缺乏竞争力的产业部门有 10~15 年的缓冲期。

(4)战略的过渡性。美国积极倡导建立的北美自由贸易区,实际上只是美国战略构想的一个前奏,其最终目的是在整个美洲建立自由贸易区。美国试图通过北美自由贸易区来主导整个美洲,一来为美国提供巨大的潜在市场,促进其经济的持续增长;二来为美国扩大其在亚太地区的势力,与欧洲争夺世界的主导权。1990 年 6 月 27 日,美国总统布什在国会提出了开创"美洲事业倡议",随后美国于 1994 年 9 月正式提出"美洲自由贸易区"计划,同年 12 月,在美国迈阿密举行了由北美、南美和加勒比海所有国家(古巴除外共 34 个国家)参加的"美洲首脑会议",会议决定于 2005 年建成美洲自由贸易区。

2. 中美洲一体化体系

中美洲一体化体系(Central American Integration System, SICA)于 1993 年 2 月 1 日正式成立,总部设在萨尔瓦多首都圣萨尔瓦多。截至 2014 年,该组织目前共有 8 个成员国,它们分别是伯利兹、哥斯达黎加、萨尔瓦多、危地马拉、洪都拉斯、尼加拉瓜、巴拿马中美洲 7 国和地处加勒比海地区的多米尼加。成员国总面积约为 57.3 万平方公里,人口总数约 5081 万。

资料 7-3　中美洲一体化体系的建立与发展历程

中美洲一体化体系是根据 1991 年 12 月中美洲国家首脑在洪都拉斯签署的《特古西加

尔巴纪要》而建立的，其前身是中美洲国家组织。

1993 年 10 月，中美洲国家元首在危地马拉城签署《中美洲经济一体化总条约》，该条约通过法律的形式保证了中美洲一体化的进程。根据这一文件，该组织成员国将完善有关中美洲经济一体化进程的各种研究，其中包括中美洲自由贸易区、对外贸易关系、中美洲海关联合、生产因素的自由流动、金融货币的统一、各项经济政策协调、提高生产率等。该条约于 1995 年 8 月 16 日正式生效。

中美洲一体化体系的主要机构包括部长理事会、顾问委员会、总秘书处和专门技术秘书处等。其主要活动包括中美洲一体化体系首脑会议，在特殊情况下可举行特别首脑会议，通常由该组织轮值主席国主持召开。

3. 安第斯集团

安第斯集团又称安第斯条约组织，是南美洲安第斯山地区发展中国家区域性经济合作组织。1969 年 5 月 26 日，玻利维亚、哥伦比亚、智利、厄瓜多尔和秘鲁 5 国在哥伦比亚卡塔赫纳签署《安第斯区域一体化协定》，后称《卡塔赫纳协定》，成立了卡塔赫纳协定委员会，1969 年 10 月 16 日协定生效后，改称安第斯条约组织。1973 年 2 月 13 日，委内瑞拉加入；1976 年 10 月，智利宣布退出；1992 年 9 月，秘鲁中止对伙伴国承担经济义务；1996 年 1 月，秘鲁政府宣布全面加入安第斯一体化体系，承担成员国所有义务。1995 年 9 月 5 日，安第斯集团总统理事会第七次会议决定建立安第斯一体化体系。1996 年 3 月 9 日，易为现名。

4. 南方共同市场

南方共同市场(简称“南共市”，Mercado Común del Sur-MERCOSUR)是南美地区最大的经济一体化组织，也是世界上第一个完全由发展中国家组成的共同市场，其正式成员国包括巴西、阿根廷、乌拉圭、巴拉圭、委内瑞拉和玻利维亚。该组织的宗旨是通过有效利用资源、保护环境、协调宏观经济政策、加强经济互补，促进成员国科技进步，最终实现经济政治一体化。

资料 7-4　南方共同市场的建立与发展

1991 年 3 月 26 日，阿根廷、巴西、巴拉圭和乌拉圭 4 国总统在巴拉圭首都亚松森签署了关于建立南方共同市场的《亚松森条约》，该条约于当年 11 月 29 日正式生效。1995 年 1 月 1 日，南方共同市场正式运行。

南方共同市场的组织机构包括理事会、共同市场小组、贸易委员会、议会、仲裁法院及设在乌拉圭首都蒙得维的亚的秘书处。其中，理事会是南方共同市场的最高决策机构，由成员国外交部部长和经济部长组成，负责首脑会议的筹备和组织工作，理事会主席由各缔约国外长轮流担任，任期半年。首脑会议每年至少举行一次，必要时可召开多次。南方共同市场的执行机构为共同市场小组，负责实施条约和理事会做出的决议。南方共同市场议会实行一院制，由成员国各自选出 18 名议员组成，总部设在蒙得维的亚。2007 年 5 月，南方共同市场议会在蒙得维的亚成立并召开首次会议。

2006 年 7 月，南共市成员国签署议定书，决定吸纳委内瑞拉为正式成员，但必须由 4 国议会批准议定书后，委内瑞拉才能享有成员的权利。截至 2007 年 12 月，该议定书在乌拉圭和阿根廷获得批准。南共市先后接纳智利(1996 年 10 月)、玻利维亚(1997 年)、秘鲁(2003

年)、厄瓜多尔(2004 年 12 月)和墨西哥等国为其联系国。

2007 年 1 月,南共市首脑会议在巴西里约热内卢举行。与会领导人均主张消除分歧,加强团结,继续推进地区一体化进程,共同应对全球化带来的挑战。

2007 年 12 月,第 34 届南共市首脑会议在乌拉圭首都蒙得维的亚举行。与会七国领导人呼吁加强地区一体化进程。

2008 年 7 月,第 35 届南共市国家首脑会议在阿根廷北方城市图库曼举行。会议通过的声明强调将继续推动地区一体化进程,并强烈谴责欧盟的新移民法案。南共市成员国贸易将弃用美元,南共市力争年内消除双重关税。

2009 年 7 月,南共市第 37 届首脑会议在巴拉圭首都亚松森举行。会议发表声明谴责洪都拉斯政变,宣布不承认洪临时政府及其举行的任何选举。会议还讨论了应对国际金融危机、取消双重征税及区内贸易壁垒、地区统一货币、加强南共市建设、甲型 H1N1 流感等议题。

2009 年 12 月,南共市第 38 届首脑会议在乌拉圭首都蒙得维的亚举行,各国重点围绕加强南共市建设、推动与欧盟签署自贸协定等议题进行了讨论。

2010 年 8 月,南共市第 39 届首脑会议在阿根廷圣胡安举行,成员国通过了《共同关税条例》,并就取消双重征税、加强基础设施一体化、加快与欧盟商签自贸协定等议题达成一致。

2010 年 12 月,南共市第 40 届首脑会议在巴西伊瓜苏举行,会议发表共同声明,成员国签署了一系列旨在进一步强化南共市各国经济和社会一体化的合作文件。

2011 年 6 月,南共市第 41 届首脑会议在巴拉圭亚松森举行,各国讨论了宏观经济协调、货物自由流通、基础设施和科研一体化等议题,发表了联合声明。

2011 年 12 月,南共市第 42 届峰会在乌拉圭首都蒙得维的亚举行,各国对委内瑞拉和厄瓜多尔"入市"、加强贸易保护措施、加大区内外贸易合作等议题进行了讨论并发表联合声明。

2012 年 6 月,南共市第 43 届峰会在阿根廷门多萨举行,会议通过并发表《中华人民共和国与南方共同市场关于进一步加强经济、贸易合作联合声明》,就加快经济一体化进程等议题进行讨论并发表联合声明。会议宣布暂时中止巴拉圭成员国资格、同意接纳委内瑞拉为正式成员国。

2012 年 7 月,南共市特别峰会在巴西首都巴西利亚举行,会议通过委内瑞拉成为南共市正式成员国的决议,实现南共市成立 21 年来的首次扩员。

2012 年 12 月,南共市第 44 届峰会在巴西首都巴西利亚举行,会议接纳玻利维亚为第六个成员国(尚待各成员国议会批准),并就金融合作、社会、科技一体化等议题进行讨论并发表联合声明,特别强调将加强与中国和欧盟的关系。会议决定继续暂停巴拉圭成员国资格。

(三)大洋洲

大洋洲的区域一体化实际主要是《澳新更紧密经济关系贸易协定》(Australia New Zealand Closer Economic Relations Trade Agreement, ANZCERTA 或 CER)。该协定于 1983 年 1 月 1 日生效,是澳新两国之间最全面、最完整的协议,也是对两国经济贸易关系最重要的协议，为两国带来了巨大的实际利益。CER 加速了澳新之间经济一体化的进程。其主要通过对两国贸易和投资等相关的法规、市场准入标准等进行协调统一，来达到货物、资金、人员的无障碍流动，从而提高效率、降低成本、提升商业活动的规模和效益。CER 实际上使得澳新成为统一的市场。

CER 协定自签定以来一直处于不断发展的过程中：①从 1989 年元旦开始，协定延伸应用于服务贸易领域；②从 1990 年 7 月 1 日起，两国对从对方进口货物停征所有关税。但协定规定，只有在澳、新两国生产且生产成本的比例达到 50%以上的商品才有资格按照协定免征关税；③目前协定已经扩展到影响货物和服务流动的一系列非关税措施的一致性上；④在使食品标准得以协调的安排上，成立了以在 2001 年前统一两国食品标准为任务的“澳新联合食品委员会(the Australia New Zealand Food Authority)”。

(四)非洲

非洲联盟(简称非盟，African Union, AU)是一个包涵了 53 个非洲会员国的联盟，是属于集政治、经济和军事于一体的全非洲性的政治实体。其前身是 1963 年在埃塞俄比亚首都亚的斯亚贝巴成立的“非洲统一组织”。2002 年 7 月在南非改组。非洲联盟于未来有计划统一使用货币、联合防御力量以及成立跨国家的机关，这包括一个管理非洲联盟的内阁政府。此联盟的主要目的是帮助发展及稳固非洲的民主、人权以及能永续发展经济，除此之外亦希望减少非洲内部的武装战乱及创造一个有效的共同市场，最终目标是建立“非洲合众国”。

资料 7-5　非洲联盟的建立与发展

非洲联盟，2002 年 7 月在南非成立，是属于集政治、经济和军事于一体的全非洲性政治实体。非洲联盟的前身是于 1963 年 5 月 22 日在埃塞俄比亚首都亚的斯阿贝巴成立的“非洲统一组织”。非洲联盟将在未来有计划统一使用货币、联合防御力量以及成立跨国家的机关，这包括一个管理非洲联盟的内阁政府。此联盟的主要目的是帮助发展及稳固非洲的民主、人权以及能永续发展的经济，除此之外亦希望减少非洲内部的武装战乱及创造一个有效的共同市场。

非洲联盟的主要机构有非盟首脑会议、执行理事会、泛非议会、常驻代表委员会和非盟委员会。首脑会议为非盟最高权力机构，其主要职责是制定非盟的共同政策、监督政策和决议的执行情况、向执行理事会和委员会下达指示等。首脑会议原每年召开一次例会，从 2005 年起改为每年两次，其中一次在总部，另一次可应邀在成员国举行。在成员国提出要求并经三分之二成员国同意后，非盟可召开特别首脑会议。执行理事会由成员国外长或其他部长组成，每年举行两次会议，负责实施大会决议和对成员国的制裁。非盟委员会是非盟常设行政机构，负责处理非盟的日常行政事务。非盟委员会主席任期 4 年，至多可连任两届。

(五)亚洲

本部分主要介绍东盟的情况，其他与中国相关的一体化实践将在中国实践部分介绍。

东盟的前身是马来亚(现马来西亚)、菲律宾和泰国于 1961 年 7 月 31 日在曼谷成立的东南亚联盟。1967 年 8 月 7—8 日，印度尼西亚、泰国、新加坡、菲律宾四国外长和马来西亚副总理在曼谷举行会议，发表了《曼谷宣言》，正式宣告东南亚国家联盟成立。1976 年 8 月

28—29 日，马、泰、菲三国在吉隆坡举行部长级会议，决定由东南亚国家联盟（Association of Southeast Asian Nations, ASEAN，简称东盟）取代东南亚联盟。截至 2000 年底，东南亚联盟已发展为拥有 10 个成员国的区域一体化组织，包括文莱（1984 年）、柬埔寨（1999 年）、印度尼西亚、老挝（1997 年）、马来西亚、缅甸（1997 年）、菲律宾、新加坡、泰国、越南（1995 年）。总面积约 450 万平方公里，人口约 5.12 亿。巴布亚新几内亚作为观察员国。

资料 7-6 东盟的发展历程

东南亚联盟（东盟）自 1967 年成立以来已先后举行了 13 次首脑会议，重点讨论了成员国间在政治、经济等领域发展合作关系的问题，并取得积极的成果。

(1)1976 年 2 月 23 日至 24 日，第一次东盟首脑会议在印度尼西亚巴厘岛举行。东盟 5 国首脑签署了《东南亚友好合作条约》和《东南亚国家联盟协调一致宣言》。

(2)1977 年 8 月 4 日至 5 日，第二次东盟首脑会议在马来西亚首都吉隆坡举行。会议确定东盟将扩大区域经济合作，加强同美、日、澳等国和欧共体的对话和经济联系。

(3)1987 年 12 月 14 日至 15 日，第三次东盟首脑会议在菲律宾首都马尼拉举行。会议通过了《马尼拉宣言》。

(4)1992 年 1 月 27 日至 28 日，第四次东盟首脑会议在新加坡举行。东盟 6 国首脑签署了《1992 年新加坡宣言》和《东盟加强经济合作框架协定》。

(5)1995 年 12 月 14 日至 15 日，第五次东盟首脑会议在泰国首都曼谷举行。会议通过了《曼谷宣言》，签署了 38 项旨在促进相互间在政治、经济等领域加强合作的文件。会议还决定在两次正式首脑会议之间每年召开一次非正式首脑会议。东盟 7 国首脑及与会的老挝、缅甸、柬埔寨（当时 3 国尚未入盟）三国领导人分别签署了《东南亚无核区条约》。

(6)1998 年 12 月 15 日至 16 日，第六次东盟首脑会议在越南首都河内举行。会议通过了《河内宣言》《河内行动纲领》《"大胆措施"声明》等一系列旨在促进东盟加强经济、政治与安全合作的文件。

(7)2001 年 11 月 5 日至 6 日，第七次东盟首脑会议在文莱首都斯里巴加湾举行。东盟 10 国领导人审议通过了《河内行动计划》的中期报告，并确定了加速东盟区域一体化、发展信息和通信技术以及人力资源开发等方面的优先合作项目。

(8)2002 年 11 月 4 日至 5 日，第八次东盟首脑会议在柬埔寨首都金边举行。10 国领导人就实现东盟一体化、打击恐怖主义等共同关心的地区性和国际性问题进行了深入广泛的讨论，并签署了《东盟旅游协定》。

(9)2003 年 10 月 7 日至 8 日，第九次东盟首脑会议在印度尼西亚巴厘岛举行。会上通过了一份旨在 2020 年成立类似于欧盟的"东盟共同体"宣言，确定了东盟将向关系更加密切的共同体挺进。

(10)2004 年 11 月 29 日至 30 日，第十次东盟首脑会议在老挝首都万象举行。会议签署了《万象行动纲领》《东盟关于一体化优先领域的框架协议》，并通过了《东盟社会文化共同体行动纲领》和《东盟安全共同体行动纲领》。

(11)2005 年 12 月 12 日，第 11 次东盟首脑会议在马来西亚首都吉隆坡举行。会议通过了关于制定东盟宪章的《吉隆坡宣言》，以加快实现东盟共同体的建设。

(12)2007 年 1 月 13 日，第 12 次东盟首脑会议在菲律宾中部城市宿务举行。东盟国家领导人通过了关于制定东盟宪章的宣言,并决定成立高级别特别小组,负责起草东盟宪章。会议签署了有关在2015年前建成东盟共同体、保护和促进海外劳工权益等宣言,还签署了本地区第一份反恐公约。

(13)2007年11月20日,第13次东盟首脑会议在新加坡举行。与会各国领导人在会上就东盟今后的发展、加快一体化建设、迎接新形势下的各种挑战进行了广泛而深入的讨论。东盟领导人在会上签署了《东盟宪章》《东盟经济共同体蓝图宣言》等重要文件。2008年12月15日,《东盟宪章》正式生效。

(14)2009年5月3日,东盟10国和中日韩(10+3)三国财长在巴厘岛会议上就规模为1200亿美元的亚洲区域外汇储备库的主要要素达成共识,并决心在2009年年底启动这一被称作“亚洲货币基金”雏形的多边货币交换机制。这一合作行动,对维护亚洲地区经济金融稳定具有重大意义,并将对改革和完善国际金融体系产生积极影响。

(15)2010年4月,第16届东盟首脑会议在越南河内举行,主题为“迈向东盟共同体:从愿景到行动”,重点就进一步落实《东盟宪章》、加快共同体建设和加强后金融危机合作等进行讨论。会议签署《东盟宪章争端解决机制议定书》,发表《东盟关于持续复苏和发展的声明》《东盟领导人关于联合应对气候变化的声明》,宣布启动东盟促进和保护妇女儿童权利委员会,并将妇女儿童发展等确定为社会文化共同体建设优先领域。

(16)2010年10月,第17次东盟首脑会议在越南河内举行。会议通过《东盟互联互通总体规划》,签署《东盟服务框架协议第8个一揽子计划》,修订《东盟货物贸易协定为大米和糖提供特殊补贴的议定书》,发表《为经济复苏和可持续增长的人力资源和技能开发东盟领导人声明》和《促进东盟妇女儿童福利和发展河内宣言》。

(17)2011年5月,第18次东盟首脑会议在印度尼西亚雅加达举行,主题为“全球大家庭中的东盟共同体”,重点就加快东盟共同体建设、东亚峰会发展、柬泰边界冲突等问题进行讨论。会议发表了《全球大家庭中的东盟共同体联合声明》,表示到2022年东盟成立55周年时,东盟将更有能力在国际事务中发挥建设性作用。

(18)2011年11月,第19次东盟首脑会议在印度尼西亚巴厘岛举行。会议通过了《全球大家庭中的东盟共同体巴厘宣言》(也称第三份《巴厘宣言》),阐述了东盟成员国在政治与安全、经济、社会、文化等方面应如何加强合作,并承诺在2022年建立应对全球事务的东盟共同平台。

(19)2012年4月,第20次东盟首脑会议在柬埔寨金边举行,主题为“东盟:共同体、共命运”,重点就提升东盟一体化水平等问题进行讨论。会议发表了《金边宣言——东盟:共同体、共命运》《东盟共同体建设金边议程》《2015年实现无毒品的东盟宣言》《“全球温和派运动”概念文件》等文件。东盟领导人还共同庆祝了东盟成立45周年。

(20)2012年11月,第21次东盟首脑会议在柬埔寨金边举行,主题为“东盟:共同体、共命运”,重点就确保共同体于2015年如期建成等问题进行讨论。会议发表了《东盟人权宣言》《东盟领导人关于建立东盟区域地雷行动中心的宣言》《巴厘协调一致第三行动计划(2013—2017)》。

(21)2013年4月,第22次东盟首脑会议在文莱举行,主题为“我们的人民、我们的未来”,重点就进一步加强东盟共同体建设、建设“以人为本”的东盟进行了讨论。会后发表了《主席声明》,强调东盟当前重点仍在于加强内部建设和融合,推进政治安全、经济和社会文化共同体进程。

二、跨洲的区域经济一体化实践

(一)亚太经济合作组织

亚太经济合作组织(Asia-Pacific Economic Cooperation, APEC)是亚太地区最具影响的经济合作官方论坛,成立于1989年。1989年1月,澳大利亚总理霍克访问韩国时建议召开部长级会议,讨论加强亚太经济合作问题。经与有关国家磋商,1989年11月5日至7日,澳大利亚、美国、加拿大、日本、韩国、新西兰和东盟6国在澳大利亚首都堪培拉举行亚太经济合作会议首届部长级会议,这标志着亚太经济合作会议的成立。1993年6月改名为亚太经济合作组织,简称亚太经合组织或APEC。宗旨是:保持经济的增长和发展;促进成员间经济的相互依存;加强开放的多边贸易体制;减少区域贸易和投资壁垒,维护本地区人民的共同利益。

APEC现有21个成员,分别是中国、澳大利亚、文莱、加拿大、智利、中国香港、印度尼西亚、日本、韩国、墨西哥、马来西亚、新西兰、巴布亚新几内亚、秘鲁、菲律宾、俄罗斯、新加坡、中国台北、泰国、美国和越南,1997年温哥华领导人会议宣布APEC进入十年巩固期,暂不接纳新成员。此外,APEC还有3个观察员,分别是东盟秘书处、太平洋经济合作理事会和太平洋岛国论坛。

(二)亚欧会议

冷战结束后,随着世界多极化和经济全球化的发展,通过对话和合作,促进亚欧两大洲经济发展与社会进步日益成为亚欧国家的共同愿望。1994年7月,欧盟制定了《走向亚洲新战略》,主张与亚洲进行更广泛的对话,建立一种建设性、稳定和平等的伙伴关系。在此背景下,新加坡总理吴作栋于1994年10月提出建立亚欧会议的倡议,得到了有关各方的积极响应。

1996年3月1日至2日,首届亚欧首脑会议在泰国曼谷举行。来自亚、欧两大洲的25国和欧盟委员会的领导人参加会议。会议的主要议题包括亚欧会议的意义,亚欧在政治、经济、文化等领域的合作,亚欧会议的后续行动等。会议最后通过了《主席声明》。根据首届亚欧会议通过的《主席声明》,亚欧会议的目标是在亚欧两大洲之间建立旨在促进增长的新型、全面的伙伴关系,加强相互间的对话、了解与合作,为经济和社会发展创造有利的条件,维护世界和平与稳定。

据首届亚欧会议达成的共识,亚欧会议的活动主要将以非机制化的方式在多层次上进行,主要有首脑会议、外长会、高官会、部长级会议、其他后续行动等。

亚欧会议已举行了七届首脑会议、经济部长会议、财政部长会议,六届外长会议,以及科技部长会议、环境部长会议、移民管理部长级会议和文化文明部长级会议,通过了《2000年亚欧合作框架》《亚欧贸易便利行动计划》以及《亚欧投资促进行动计划》《关于国际金融形势的声明》《可持续发展北京宣言》等。

亚欧会议进程应遵循的原则:① 各成员之间对话的基础应是相互尊重、平等、促进基本权利、遵守国际法规定的义务、不干涉他国的内部事务。② 进程应是开放和循序渐进的,后续行动应在协商一致的基础上进行;接纳新成员应由国家元首和政府首脑协商一致决定。

③ 通过对话增进相互了解和理解以确定优先领域并共同合作。

三、中国参与区域经济一体化的实践

截至 2015 年 4 月，中国在建自贸区 19 个，涉及 32 个国家和地区。其中，已签署自贸协定 12 个，涉及 20 个国家和地区，分别是中国与东盟、新加坡、巴基斯坦、新西兰、智利、秘鲁、哥斯达黎加、冰岛和瑞士的自贸协定，内地与香港、澳门的更紧密经贸关系安排（CEPA），以及大陆与台湾的海峡两岸经济合作框架协议（ECFA），目前均已实施；正在谈判的自贸协定 9 个，涉及 24 个国家，分别是中国与韩国、海湾合作委员会（GCC）、澳大利亚、斯里兰卡和挪威的自贸协定，以及中日韩自贸协定、《区域全面经济合作伙伴关系》（RCEP）协定和中国—东盟自贸协定（“10＋1”）升级谈判、中国—巴基斯坦自贸协定第二阶段谈判。此外，中国完成了与印度的区域贸易安排（RTA）联合研究；正与哥伦比亚等开展自贸区联合可行性研究；还加入了《亚太贸易协定》。作为亚洲地区的经济大国，中国正在积极谋求与东南亚及其他地区一些国家的经济结合，从而为增强入世后在国际经济中的竞争力创造有利条件。

（一）东盟“10＋3”合作机制

东盟“10＋3”合作机制即东盟与中日韩三国之间的合作框架。2000 年 9 月，在新加坡举行的第四次东盟与中国（10＋1）领导人会议上，中国国务院总理朱镕基提出建立中国—东盟自由贸易区的建议，得到东盟有关国家的赞同。2001 年 11 月，在文莱举行的东盟首脑会议期间，中国和 10 个东盟成员国宣布将在未来 10 年内建成自由贸易区的目标。2002 年 11 月 4 日，第六次东盟与中国领导人会议在柬埔寨首都金边举行。中国国务院总理朱镕基和东盟 10 国领导人签署了《中国—东盟全面经济合作框架协议》，宣布 2010 年建成中国—东盟自由贸易区，从而启动了中国—东盟自由贸易区的进程。由于东亚既有发达国家又有发展中国家，各成员经济制度、发展水平、政治主张及意识形态等方面差异很大，各自的利益要求也不尽相同，使之在区域经济合作机制上形成了自己的一些重要特点及创新之处，主要表现在灵活性、开放性、复杂性、非制度性、非大国主导性 5 个方面。但是，东盟“10＋3”合作框架的建立也受到了诸多因素的制约，使其在发展过程中存在一定的困难和矛盾，突出表现在：合作机制的制度性和约束性不强；政治经济的差异性及历史问题形成了障碍；东盟的顾虑影响合作的深入；中国—东盟自由贸易区建设方面的困难和矛盾；中、日、韩合作的困境；等等。为逐步推进东亚各国间的经贸合作，实现贸易投资自由化，必须进一步深化双边自由贸易，不断增强各国间的信任与协调，努力加强合作机制的制度化建设，积极拓展经贸合作的领域和范围，优先和加快发展次区域经济合作，最终才得以实现其经济一体化。

（二）中国—新加坡自由贸易区

2008 年 10 月 23 日，在温家宝总理和新加坡李显龙总理见证下，商务部部长陈德铭与新加坡贸工部部长林勋强代表各自政府在北京人民大会堂签署了《中华人民共和国政府和新加坡共和国政府自由贸易协定》。同时，双方还签署了《中华人民共和国政府和新加坡共和国政府关于双边劳务合作的谅解备忘录》。中国—新加坡自由贸易区谈判启动于 2006 年 8 月，经过 8 轮艰苦而坦诚的磋商，双方于 2008 年 9 月圆满结束谈判。该协定涵盖了货物贸易、服务贸易、人员流动、海关程序等诸多领域，是一份内容全面的自由贸易协定。双方在中国—东盟自贸区的基础上，进一步加快了贸易自由化进程，拓展了双边自由贸易关系与经贸合作的深度与广度。根据该协定，新方承诺将在 2009 年 1 月 1 日取消全部自华进口产品关税;中方承诺将在 2010 年 1 月 1 日前对 97.1%的自新进口产品实现零关税。双方还在医疗、教育、会计等服务贸易领域做出了高于 WTO 的承诺。

该协定的签署是中新双边关系发展历程中新的里程碑,将进一步全面推进中新双边经贸关系的发展,也将对东亚经济一体化进程产生积极影响。同时,在全球共同应对金融动荡的时刻,该协定的签署有利于维护两国经济与贸易的稳定和增长,为维持世界经济稳定和促进贸易自由化做出了积极贡献。

(三)中国—巴基斯坦自由贸易区

2005 年 4 月,在温家宝总理访问巴基斯坦期间,中巴两国签署了《中华人民共和国政府与巴基斯坦伊斯兰共和国政府关于自由贸易协定早期收获计划的协议》(从下简称《早期收获协议》)和《中华人民共和国政府与巴基斯坦伊斯兰共和国政府关于自由贸易协定及其他贸易问题的谅解备忘录》(以下简称《谅解备忘录》)。2005 年 8 月,中巴自贸区全面降税的谈判在中国新疆乌鲁木齐正式拉开序幕。通过 6 轮谈判,于 2006 年 11 月胡锦涛主席访巴期间,《中华人民共和国政府和巴基斯坦伊斯兰共和国政府自由贸易协订》(以下简称《自贸协定》)最终签定。《自贸协定》是继中国—东盟自贸区货物贸易协议和中国—智利自贸协定之后,中国对外签署的第三个自贸协定,是中巴两国关系史上一个重要的里程碑。

(四)中国—新西兰自由贸易区

中国—新西兰自由贸易区谈判始于 2004 年 11 月,由胡锦涛主席与新西兰克拉克总理共同宣布启动,也是中国与发达国家启动的第一个自贸区谈判。经过 3 年 15 轮磋商,双方于 2007 年 12 月结束谈判。2008 年 4 月 7 日,《中华人民共和国政府和新西兰政府自由贸易协定》在两国总理见证下正式签署。10 月 1 日生效,同时双方开始签发自贸区原产地证书。在货物贸易方面,新方承诺将在 2016 年 1 月 1 日前取消全部自华进口产品关税,其中 63.6%的产品从该协定生效时起即实现“零关税”;中方承诺将在 2019 年 1 月 1 日前取消 97.2%自新西兰进口产品关税,其中 24.3%的产品从该协定生效时起即实现“零关税”。对于没有立即实现“零关税”的产品,将在承诺的时间内逐步降低关税,直至降为“零关税”。

(五)中国—智利自由贸易区

中国—智利自由贸易协定于 2005 年 11 月签署,主要包括货物贸易和合作内容,并已于 2006 年 10 月实施。自协定实施以来,中智双边贸易增长迅速,协定利用率较高,实施效果良好。在协定实施第一年和第二年,双边贸易额分别为 132 亿美元和 176 亿美元,同比分别增长 59%和 33%。2008 年 4 月,中智双方签署了《中智自贸协定关于服务贸易的补充协定》(即中智自贸区服务贸易协议)。

(六)中国—秘鲁自由贸易区

2009 年 4 月 28 日,在习近平副主席和秘鲁路易斯·詹彼德里·罗哈斯副总统的共同见证下,商务部副部长易小准与秘鲁外贸旅游部部长梅塞德斯·阿劳斯分别代表两国政府在人民大会堂签署了《中国—秘鲁自由贸易协定》。中秘自贸协定是中国与拉美国家签署的第一个一揽子自贸协定,是两国关系发展史上新的里程碑。

中国—秘鲁自由贸易区谈判开始于 2007 年 9 月 7 日,胡锦涛主席在悉尼出席 APEC 领导人非正式会议期间,与秘鲁总统加西亚共同宣布启动。经过八轮谈判和一次工作组会议,于 2008 年 11 月 19 日胡锦涛主席在对秘鲁进行国事访问期间,与加西亚总统共同宣布中国—秘鲁自贸协定谈判成功结束。在货物贸易方面,中秘双方将对各自 90%以上的产品分阶段实施零关税，中国的轻工、电子、家电、机械、汽车、化工、蔬菜、水果等众多产品和秘鲁的鱼粉、矿产品、水果、鱼类等产品都将从降税安排中获益。在服务贸易方面，双方将在各自对世贸组织承诺的基础上，相互进一步开放服务部门。在投资方面，双方将相互给予对方投资者及其投资以准入后国民待遇、最惠国待遇和公平公正待遇，鼓励双边投资并为其提供便利等。双方还在知识产权、贸易救济、原产地规则、海关程序、技术性贸易壁垒、卫生和植物卫生措施等众多领域达成广泛共识。

（七）中国—哥斯达黎加自由贸易协定

《中国—哥斯达黎加自由贸易协定》经中哥双方友好协商并书面确认，于 2011 年 8 月 1 日起正式生效，成为中国达成并实施的第 10 个自由贸易协定。中哥自贸协定谈判是在 2008 年 11 月胡锦涛主席访哥期间由胡主席和哥斯达黎加总统阿里亚斯共同宣布启动的。中哥双方经过六轮谈判，于 2010 年 2 月圆满结束。

（八）中国—冰岛自贸协定

2014 年 5 月 20 日，中国商务部与冰岛外交外贸部官员在京互换了《中国—冰岛自由贸易协定》的生效照会。按照该协定生效条款有关规定，该协定将于 2014 年 7 月 1 日正式生效。中冰自贸区谈判于 2006 年 12 月启动，2013 年 4 月 15 日，在中国国务院总理李克强和冰岛总理西于尔扎多蒂共同见证下，中国商务部部长高虎城与冰岛外交外贸部部长奥叙尔·斯卡费丁松代表各自政府在北京签署《中国—冰岛自由贸易协定》。该协定是我国与欧洲国家签署的第一个自由贸易协定，涵盖货物贸易、服务贸易、投资等诸多领域

（九）中国—瑞士自由贸易协定

2014 年 4 月 29 日，中国和瑞士双方在北京互换了《中国—瑞士自由贸易协定》的生效照会。按照协定生效条款有关规定，该协定将于 2014 年 7 月 1 日正式生效。中瑞双方于 2011 年 1 月启动《中国—瑞士自由贸易协定》谈判。2013 年 5 月，李克强总理访问瑞士期间，中瑞双方签署了《关于完成中瑞自贸区谈判的谅解备忘录》。2013 年 7 月，商务部部长高虎城与瑞士联邦委员兼经济部部长施耐德·阿曼代表两国政府在京签署《中国—瑞士自由贸易协定》。

该协定是近年来中国对外达成的水平最高、最为全面的自贸协定之一，不仅货物贸易零关税比例高，还在钟表等领域为双方合作建立了良好的机制，并涉及环境、知识产权等方面的许多新规则，将进一步提升中瑞双边经贸合作水平，深化中欧经贸合作。

该协定的达成和实施，体现了中瑞双方加强经贸关系的决心和信心，体现了中国政府坚定不移扩大开放的决心与信心，也体现了中国积极参与经济全球化和区域经济一体化的决心与信心。中国政府将以中瑞自贸协定的达成和实施为契机，加快实施自贸区战略，以更加开放的姿态参与国际竞争与合作。

（十）内地与香港、澳门更紧密经贸关系

为促进内地与香港经济共同繁荣与发展，2003 年 6 月 29 日，中央政府与香港特区政府签署《内地与香港关于建立更紧密经贸关系的安排》(以下简称《安排》)，内容主要涵盖货物贸易、服务贸易和贸易便利化三个方面。该安排是在“一国两制”方针下和世界贸易组织框架内做出的特殊安排，体现了中央政府和内地人民对香港的关心和支持。该安排于 2004 年 1 月 1 日正式实施。对香港有较大实际利益的 273 个税目的香港原产地货物，进入内地市场实行零关税；内地部分服务行业对港资企业取消股权比例限制，降低注册资本和资质条件

等门槛，放宽地域和经营范围限制；对贸易投资促进、通关便利、法律法规透明度、电子商务、商品检验检疫和质量认证、中小企业合作、中医药产业合作等 7 个领域，简化手续，提供便利。此后，2004 至 2009 年共签署了《〈安排〉补充协议》六项，拓宽了合作领域。其中《〈安排〉补充协议六》于 2009 年 5 月 9 日在香港签署，于 2009 年 10 月 1 日实施。

《内地与澳门关于建立更紧密经贸关系的安排》(以下简称《安排》)于 2003 年签署，并自 2004 年起全面实施，加上 2009 年 5 月 11 日签署的《〈安排〉补充协议六》，内地与澳门已签署 7 个相关协议。数据显示，从 2006 年起，内地在货物贸易部分基本上已全面对澳门开放。在服务贸易方面，除已有超过 3000 万人次的内地“个人游”游客到访澳门外，截至 2008 年年底，澳门特区通过《安排》机制在内地共成立约 500 家公司和个体工商户。

中央政府分别与香港、澳门特区政府签署的《安排》及《〈安排〉补充协议》的实施，减少了内地与香港、澳门在经贸交流中的体制性障碍，加速了相互间资本、货物、人员等要素的更便利流动，提升了内地与香港、澳门经济交流合作的水平，对香港、澳门经济发展起到积极的促进作用，同时也推动了内地的经济建设和改革开放。

思考题

1. 区域经济一体化有哪几种形式？
2. 关税同盟的静态效应有哪些？
3. 关税同盟的动态效应有哪些？
4. 请分析欧盟发展的四个阶段。
5. APEC 组织的目标和宗旨是什么？

第八章　世界贸易组织与中国

【案例 8-1】

中国一日两次动用 WTO 争端解决机制

2009 年 7 月 31 日，中国政府要求世界贸易组织设立专家组调查美国限制中国禽肉进口措施的合法性。同日，中国还就欧盟对中国紧固件采取的反倾销措施提起世贸组织争端解决机制下的磋商请求，这是中国加入世贸组织以来首次诉诸该组织争端解决机制寻求解决与欧盟的贸易争端。有关专家指出，中国在一天之内两次动用世贸组织争端解决机制，标志着中国在利用世贸组织规则维护本国企业正当权益方面日益成熟，中国应充分利用该多边机制平台保护自身的权益。据中国商务部的统计显示，自 1979 年欧盟对华发起第一起反倾销调查以来，欧盟共对华发起 140 余起反倾销调查，是对中国发起反倾销调查最多的世贸组织成员之一。

世界贸易组织于 1995 年 1 月 1 日成立，总部设在日内瓦，是独立于联合国的永久性国际组织，是多边贸易体系的法律基础和组织基础。它是对各成员之间经济贸易关系的权利和义务进行监督、管理和履行的国际经济组织。同时，还是各成员通过集体辩论、谈判和裁判，发展其贸易关系的场所。

第一节　世界贸易组织概述

一、世界贸易组织的产生

《关税与贸易总协定》(GATT)是关于关税与贸易政策的多边贸易条约，是调整各缔约方之间的贸易政策、确立相互间的权利和义务，推行多边贸易、实现贸易自由化的一项带有总括性的协定。在美国策动下，23 个创始缔约国于 1947 年 10 月 30 日在日内瓦签订了《关税与贸易总协定》，并于 1948 年 1 月 1 日起生效。在其后的 48 年里，它共主持了八次多边贸易谈判，其中乌拉圭回合中签订了重要的《世界贸易组织协议》，这使得世界贸易组织正式取代 GATT。各轮谈判基本情况依次如表 8-1 所示。各缔约方同意，1995 年世贸组织与关贸总协定共存 1 年。从 1996 年 1 月 1 日起，世贸组织独立作为全球经济贸易组织发挥了积极作用。

表 8-1 GATT 八轮谈判进程表

时 间	地 点	内 容
第一轮 1947 年 4—10 月	瑞士 日内瓦	23 个谈判方，达成 45000 项商品的关税减让，使占应税进口值 54%的商品平均降低关税 35%；关贸总协定于 1948 年 1 月 1 日生效
第二轮 1949 年 4—10 月	法国 安纳西	33 个谈判方，达成近 5000 项商品的关税减让，使占应税进口值 56%的商品平均降低关税 35%
第三轮 1950 年 9 月—1951 年 4 月	英国 托奎	39 个谈判方，达成 8700 多项商品的关税减让，使占应税进口值 11.7%的商品平均降低关税 6%
第四轮 1956 年 1—5 月	瑞士 日内瓦	28 个谈判方，达成近 3000 项商品的关税减让，使占应税进口值 16%的商品平均降低关税 15%
第五轮 1960 年 9 月—1962 年 7 月	瑞士 日内瓦	45 个谈判方，达成 4400 项商品的关税减让，使占应税进口值 20%的商品平均降低关税 20%
第六轮 1964 年 5 月—1967 年 6 月	瑞士 日内瓦	54 个谈判方，以关税统一减让方式就影响世界贸易额约 400 亿美元的商品达成关税减让，平均降低关税 35%；首次涉及非关税壁垒谈判，并通过了第一个反倾销协议
第七轮 1973 年 9 月—1979 年 4 月	日本 东京	102 个谈判方，以一揽子关税减让方式就影响世界贸易额约 3000 亿美元的商品达成关税减让与约束，关税水平下降 35%；达成多项非关税壁垒协议和守则；通过了给予发展中国家优惠待遇的“授权条款”
第八轮 1986 年 9 月—1994 年 4 月	乌拉圭	123 个谈判方，达成了 28 个内容广泛的协议；货物贸易减税幅度近 40%，减税商品涉及贸易额高达 1.2 万亿美元，近 20 个产品部门实行了零关税；农产品非关税措施实行关税化，纺织品的配额限制在 10 年内取消；GATT 扩大到服务贸易、知识产权和与贸易有关的投资措施协议；建立 WTO 取代 GATT

二、世界贸易组织的宗旨、原则和特点

《马拉喀什建立世界贸易组织协定》(以下简称《建立贸易组织协定》)是建立在关税贸易总协定的基础之上的，其内容主要体现在它的宗旨、目标和基本原则等方面。

(一)世界贸易组织的宗旨与目标

1. 世界贸易组织的宗旨

全体世界贸易组织成员，在处理贸易和经济事务的关系方面应以提高生活水平，保证充分就业，大幅度稳步提高其实际收入水平和有效需求，扩大货物和服务的生产与贸易；按照可持续发展的目标和不同经济发展水平国家各自的需要，合理地使用世界资源、努力保护和维护环境，并且必须积极努力确保发展中国家，尤其是最不发达国家在国际贸易增长中得到与其经济发展相适应的份额。

2. 世界贸易组织的目标

产生一个完整的、更具有活力的和永久性的多边贸易体系来巩固原来关税与贸易总协定的所有成果。其宗旨与目标的实现途径是，通过互惠互利的安排，导致关税和其他贸易壁垒的大量减少和国际贸易关系中歧视性待遇的取消。

（二）世贸组织的基本原则

世贸组织的基本原则包括：① 非歧视性贸易；② 可预见的和不断增长的市场准入程度；③ 促进公平竞争；④ 鼓励发展和经济改革；⑤ 对发展中国家成员予以照顾原则；⑥区域性贸易安排原则。

（三）世界贸易组织的特征

世界贸易组织是由众多国家和单独关税区组成的，具有法律人格的，以发展国际贸易为基本宗旨的国际经济组织。其特征如下：

(1)世界贸易组织是一个国际经济组织。根据国际经济组织成员涉及的地域范围的不同，可以将其划分为世界性国际经济组织和区域性国际经济组织；世界贸易组织属于前者，而且是具有广泛性的国际经济组织之一。

(2)世界贸易组织以发展国际贸易为基本宗旨。世界贸易组织规定货物贸易和服务贸易为其法律文件的主要内容，由此不宜把世界贸易组织视为单纯的国际贸易组织，而应认为它是以发展国际贸易为基本宗旨的国际经济组织。

(3)世界贸易组织具有法律人格。《建立世界贸易组织协定》第 8 条第 1 款、第 2 款规定，“世界贸易组织具有法律人格，世界贸易组织每一成员均应给予世界贸易组织履行其职能所必需的法定资格”，以及“必需的特权和豁免”。

(4)世界贸易组织由众多国家和单独关税区组成。世界贸易组织不仅不是民间的国际经济组织，而且不同于仅由国家和地区组成的国际经济组织。

第二节　世界贸易组织的组织机构及基本职能

一、世界贸易组织的组织机构

（一）部长级会议

部长级会议是世贸组织的最高决策权力机构，由所有成员主管外经贸的部长、副部长级官员或其全权代表组成，一般两年举行一次会议，讨论和决定涉及世贸组织职能的所有重要问题，并采取行动。第一次会议于 1996 年 12 月在新加坡召开，第二次会议于 1998 年在瑞士日内瓦召开，第三次会议于 1999 年 11 月在美国西雅图召开，第四次会议于 2001 年 11 月在卡塔尔首都多哈召开，第五次会议于 2003 年 9 月在墨西哥坎昆召开，第六次会议于 2005 年 12 月在中国香港召开，第七次会议于 2009 年 11 月 30 日至 12 月 2 日在瑞士日内瓦举行(见表 8-2)。部长级会议的主要职能：① 任命世贸组织总干事并制定有关规则。② 确定总干事的权力、职责、任职条件和任期以及秘书处工作人员的职责及任职条件。③ 对世贸组织协定和多边贸易协定做出解释；豁免某成员对世贸组织协定和其他多边贸易协定所承担的义务。④ 审议成员对世贸组织协定或多边贸易协定提出修改的动议。⑤ 决定是否接纳申请加入世贸组织的国家或地区为世贸组织成员。⑥ 决定世贸组织协定及多边贸易协定生效的日期等。部长级会议下设总理事会和秘书处，负责世贸组织日常会议和工作。世贸组织成员资格有创始成员和新加入成员之分，创始成员必须是关贸总协定的缔约方，新成员必须由其决策机构——部长会议以三分之二多数票通过方可加入。

表 8-2　世界贸易组织历次部长级会议

时间	地点	内容
第一次 1996 年 12 月 9—13 日	新加坡	会议主要审议了世界贸易组织成立以来的工作及上一轮多边贸易谈判即“乌拉圭回合”协议的执行情况，并决定成立贸易与投资、贸易与竞争政策、政府采购透明度三个工作组，同时将贸易便利化纳入了货物理事会的职责范围。会议通过了《新加坡部长宣言》
第二次 1998 年 5 月 18—20 日	瑞士日内瓦	会议主要讨论了已达成的贸易协议的执行情况、既定日程和未来谈判日程等问题以及第三次部长级会议举行的时间和地点。会议的主要目的是为第三次部长级会议启动新一轮多边贸易谈判做准备；并通过了关于电子商贸的宣言
第三次 1999 年 11 月 30—12 月 3 日	美国西雅图	会议原本希望就展开新一轮谈判以继续推动全球贸易自由化达成协议，但因成员意见分歧和阻挠会议的示威造成混乱而暂停，未达成任何协议，以失败告终
第四次 2001 年 11 月 9—14 日	卡塔尔多哈	会议启动了被称为“多哈发展议程”即所谓“多哈回合”的新一轮多边贸易谈判。会议的另一个重要成果是批准中国加入世贸组织。会议通过《部长宣言》等三个文件
第五次 2003 年 9 月 10—14 日	墨西哥坎昆	来自世贸组织 146 个成员的近五千名代表以及非政府组织代表出席了此次会议。会议对世贸组织新一轮谈判进行了中期评估，发表了《部长会议声明》。会议原本计划就主要谈判范畴确立谈判形式框架和展开新议题谈判，借此开展第二阶段的多哈发展议程谈判。不过，这次会议最后未能达成共识。这是世贸组织成立八年来第二次无果而终的部长级会议
第六次 2005 年 12 月 13—18 日	中国香港	香港会议是 2001 年启动的全球新一轮贸易谈判——多哈回合的重要组成部分。议题包括削减农业补贴和农产品关税、降低工业产品关税、开放服务业和改进贸易规则等问题。农业问题是多哈回合谈判的核心。在农业谈判方面，部长们同意制定详细的发展模式，确保 2013 年年底以前平行取消各种形式的农业补贴以及与出口补贴具有同等效果的支持出口措施。有会议代表认为，这只是农业贸易谈判迈出的一小步。农业谈判中的另两大支柱——削减扭曲贸易的经济体内支持和市场准入两大难题，仍有待在会后的谈判中解决
第七次 2009 年 11 月 30 日—12 月 2 日	瑞士日内瓦	本次会议主题是“世界贸易组织、多边贸易体制和当前全球经济环境”
第八次 2011 年 12 月 15—17 日	瑞士日内瓦	第八届部长级会议于 2011 年 12 月在日内瓦举行。会议正式批准俄罗斯、萨摩亚和黑山加入世贸组织。由于各成员在一些谈判领域存在较大分歧，多哈回合谈判陷入困境

续表

时间	地点	内容
第九次 2013 年 12 月 3—7 日	印度尼西亚巴厘岛	第九届部长级会议于 2013 年 12 月 3 日在印度尼西亚巴厘岛举行。此次会议是世贸组织总干事罗伯托·阿泽维多上任以来的首次最高决策机构会议。各方期待巴厘岛会议能在有限议题上达成一致，为推动更大规模的多边贸易协定奠定基础。7 日上午在印度尼西亚巴厘岛闭幕，达成世贸组织首个全球贸易协定。会议上发布的巴厘岛部长宣言共包括理事会日常工作、多哈发展议程进展和巴厘岛会议后工作展望三大部分。多哈发展议程的进展即为此前各方期盼的多哈回合谈判"早期收获"，包含贸易便利化、农业、棉花、发展和最不发达国家四项议题共 10 份协定

(二)总理事会

在部长级会议休会期间，其职能由总理事会行使，总理事会也由全体成员组成。总理事会可视情况需要随时开会，自行拟订议事规则及议程。同时，总理事会还必须履行其解决贸易争端和审议各成员贸易政策的职责。总理事会下设机构有：① 货物贸易理事会；② 服务贸易理事会；③ 知识产权理事会。这些理事会可视情况自行拟订议事规则，经总理事会批准后执行。所有成员均可参加各理事会。

(三)各专门委员会

部长会议下设立 10 多个专门委员会，以处理特定的贸易及其他有关事宜。例如：① 贸易与发展委员会；② 国际收支限制委员会；③ 预算、财务与行政委员会；④ 贸易与环境委员会；等等。

(四)秘书处与总干事

由部长级会议任命的总干事领导的世界贸易组织秘书处(下称秘书处)，设在瑞士日内瓦，大约有 500 人。秘书处工作人员由总干事指派，并按部长会议通过的规则决定他们的职责和服务条件。部长会议明确了总干事的权力、职责、服务条件及任期规则。世贸组织总干事主要有以下职责：① 可以最大限度地向各成员施加影响，要求它们遵守世贸组织规则；② 考虑和预见世贸组织的最佳发展方针；③ 帮助各成员解决它们之间所发生的争议；④ 负责秘书处的工作，管理预算及与所有成员有关的行政事务；⑤ 主持协商和非正式谈判，避免争议。

二、世界贸易组织的基本职能、地位和决策方式

(一)世界贸易组织的职能

根据《建立世界贸易组织协定》，世界贸易组织的基本职能为：①促进世贸组织目标的实现，监督和管理其管辖范围内的各项协议的贯彻实施；②组织实施各项多边贸易协议，为各成员提供多边贸易谈判的场所，按一体化的争端解决规则与程序，主持解决各成员之间的贸易纠纷；③按照有关贸易政策审议机制，负责定期审议各成员的贸易制度和与贸易相关的经济体内经济政策；④协调与国际货币基金组织和世界银行的关系，以保障全球经济决策的一致性；⑤ 编写年度世界贸易报告和举办经济贸易研讨会；⑥向发展中国家和经济转型国家提供必要的技术援助。

（二）世界贸易组织的地位

世界贸易组织的地位包括：①世界贸易组织具有法人资格，各成员方应赋予世界贸易组织在执行其职能时所必要的法律能力。②世界贸易组织各成员方应赋予世界贸易组织为履行其职能所必要的特权和豁免权。③世界贸易组织官员和各成员方代表在执行世界贸易组织有关职能时，享有每个成员方所提供的必要的特权和豁免权。④每个成员方给予世界贸易组织的官员、成员方代表的特权和豁免权等同于联合国大会于1947年11月21日通过的《特殊机构的特权与豁免权公约》所规定的特权与豁免权。

（三）世界贸易组织的决策方式

世界贸易组织承袭了1947年关贸总协定的决策方式（即某一事项提交会议做出决定时，若无成员方正式反对，则有关机构认为决定一致通过），只有以这种方式无法达成一致时，才以投票方式表决。在部长级会议和总理事会会议上，每一个成员方只有一票，当欧共体投票时，其票数与欧共体参加世界贸易组织的成员方数量相等。

世界贸易组织对不同的问题，规定了具体的通过票数：

（1）解释和决议。部长级会议和总理事会对《建立世界贸易组织协定》和任何多边贸易协议具有绝对的解释权，一个决策的解释应当由成员方3/4多数票通过方为有效。

（2）修订。对有关条款的修订，须经2/3多数票通过方为有效。

（3）豁免。豁免某一成员方所应承担的义务，须经3/4多数票通过方为有效。

三、世界贸易组织的成员

世界贸易组织是一个开放性组织，现有成员164个，其贸易额占世界贸易总额的98%，投资额占全球跨国投资总量超过80%，中国于2001年12月11日正式成为世界贸易组织成员。

（一）成员的种类

按《建立世界贸易组织协定》第11、12条的规定，世贸组织成员可分为如下两类：

（1）创始成员。根据协议规定，须具备下列条件：①《建立世界贸易组织协定》生效时，已是关贸总协定的缔约方。②参加并签署一揽子接受乌拉圭回合谈判达成的所有多边协议。③在乌拉圭回合中做出关税和非关税减让以及服务贸易的减让。

（2）新加入成员。凡在《建立世界贸易组织协定》生效后，任何国家或在处理其对外贸易关系及世贸组织的协议、协定规定的其他事项方面拥有完全自主权的单独关税区，可以向世贸组织提出加入申请，按照不同类型的国家，针对其政治、经济和贸易上的特点，就"入门方式"进行全面谈判，达成协议后，并经世贸组织2/3以上多数表决通过，按谈妥的条件加入该组织，成为一般成员。

（二）成员的权利与义务

（1）成员的基本权利：①享受各成员方提供的最惠国待遇、国民待遇、关税减让或承担的进口增长义务；②享受各成员方取消或减少数量限制及其他限制的贸易便利；③采取"豁免"与紧急行动；④遵循争端解决机制，解决贸易纠纷；⑤取得各成员方有关贸易政策、措施的资料。此外，联合国承认的最不发达的国家只需承担与其各自发展、财政和贸易需要或其管理和机构能力相符的承诺和减让，即可享受更多的优惠和采取措施的权利。

（2）成员的基本义务：①遵守世贸组织各项协定、协议的规定，给予各成员以最惠国待遇、国民待遇、关税减让或承担进口增长义务；②取消数量限制或减少，约束非关税措施；③谅解有关成员采取的“豁免”与紧急行动，实施保障措施；④遵循争端解决机制，解决贸易纠纷，避免贸易纷争；⑤遵循贸易政策审议机制，定期接受审议；⑥向各成员方提供成员方成员方贸易政策、措施的资料，交纳会费。

（三）成员的退出

世贸组织允许任何成员的退出，即有关国家作为缔约方可以退出“乌拉圭回合”各项多边协议，同时意味着放弃世贸组织的成员资格。为了便于其他成员有较充分的时间调整与退出方之间在世贸组织及其法律制度中的权利和义务关系；防止退出国使用权宜之计，利用退出程序逃避其应承担的有关义务；创造为退出方重新考虑其退出决定和撤回退出通知的机会，对世贸组织的退出须在有关成员递交的退出通知被总干事接受 6 个月后生效。

四、世贸组织的法律和组织运作体系

世贸组织的协定、协议构成了一个非常庞大的国际贸易及其相关的国际条约法体系，它是有约束力的国际法制度，是最能体现当今世界经济一体化趋势的法律体制框架。

(1)货物贸易法律体系。有关货物贸易的法律体系，世贸组织基本上承袭了关贸总协定的有关做法，只是在局部进行了调整、充实和完善。

(2)服务贸易法律体系。《服务贸易总协定》是乌拉圭多边贸易谈判的重要成果之一，是服务贸易制度发展中第一份基础性文件，它标志着服务部门的自由化纳入世贸组织多边贸易体制的管辖之内。服务贸易从跨境支付、境外消费、商品存在、自然人流动 4 个方面做了规定，涉及 12 个部门：职业服务、通信服务、建筑与相关的工程服务、分销服务、教育服务、环境服务、金融服务、与医疗相关的服务和社会服务、旅游和与旅行相关的服务、娱乐、文化和体育服务、运输服务，未列在其他项下的其他服务具体细分，还可分出 155 个服务部门及产品。

(3)与贸易有关的知识产权法律体系。《与贸易有关的知识产权协定》的宗旨，包括：①减少因知识产权问题对国际贸易造成的扭曲与阻碍。②促进对知识产权在国际范围内更充分、更有效的保护。③确保知识产权的实施及程序不对合法贸易构成壁垒。它要求各缔约方不能与《巴黎公约》《罗马公约》《关于集成电路知识产权公约》已经对其产生的义务相冲突。在保护知识产权方面，也应体现国民待遇原则和最惠国待遇原则。但有一些例外，主要是现有其他知识产权协定下已经存在的例外情况，但有义务保护公众健康，维护社会经济与技术发展等重要领域的公共利益，为此可采取适当措施防止知识产权持有人滥用知识产权，或对贸易和国际技术转让进行不合理的限制。

(4)争端解决机制。世贸组织争端解决机制是保障多边贸易体系的可靠性和可预见性的核心因素，适用于各缔约方根据世贸组织各项协定所涉及问题的争端，其依据是《关于争端解决规则与程序的谅解》。

(5)贸易政策审议机制。世贸组织贸易政策审议机制旨在提高各成员方贸易政策和措施的透明度，鼓励各成员方政府更加严格地遵守世贸组织的规则，履行义务，享受权利。总理事会承担贸易政策审议机构的工作，负责审议成员方的贸易政策与措施以及贸易政策的背景。所有成员方需接受定期的政策审议，依据各成员方在世界贸易中的比重确定审议期限。此外，受审议的成员方要提供其有关贸易政策和措施的情况与评估报告，世贸组织秘书处负责起草政策审议结果报告。在审议结束后，上述两个报告及会议讨论记录将予以公布。

(6)诸边协议法律体系。关贸总协定东京回合谈判中有 4 个协议因其只在接受方之间有效，故被称为诸边协议。

五、世界贸易组织对世界经济贸易的影响

世贸组织是一个统一完整的多边贸易体制，一个永久性机构，具有法律上的正式性。因此，它比关贸总协定更能有效和有保障地促进世界经济的发展。世界贸易组织统辖着国际贸易中货物、服务、与贸易有关的知识产权以及与贸易有关的投资措施等领域的业已强化的规则，它通过贸易政策审议机制、争端解决机制、补贴纪律、可持续发展、服务贸易自由化、知识产权保护等手段将协调管理的触角从边境措施延伸到国内决策与立法领域，监督职能空前强化，行使着一个“世界经济组织”的职能，其对世界经济与贸易的影响日益突出。

(一)促进世界范围的贸易自由化和经济全球化

通过关税与贸易总协定使全世界的关税水平大幅度下降，极大地促进了世界范围的贸易自由化。1999 年，发达国家成员的关税从 6.3%削减到 3.9%，免税进口的制成品从 20%提高到 43%。世贸组织还在农业、纺织品贸易、安全保障措施、反倾销与反补贴、投资、服务贸易、知识产权以及运作机制等方面也做出了有利于贸易发展的规定，而所有这些协定和协议都会改善贸易自由化和全球经济一体化，使世界分工进一步深化，为国际贸易的发展奠定稳定的基础，使对外贸易在各国经济发展中的作用更为突出。

(二)改进传统的贸易政策措施

世界贸易制度将进入协商管理贸易时代，各国的贸易政策将建立在“双赢”的基础上，“贸易保护”和“贸易制裁”的作用与含义都发生了很大的变化。世贸组织不是一个纯粹“自由贸易”组织，而是一个致力于“开放、公平、无扭曲竞争”的国际贸易组织。它致力于扩大货物贸易、服务贸易和与贸易有关的投资措施的自由化，同时又致力于加强与贸易有关的知识产权的保护并允许各成员方对贸易予以必要的保护，而且出于竞争的需要，保护措施可以向世贸组织未列入采取措施的领域发展，如生态环境、社会条款、技术、文化等方面。

(三)改变世界市场的竞争方式与竞争手段

在世贸组织的推动下，世界市场的竞争会更加激烈，国际大市场上的价值规律会更充分地发挥作用。成员间竞争的基础是它们的综合能力，包括生产条件、需求条件、出口产业产品结构的健全、企业开拓国内外市场的战略以及机遇的把握与政府的管理决策。由此，单一式的竞争让位于综合式的竞争，即在竞争中把货物贸易、服务贸易、投资、知识产权有机地结合起来；粗放式的竞争让位于集约式的竞争，即依靠拼价格、拼数量、拼优惠条件的竞争让位于非价格的优良投资环境、注意知识产权保护的竞争；企业金字塔式的组织机构让位于短阵式灵活实用的组织机构；规模经济让位于规范经济。

(四)加强各成员之间的经济贸易合作

世贸组织通过多边贸易谈判逐步取消贸易壁垒，使贸易更加自由地进行，从而在其成员间创造一个相互信任与合作的氛围，使各国通过分工和贸易提高生活水平和实现经济繁荣。WTO 成立以来，各成员除按照关税减让表减让关税外，还有 43 个成员方在 1997 年 3 月 26 日同意从 1997 年 7 月 1 日开始到 2000 年，逐步取消信息技术产品的关税。七国集团和欧盟同意对 465 种药品实施零关税待遇。有关金融服务的谈判在 1997 年 12 月底达成协议。

关于基础电信的谈判在1997年3月就逐步开放各自的市场达成了协议，69个世贸组织成员承诺更广泛的基础电信服务自由化，涉及基础电信服务业的国内和国际营业额6000多亿美元。

（五）建立争端解决机制，保障世界经济稳定发展

随着贸易规模的扩大和可供交换的货物、服务的增多，以及参与贸易的国家、地区及公司的增加，贸易争端在所难免。世贸组织较为完善的争端解决机制有助于成员方在公平基础上解决贸易争端，避免在双边基础上解决争端可能导致的国家、地区间的严重冲突，使各成员方的经济贸易得以顺利发展。

（六）加强保护知识产权，创造技术扩散良好条件

世贸组织《与贸易有关的知识产权协定》的实施，对扩大技术和知识产权的国际交换、加快新产品的开发、推动科学技术的进步均有积极作用。货物贸易逆差国通过加强知识产权保护，不仅可以促进知识产权的转让和许可，扩大无形贸易出口，而且可以打击冒牌产品，增加含有知识产权的产品出口，缩小甚至扭转货物贸易逆差。

（七）提高各成员人民的生活水平、增加就业

世贸组织通过谈判降低贸易壁垒并在各成员之间平等地实施有关协议，使商品和服务价格下降，从而降低生活成本，改善人民生活水平。世贸组织的研究表明，《纺织品服装协议》的实施可为全世界的消费者带来至少233亿美元的利益，其中美国123亿美元，加拿大8亿美元，欧盟为22亿美元，发展中国家为80亿美元。另据估计，乌拉圭回合协议与协定的实施将使世界收入增加1090亿～5100亿美元。因此，世贸组织协议的实施，有利于各成员经济的增长，从而创造更多的就业机会。

第三节　中国与世界贸易组织

一、中国加入世界贸易组织的时间

2001年9月17日，中国加入世界贸易组织的所有法律文件在日内瓦获得通过，标志着中国长达15年的加入世贸谈判宣告结束，而1987年3月4日成立的中国工作组也随之结束了历时14年零6个月的历史使命。按照加入世贸申请程序，中国加入世贸的法律文件将提交世界贸易组织第四届部长级会议审议通过。2001年11月10日，当地时间18时35分，世界贸易组织第四届部长级会议在卡塔尔首都多哈以全体协商一致的方式，审议并通过了中国加入世界贸易组织的决定。2001年11月11日，中国政府代表签署了中国加入世贸组织议定书，并向世界贸易组织秘书处递交了中国加入世贸组织批准书。2001年12月11日，中国正式成为世界贸易组织成员。

二、中国加入世贸后的权利与义务

按照世界贸易组织的基本原则及中国的发展中国家身份，中国加入世贸后有以下权利和义务。

（一）中国加入世贸后的权利

(1)享受多边的、无条件的和稳定的最惠国待遇和国民待遇。加入世贸前，中国只能通过双边协定在某些国家获得最惠国待遇，而这种最惠国待遇是非常不稳定的，容易受到双边政治关系的影响。例如，中美两国虽然签订了相互给予最惠国待遇的双边协议，但美国认为中国是非市场经济国家，根据其《1974 年贸易法》的规定，每年审查中国的移民政策，并据此决定是否终止或延长给予中国的最惠国待遇。1989 年之后，美国国会更是将人权、宗教、留学生政策、贸易逆差、知识产权等同是否延长给予中国最惠国待遇挂钩。虽然克林顿政府宣布，从 1994 年起将对华最惠国待遇与人权问题脱钩，但仍未从根本上改变对中国最惠国待遇一年一审的制度。中国加入世贸后，如果其他国家还在最惠国待遇问题上对中国发难，就不仅仅是双边贸易争端问题了，而是破坏了世界多边贸易体制。所以，加入世贸后，中国的产品、服务和知识产权享受 140 多个世界贸易组织成员方给予的无条件的最惠国待遇和国民待遇，中国出口产品和服务以及对外投资的外部环境大大改善了，从而将促进中国对外经贸的发展。

(2)享受普遍优惠制待遇和给予发展中国家的其他优惠待遇。普遍优惠制是根据关贸总协定的第四部分、东京回合的“授权条款”以及乌拉圭回合有关规则对发展中国家出口的制成品和半制成品所给予的单方面的减免关税的特殊优惠待遇。目前世界上有 27 个给惠国，中国可以享受 21 个国家给予的普遍优惠制待遇。加入世贸后将使中国在更大的范围内享受这种优惠待遇。例如，美国一直是中国较大的出口市场之一，但根据美国国内法的规定，对非市场经济国家，必须同时成为国际货币基金组织和关贸总协定的成员，才能给予普遍优惠制待遇。所以，美国在中国加入世贸后也应该给予中国普遍优惠制待遇。普遍优惠制待遇对中国扩大出口、提高出口效益具有重大的意义。

除了普遍优惠制外，在世界贸易组织实施管理的多边协议中都规定了对发展中国家成员方的某些优惠待遇，这些优惠待遇是单方面的，发展中国家无须做出对等的回报。这也为中国更充分地享受世界多边贸易体制的好处，尽量保证改革开放与中国实际情况协调一致提供了便利条件。

(3)充分利用世界贸易组织的争端解决机制。随着中国经济技术的不断进步和对外开放程度的稳步提高，中国参与经济全球化的范围越来越广、程度越来越深，中国与其他贸易伙伴之间在经济贸易上的纠纷也会越来越多。在双边贸易中，发达国家以往常常利用国内的、单边主义的，甚至是过时的法律条款对中国实施歧视性待遇，而置中国由计划经济向市场经济转轨的过程已基本完成的客观事实和中国方面的正当申诉于不顾。中国加入世贸后，如果还有国家对中国采取以往的歧视性做法，中国就可以通过世界贸易组织的争端解决机构和程序，求得一个客观公正的裁决，从而有效地维护中国的贸易利益。

(4)获得在多边贸易体制中的发言权和表决权。加入世贸后，中国可以以“主人”的身份参与各种议题的谈判和贸易规则的制定，充分表达自己的关切和要求，有利于维护中国在世界贸易中的合法权益，并在建立和维护公正合理的国际经济秩序等方面发挥更大的作用。

（二）中国加入世贸后的义务

(1)削减关税。世界贸易组织有关协定规定“各成员方在互惠互利的基础上进行谈判以大幅度削减关税”。目前发达国家成员方的进口关税已降至 3.8%左右，发展中国家成员方也下降到 11%左右。加入世贸后，中国必须逐步降低关税水平，从当时的关税总体水平 15.3%进一步降到 2005 年的 10%。

(2)取消非关税壁垒。GATT 1994 第 11 条第 1 款要求“不得设立或维持配额、进出口许可证或其他措施,以限制或禁止其他缔约方领土的产品的输入,或向其他缔约方领土输出产品”。作为世贸组织成员,中国理所当然地要执行这一规定。加入世贸后,中国将逐步削减进出口配额、进出口许可证、外汇管制等非关税措施。到 2005 年,全部取消 400 种进口配额。同时,中国也将逐步取消属于禁止的出口补贴措施。

(3)开放服务业市场。乌拉圭回合达成的《服务贸易总协定》,要求各成员方对服务贸易执行与货物贸易相同的无歧视和无条件的最惠国待遇、国民待遇、透明度和逐步降低贸易壁垒,开放银行、保险、运输、建筑、旅游、通信、法律、会计、咨询、商业批发、零售等行业。中国有义务按照《服务贸易总协定》的原则和中国加入世贸承诺逐步开放服务业市场。

(4)扩大知识产权的保护范围。世界贸易组织实施管理的《与贸易有关的知识产权协定》,要求各成员方扩大对知识产权的保护范围。加入世贸后,中国对知识产权的保护范围扩大以后(如扩大到对化工产品、药品、食品和计算机软件等),中国有关企业必须通过支付专利许可费才能合法地享有西方发达国家的专利使用权,政府也将严惩任何有损于国家和企业名誉的侵权行为。

(5)逐步实现与贸易有关的投资措施的自由化。以往,中国对外资企业一方面在税收等重要项目上实行“超国民待遇”,使国内企业遭受不平等竞争;另一方面又对外资企业规定了外销比例、外汇平衡和国产化比例等要求,使外资企业享受不到充分的“国民待遇”。加入世贸后,中国将对利用外资的政策法律进行重大的调整,其基本方向就是对内外资企业一视同仁。

(6)增加贸易政策的透明度。世界贸易组织要求各成员方应迅速地公布现行实施的经济贸易政策、法规、条例、行政决定等。例如,未公布的法规、措施不得实施。经济贸易政策、法规还要在全国范围内统一实施,中国还必须建立经济贸易政策、法规咨询点,并提供相关的服务。此外,中国还有接受世界贸易组织对中国贸易政策的评审、接受争端解决机构裁决和按时交纳会费等义务。

三、中国加入世界贸易组织面临的机遇与挑战

(一)中国加入世界贸易组织面临的机遇

(1)有利于扩大中国的出口,增强中国出口商品的竞争能力。中国是一个发展中国家,入世不仅可以使中国享受其他成员方给予的多边的、稳定的、永久性无条件最惠国待遇,还可以享受其他成员方多年来已经达成的大幅度关税削减的利益。同时,中国以发展中国家的身份加入,意味着中国可以依法享受发展中国家的优惠安排、幼稚工业的保护、出口补贴、关税制度的弹性规定,确保入世所承担的义务与中国经济发展水平相适应,从而大大减少了入世后对中国产业造成的负面影响。

(2)将进一步深化中国改革开放与市场经济建设。经过 30 多年的改革开放,中国已处于十分关键的时刻,面临着许多亟待解决的问题:国企改革问题、失业问题、政府职能转换问题、社会保障问题等。加入 WTO,中国可以借助外资和外在的推动力,大胆引入市场机制、竞争机制,向国际标准靠拢,同时进一步开放市场,引进新观念,突破改革进程中的瓶颈问题,加速国民经济与国际接轨,更好地参与国际分工和国际竞争。因此,中国入世,标志着中国的改革开放已进入了一个新阶段。

(3)促进资源合理配置和提高综合国力。在当今全球经济一体化的趋势下，一方面，中国加入世界贸易组织，国际资本进入中国的速度将会加快，国内生产要素将与国际市场接轨。通过全球生产要素流动，将促进中国国内资源的重新配置，推动闲置或低效使用的资源向符合市场需求的产业和产品集中，有利于提高资源配置效率，提高经济效益。另一方面，入世也给我们带来充分利用全球市场和资源的机遇。通过国际贸易和交换从国际市场上获得新的资源和原材料，弥补中国资源不足，而且还可大大降低利用国际资源的成本。同时，加入世界贸易组织，中国既可享受权利又必须履行义务，这将有助于进一步建立和健全宏观经济调控机制，健全产业结构.推进产业升级，促使企业转换经营机制，提高生产和经营效益，从根本上提高综合国力。

(4)提高中国的国际地位，充分发挥大国在国际事务中的影响力。中国已是世界第二大贸易国，加入世界贸易组织后，将在这个“经济联合国”的大舞台上占有一席之地，在规则的制定上发挥影响力，尤其是在国际经贸事务中拥有更多的发言权和主动权，从而提高中国在国际社会上的地位。中国应尽快融入世界经济的主流，参与经济全球化的进程和与世界经济的互接互补，在更广阔的天地参加国际竞争与合作。

(5)有利于利用世界贸易组织的相关规则，保护中国自身经贸利益。目前，每年中国与世贸组织各成员方之间的贸易额占中国对外贸易总额的85%以上。中国加入世界贸易组织不仅拿到了参与经济全球化的“入场券”，而且获得了平等对话、平等贸易、平等合作、无歧视参与竞争的权利。针对有些成员方对中国实行歧视待遇，可通过世界贸易组织解决贸易争端的机构和程序，比较公平合理地解决中国与其他成员的贸易争端，从根本上解决多年来在国际贸易中“被动挨打”的问题，维护中国的政治和经济利益。另外，我们还要善于运用世贸组织协议中的例外条款和规则缝隙，充分利用其规则的不完善来保护中国的利益，主要包括合理使用关税保护措施，灵活使用显性的非关税保护措施，善于使用间接、隐蔽的非关税保护措施、构筑企业战略壁垒，积极寻求法律的有效保护等，争取国际贸易的主动权。

(6)有利于促进人们转变思想观念。世贸组织的观念是纯粹市场经济的观念，包括效率观念、法制观念和平等竞争观念等。

(二)中国加入世界贸易组织面临的挑战

2009年是中国加入WTO的第8年，当时的乐观局面并不意味着可以对今后可能面临的挑战和冲击放松警惕。从目前情况来看，对外开放程度的加大可能会带来一些国际经济“负传递”效应。中国自主决策权将会受到不同程度的制约，且在决策过程中外资影响力可能加大；中国经济受到外来资本的影响可能加重(从房地产可以看出)，中国国内利益集团中可能会包含外资集团。中国经济更容易受到国际市场不良因素的影响，且国内市场经济建设过程中的不良因素可能会与国际上同类不良因素更紧密地结合在一起，如洗钱、犯罪、腐败等。因此，中国可能面临加入WTO后的更大挑战。

(1)对政府管理体制的挑战。经过多年的改革，中国已经初步确定了社会主义市场经济体系的制度框架，但计划经济体制的制约仍然存在，政企尚未完全分离，行政审批过多，对具体经济事务以直接管理为主，经济管理缺乏充分的透明度，在市场运行环境和市场秩序监管、政府管理能力和人才结构上等，都与WTO的惯例和规则不相符合。“入世主要是政府入世”，虽然WTO是一个针对企业的机构，但实际是一个政府间的组织。WTO协定约束的对象是政府，各级行政机关和其他有关的国家机关在WTO协定的实施方面负有重要的法律责任。所以，面对WTO，面对全球化挑战，首当其冲的不是企业，而是政府，是各国政府通过市场有效配置本国资源的能力和水平，是各国政府营造良好市场环境的能力和水平。中国加入 WTO 后，政府的管理体制和行为方式所面临的挑战更为突出，如地方保护主义问题。所以加入 WTO 后，与 WTO 规则相抵触的法律法规将逐步加以改善，各级政府必须按照 WTO 的规则管理经济事务，这是对各级政府的一个重大挑战。

(2)宏观经济调控能力的挑战。加入 WTO 后，政府依靠行政手段管理经济事务的基础将逐渐退出历史舞台。如何适应新的形势，将政府职能切实转到经济调节、市场监督、社会管理和公共事务上来。依靠经济和法律手段来调节、调控经济运行，履行好调控者、管理者、仲裁者的职责是摆在各级政府前面的一项新任务。过去 30 多年，虽然中国已经建立起社会主义市场经济体制的框架，并在一些重点领域的改革方面取得有效突破，但与完美的社会主义市场经济体制的要求相比，差距仍然很大，尤其是所有制结构的优化不够、资本和劳动力市场刚刚起步、社会保障制度还不完全、现代企业制度仍没有全面建立等。面对市场经济的大潮，深入挖掘体制的潜力，启动方方面面的发展活力，是必须重视的一大课题。加入 WTO 后，民营经济、外资经济与合资经济呈现飞快发展，经济成分更加复杂，生产要素的流动性大大增强。既要按照非歧视原则、公平贸易原则来加强对宏观经济的监控和调控，又要创造良好的投资环境，吸引社会投资，创造更多的就业岗位，稳定经济市场。而市场经济的自身规律将成为主导一切的决定性因素，与国际资本市场的接轨也将中国与世界经济衔接得更加紧密，届时全球经济圈里发生的任何不稳定与冷暖变化，都可能更直接地影响到中国市场的稳定与发展，这是入世后中国市场所必须面临的挑战，也是中国市场决策者们所必须应对的可能局面。

(3)对产业结构升级的挑战。由于历史和体制上的种种原因，中国走向市场经济的过程中存在诸多困难和难题。在国内外市场竞争的双重压力下，结构性矛盾愈发突出。近年来，虽然我们加快了传统产业的升级换代的步伐，发展了一些具有比较优势的高新技术产业，在产业结构调整上收到了明显的改善，但从总体上看，中国产业仍然处于国际产业分工的中低端。根据中国的资源情况和发展基础以及国内外市场情况，中国要继续实施和完善优势资源转换战略，那些主要依靠国内市场生存的一些产业，如机电、化工、化学医药、造纸工业以及信息咨询、会计、保险、银行、对外贸易等贸易领域，将直接面对国内外竞争的巨大压力。只有积极争取抓住加入 WTO 后的机遇，引进资金、先进技术和管理经验、改造提升中国劳动密集型和资源优势明显产业，加快发展高新技术，才能保证中国产业结构升级处在有利地位、充分就业以及现实的经济利益。

(4)对企业国际竞争力的挑战。中国骨干优势企业以国有大中型企业为主。由于历史因素，企业在核心技术开发、经营机制等方面与国际企业相比差距很大。加入 WTO 后，中国的市场和企业将不得不面对更大的冲击与挑战，中国的经济体制必须做出适当的调整，以更好地与世贸组织要求接轨。中国加入世界贸易组织的过渡期结束后，在相当长的一段时间内，中国市场与企业必然经历国际国内两个市场磨合转变的考验，中国企业的国际竞争力将遭受严峻考验。

(5)中国的资源和环境问题是入世后的一大难题。中国人均资源占有量低于世界平均水平。在经济发展中，耕地、水、石油、铁矿石等资源不足的矛盾将越来越突出，必须实施节约资源的发展战略，要保护耕地、合理开发和节约利用水资源，加快清洁煤技术的研究和推广。同时，要走出去开发利用国外资源，重点是利用国外石油、铁矿石和木材资源，实现国内外资源的优势互补。

中国经济发展与环境的矛盾日益尖锐。一些地方生态环境恶化，北方沙尘暴天气频繁发生，城市污染严重，水污染和空气污染等问题越来越威胁着人们的健康，甚至威胁到人的生存。对于这些挑战，必须下决心认真对待。要使全体人民树立环境意识，养成保护环境的良好习惯。从现在起，通过几代人乃至十几代人坚持不懈的努力，使我们的生存环境有一个根本的改善，实现经济和社会的可持续发展。

因此，中国后过渡期应对加入 WTO 的工作更复杂、更繁重、要求更高，我们绝不能因为目前国内产业尚未受到严重影响而放松警惕。从目前情况来看，下面几方面的问题应成为“以开放促改革”的重点：① 市场经济条件下的地方保护主义问题。② 有法不依，执法不严的问题。③ 地方政府的职能转变和改革问题。④ 立法过程中的透明度问题。⑤ 中国统一市场建设问题，包括资源共享、城乡统筹、政令法规统一等。⑥ 市场公平竞争环境问题。

资料 8-1　中国加入世界贸易组织的历程

1948 年 3 月 24 日，中国政府签署了在哈瓦那召开的联合国世界贸易和就业会议的最后文件，成为国际贸易组织临时委员会执行委员会的成员。1948 年 4 月 21 日，中国政府签署《关贸总协定临时适用议定书》，并从 1948 年 5 月 21 日起正式成为关贸总协定缔约方。1950 年 3 月 6 日，“台湾当局”由其“联合国常驻代表”以“中华民国”的名义照会联合国秘书长，决定退出关贸总协定。1965 年 1 月 21 日，“台湾当局”提出观察总协定缔约方大会的申请，同年 3 月缔约方大会接受“台湾当局”派观察员列席缔约方大会。1971 年 11 月 16 日，第 27 届缔约方大会根据联合国大会 1971 年 10 月 25 日通过的第 2758 号决议，决定取消“台湾当局”的缔约方大会的观察员资格。中国于 1972 年 5 月成为联合国贸发会议和关贸总协定下属机构国际贸易中心的成员。此后，中国逐渐与关贸总协定恢复了联系。

1982 年 11 月，中国第一次派代表团以观察员的身份，列席了关贸总协定第 36 届缔约方大会。1984 年 11 月，作为观察员，中国获准出席关贸总协定理事会及其附属机构的会议。从此以后，中国每年都列席关贸总协定缔约方大会。

1986 年 7 月 10 日，中国长驻联合国日内瓦代表团大使钱嘉东照会关贸总协定总干事阿瑟 · 邓克尔，正式提出中国政府关于恢复在关贸总协定中缔约方席位的申请。中国提出“复关”的要求既是基于政治上和法律上的考虑，也是有充分的事实根据的。

首先，从政治上讲，中华人民共和国政府是代表中国的唯一合法政府。作为一个领土广阔、人口众多、经济总量可观、政治上强大的发展中国家，尤其是作为联合国的常任理事国，恢复在关贸总协定中的席位是一个事关国家威望和国家尊严的重大问题。

其次，从法律上讲，“台湾当局”代表中国退出关贸总协定是非法的和无效的。中国要求恢复关贸总协定缔约方地位是符合国际法上的“有效统治”原则的。

最后，中国是关贸总协定原始缔约方，只不过由于历史的原因，曾一度中断了与关贸总协定的联系，因此，根本上不存在“重新加入”的问题。

从 1986 年 7 月至 1989 年 5 月，中国与主要缔约方进行了十几次双边磋商，并就中国“复关”的一些核心问题基本上达成了谅解。中国工作组连续召开了 7 次会议，也基本上结束了对中国外贸制度的答疑和综合评估。中国“复关”议定书也基本成型。

在这段时期，中国“复关”谈判进展顺利，也有三个主要原因；

(1)中国的改革进程远远快于苏联和东欧国家，美国、欧盟和日本等主要缔约方对此大加赞赏。

(2)当时世界贸易组织的建立还未提上议事日程，主要缔约方所提出的要价面比较窄、程度比较适中，“入门费”仅限于货物贸易的关税减让和市场准入，未涉及投资、知识产权等市场难入问题，与当时中国改革开放的步伐基本协调。

(3)当时中国与美国、欧盟和日本等主要缔约方的政治关系发展良好，西方发达国家急于把中国拉进世界多边贸易体制，以便为苏联和东欧国家树立一个样板。

从 1989 年 6 月至 1992 年 2 月，中国“复关”谈判陷入停顿。1989 年春夏之交的政治风波成为以美国为首的西方国家对华实行经济制裁的借口，并把暂时不让中国“复关”作为其经济制裁的一项主要内容。除此之外，中国“复关”谈判停顿还有其他众多原因，例如，当时乌拉圭回合因美国和欧盟农产品补贴之争陷入僵局，使主要缔约方无暇顾及中国；国内为了配合治理整顿，重新启用一些行政管理措施，这在西方国家看来是中国改革开放的倒退，中美双边经贸关系出现一些纠纷，美国把双边贸易争端的解决，如知识产权保护问题、纺织品非法转口问题、贸易不平衡问题等与中国“复关”谈判挂钩；“台湾当局”于 1991 年以“台、澎、金、马”的名义提出加入关贸总协定的申请，又使中国台湾这个中美双边关系中的敏感问题卷进了中国“复关”谈判中。

从 1992 年年初到 1994 年年底，是中国“复关”谈判的又一个重要时期。1992 年邓小平南方谈话推动了中国的新一轮改革开放浪潮，党的十四大明确提出中国经济体制改革的目标是建立社会主义市场经济和现代企业制度。1993 年 11 月，江泽民主席在美国西雅图举行的亚太经合组织领导人非正式会议上提出中国“复关”的三个原则：一是关贸总协定没有中国的参与是不完整的；二是中国必须以发展中国家的身份复关；三是中国复关坚持权利与义务的平衡。应该说，这一切为及早结束中国复关谈判提供了良好的契机。但由于冷战后出现新的国际政治形势和《建立世界贸易组织协定》生效在即，加之中国经济的迅猛发展，西方国家重新审视中国复关对其本身的影响以及对世界多边贸易体制的影响。它们开始了“滚动式要价”的做法，不切实际地要求中国承担发达国家在关贸总协定中所承担的义务，把一些不属于现行关贸总协定义务以及纯属中国国内宏观经济措施和司法主权的事务统统放在其要价中，使中国的复关谈判陷入一个怪圈，不是越谈问题越少，而是越谈问题越多，越谈离复关的目标越远。鉴于此，1994 年 11 月 28 日中国做出了“1994 年年底为中国复关实质性谈判最后期限”的决定，以增强主要谈判对手的紧迫感和责任感。但由于主要谈判国家不愿放弃他们不切实际的要价，中国最终未能在 1994 年年底“复关”。

1995 年世界贸易组织正式成立，同年 6 月，中国成为世贸组织观察员。1995 年 7 月 11 日，中国正式提出加入世界贸易组织的申请。1995 年 11 月，中国“复关”工作组更名为世界贸易组织中国工作组。1996 年 3 月，世界贸易组织中国工作组召开第一次会议。

从 1995 至 2001 年近 7 年的时间里，中国加入世贸组织代表团与各成员国就市场准入及货物和服务减让表等议题进行了艰苦的谈判。其间因美国借考克斯报告、李文和案、人权问题、台湾问题等的阻挠以及发生了 1999 年 5 月 8 日中国驻南斯拉夫使馆被炸及 2001 年 4 月中国南海中美撞机等事件，严重干扰了中国加入世贸组织的进程。

实际上，直到 1997 年下半年，中国加入世贸才出现真正的转机。1997 年下半年，美国高层决定调整美国对中国加入世贸的政策，并对负责中国加入世贸谈判的班子进行了必要的调整。1998 年，美国总统克林顿首次访问北京，给国际社会发出一个重要的信号：中美已经结束了政治、意识形态和经济的对抗，美国寻求与中国进行广泛的合作。1998 年 7 月中旬，美国参众两院以绝对票数通过延长中国最惠国待遇的议案，并修改美国贸易法，将“最惠国待遇”改为“正常贸易关系”,为给予中国永久性最惠国待遇迈出了关键的一步。同时中国在加入世贸问题上也采取了积极和务实的态度。1999 年 4 月,朱镕基总理成功访问美国,使中国加入世贸进程加快;9 月 11 日,在亚太经合组织非正式首脑会议上,江泽民主席与克林顿总统一致希望两国早日成功地结束谈判。1999 年 11 月 15 日,中美双方终于签署了《中美关于中国加入世界贸易组织的双边协议》,为中国加入世贸扫除了最大的障碍。2001 年 9 月 13 日,中国与墨西哥结束了关于中国加入世贸的双边谈判,标志着中国与共计 36 个世界贸易组织成员方的双边市场准入谈判圆满结束。

表 8-1 中国的“复关”“入世”大事记

复关经过	
1986 年 7 月 10 日	中国正式提出申请恢复关贸总协定缔约方地位
1987 年 10 月 22 日	关贸总协定中国工作组第 1 次会议在日内瓦举行
1989 年 4 月 18—19 日	关贸总协定中国工作组第 7 次会议在日内瓦举行
1989 年 5 月 24—28 日	中美第 5 轮“复关”问题双边磋商在北京举行
1989 年 12 月 12—14 日	关贸总协定中国工作组第 8 次会议在日内瓦举行,事实上重新开始审议中国的外贸制度
1990 年 1 月 1 日	“台湾当局”以“台、澎、金、马单独关税地区”名义申请加入关贸总协定
1991 年 1 月 11 日	澳门成为关贸总协定缔约方
1991 年 10 月	中国总理李鹏致函关贸总协定各缔约方首脑和关贸总协定总干事,阐明中国“复关”问题的立场
1992 年 10 月 10 日	中美达成《市场准入备忘录》,美国承诺“坚定地支持中国取得关贸总协定缔约方地位”
1994 年 8 月	中国提出改进后的农产品、非农产品和服务贸易减让表,作为解决复关问题的一揽子方案
1994 年 11 月 28 日	外经贸部部长助理龙永图会见关贸总协定总干事萨瑟兰。与此同时,中国驻美国、欧共体和日本大使分别约见驻在国高级官员,通报中国政府关于复关谈判最后时限的决定
1994 年 11 月 28 日—12 月 19 日	关贸总协定中国工作组第 19 次工作会议在日内瓦举行,谈判未能达成协议
1995 年 3 月 11—13 日	美国贸易代表坎特访华,与外经贸部部长吴仪就复关问题达成 8 点协议,同意在灵活务实的基础上进行中国入世的谈判
1995 年 5 月 7—19 日	外经贸部部长助理龙永图率中国代表团赴日内瓦与缔约方就中国复关进行非正式双边磋商
1995 年 6 月 3 日	中国成为世贸组织观察员
入世进程	
1995 年 11 月	中国复关工作组更名为中国入世工作组
1995 年 11 月 28 日	美方向中方递交了一份“关于中国入世的非正式文件”,即所谓的“交通图”,罗列了对中国入世的 28 项要求
1996 年 2 月 12 日	中美就中国入世问题举行了第 10 轮双边磋商。中方对美方的交通图逐点做了反应

续表

复关经过	
1996 年 3 月 22 日	龙永图率团赴日内瓦出席世贸组织中国工作组第 1 次正式会议
1997 年 8 月 6 日	中国与新西兰在北京就中国入世问题达成双边协议
1997 年 8 月 26 日	中国与韩国在首尔就中国入世问题达成双边协议
1997 年 10 月 13—24 日	外经贸部首席谈判代表龙永图率团在日内瓦与欧盟、澳大利亚、挪威、巴西、印度、墨西哥、智利等 30 个世贸组织成员进行了双边磋商；与匈牙利、捷克、斯洛伐克、巴基斯坦签署了结束中国入世双边市场准入谈判协议，并与智利、哥伦比亚、阿根廷、印度等基本结束了中国入世双边市场准入谈判
1997 年 10 月 26 日—11 月 2 日	中国国家主席江泽民应邀访美，在与克林顿总统发表的联合声明中，重申加快中国入世谈判，争取尽早结束
1997 年 11 月 1—16 日	中日两国关于中国入世双边市场准入谈判基本结束
1997 年 11 月 2 日	出席亚太经合组织部长级会议的中美高级贸易官员就中国入世问题全面交换了意见
1997 年 12 月 1—12 日	中国代表团在日内瓦出席了世贸组织中国工作组第 6 次会议，就议定书和工作组报告的绝大部分内容达成了谅解，其间还与美国、欧盟、日本、澳大利亚、巴西、墨西哥等国进行了双边磋商
1998 年 3 月 28 日—4 月 9 日	世贸组织中国工作组第 7 次会议召开，中国代表团向世贸组织秘书处递交了一份近 6000 个税号的关税减让表，得到了主要成员的积极评价
1998 年 5 月 18—22 日	龙永图率中国政府代表团赴日内瓦参加了多边贸易体制 50 周年大庆和世贸组织第 2 届贸易部长会议
1998 年 6 月 17 日	江泽民接受美国记者采访时提出"入世"三原则：WTO 没有中国参加是不完整的；中国毫无疑问要作为一个发展中国家加入 WTO；中国的入世是以权利和义务的平衡为原则的
1998 年 11 月 16 日	江泽民和美国副总统戈尔在 APEC 吉隆坡会议上会晤，双方都表示希望在 1999 年早些时候结束中美双边谈判
1999 年 3 月 3 日	中美高级贸易代表团就降低关税，进一步敞开农业、电信、金融和保险市场谈判至深夜
1999 年 4 月 6—13 日	朱镕基总理访美。4 月 10 日，中美签署"中美农业合作协议"并就中国加入 WTO 发表联合声明，美方承诺"坚定地支持中国于 1999 年加入 WTO"
1999 年 4 月	美国首席谈判代表卡西迪率团来京，就双方遗留下来的问题继续谈判
1999 年 5 月 8 日	以美国为首的北约袭击中国驻南斯拉夫大使馆，中国政府被迫中断了入世谈判
1999 年 9 月 6 日	中美恢复谈判
1999 年 9 月 8 日	江泽民在澳大利亚重申中国"入世"三原则
1999 年 9 月 11 日	江泽民与克林顿在 APEC 第七次会议上正式会晤
1999 年 11 月 15 日	中美双方就中国加入世贸组织达成协议
2000 年 4 月 12 日	中国与马来西亚达成双边协议

续表

复关经过	
2000 年 5 月 16 日	中国与拉脱维亚达成双边协议
2000 年 9 月 26 日	中国与瑞士签署双边协议
2000 年 5 月 19 日	中国与欧盟达成双边协议
2001 年 9 月 13 日	中国与墨西哥达成双边协议
2001 年 11 月 2 日	龙永图宣布中国入世最后时间表排定,11 日签署入世全部文件

思考题

1. WTO 的基本原则有哪些?
2. WTO 的最高权力机构是什么?
3. WTO 的决策方式是什么?

第九章　贸易术语

【案例 9-1】

出口企业改变贸易术语降低风险与费用

巴西某公司(以下简称买方)与中国浙江某出口企业(以下简称卖方)签订了一份电子配件的长期购买合同,按月交货,每月的交货时间为当月的 15 号或之前,贸易条件为“FOB 上海港 INCOTERMS ®2020”(FOB Shanghai Seaport INCOTERMS ®2020),由客户指定货运代理。货物从中国的上海港经班轮运输到巴西的里奥格兰德港(Rio Grande, Brazil)。为避免生产线因到货延误而引致停工,买卖双方在合同中约定:卖方应严格按照合同规定的期限装运,海运费由买方承担;如卖方延期装运 1 周,卖方应事先告知买方并征得买方同意;如卖方延期装运 2 周,卖方应采用海空联运的方式将货物运往巴西的圣保罗(San Paulo, Brazil),海空联运与全程海运的差额运费由卖方承担;如货物延期装运 3 周,卖方应将货物采用全程空运的方式运往圣保罗,全程空运与全程海运的差额运费由卖方承担;如卖方交货延期装运 4 周或以上,买方有权提出终止合同并要求损害赔偿。延误时间按周计算,不足一周按整周计算。合同签订后,卖方为了避免延期装运,应客户指定的货运代理要求,一般提前 10 天办理订舱,按照上海港的作业习惯,在班轮开航前 3 天将货物运达上海港区货运代理指定的地点,等待出口报关完毕后上船。

卖方在某月的 3 日向货运代理办理订舱,货运代理当日联系买方并得到运输确认;4 日,货运代理告诉卖方:已预配本月 10 日开港的轮船,6 日将指派集装箱到卖方指定的装货点上门装箱。货物装入集装箱后于 6 日夜晚安全抵达上海港指定的装载点并完成落箱。卖方寄送的报关单据也于 7 日送达货运代理指定的接收人员并完成审单。因船公司爆舱,集装箱被抛箱,货物没有装上 10 日从上海港驶往巴西的班轮。货运代理答复卖方和买方,该批货物将改在后 1 个航班(下一周,即当月的 17 日)出运,并得到买方的认可。然而,货物最终实际是延误 2 周才装运出去,实际装船日期为 24 日,比合同规定时间晚了 9 天(算 2 周)。客户得悉后,要求卖方必须在 1 周内另备一批货物,采用海空联运的方式运送出去,额外运费由卖方支付。卖方与客户、货运代理交涉,买方的答复是必须按合同规定履行。按照 INCOTERMS ®2020 的 FOB 术语规定,卖方应在合同规定的装运日期内将货物在指定的装运港装上买方指派的运输船只,才算完成交货义务。本案中的卖方实际未能在合同规定的装运日期内完成交货。而货运代理则是借口是船公司原因而非其自身责任,对卖方的要求不予理会。为维持贸易双方的长期关系,卖方不得不按照买方的要求办理了海空联运,承担了差额运费。

卖方在办理上述交涉的同时,也提出了自己的一个特定要求,即希望将买卖合同的贸易条件“FOB Shanghai Seaport INCOTERMS ®2020”改为“FCA Shanghai Seaport INCOTERMS ®2020”,买方同意了卖方的要求。过了两个月,相似的情况再次发生。在买方同样的要求下,卖方向买方、货运代理提出了异议。在“FCA Shanghai Seaport INCOTERMS ®2020”项下,卖方只要在规定的时间与指定的地点,将货物置于承运人的处置或监管之下,即完成了交货义务。货交承运人后,如货物未能及时装船所产生的风险与卖方无关。买方转而向货运代理提出索赔。最终,卖方配合买方在短期内赶制了一批货物,并由客户指定的货运代理负责将该批货物以海空联运的方式运送给买方,海空联运产生的差额运费由该货运代理负责。在本案中,卖方仅仅修改了贸易条件中的两个英文字母,即将贸易术语从“FOB”改为“FCA”,就挽回了巨大的经济损失。在国际货物买卖合同中,采用不同的贸易术语,买卖双方的责任、费用、风险划分是不一样的。因此,国际货物买卖合同中的贸易术语及其选择至关重要。

经济全球化为商业活动进入世界各地市场提供了前所未有的广阔途径。货物正以更大数量、更多种类在更多国家销售。但是,随着全球贸易量的增大与复杂度的提高,买卖合同起草不当引起误解和高成本纠纷的可能性也随之增加。国际贸易流程比较复杂,买卖双方在交货和收货的过程中涉及许多具体问题。货物从出口国的原产地运至进口国的买方所在地,需要经过长途运输并办理相应的进出口手续。运输过程中,可能发生多次转运、装卸和存储,也可能遭受各种风险(如自然灾害、意外事故等),还需要办理与货物进出口相关的运输、保险、报检、申请进出口许可证和清关等手续,并支付相应的运费、装卸费、保险费、检验费、仓储费以及各种捐税和杂项费用等。这些事务概括起来可称为费用、风险和责任。若对每笔进出口交易,买卖双方都要就上述问题进行逐一磋商就显得费时、费力。国际贸易经过长期的实践,逐渐形成了适应各种需要的贸易术语,以此来确定买卖双方在货物交接过程中各自应承担的费用、风险和责任。买卖双方在交易磋商和签约时需要用贸易术语加以划分、界定和表达。而不同贸易术语项下买卖双方的费用、风险和责任的相应规定,由其适用的法律规范来调整。

一、贸易术语的概念与作用

(一)贸易术语的概念

贸易术语(Trade Terms)又称价格术语(Price Terms),是指用一个简短的英文概念或缩写来表明货物的单价构成,以及买卖双方各自应承担的费用、风险和责任的划分界限,确定买卖双方在交接货过程中应尽的义务。由于贸易术语明确了双方各自应承担的责任、费用与风险,在磋商和订立合同时采用了某种贸易术语,如 FOB、FCA 等,就使该合同具有一定的特征。因此,以 FOB、FCA 等贸易术语签订的合同,可称为 FOB 合同、FCA 合同。

(二)贸易术语的作用

国际贸易术语对简化买卖双方交易磋商的内容、加快交易磋商的进程与促进成交、节省业务费用和时间都有积极的作用。

1. 有利于买卖双方交易磋商和订立合同

每种贸易术语都有其特定的含义,买卖双方只要确定按何种贸易术语成交,即可明确双方在交接货物方面各自应承担的费用、风险和责任，从而简化交易手续，缩短交易磋商的时间，有利于买卖双方迅速达成交易和订立合同。

2. 有利于买卖双方核算价格和成本

贸易术语明确了价格的构成要素，买卖双方确定成交价格时，很容易分析所采用的贸易术语中包含了哪些从属费用，有利于买卖双方进行比价和加强成本核算。

3. 有利于解决履约过程中发生的争议

买卖双方签订合同时，如对合同的某些条款考虑不周，使某些事项规定不明确或不完备，致使履约过程中产生争议。在此情况下，买卖双方可以援引有关贸易术语的一般解释来处理。

4. 有利于国际贸易的相关部门开展业务活动

从事国际货物买卖离不开船公司、保险公司和银行等，贸易术语及其相关国际惯例为这些部门开展业务活动和处理业务实践中遇到的问题提供了客观依据和有利条件。

二、与贸易术语相关的国际贸易惯例

19 世纪初，国际贸易中就已经开始使用贸易术语。因各国法律制度、贸易惯例和习惯做法不同，对贸易术语的理解与运用有一定的差异，容易引起误解、争议和诉讼，浪费时间和费用。为了避免对贸易术语解释不一致所产生的分歧，一些国际组织和商业团体就某些贸易术语做出了统一的解释与规定。目前影响较大的贸易术语相关国际贸易惯例有以下三个。

(一)1932 年华沙—牛津规则

1928 年，国际法协会在波兰首都华沙召开会议，制定了关于 CIF 买卖合同的统一规则，称之为《1928 年华沙规则》，共 22 条。在 1930 年的纽约会议、1931 年的巴黎会议和 1932 年的牛津会议上对该规则进行了多次修改，最终将其定名为《1932 年华沙—牛津规则》(Warsaw-Oxford Rules 1932)并沿用至今，成为国际贸易中具有一定影响的国际贸易惯例。

《1932 年华沙—牛津规则》以英国的贸易习惯和案例为基础，主要就 CIF 合同双方的权利与义务做出了统一的规定与解释，为以 CIF 贸易术语成交的买卖双方提供了一套便于使用的统一规则，供买卖双方自愿采用。在买卖双方缺乏标准合同格式或共同交易条件的情况下，买卖双方可以约定采用该规则。该规则在一定程度上反映了各国对 CIF 合同的一般解释。《1932 年华沙—牛津规则》规定，在 CIF 合同中，货物所有权移转于买方的时间，应当是卖方把装运单据(提单)交给买方的时刻，即以交单时间作为所有权移转的时间。

(二)1990 年美国对外贸易定义修订本

1940 年 7 月 30 日举行的第 27 届美国对外贸易会议上，美国商会、美国进口商协会和美国全国对外贸易协会所组成的联合委员会对 1919 年美国九大商业团体制定的《美国出口报价及其缩写》(The U. S. Export Quotations and Abbreviations)进行了修改，并于 1941 年 7 月 31 日改名为《1941 年美国对外贸易定义修订本》(Revised American Foreign Trade Definitions 1941)，后经多次修订。1990 年修订本中规定和解释的贸易术语有 6 种：

(1)Ex works，简称 EXW(原产地交货)；

(2)Free Along Side，简称 FAS(运输工具边交货)；

(3)Free on Board，简称 FOB(运输工具上交货)；

(4)Cost and Freight,简称 CFR(成本加运费);

(5)Cost,Insurance and Freight,简称 CIF(成本、运费加保险费);

(6)Delivered Ex Quay,简称 DEQ(目的港码头交货)。

该规则为美国、加拿大以及一些拉丁美洲国家所习惯采用。要注意的是,该规则中的FAS、FOB、CFR、CIF 与"国际贸易术语解释通则(Incoterms)"相应的贸易术语的解释有很大不同。

(三)国际贸易术语解释通则®2020

国际贸易术语解释通则®(International Rules for the Interpretation of Trade Terms),简称 Incoterms,由国际商会(ICC)制定,是当前国际贸易业界使用最广泛、影响最大的国际贸易术语解释通则。国际商会于 1936 年首次公布了一套解释贸易术语的国际规则,定名为《Incoterms 1936》。自 1936 年国际商会创立 Incoterms 以来,这套全球普遍接受的合同标准不断定期更新以适应国际贸易的发展。截至目前,Incoterms 除 1936 版本外,还有 1953、1967、1976、1980、1990、2000、2010 和 2020 等版本,目前适用的是 2020 版本(《国际贸易术语解释通则®2020》,简称 Incoterms®2020)。Incoterms®2020 是在 Incoterms®2010 的基础之上加以修订的,2020 年 1 月 1 日正式生效。

Incoterms®是一套顺应国际贸易实践不断发展变化的与时俱进的国际贸易规则,旨在便利全球贸易活动。Incoterms®2010 在修订时考虑到了无关税区的变化、商业交易中电子信息使用的增加、安全问题以及运输方式的变化等。而 Incoterms®2020 则进一步体现了对货物运输安全问题的日益关注、根据货物的性质和运输灵活安排保险的需要,以及在 FCA 规则下银行在特定货物销售融资中对已装船提单的要求。但从总体上看,Incoterms®2020 相比 Incoterms ® 2010 所做出的修改内容并不是很多。Incoterms®2020 规则背后最重要的举措聚焦在如何改善呈现方式,以便引导用户针对他们的合同正确地选择 Incoterms®规则。因此,在 Incoterms®2020 的引言中更加强调了如何选择,其更加清晰地解释了销售合同与附属合同之间的区分与联系。针对每个 Incoterms®规则,将使用说明升级到现在的解释说明。同时,重新对 Incoterms®规则进行排序,以更加突出交货和风险,更好地反映销售交易的逻辑。

Incoterms®2020 规则针对 Incoterms®2010 规则的改变,主要体现在以下几方面:

(1)将 DAT 术语改为 DPU。Incoterms®2020 的贸易术语数量仍为 11 种(见表 9-1),但将 Incoterms®2010 中的 DAT(Delivered at Terminal)改为 DPU(Delivered at Place Unloaded)。DPU 与 DAP 的唯一不同是使用 DPU 术语的卖方需要在目的地负责卸货。Incoterms®2010 中 DAT 与 DAP 之间的唯一区别,是在 DAT 术语下,当货物从到达的运输工具卸载到"运输终端"时卖方即完成交货。而在 DAP 术语下,当到达的运输工具上可供卸载的货物交由买方处置时卖方即完成交货。因此,Incoterms®2020 将 DAT 和 DAP 这两个术语的呈现顺序颠倒过来,将交货发生在卸载之前的 DAP 出现在 DAT 之前,再将 DAT 规则的名称改为 DPU(Delivered at place unloaded),并强调了目的地可以是任何地方,而不仅仅是"运输终端"的现实。但是,如果该地点不在运输终端,卖方应确保其打算交付货物的地点是能够卸货的地点。

表 9-1　Incoterms®2020 规则的 11 种贸易术语的分组、缩写及其中英文含义

分组	缩写	中英文涵义
适用于海运和内河水运的术语 Rules for sea and inland waterway mode transport	FAS	Free Alongside Ship 船边交货 FAS (insert named port of shipment)
	FOB	Free on Board 船上交货 FOB (insert named port of shipment)
	CFR	Cost and Freight 成本加运费 CFR (insert named port of destination)
	CIF	Cost, Freight and Insurance 成本、保险费加运费 CIF (insert named port of destination)
适用于任何运输方式或多种运输方式的术语 Rules for any mode or modes of transport	EXW	EX Works 工厂交货 EXW (insert named place)
	FCA	Free Carrier 货交承运人 FCA (insert named place)
	CPT	Carriage Paid to 运费付至 CPT (insert named place of destination)
	CIP	Carriage and Insurance Paid to 运费、保险费付至 CIP (insert named place of Destination)
	DAP	Delivered at place 目的地交货 DAP (insert named place of destination)
	DPU	Delivered at place unloaded 目的地卸货后交货 DPU (insert named place of destination)
	DDP	Delivered Duty Paid 完税后交货 DDP (insert named place of destination)

(2)已装船批注提单和 FCA Incoterms®规则。如货物以 FCA 术语销售并经由海运方式运输，卖方或买方(或者更有可能是他们的银行，如使用信用证)可能需要已装船批注提单。然而，FCA 术语下的交货在货物装船之前已完成，无法确定卖方是否能够从承运人处获取已装船提单。根据运输合同，只有在货物实际装船后，承运人才有义务签署已装船提单。为满足这种情形，Incoterms®2020 规则 FCA 中的 A6/B6 提供了一个附加选项，即买方和卖方可以约定，买方可以指示其指定的承运人在货物装船后向卖方提供已装船提单。然后，卖方有义务，通常通过银行，向买方提交已装船提单。因此，当适用 FCA 术语时，买方可指示承运人签发一份已装船提单给卖方。该规定是一项可选择的安排，需要买卖双方事先就实际业务需要充分沟通，并在合同中予以明确规定。

(3)费用。在 Incoterms®2020 规则条款的新排序中，费用显示在每条 Incoterms®规则的 A9/B9 中，在 A9/B9 中列出了 Incoterms®规则每一个特定术语买卖双方划分的所有费用。而在 Incoterms®2010 中，每个特定术语的费用划分主要出现在 A6/B6 中，但有关

获取交货单据的相关费用规定却出现在 A8 中。因此，Incoterms®2020 规则的 A9/B9 篇幅相比 Incoterms®2010 规则的 A6/B6 更长。Incoterms®2020 规则提供的是一站式的费用清单，以便买卖双方可以在一个地方找到其在 Incoterms®2020 规则特定术语下将负责的所有费用。

(4)CIF 和 CIP 中保险险别的不同层级。在 Incoterms®2010 规则中，CIF 和 CIP 的 A3 条款都强制卖方有义务“自负费用以取得货物保险，该保险需至少符合《协会货物保险条款》(Institute Cargo Clauses)条款(C)或类似的最低险别条款”。而 Incoterms®2020 则决定在 CIF Incoterms®规则和 CIP Incoterms®规则中规定不同的保险险别。当适用 CIF 术语时，卖方可默认投保 ICC(C)险，但可应买方要求投保更高保障的保险险别。当适用 CIP 术语时，卖方默认投保 ICC(A)险，但也可应对方同意投保较低水平的保险险别。

(5)在采用 FCA、DAP、DPU、DDP 术语时可使用卖方或买方自己的运输工具安排运输。在 Incoterms®2010 规则中，货物自卖方交付给买方的运输应由第三方运输公司负责承运。但 Incoterms®2020 考虑到了货物运输可能不雇佣第三方承运人的情形。例如，在 D 组术语下的卖方在不将运输外包给第三方的情况下安排运输，即卖方使用自己的运输工具。同样，在 FCA 术语下的采购，也不能阻止买方使用自己的运输工具来收取货物并运往买方所在地。因此，在 Incoterms®2020 规则中，明确规定卖方或买方可以用自己的运输工具办理运输，也可与第三方订立运输合同来完成相应的运输义务。例如，当适用 CPT、CIP 术语时，卖方可派自己的船将货物运输到指定的目的港；当适用 FCA 时，买方可派自己的船来指定的装运港接货。

(6)在运输义务和费用中加入与安全有关的要求。在 21 世纪初与安全相关的问题得到普遍关注之后，与安全相关的要求先是通过每个术语规则中的 A2/B2 和 A10/B10 出现在 Incoterms®2010 中。而在 Incoterms®2020 中，这些问题与随之创建的相关装运实务，已添加到每个 Incoterms®规则的 A4 和 A7 中，这些要求产生的费用呈现在 A9/B9 中。

(7)用户解释说明。将 Incoterms®2010 规则开头处出现的“使用说明”现在作为“用户解释说明”出现在 Incoterms®2020 规则中。这些说明解释了每个 Incoterms®2020 规则的基本原理，包括应该何时使用、风险何时转移和买卖双方之间如何划分费用，以帮助用户在特定交易中更准确、高效地选择合适的 Incoterms®规则，为 Incoterms®2020 调整的争议或合同提供解决方案或为咨询者可能需要的解释事项提供指南。

另外，Incoterms®2020 规则对 Incoterms®2010 规则实施过程中出现的一些实质性变化予以了保留，未在 Incoterms®2020 规则中加以体现，例如，对核实的集装箱总重(VGM)的注释。自 2016 年 7 月 1 日起，根据《国际海上人命安全公约》(简称 SOLAS)第二条的规定，在集装箱运输的情况下，托运人负有义务，要么使用经过校准和认证的设备对已包装的集装箱进行称重，要么对集装箱的内容进行称重，再加上空集装箱的重量。在两者中的任一情况下，承运人都应记录核实的集装箱总重(VGM)。如违反要求，根据《国际海上人命安全公约》的规定将接受制裁，即集装箱“不得装船”。这些称重的操作显然会产生费用，未遵守的话，则可能导致装货延误。因此，是否应该清楚地规定买卖双方到底由谁来承担该项义务？Incoterms®2020 认为该项规定过于具体而复杂，因而没有在 Incoterms®2020 中清楚提及。

Incoterms®2020 是国际商会 Incoterms®规则的第一个包含“横向”展示的版本，将所有类似条款集中在一起,使用户清楚地看到 11 个 Incoterms®规则在处理特定问题上的差异,使用户使用起来更方便。Incoterms®2020 规则的条款顺序编排如表 9-2 所示。

表 9-2　买卖双方义务(Incoterms®2020 中的贸易术语)

A 卖方义务 The Seller's obligations	B 买方义务 The Buyer's obligations
A1　一般义务 General obligations	B1　一般义务 General obligations
A2　交货 Delivery	B2　提货 Taking delivery
A3　风险转移 Transfer of risks	B3　风险转移 Transfer of risks
A4　运输 Carriage	B4　运输 Carriage
A5　保险 Insurance	B5　保险 Insurance
A6　交货/运输单据 Delivery/transport document	B6　交货/运输单据 Delivery/transport document
A7　出口/进口清关 Export/import clearance	B7　出口/进口清关 Export/import clearance
A8　查验—包装—标记 Checking/packaging/marking	B8　查验—包装—标记 Checking/packaging/marking
A9　费用划分 Allocation of costs	B9　费用划分 Allocation of costs
A10　通知 Notices	B10　通知 Notices

三、常用贸易术语

在实际业务中,以 Incoterms®2020 中的 FOB、CFR、CIF、FCA、CPT 和 CIP 这六种贸易术语成交的合同居多。其中,FOB、CFR 和 CIF 适用于海运及内河水运,而 FCA、CPT 和 CIP 适用于任何运输方式或多种运输方式。这六种贸易术语均属于象征性交货,运输单据在这类交易中具有特别重要的意义。卖方的"装运期限"就是"交货期限",运输单据的日期即为"交货日期",而买方是凭合格单据付款。以这六种术语订立的合同,卖方只负责装运,无需保证货物何时到达或能否到达目的港(地),所以又称为"装运合同",以区别于"到达合同"。但是,如果卖方交付的货物不符合合同规定,买方可依据买卖合同向卖方提出索赔。掌握这六种主要贸易术语的含义、买卖双方的义务,以及在使用中应特别注意的问题,非常重要。

(一)FOB

1. FOB 术语的内涵、具体适用以及买卖双方的基本义务

FOB 是 Free on Board 的缩写,即"船上交货"。"船上交货"是指卖方以在指定装运港将货物装上买方指派的船舶的方式或通过"取得"已这样交付至船上的货物的方式交货。货物

灭失或损坏的风险在货物交到船上时转移，而买方承担自那时起的一切费用。这里所指的"取得"一词适用于商品交易中常见的交易链中的链式交易（多层销售）。该术语仅用于海运或内河水运。在适用时，应在 FOB 后面插入"指定装运港"，再加上"Incoterms®2020"，即 FOB(insert named port of shipment) Incoterms®2020。该术语要求卖方负责出口清关，但卖方无义务负责进口清关、支付任何进口税或办理任何进口海关手续。

2. FOB 术语运用应注意的问题

（1）一般义务

交货、交单是卖方的基本义务。对卖方来说，必须提供符合买卖合同约定的货物和商业发票，以及合同可能要求的其他证据。卖方的交货方式，可以是以下两种方式任选其一：①在指定装运港内的指定装船点（如有的话），将符合合同规定的货物置于买方指定的船舶之上；②取得已这样交付的货物（已装到船上）。无论采用哪种方式，卖方都必须在约定日期或期限内，按照该装运港的习惯方式交货。卖方必须自负费用向买方提供证明其已将货物交至装运港船上的通常证据。在 FOB 术语下，商业发票是卖方必须交付的单据。

有关交货地点的选择，Incoterms®2020 中使用了不同的表达方法。对只适用于海运和内河水运的术语，包括 FAS、FOB、CFR 与 CIF，使用了"装运港"(Port of shipment)和"目的港"(port of destination)两种描述。在适用其他术语时，使用的是"地点"(Place)、"目的地"(Place of destination)这两种描述。在某些场合，有必要进一步指明这些"港口"(Port)、"地点"(Place)内的某个具体的"交货点"(Point of delivery)，因为卖方需要知道把货物交至一个特定地区且在该地区的什么特定地点将货物交给买方处置。FOB 术语以"装运港船上"为交货点(Point of delivery)，卖方必须在指定装运港内的装货点（如有的话），以将货物置于买方指派的船舶之上的方式，或以取得已交付至船上的货物的方式交货。在具体的贸易实践中，经常缺少相应的"装货点"信息。Incoterms®2020 规定在适用 FOB 术语时，如果买方没有指定特定的装货点，卖方可在指定装运港内选择最适合其目的的装货点。

（2）运输

Incoterms®2020 的 FOB 术语规定"卖方对买方无订立运输合同的义务"。但是，应买方的要求并由其承担风险和费用，卖方必须向买方提供卖方所拥有的买方负责运输所需的任何信息，包括运输有关的安全要求。如已约定，卖方必须按照惯常条款订立运输合同，有买方承担风险和费用。卖方必须在完成交货前遵守任何与运输有关的安全要求。

（3）保险

Incoterms®2020 的 FOB 术语规定卖方对买方没有订立保险合同的义务。但是，应买方的要求并由其承担风险和费用，卖方必须向买方提供卖方所拥有的买方货物保险所需信息。

（4）出口/进口清关

在适用 FOB 术语时，卖方必须自担风险和费用，取得所有的出口许可证或其他官方授权，办理货物出口所需的一切海关手续；买方必须自担风险和费用，取得所有的进口许可证或其他官方授权，办理货物进口和从他国过境运输所需的一切海关手续。

（5）通知

在适用 FOB 术语时，一般由买方负责租船订舱，但货物从原产地到装运港的运输由卖方负责，因而存在船货衔接问题。买方应及时租船订舱，并就船舶名称、装船点和其在约定期间内选择的交货时间(如需要时),向卖方发出充分的通知,以便卖方及时备货、安排装船。而卖方必须就其已经按照要求交货或船舶未在约定时间内收取货物给予买方充分通知。

(6)风险转移与费用划分

通常情况下,FOB 术语的交货点也是买卖双方风险的划分点(Point of risks transfer)和费用分界点(Point of costs allocation),即 FOB 术语只有一个关键点"装运港船上"。买方在货物交至"装运港船上"之时起承担货物灭失或损坏的一切风险,并承担自交货之时起与货物相关的一切费用,包括货物进口应交纳的一切关税、税款和其他费用,以及办理进口海关手续的费用和从他国过境运输费用,但不包括出口所需海关手续费用以及出口应交纳的一切关税、税款和其他费用。卖方承担在完成交货前(即交至"装运港船上"之前)货物灭失或损坏的一切风险,但承担的任何额外费用以该货物已清楚地确定为合同项下之货物者为限。在签订合同后,买卖双方应加强联系与沟通,防止出现"船、货、期"脱节并导致额外费用产生。

(7)与 1990 年美国对外贸易定义修订本中 FOB 术语的区别

1990 年美国对外贸易定义修订本对 FOB 术语的解释与运用,与 Incoterms®2020 的相关规定具有明显的差异,主要表现在:①1990 年美国对外贸易定义修订本把 FOB 术语笼统地解释为在某种运输工具上交货,因而适用范围很广。只有"指定装运港船上交货",即 FOB Vessel(…named port of shipment))与 Incoterms®2020 的 FOB 相近;②在费用负担上,1990 年美国对外贸易定义修订本规定 FOB Vessel 只有在买方提出要求并承担费用时,卖方才有义务协助买方取得出口许可证和其他官方核准文件以及办理出口通关手续,这与 Incoterms®2020 规定由卖方办理出口清关手续,获得相应出口许可核准证书有较大的不同。

因此,在同美国、加拿大等国的商人按 FOB 术语订立合同时,除必须标明装运港名称外,还必须在 FOB 后加上"船舶"(Vessel)字样,否则卖方不负责将货物运到装运港交到船上,如 FOB Vessel New York;或在合同中直接注明受 Incoterms®2020 约束,如 FOB New York subject to Incoterms®2020(FOB 纽约港交货,有关 FOB 义务的规定适用 Incoterms®2020)。

(8)装船费用及其变通问题

按照 Incoterms®2020 的惯常规定,FOB 术语的买卖双方以"装运港船上"作为交货点、风险划分点和费用分界点,因而惯常情况下在装运港的装船费用应由卖方承担。装船费用包括货物在装运港的吊机费,以及货物装上船后的平舱费、理舱费(如发生的话)等。在采用班轮运输时,班轮运费中包含了装船费用,因而装船费用实际上是由支付运费的一方负担;在采用租船运输时,装船费用由租船人和船东在租船合同中特别约定。因此,FOB 术语在具体适用时最好进一步明确装船费用的分摊问题。

常见的 FOB 术语变通有:①FOB 班轮条件(FOB Liner Terms):装船费用由支付运费的一方负担,即由买方承担;②FOB 吊钩下交货(FOB under Tackle):卖方负责将货物置于装运港轮船吊钩或码头吊钩可及之处,货物自起吊开始的所有装船费用改由买方负担;③FOB 包括理舱(FOB Stowed,FOBS):卖方负责将货物装入船舱,支付包括理舱费在内的装船费用;④FOB 包括平舱(FOB Trimmed,FOBT):卖方负责将货物装入船舱,支付包括平舱费在内的装船费用;⑤ FOB 包括理舱和平舱(FOB Stowed & Trimmed,FOBST):卖方负责将货物装入船舱，支付包括平舱费、理舱费在内的装船费用。但应特别注意的是，以上 FOB 术语变通仅仅改变买卖双方装船费用的划分，但不改变风险的划分点，即风险划分点仍以“装运港船上”为界。

因 Incoterms®2020 属于国际贸易惯例，买卖双方可以变通适用国际贸易术语，而 Incoterms®2020 也并不禁止此类变通，但是认为这样做是有风险的。为避免歧义，建议缔约方在买卖合同中非常清晰地明确他们希望通过修改达到的效果。在适用 FOB 术语时，如果买卖双方希望对装船费用分摊的通常规定做出改变，缔约方应清楚地表明他们是否同时希望改变风险自卖方转移至买方的点。

(9)运输方式

FOB 术语仅用于海运或内河水运，卖方应将货物在船上交付或者取得已交付在船上的货物。如果货物在上船前已经交给承运人，如采用集装箱运输的货物，通常是在集装箱码头的堆场(CY)、货站(CFS)或出口商指定的门点(DOOR)就置于承运人的处置之下，应当使用 FCA 术语来替代 FOB 术语。当适用 FCA 术语并采用水上运输时，一般不需要涉及装船费用的变通和船舱问题。买卖双方只要按照 FCA 术语有关装船费用的惯常规定执行即可。在国际贸易实践中，建议扩大 FCA 术语的使用来替代贸易双方惯常使用的 FOB 术语。

(二)CIF

1. CIF 术语的内涵、具体适用以及买卖双方的基本义务

CIF 是 Cost，Insurance and Freight，即成本、保险费加运费的缩写。在适用时，应在 CIF 后面插入“指定目的港”和“Incoterms®2020”字样，即 CIF(insert named port of destination)Incoterms®2020。“成本、保险费加运费”是指卖方以将货物交到船上的方式或以取得已这样交付的货物方式交货。此处使用的“取得”一词，适用于商品交易中常见的交易链中的多层销售(链式销售)。

当适用 CIF 术语时，货物灭失或损坏的风险在货物交到船上时转移。卖方必须签订运输合同，并支付必要的运费，以将货物运往指定的目的港。同时，卖方还要为买方在运输途中货物的灭失或损坏的风险办理保险。但在 CIF 术语中，卖方仅需投保最低险别。如买方需要更多保险保护的话，则需要与卖方明确达成协议，或者自行做出额外的保险安排。CIF 要求卖方办理出口清关，但卖方无义务办理进口清关、支付任何进口税或办理任何进口海关手续。

CIF 术语仅适用于海运或内河水上运输。CIF 可能不适用于货物在上船前已经交给承运人的情况，例如使用集装箱运输的货物，通常是在装到船上之前就已经装入集装箱内。在这类情况下，应当使用 CIP 术语。

2. CIF 术语运用应注意的问题

CIF 术语与 FOB 术语在买卖双方的交货与付款义务，进出口许可证、授权、安检通关和其他手续，风险转移以及运输方式等方面的规定相同，但是有关运输、保险和费用转移的规定与 FOB 术语存在很大差异。

(1)交货

在使用 CIF 术语时，尽管卖方需要负责租船订舱和办理运输保险，但卖方只要将货物交至装运港的船上，或取得已这样交付的货物，该船驶往目的港，卖方即完成交货义务。卖方并不需要承担货物抵达目的港的一切风险。自卖方完成交货义务之时起，由买方承担货

物灭失或损坏的一切风险。

(2)风险转移和费用划分

CIF 术语的风险转移地点和费用转移地点不同,因而 CIF 术语有两个关键点,这与 FOB 术语只有一个关键点("装运港船上")不同。当适用 CIF 术语时,买卖合同中通常都会指定目的港,但不一定都会指定装运港。"目的港"是买卖双方费用的划分点,卖方要承担将货物运至目的港具体地点的费用,特别建议买卖双方应尽可能确切地在指定目的港内明确该点;"装运港的船上"是卖方将风险转移至买方的地方,因此装运港对买方也具有特殊意义,特别建议买卖双方在合同中尽可能准确地指定装运港。CIF 术语下卖方需承担将货物运至目的港的正常运费,但货物在海运或内河水运过程中因意外而产生的额外费用,卖方概不负责。

(3)运输

按照 Incoterms®2020 的规定,在适用 CIF 术语时,卖方必须签订或取得运输合同,将货物自约定的装运港内某具体地点(如有的话)运至指定的目的港或该目的港内的某具体地点(如有约定的话)。卖方必须按照通常条件订立运输合同,支付通常运费,经由通常航线,由通常运输该类商品的船舶运输。而买方对卖方无订立运输合同的义务。卖方只需按通常条件租船或订舱,买方无权对船籍、船型、船龄、船公司等提出限制。但在实际业务中,如买方提出此类要求,在卖方能够办到,但不增加费用的情况下,一般可以考虑接受。

(4)保险

按照 Incoterms®2020 的规定,CIF 合同的卖方必须自负费用取得运输保险合同。保险合同应与信誉良好的承保人或保险公司订立,应使买方或其他对货物有可保权益的当事人有权直接向保险人索赔。但是,卖方只需按最低险别投保,如投保《协会货物保险条款》(Institute Cargo Clauses)的条款 C(Clauses C)或类似条款的最低险别。但当买方要求,且由买方承担费用,而买方能够提供卖方所需的信息时,卖方应办理任何附加险别,如投保《协会货物保险条款》(Institute Cargo Clauses)的条款 A 或 B(Clauses A or B)或类似条款的险别,或同时或单独办理《协会战争险条款》(Institute War Clauses)和/或《协会罢工险条款》(Institute Strikes Clauses)或其他类似条款的险别。保险最低金额一般按商业发票的 CIF 金额加收 10%(即 110%),并采用商业发票的货币。在实际业务中,如买方要求提高保险金额比例(高于 10%),或指定在目的港(地)的保险赔付代理,卖方不应同意买方的要求,须在征询承保人或保险公司的意见后加以回复。在适用 CIF 术语时,买方对卖方无订立保险合同的义务,但买方必须向卖方提供后者按照其要求购买附加险所需的任何信息。

(5)卸货费用及其变通问题

根据 Incoterms®2020 的规定,CIF 术语通常由卖方负责货物在目的港包括驳运费和码头费在内的卸货费用。但 CIF 合同有时会遇到货物到达目的港后的卸船费用问题。采用班轮运输,因运费中已经包含了装卸费用,卸船费用实际由支付运费的一方即卖方承担。采用租船运输,买卖双方往往采用变通方式对 CIF 术语的目的港卸船费用加以明确。其常用的变通方式有:① CIF Liner Terms(CIF 班轮条件),货物在目的港的卸船费由卖方负担;②CIF Ex Ship's Hold(CIF 舱底交货),货物从舱底吊卸到码头的费用由买方负担;③CIF Landed(CIF 卸到岸上),货物从船上卸到目的港岸上的费用,包括驳船费和码头费等由卖方负担。但这些变通方式不改变买卖双方的风险划分点,而只改变目的港卸货费用的划分。

根据 Incoterms®2020 的规定，最好的办法是在合同中详细标明 CIF 术语后的目的港内的一个特定交付点。

(6)通知

在适用 CIF 术语时，卖方必须向买方发出所需通知，以便买方为收取货物采取通常所必要的措施；当买方有权决定货物运输时间和/或指定目的港内收取货物点时，买方必须向卖方发出充分的通知。

(三)CFR

1. CFR 术语的内涵、具体适用以及买卖双方的基本义务

CFR 是 Cost and Freight 即成本加运费的缩写。在适用时，应在 CFR 后面插入“指定目的港”和“Incoterms®2020”字样，即 CFR(insert named port of destination) Incoterms® 2020，“成本加运费”是指卖方已将货物交到船上的方式或以取得已这样交付的货物的方式交货。此处使用的“取得”一词，适用于商品交易中常见的交易链中的多层销售(链式销售)。CFR 要求卖方办理出口清关，但卖方无义务办理进口清关、支付任何进口税或办理任何进口海关手续。

CFR 术语仅适用于海运或内河水上运输。CFR 可能不适用于货物在上船前已经交给承运人的情况，例如使用集装箱运输货物，通常是在装到船上之前货物就已经装入集装箱内。在此类情况下，应当使用 CPT 术语。

2. CFR 术语运用应注意的问题

CFR 术语与 CIF 术语在买卖双方的交货与付款义务，进出口许可证、授权、安检通关和其他手续，运输责任及相关费用，风险转移，运输方式，费用转移和卸货费用等方面的规定相同。有关保险责任的规定与 CIF 术语存在很大差异，但与 FOB 术语的规定相同。在适用 CFR 术语时，卖方给予买方充分的装运通知非常重要，以便买方在合理的时间内取得保险所需的信息，办理相应的运输保险(如买方认为有必要投保)，以免造成不必要的可能损失。CFR 术语项下卖方给予买方充分的通知，相比 CIF、FOB 术语项下更为重要。所谓“充分通知”，必须做到及时、详尽。如果卖方未能给予买方充分通知而给买方造成损失，卖方可能承担相应的责任。

(四)FCA

FCA 是 Free Carrier 即“货交承运人”的缩写。在适用时，应在 FCA 后面插入“指定交货地点”(Named Place)和“Incoterms®2020”字样，即 FCA(insert named place) Incoterms ®2020。“货交承运人”是指卖方在卖方所在地或其他指定地点将货物交给买方指派的承运人或其他人时完成交货。由于风险在交货地点转移至买方，因而特别建议双方尽可能清楚地写明指定地点内的交付点。如果双方希望在卖方所在地交货，则应将卖方所在地的地址明确为指定的交货地点；如果买卖双方希望在其他地点交货，则必须确定不同的特定交货地点。FCA 要求卖方办理出口清关手续，但卖方无义务办理进口清关、支付任何进口税或办理任何进口海关手续。Incoterms®2020 规则规定在采用 FCA 术语时，买方可采用自己的运输工具安排运输，或指示承运人在采用海运方式时向卖方提交具有已装船批注的提单。

“承运人”是指在运输合同中承诺通过铁路、公路、空运、海运、内河运输或上述运输的联合方式履行运输或由他人履行运输的任何人，即签约承担运输责任的一方。如果需使用接运的承运人将货物运至约定目的地，则风险自货物交给第一承运人时转移。

FCA是在FOB的基础上发展起来的。FCA术语与FOB术语在买卖双方的交货与付款义务，进出口许可证、授权、安检通关和其他手续，运输责任及相关费用，保险责任及相关费用和双方通知等方面的规定相同；在运输方式、交货地点、风险转移、费用转移和装货费用等方面的规定有很大不同。使用FCA时，应特别注意以下几点：

(1)运输方式

FCA术语可适用于任何运输方式，也可适用于多种运输方式，尤其是集装箱运输。FOB术语只适用于海运或内河水运。

(2)通知

买方必须通知卖方以下内容：①指派的承运人或其他人的姓名，以便卖方有足够时间按照要求交货；②在约定的交付期限内由指派承运人或其他人选取收取货物的时间；③采用的运输方式；④指定地点内的交货点。卖方须自担风险和费用，就其已经在约定的日期或期限内，在指定地点或指定地点内的约定点(如有的话)，将货物交给买方指派的承运人或其他人。如买方指派的承运人或其他人未在约定的时间收取货物，卖方应给予买方充分的通知。

(3)交货地点

在适用FCA术语时，买方必须自负费用签订自指定的交货地点起运货物的运输合同。卖方按照买方的通知内容，在约定的时间、约定的地点将货物交给买方指派的承运人或其他人。FCA术语的交货地点有两种选择：一是选择卖方所在地；二是选择非卖方所在地。若指定地点是卖方所在地，则当货物装上买方指派的运输工具时完成交货。在其他任何情况下，则当货物仍处于卖方的运输工具上，但已准备好卸载，并已交由承运人或买方指派的其他人处置时完成交货。而FOB术语项下的卖方必须将货物置于“装运港的船上”或取得已这样交付至船上的货物完成交货。

(4)风险转移

在适用FCA术语时，风险自卖方在指定地点将货物置于买方指派的承运人或其他人处置之时完成转移。与FOB术语的以“装运港船上”作为风险划分点不同，FCA术语项下的卖方承担的风险相对较低。如FCA术语后面插入的指定地点为装运港，FCA术语项下的卖方不需要承担货物装到船上的风险，但FOB术语的卖方通常需要承担货物装到船上之前的所有风险。

(5)费用划分

FCA术语以货交承运人作为费用的划分界限。自卖方将货物置于承运人处置时起，由买方承担所有费用。卖方应负责出口应缴纳的关税、税款和其他海关费用。若卖方在其所在地交货，卖方应负责将货物装到买方指派的运输工具上，并承担装货费用；若卖方需要在其他地点完成交货，则到达卖方指派的运输工具上，并已准备好卸载，货物已交由承运人或买方指派的其他人处置时完成交货，即卖方不负责卸货，也不承担卸货费用。

买方需承担自指定的交货地点起运货物的运输费用，以及进口应缴纳的关税、税款、其他海关手续费用以及从他国过境运输的费用。同时，买方还须承担以下任何原因之一发生的任何额外费用：①如买方未能指派承运人或其他人；②买方指派的承运人或其他人未接管货物；③买方未能按照要求给予卖方相应的充分通知。

(五)CIP

CIP是Carriage and Insurance Paid to即“运费、保险费付至”的缩写。在适用时，应在

CIP 后面插入指定的目的地和"Incoterms®2020"字样，即 CIP (Insert Place of Destination) Incoterms®2020。"运费、保险费付至"是指卖方在双方约定的地点(如双方约定了地点的话)，将货物交给卖方自己指定的承运人或其他人时完成交货。卖方必须签订运输合同并支付将货物运至指定目的地的所需费用；卖方还必须为买方在运输途中货物的灭失或损坏风险签订保险合同并支付相应的保险费用。在使用 CIP 术语时，卖方只需要将货物交付给承运人时，而不是当货物到达目的地时，即完成交货。

CIP 术语有关买卖双方交接货的义务、风险转移、进出口报关手续、运输方式等的规定与 FCA 完全相同。如果货物运输涉及两个或两个以上的承运人，则风险自货物交给第一承运人时转移，但运输、保险的责任规定与 FCA 很不相同。在适用 CIP 术语时，由卖方负责运输和保险。但是，Incoterms®2020 规则对于卖方在 CIP 术语和 CIF 术语下的投保险别要求不一样，在 CIP 术语下要求卖方投保最高险别的保险，且卖方也可以采用自己的运输工具安排运输。

CIP 术语与 CIF 术语有两个关键点，但两个术语在运输方式、关键点位置上有很大不同。CIP 术语的目的是替代 CIF 术语。CIP 术语可适用于任何运输方式，也可适用于多种运输方式。CIP 术语的风险转移点和费用转移点不同。特别建议买卖双方尽可能确切地在合同中明确规定交货地点(风险在这里转移至买方)，以及指定目的地(卖方必须签订运输合同将货物运到该目的地)。如果运输到约定目的地需要涉及多个承运人，且双方不能就特定的交货地点达成一致时，卖方可以在某个完全由其选择且买方不能控制的地点将货物交付给第一承运人以完成交货，并将风险转移至买方。如果买方希望将风险晚些转移的话(例如在某海港或机场转移)，需要在买卖合同中特别订明，或改用 DAP、DPU 术语成交。

(六)CPT

CPT 是 Carriage Paid to 即"运费付至"的缩写。在适用时，应在 CPT 后面插入指定目的地和"Incoterms®2020"字样，即 CPT(Insert Place of Destination)Incoterms®2020。"运输付至"是指卖方在双方约定的地点(如果双方已经约定了地点的话)，将货物交给卖方指定的承运人或其他人时完成交货。卖方必须签订运输合同并支付将货物运至指定目的地的所需费用。CPT 术语要求卖方办理出口清关手续。该术语适用各种运输方式，包括多式联运，也允许卖方采用自己的运输工具安排运输。CPT 术语除买卖双方的保险责任规定外，其他规定与 CIP 术语基本一致；CPT 术语的有关买卖双方的保险责任规定与 FCA 术语相同。但是，在采用 CPT 贸易术语时，卖方应注意及时向对方发出装运通知，以免造成不必要的损失。

综上所述，在 6 种象征性交货的贸易术语中，FOB、CFR 和 CIF 属于装运港交货，只适合海洋运输或内河运输；FCA、CPT 和 CIP 适合于各种运输方式，也可适用于多种运输方式，包括集装箱运输，并且允许卖方或买方采用自己的运输工具安排运输。因此，熟悉这 6 种贸易术语的含义及其买卖双方所对应的权利与义务，以及其在使用中应注意的问题具有十分重要的意义。

四、其他贸易术语

除 FOB、FCA、CFR、CIF、CPT 和 CIP 这 6 种象征性交货的贸易术语外，Incoterms® 2020 还有 5 种属于实际交货的贸易术语，它们分别为 EXW、FAS、DAP、DPU、DDP。这些贸易术语在实践中使用相对较少。

（一）EXW

EXW 是 Ex Works 即“工厂交货”的缩写。在适用时，应在其后插入指定交货地点和“Incoterms®2020”字样，即 EXW(insert place) Incoterms®2020。“工厂交货”是指当卖方在其所在地或其他指定地点（如工厂、车间或仓库等）将货物交由买方处置时，即完成交货。特别建议双方在指定交货地点内尽可能明确指明具体的交货点，因为买方需承担自此指定的交货点（如有的话）收取货物所产生的全部费用和风险。EXW 术语适用于任何运输方式，也可适用于多种运输方式。该术语与 FCA 术语相比，在以下方面存在明显区别：

(1)EXW 术语适合于国内贸易，而 FCA 术语一般更适合于国际贸易。

(2)EXW 术语的交货地点是在卖方所在地或其他指定地点（如工厂、车间或仓库等），而 FCA 术语的交货地点可以是卖方所在地，也可以是非卖方所在地，如集装箱码头、车站、港口、机场等。

(3)如选择在卖方所在地交货，EXW 术语项下的卖方不需要将货物装上任何前来接收货物的运输工具之上，而 FCA 术语项下的卖方则需要负责将货物装上买方派来的运输工具上。

(4)当需要办理出口清关时，EXW 术语的卖方无需办理出口清关手续，而 FCA 术语的卖方需要负责办理出口清关手续。

(5)出口国有关机构强制进行的检验费用（如发生的话），EXW 术语项下由买方承担，而 FCA 术语项下则由卖方承担。

EXW 术语是 Incoterms®2020 中代表卖方最低义务的贸易术语，在使用时需注意：

(1)卖方对买方没有装货义务，即使实际上卖方也许更方便这样操作。如果卖方装货，也是由买方承担相关风险和费用。因此，当卖方更方便装货或买方希望卖方负责装货并承担相应的装货费用时，建议选择 FCA 术语成交。

(2)以 EXW 术语为基础购买出口产品的买方需要特别注意，卖方只有在买方要求时，才有义务协助办理出口，即卖方无义务负责出口清关。因此，在买方不能直接或间接地办理出口清关手续时，也不建议使用 EXW 术语，建议采用 FCA 术语。

(3)买方仅有限度地承担向卖方提供货物出口相关信息的责任。但是，卖方则可能出于缴税或申报等目的，需要这方面的信息。

(4)卖方必须给予买方其收取货物所需的任何通知。而当买方有权决定在约定期限内的时间和/或在指定地点内的接收点时，买方必须向卖方发出充分的通知。

（二）FAS

FAS 是 Free Alongside Ship 即“船边交货”的缩写。在适用时，应在其后插入“指定装运港”和“Incoterms®2020”字样，即 FAS (insert named port of shipment) Incoterms®2020。“船边交货”是指当卖方在指定的装运港将货物交到买方指定的船边（如置于码头或驳船上时）时完成交货。货物灭失或损坏的风险在货物交到船边时发生转移，而买方承担自那时起的一切费用。在适用 FAS 术语时，应注意以下几点：

(1)该术语仅适合于海运或内河水运。

(2)在适用时，FAS 要求卖方办理出口清关手续，但卖方无义务办理进口清关、支付任何进口税或办理任何进口海关手续。

(3)由于卖方需承担在装运港特定地点交货前的风险和费用,而且这些费用和相关作业费可能因各港口管理不同有所差异,特别建议双方尽可能清楚地约定指定装运港内的装货点。

(4)卖方必须在约定日期或期限内,按照该装运港的习惯方式交货。如果买方没有指定特定的装船点,卖方可在指定的装运港内选择最适合其目的的装货点。如果双方同意在一定期限内交货,买方有权在该期限内选择日期。

(5)卖方应将货物运至船边或取得已这样交付的货物时完成交货。这里的"取得"一词适用于商品交易中常见的交易链中的多层销售(链式销售)。

(6)当货物采用集装箱运输时,卖方通常将货物在集装箱码头交给承运人,而非交到船边。因此,当采用集装箱运输时,选用 FAS 术语成交不合适,应改用 FCA 术语。

(三)DAP

DAP 是 Delivered at Place(目的地交货)的缩写。在适用时,应在 DAP 后面插入"指定目的地"和"Incoterms®2020"字样",即 DAP(insert place of destination)Incoterms®2020。"目的地交货"是指当卖方在指定目的地将仍处于抵达的运输工具之上,且已做好卸载准备的货物交由买方处置时完成交货。卖方承担将货物运送到指定地点的一切风险。DAP 术语可适用于任何运输方式,也可适用于多种运输方式。在适用 DAP 时,由于卖方承担在特定地点交货前的风险,特别建议双方尽可能清楚地约定指定目的地内的交货点。建议卖方取得完全符合该选择的运输合同。如果卖方按照运输合同在目的地发生了卸货费用,除非双方另有约定,卖方无权向买方要求偿付。在适用 DAP 时,该术语要求卖方办理出口清关手续,但卖方无义务办理进口清关、支付任何进口税或办理任何进口海关手续。如果双方希望卖方办理进口清关、支付所有进口关税,并办理所有进口海关手续,则应当使用 DDP 术语。

(四)DPU

DPU 是 Delivered at place unloaded 即目的地卸货后交货的缩写。在适用时,应在其后插入"指定目的地"和"Incoterms®2020"字样。在适用 DPU 术语时,应注意以下几点:

(1)该术语可适用于任何运输方式,也可适用于多种运输方式。

(2)在适用时,DPU 要求卖方办理出口清关手续,但卖方无义务办理进口清关、支付任何进口税或办理任何进口海关手续。

(3)DPU 是 Incoterms®2020 规则中唯一要求卖方负责卸货的术语。卖方承担将货物送至指定目的地将货物从到达的运输工具上将其卸下的一切风险。

(五)DDP

DDP 是 Delivered Duty Paid 即完税后交货的缩写。在适用时,应在 DDP 后面插入"指定目的地"和"Incoterms®2020"字样",即 DDP(insert place of destination)Incoterms®2020。"完税后交货"是指当卖方在指定目的地将仍处于抵达的运输工具上,但已完成进口清关,且已做好卸载准备的货物交由买方处置时,即为交货。在适用 DDP 术语时,应注意以下几点:

(1)该术语可适用于任何运输方式,也可适用于多种运输方式。

(2)该术语是 Incoterms®2020 中代表卖方最大责任的贸易术语。

(3)卖方承担将货物运至目的地的一切风险和费用。由于卖方承担在特定地点交货前的风险和费用，特别建议双方尽可能清楚地约定在指定目的地内的交货点。建议卖方取得完全符合该选择的运输合同。如果按照运输合同，卖方在目的地发生了卸货费用，除非双方另有约定，卖方无权向买方索偿。

（4）卖方有义务完成货物出口和进口清关，支付所有出口和进口的关税和办理所有海关手续。如卖方不能直接或间接地完成进口清关，则特别建议双方不使用 DDP 术语。如双方希望买方承担所有进口清关的风险和费用，则应使用 DAP 术语。

（5）除非买卖合同中另行明确规定，任何增值税或其他应付的进口税款由卖方承担。

五、贸易术语的选用及应注意的事项

选用 Incoterms®2020 的不同贸易术语，买卖双方在交接货物过程中所承担的风险、费用及手续是不同的。FOB、FCA、CFR、CPT、CIF、CIP 这六种贸易术语的风险、费用及手续划分较为合理均衡，在实践中被广泛使用，而 EXW、FAS、DAP、DPU、DDP 这五种贸易术语的风险、费用及手续划分相对不均衡，在实践中较少使用。但要注意的是，在国际货物买卖中，尽管国际贸易惯例在解决贸易纠纷时起到了一定的作用，但应注意以下几个问题：

（1）Incoterms®2020 适用于调整货物买卖合同的双方义务规定和交货有关的事项。应在买卖合同中明确表示适用“国际贸易术语解释通则®2020”（Incoterms®2020）。具体内容应至少包括“所选用的国际贸易术语、指定地点和 Incoterms®2020”。鉴于国际贸易术语的不断修改，双方在签订合同时，对所引用的解释贸易术语的国际惯例应注明版别以免引起误解和纠纷。

（2）由于国际贸易惯例并非“法律”，对买卖双方没有强制约束力，可采用也可不采用。如果合同中既未对某一问题做出明确规定，也未订明适用某惯例，当发生争议付诸诉讼或提交仲裁时，法庭和仲裁机构可引用惯例作为判决或裁决的依据。如果买卖双方在合同中明确表示采用 Incoterms®2020，则该采用的惯例对买卖双方均有约束力。如果合同中明确采用 Incoterms®2020，但又在合同中规定与 Incoterms®2020 相抵触的条款，只要这些条款与本国法律不矛盾，将受到有关国家法律的承认和保护，即以合同条款为准。

（3）选择合适的国际贸易术语。应根据货物性质和运输方式来选择合适的国际贸易术语。要考虑合同各方是否想给对方增加额外的义务，如安排运输、办理保险、负责装卸、办理清关等。无论选择何种术语，对其合同的解释很可能会受到所使用的港口或地点特有的惯例影响。应尽可能地对地点和港口做出详细说明。只有买卖双方写明港口或地点，所选用的贸易术语才能发挥作用。港口或地点应写得尽量确切，以更能凸显国际贸易术语的作用。

（4）切记国际贸易术语并不能给你一个完整的买卖合同。国际贸易术语明确规定了买卖合同中应由哪方安排运输、保险的义务，卖方何时向买方交货以及各方应支付的费用。但是，国际贸易术语没有说明应付价格或支付方式，也没有涉及货物所有权的转让或违约后果，这些问题通常依据买卖合同的明确约定或合同的适用法处理。合同双方应当清楚强制适用的本地法可能推翻买卖合同的任何条款，包括所选择的国际贸易术语在内。

第十章　商品的名称、质量、数量与包装

【案例 10-1】

中国某公司出口苹果酒一批，买卖合同规定的品名为“CIDER”。卖方在装运货物后，在提供给买方的单据上标明货物的名称为“CIDER”，但在出口货物的内外包装上标注品名为“APPLE WINE”。货物到达国外后，因进口国海关查验而遭到扣留罚款，国外买方要求中国卖方赔偿其损失。本案的关键是进口国海关认为进口商申报的货物名称与实际货物不符，因而扣留罚款。“CIDER”在英文中可以理解为“苹果酒”或“苹果汁”，但一般情况下被理解为“苹果汁”，而“APPLE WINE”才是“苹果酒”。在该进口国，“苹果酒”属于专营产品，进口监管严格，进口关税税率高；而“苹果汁”是一般产品，进口监管相对比较宽松，进口关税税率也较低。由此可见，品名非常重要。在国际贸易中，买卖双方应尽量选用商品的通用名称。同时，在实际业务中，买卖合同中的品名、单据上的品名与出口货物内外包装上的品名应完全一致。

【案例 10-2】

有一个犹太商人接到美国芝加哥一个公司 3 万个刀叉餐具的订单，双方约定货物到达美国芝加哥的时间为 9 月 1 日前。为此，这个犹太商人必须在 8 月 1 日前从本港运出货物，才能在 9 月 1 日如期交货。但是，由于一些意外事故，犹太商人仅能在 8 月 1 日前赶制出 2 万个刀叉餐具，还有 1 万个刀叉餐具未能完成。这位犹太商人陷入了困境，但他丝毫没有想到要求对方允许他延期交货或少交货物，因为他认为这是违背契约，不符合犹太商法。结果，他将 2 万个刀叉餐具在 8 月 1 日前从本港装运出口，然后将 1 万个刀叉餐具采用空运的方式送货，最终 3 万个刀叉餐具如期交货，但这位犹太商人损失了 1 万美元的空运费。

【案例 10-3】

中国出口到日本的高尔夫球，以 4 球为一个包装盒。在中国人看来，4 个为一组并无不当，但日本人恰恰对“4”这个数字是忌讳的，导致进口方拒收。导致本案出现的主要原因，在于商品包装没有严格遵守客户要求操作，容量规格划分不当，没有考虑到进口国的文化宗教风俗习惯，从而引起商务纠纷。

国际货物买卖合同的标的是进入国际贸易领域的货物。明确规定标的物的名称及其品质要求，是签订国际货物买卖合同的基础。国际货物买卖合同的标的物的名称与质量不同，不仅关系到商品的用途、运输方式和成交价格的差异，而且还关系到实际支付的关税和运输

费用的高低。同时，合同的标的必须以一定的量来表示，数量的约定是国际货物买卖合同不可缺少的内容。再者，按照一些国家法律的规定，合同中有关包装的规定是构成商品说明的重要组成部分。因此，在国际贸易中，商品的包装不容忽视。包装不仅是保护商品在流通过程中品质完好和数量完整的重要条件，而且还会对货物的运输和销售产生影响。因此，国际贸易中有关商品的名称、质量、数量和包装的内容，应在国际货物买卖合同中做出具体规定以加以明确。

第一节　商品的名称与质量

国际货物买卖的双方在交易洽商时，必须首先明确商品的品名与质量。如果商品的名称与质量不明确，买卖双方就失去了洽商的依据，无法开展贸易。

一、商品的名称

商品的名称，或称“品名”，是指能使某种商品区别于其他商品的一种称呼。商品的名称，在一定程度上体现了商品的自然属性、用途以及主要的性能特征。加工程度较低的商品，其名称一般较多反映商品的自然属性；而加工程度较高的商品，其名称一般较多地体现出该商品的性能特征。一般说来，商品名称的规定方法有以下 7 种：

(1)以商品的主要用途命名。该方法在于突出其用途，便于消费者按其需要购买。如旅游鞋、电扇、浴袍等。

(2)以商品所使用的主要原材料命名。该方法是根据商品生产所采用的主要原材料来反映商品的质量。如棉布、羊毛衫、玻璃杯等。

(3)以商品的主要成分命名。该方法是以商品所含的主要成分命名，可使消费者了解商品的有效内涵，有利于提高商品的身价。一般适用于大众所熟知的名贵原材料制造的商品。如西洋参、蜂王浆、人参、珍珠粉等。

(4)以商品的外观造型命名。以商品的外观造型命名，有利于消费者从词义上了解该商品的特征。如雪糕、婴儿连衣裤等。

(5)以描述商品的褒义词命名。该命名方法能突出商品的使用效能和特性，有利于促进消费者购买欲望。如青春宝、太阳神口服液等。

(6)以人物、产地命名。以著名的人物、产地命名，可突出产品的地方特色，引起消费者注意。如东北大豆、西湖龙井茶等。

(7)以制作工艺命名。以制作工艺命名，可突出商品的制作工艺，提高商品的威望，增强消费者对该商品的信任。如二锅头烧酒、精制油等。

二、商品的质量

商品的质量，又称“品质”，是商品的外观形态和内在质量的综合。外观形态包括商品的大小、长短、结构、造型、款式、色泽、光彩、宽窄、轻重、软硬、光滑粗糙以及味觉、嗅觉等；内在质量包括商品的物理性能、化学成分、生物特征、技术指标等，一般需借助各种仪器、设备分析测试才能获得。例如,纺织品的断裂强度、伸长率、回潮率、缩水率、防雨防火性能、色牢度,化工商品的熔点、沸点、凝固点,机械类产品的精密度、光洁度、强度,等等。商品质量的高低,不仅关系到商品的使用价值,还直接影响着商品在国际市场上的竞争力。因此,买卖双方都非常重视商品质量。在签订国际货物买卖合同时,都要对商品的质量做出具体的规定。特别值得一提的是,由于各国贸易摩擦的不断加剧,许多国家把提高商品质量作为鼓励出口、限制进口的贸易保护手段。而有些国家规定,凡质量不符合其法令、法规规定的,一律不准进口。因此,提高商品质量也已成为许多生产厂商和销售商冲破质量壁垒、扩大出口的途径和方法。

在国际贸易中,商品质量的规定方法多种多样。但归纳起来,主要分为两大类:一是商品质量用文字说明表示;二是商品质量以实物表示。

(一)以文字说明表示质量

用文字说明表示商品的质量,具体可分为以下 6 种:

(1)凭规格买卖(Sale by Specification)。商品的规格是用以反映商品质量的主要指标,如化学成分、含量、纯度、性能、尺寸等。商品不同,构成规格的内容也不同。用规格来确定商品品质的方法称为"凭规格买卖"。凭规格买卖在国际贸易中应用最广。

(2)凭等级买卖(Sale by Grade)。商品的等级是指同一类商品,按其质量、成分、性能、形状、重量等差异,用文字、数字或符号所做的分类。例如,欧盟将花椰菜分为三个等级:"特级品"级、Ⅰ级、Ⅱ级。而美国对花椰菜的分类标准却与欧盟有所不同。同一类商品不同等级的产生是长期生产与贸易实践的结果,等级不同的商品规格不同。买卖双方对商品等级理解一致时,只需在合同中明确等级即可。但对于双方不熟悉的等级内容,则最好明确每一等级的具体规格。

(3)凭标准买卖(Sale by Standard)。标准是指商品规格的标准化。商品的标准,一般是由政府、标准化组织、行业团体、商品交易所等机构制定和公布。有些标准具有强制性,不符合标准的商品,一律不准进出口;而有些标准不具有强制性,由买卖双方洽商时协商决定。在国际贸易中,商品的质量标准可分为五类:一是企业标准,指生产企业所制定的标准;二是团体标准,如美国材料试验协会标准等;三是国家标准,指由国家制定的标准,如德国国家标准等;四是区域标准,指由区域标准化组织制定的标准,如欧洲标准化委员会制定的标准等;五是国际标准,指由国际性机构制定的标准,如国际标准化组织制定的标准。因有些已颁布的标准经常进行修改,因此在援引不同版本的国外标准时,必须标明版本年份。

例如,切花是花卉国际贸易中的主要种类,也是质量分级标准制订和质检的主要对象。目前广泛流行的花卉标准,有欧洲经济委员会(ECE)标准、美国花商协会(SAF)标准、荷兰标准和日本标准。ECE 标准控制着欧洲各国之间进入欧洲交易的花卉产品的质量。该标准将切花分为特级、一级和二级 3 个等级。特级切花必须具有最好的品质、明显的品种特性且无任何影响外观的瑕玷或病虫害,只允许 3%的特级花、5%的一级花和 10%的二级花有轻微的缺陷。SAF 标准的分级原则与 ECE 标准相同,同时该标准更注重茎秆长度、坚挺度、花瓣和叶片的色泽等外形质量。荷兰作为世界花卉生产、交易的中心,除了执行 ECE 常规标准外,还十分重视观赏期、运输特性等内在的品质要素,是当今世界上花卉质量标准评价最全面的国家。日本是鲜切花的消费大国,对切花质量分级十分重视。日本农林水产省农蚕园艺局花了 3 年时间相继颁布了月季、百合、香石竹、菊花、郁金香、唐菖蒲等 13 种切花的质量标准，规范了切花的国内外贸易，提高了切花质量。中国花卉质量分级标准制订工作起步较晚。农业部、国家林业局于1997年、1998年相继发布了鲜切花、盆花和盆栽观叶植物的等级标准。鲜切花从整体感、花形、花色、花枝、叶、病虫害、损伤、采切标准、采后处理9个方面综合评价，分特级、一级、二级和三级4个等级（见表10-1）。除此之外，标准还对检验规划、包装、标志、运输和贮藏技术做了明显规定。

表10-1 主要花卉产品等级国家标准（2001年4月实施）

<table>
<tr><th colspan="2">第1部分：鲜切花（一）
GB/T18247.1—2000</th><th>一级</th><th>二级</th><th>三级</th></tr>
<tr><td rowspan="2">鲜切花质量等级划分公共标准</td><td>整体效果</td><td>整体感、新鲜程度很好，成熟度高，具有该品种特性</td><td>整体感、新鲜程度好，成熟度较高，具有该品种特性</td><td>整体感、新鲜程度较好，成熟度一致，基本保持该品种特性</td></tr>
<tr><td>病虫害及缺损情况</td><td>无病虫害、折损、擦伤、压伤、冷害、水渍、药害、灼伤、斑点、褪色</td><td>无病虫害、折损、擦伤、压伤、冷害、水渍、药害、灼伤、斑点、褪色</td><td>有不明显的病害斑迹或微小的虫孔，有轻微折损、擦伤、压伤、冷害、水渍、药害、灼伤、斑点或褪色</td></tr>
<tr><td rowspan="5">月季切花质量等级划分标准</td><td>花</td><td>花色纯正、鲜艳具光泽，无变色、焦边；花形完整，花朵饱满，外层花瓣整齐，无损伤</td><td>花色鲜艳，无变色、焦边；花形完整，花朵饱满，外层花瓣较整齐，无损伤</td><td>花色良好，略有变色、焦边；花形完整，外层花瓣略有损伤</td></tr>
<tr><td>花茎</td><td>质地强健，挺直、有韧性，粗细均匀，无弯颈
长度：
大花品种≥80cm
中花品种≥55cm
小花品种≥40cm</td><td>质地较强健，挺直，粗细较均匀，无弯颈
长度：
大花品种：65～79cm
中花品种：45～54cm
小花品种：35～39cm</td><td>质地较强健，略有弯曲，粗细不均，无弯颈
长度：
大花品种：50～64cm
中花品种：35～44cm
小花品种：25～34cm</td></tr>
<tr><td>叶</td><td>叶片大小均匀，分布均匀；叶片鲜绿有光泽，无褪绿；叶面清洁、平展</td><td>叶片大小均匀，分布均匀；叶色鲜绿，无褪绿；叶面清洁、平展</td><td>叶片分布均匀；叶片略有褪色；叶面略有污物</td></tr>
<tr><td>采收时期</td><td colspan="3">花蕾有1～2片萼片向外反卷至水平时</td></tr>
<tr><td>装箱容量</td><td>每20支捆为一扎，每扎中切花最长与最短的差别不超过1cm</td><td>每20支捆为一扎，每扎中切花最长与最短的差别不超过3cm</td><td>每20支捆为一扎，每扎中切花最长与最短的差别不超过5cm</td></tr>
</table>

注：形态特征：灌木，枝具皮刺。叶互生，奇数羽状复叶（小叶5～7枚）；花单生新梢顶部；花瓣多数，花色繁多，主要有白、黄、粉、红、橘红等色；花瓣多数，花型、花色丰富多彩。

在国际市场上买卖有些农副产品时，有时还采用以下两种标准：①“良好平均品质”

(Fair Average Quality,F. A. Q.),是指由同业公会或检验机构在一定时期或季节,从某地装船的各批货物中分别抽取少量实物加以混合拌制并由该机构封存保管,以此实物所显示的平均品质水平作为该季节同类商品品质的比较标准。良好平均品质的质量一般属于中等,习惯上称为“大路货”;②“上好可销品质”(Good Merchantable Quality, G. M. Q.)。一般指卖方所交货物应为“品质上好,合乎商销”。这种“标准”的含义含糊不清,中国一般较少采用或不采用。

(4)凭商标或牌名买卖(Sale by Trade Mark or Brand Name)。对某些质量比较稳定,且在市场上已树立了良好信誉的商品,买卖双方在交易洽商与签订合同时,可采用这些商品的商标或牌名作为品质依据。目前,商品的牌名或商标已成为强有力的促销手段。在凭牌名或商标买卖时,如果同一牌名反映不同型号或规格的商品,在合同中必须同时明确牌名或商标以及型号或规格。因牌名、商标属于工业产权,各国都制定了有关商标法加以保护。在凭牌名或商标买卖时,生产厂商或销售商应注意有关国家的法律、习俗的规定,在销往国办理登记注册手续,以维护商标专用权。

(5)凭产地名称买卖(Sale by Origin)。在国际货物买卖中,有些商品特别是农副产品,因产区自然条件、传统加工工艺等因素的影响,在品质方面具有其他产区的产品所没有的独特风格和特色。在出口这些产品时,可用产地名称来作为交货品质的依据。

(6)凭说明书和图样买卖(Sales by Description and Illustrations)。有些机电、仪表等技术密集型商品,因其结构复杂,很难简单地以几项指标来表示品质的全貌,而必须详细说明其构造、用材、性能以及使用方法,必要时还要以图样、照片、分析表及各类数据等加以说明。

(二)以实物表示质量

以实物表示质量,可以分为包括看货买卖(Sale by Actual Quality)和凭样品买卖(Sale by Sample)两种。

(1)看货买卖。看货买卖,多用于寄售、拍卖和展卖业务中。在看货买卖时,买方或其代理人通常先到卖方存放货物的场所验看货物。交易达成后,卖方必须交付验看过的货物。只要卖方交付的是验看过的商品,买方就不得对质量提出异议。

(2)凭样品买卖。以样品表示商品质量并以此作为交货依据的买卖,称为“凭样品买卖”。所谓样品,是指从一批商品中抽取出来的,或由生产、使用部门设计、加工出来的,足以反映和代表整批商品质量的少量货物。按照样品提供者的不同,凭样品成交可分为“凭卖方样品成交”(Sale by Seller's Sample)和”凭买方样品成交”(Sale by Buyer's Sample)两种。凭样品买卖时,卖方应注意以下事项:

①在凭卖方样品买卖时,卖方选取的样品应具有代表性,质量不应偏高或偏低。如果质量偏高,会造成交货困难;而偏低会影响交易的达成,并影响成交价格。同时,卖方向外寄出原样(original sample)时,必须留存与原样质量完全一致的一份或数份复样(duplicate sample),以备日后交货或处理质量争议核对之用。在原样和复样上应编上相同的号码,以便日后使用时查找。对于复样应妥善保管,防止变质。在特殊情况下,可采用“封样”(sealed sample),即抽出部分商品,在提供样品时由第三者(如公证机构)或会同买方共同加封,以防交货时复样有变。

②在凭买方样品买卖时,卖方最好能制作“对等样品”。所谓“对等样品”,是指卖方按照买方提供的样品先做一个复制品交买方确认,经买方确认后,以该复制品作为今后交货货物

的质量依据。这种经确认的复制品，称为“对等样品”或“回样”。这种做法，实际上是以卖方样品取代了买方样品，使卖方在交货时取得主动，从而避免因仿制产品与买方来样不符而招致买方索赔或退货。值得注意的是，在凭买方样品成交时，卖方应注意防范侵权行为的产生。如果不能十分确定，可以在合同中加列保障条款，即万一发生因买方来样而导致侵犯第三者权益，如专利、商标侵权，应由买方负责。

③如卖方寄送的样品不是用以“凭样买卖”，而是为了介绍产品，或是作为交货品质的部分参考（如颜色、花型、款式等），则应在寄送样品时明确该样品仅供参考（For Reference Only），以免与代表交货品质的样品相混淆。

④若今后交付的“货”与提供的“样”难以做到完全一致，应在合同中加列“品质与样品大致相同”（Quality Shall be About to The Sample）的条文，以争取主动。

三、国际货物买卖合同的品名与质量条款

国际货物买卖合同中的品名与质量条款，是买卖双方交接货物、解决纠纷的依据，也是检验机构进行检验的依据，被称为合同的“奠基石”。按照《联合国国际货物销售合同公约》的规定，卖方所交货物的名称与质量必须与合同规定相符。如果卖方交付不符合约定的品质条件，买方有权要求损害赔偿，也可要求修理或交付替代货物，甚至拒收货物或撤销合同。

（一）订立品名与质量条款应注意的事项

（1）为了国际货物买卖合同的顺利履行，商品名称必须明确、具体，适合商品的特点。在采用外文名称时，应做到翻译准确，与原名意思保持一致，避免含糊不清或过于空洞，应尽可能使用国际上通用的名称。有些商品的名称，各地叫法不一。若使用地方性的名称，交易双方应事先就含义取得共识。同一商品具有不同的名称，可能导致交付关税、支付运费不相一致，其所受的进出口限制也不同。为了减低关税、方便进出口和节省运费开支，在确定合同品名时，应选用合适的名称。好的商品名称，不但能高度概括出商品的特性，符合购买者的消费心理，又能诱发消费者的购买欲望。为了区分不同厂商或销售商的同类产品，商品的名称常常与品牌相融合，成为描述、说明货物的重要部分。参与国际货物买卖的交易双方只有明确了商品的名称，即买卖什么商品，才能进一步确定商品的质量。所以，商品的名称是国际货物买卖合同中必须具备的内容。

（2）要正确使用货物质量的各种表示方法。品名与质量的表示方法，应由商品本身的不同特点或由国际贸易中表示质量方法的惯例来决定。凡是能用一种方法表示质量的，就不宜用两种或两种以上的方法表示。如必须采用两种或两种以上的方法表示时，应在合同中做出明确的规定。特别值得注意的是，凭样品买卖不能与凭规格、等级、标准等表示质量的方法混合使用。例如，既凭样品又凭规格买卖，则卖方交付的货物质量既要与样品一致又要与规格一致，履约时容易产生质量纠纷。

（3）质量条款的内容和文字应注意科学性、严密性、准确性。合同中的品名与质量条款应尽量明确具体，避免笼统含糊，不宜采用“大约”“左右”等词语。但是，对于一些质量规格不易做到完全统一的商品要有一定的灵活性，可在合同中规定“质量机动幅度条款”。所谓“质量机动幅度”，是指允许卖方所交的货物质量有一定幅度范围内的差异，只要卖方所交付的货物质量没有超出机动幅度范围，买方就无权拒收货物。

在国际贸易中，质量机动幅度的规定方法有：① 运用“大约”（about approximate）字样，

如衬衫的规格可大致分特大(XL)、大(L)、中(M)、小(S)4 种,每种规格按成交总数量,大约按(1∶2∶2∶1)的比例搭配生产;②规定范围,即对某种货物的质量指标做出规定,允许有一定的差异范围,如色织牛仔布,门幅 58/59 英寸;③规定极限,即对某种货物的质量规定"上限"或"下限",如花生的含水量最大不超过 13%,含油量最小不低于 44%;④规定上下差异,如湿度应保持在"10%～12%"。

若货物的质量机动幅度或质量差异被国际所公认,该质量机动幅度称为"质量公差(tolerance)",这种质量误差是绝对的、不可避免的。如圆形产品的直径误差若干毫米、钟表每 24 小时的走时误差若干秒等。在质量机动幅度或质量公差内,一般不另行计算增减价。但是,有些货物,如黄金、羊毛、生丝等,必须在合同中规定质量加价或减价;有些货物,经买卖双方同意,也可在合同中规定增减价条款。

(二)品名与质量条款内容

一般情况下,国际货物买卖合同中的"品名与质量条款"内容包括:①品名;②质量的表示方法;③质量机动幅度或质量公差;④质量增减条款;等等。

(1)全棉牛仔布,规格:经纬向均采用 7 支棉纱,经纬寸密 140×44,门幅 58/59 英寸(100% cotton denim cloth, specification: 7S×7S, 140×44, width: 58/59);

(2)水煮笋,等级:一级 (Boiled bamboo shoot, first grade);

(3)装饰面料,日晒牢度:4～5 级,英国标准(Upholstery fabrics, fastness: grade 4～5, British Standard);

(4)自行车,款号 1205,红色,详细规格见所附文字说明和图样(Art no. 1201 Bicycle, Red, detail specifications are as per the attached description and illustrations);

(5)景德镇陶瓷餐具(Jingdezhen Ceramic dinner set);

(6)耐克牌慢跑鞋(Nike jogging shoes);

(7)中国鱼粉,蛋白质含量 55%以上,脂肪含量最高 9%,水分最高 11%,盐分最高 4%,矿分最高 4%(China fish meal, protein 55% Min, Moisture 11% Max, Salt 4% Max, Sand 4% Max);

(8)款号 QWE1102 的全棉男衬衣,具体规格与买方 2008 年 12 月 20 日寄来的样品相似,尺码搭配 XS∶S∶M∶L∶XL∶XXL 为 1∶2∶3∶3∶1(Style no. QWE1102, 100% Men's shirt, detailed specifications are similar as the sample submitted by the buyer on Dec 20, 2008, Size assortment is XS∶S∶M∶L∶XL∶XXL=1∶2∶3∶3∶1)。

第二节　商品的数量

在国际货物买卖中,商品的数量是国际货物买卖合同的主要交易条件之一。在国际贸易中,成交数量一经约定,买卖双方必须按其交接货物。英国《1893 年货物买卖法》第 30 条规定:"卖方交付货物的数量如果少于约定数量,买方可以拒收货物;卖方实际交货数量多于约定数量,买方可以只接受约定数量而拒收超过部分,也可以全部拒收。如果买方接受了卖方所交的全部货物,则必须按约定单价支付货款。"《联合国国际货物销售合同公约》也规定,卖方必须按合同数量条款的规定如数交付货物。如果卖方交货数量多于约定数量,买方可以收取，也可以拒绝收取多交部分货物的全部或一部分；如果卖方实际交货数量少于约定数量，卖方应在规定的交货期届满前补交，但不得使买方遭受不合理的不便或承担不合理的开支，而买方保留要求损害赔偿的任何权利。由于国际贸易商品种类繁多，而各种不同种类的商品，可以采用各种不同的计量单位和计量方法。由于各国度量衡制度和贸易习惯做法不同，买卖双方应就计量单位和计量方法在合同中加以约定。

一、商品的计量单位和计量方法

国际贸易中常用的计量单位有 6 种：①重量（weight），如公吨（metric ton，M/T）、长吨（long ton，L/T）、短吨（short ton，S/T）、千克（kilogram，KG）、磅（pound）、盎司（ounce，OZ）等；②个数（number）。如只（unit）、件（piece，PC）、双（pair）、打（dozen，doz）、罗（gross，GR）、令（ream，RM）、卷（roll，coil）、台或套（Set）等. ③长度（length），如米（meter，M）、英尺（foot，FT）、码（yard）等；④面积（area），如平方米（square meter，SQM）、平方英尺（square foot）、平方码（square yard）等；⑤体积（volume），如立方米（cubic meter）、立方英尺（cubic foot）、立方码（cubic yard）等；⑥容积（capacity），如升（litre）、加仑（gallon）、蒲式耳（bushel）等。

在国际贸易中，通常的计量方法有公制、英制、美制和国际单位制。由于各国采用的度量衡制度不同，因而同一计量单位所表示的商品实际数量也不同。如表 10-2 所示为公吨、长吨、短吨所代表的实际数量。

表 10-2　公吨、长吨、短吨含量表

计量方法	千 克	市 斤	磅
公制—公吨	1000	2000	2204.6
英制—长吨	1016	2032	2240
美制—短吨	907.2	1814.4	2000

中国采用公制和国际单位制（SI）。对于中国出口的商品，除照顾对方国家贸易习惯约定采用公制、英制或美制计量单位外，应使用中国的法定计量单位。而对于中国进口的商品，应要求使用中国法定计量单位；否则，一般不许进口。如确有特殊需要，也必须经过有关标准计量管理部门批准。

二、计算重量的方法

在国际贸易中，很多商品按重量计价。在具体业务中，计算重量的方法有下列几种：

（1）毛重（gross weight），指商品本身的重量加皮重（tare），适用于价值不高的商品。以毛重作为计价单位和交付货物的计量方法，称为“以毛作净”（gross for Net）。

（2）净重（net weight），指商品本身的重量，不包括皮重。在国际贸易中，凡按重量计量的商品，大多数以净重作为计量单位。如合同中未明确规定用毛重还是净重计量、计价的，按惯例应以净重计。因此，“以毛作净”应在合同中特别注明。国际上计算皮重（包装重量）的方法有：①按实际皮重（actual tare）计算。实际皮重是对包装逐件过秤后所得的每件包装的重量和所有包装的实际总重量。②按平均皮重（average tare）计算。随意抽取部分商品，经过秤所得实际皮重，取其平均，再乘以总件数，算出全部皮重。③按习惯皮重(customary tare)计算。比较规格化的包装，其重量已被公认，可不必过称，按公认的重量计算。④按约定皮重(computed tare)计算。即按双方约定的重量计算而不必过称。

(3)公量(conditioned weight)。在计算重量时，用科学仪器抽去商品中的水分，另加标准水分所得的重量称为公量。公量计算通常运用于价值较大，但水分含量极不稳定的商品，如羊毛、生丝、棉花等。公量＝商品干净重×(1＋公定回潮率)，或者，公量＝商品净重×(1＋公定回潮率)/(1＋实际回潮率)

(4)理论重量(theoretical weight)。这种方法适用于有固定规格、固定体积的商品。规格一致、体积相同的产品，每件重量也大致相同，如马口铁、规格钢板等。

(5)法定重量(legal weight)和净净重(net net weight)。法定重量和净净重是海关征收从量关税时作为征税基础的重量。法定重量，是指纯商品的重量加上直接接触商品的包装材料(如内包装的重量)。而扣除内包装的重量及其他包含杂物的重量，即为净净重。

三、国际货物买卖合同中的数量条款

合同中的数量条款，一般包括成交商品的具体数量和计量单位。有些合同还需规定确定数量的方法或卖方交付货物所允许的数量溢短装条款。

(一)数量机动幅度

有些商品如玉米、黄豆、煤炭、矿砂等，由于成交数量大而不易精确，或因受自然条件、包装方式或运输条件的限制，卖方实际交货的数量往往很难符合合同规定的某一确定数量。为方便卖方履行合同，买卖双方可在合同中约定一个数量机动幅度。在实际业务中，数量机动幅度的规定方法大致有以下三种情况：

(1)合同中明确规定数量机动幅度。合同中明确规定的数量机动幅度一般称为“溢短装条款”(More or Less Clause)，即规定允许卖方多装或少装若干数量或成交数量的一定百分比。对于允许多装或少装部分的数量，其选择权规定方法一般有 3 种：①由卖方选择(at seller's option)；②由买方选择(at buyer's option)；③由承运人选择(at carrier's option)。

(2)合同中未明确规定数量机动幅度。在此情况下，卖方交货数量原则上应与合同规定的数量完全一致。但是，合同如果以信用证作为货款支付方式时，根据《跟单信用证统一惯例》(UCP600)第 30 条 b 款的规定：在信用证未以包装单位或货物自身件数的方式规定货物数量时，货物数量允许有 5％的增减幅度，只要总支取的金额不超过信用证金额。但是，当货物数量是以包装单位或个数计数时，此项增减幅度则不适用。

(3)合同中未明确规定数量机动幅度，但在合同数量前加上“约”“大约”(about 或 approximate)，则交货数量可以有所机动。但是，因各国或不同行业对“约”“大约”的理解和解释不尽相同，因而容易引起争议。根据 UCP600 第 30 条 a 款之规定：“约”或“大约”用于信用证金额或信用证所规定的数量或单价时，应解释为允许有关金额或数量或单价有不超过 10％的增减幅度。

在数量机动幅度范围内，多装或少装的货物，一般都按合同价格计算货款。但对于价格波动频繁、幅度较大的商品，为防止当事人利用机动幅度故意增加或减少数量以取得额外利益，也可规定增减部分按装运时的市场价格计算。

（二）数量条款举例

合同的数量条款应完整准确，对计量单位的含义双方应理解一致。在采用对方习惯使用的计量单位时，应注意换算的准确性，以保证实际交货数量符合合同要求。例如：①中国大米 3000 公吨，溢短装 2%，选择权归买方（China Rice，3000 按 Metric tons with 2% more or less at Buyer's Option）；②数量 1000 公吨，为适应舱容需要，卖方有权多装或少装 5%，超过或不足部分按合同价格计算（The seller have the option to load 5% more or less than the contracted quantity if is necessary for the purpose to meet the shipping space and each difference shall be settled at the contract price）；③毛重 5000 公吨，以毛作净，以目的港卸货时重量为准（5000 M/T，gross weight，gross for net as per landed weight at the port of destination）。

第三节　商品的包装

在国际货物买卖中，包装是商品的必需组成部分，也是商品价值的重要组成部分。按照某些国家的法律规定，如卖方交付的货物未按约定进行包装，或者货物的包装与行业习惯不符，买方有权拒收货物。因此，应在合同中订明包装条款。国际货物买卖合同的包装条款，也是合同的重要贸易条件之一。按照商品是否需要包装，可分为散装货物（bulk cargo）和包装货物（packed cargo）。其中，散装货物无须包装，可直接装于运输工具。这类货物多为不易包装、不值得包装或可散装的，如小麦、玉米、煤、矿砂及生铁等；包装货物是需加包装的货物。绝大多数种类的出口货物均需加包装。而包装货物的包装，按照包装用途分类，可分为运输包装和销售包装。

一、运输包装

（一）运输包装分类

运输包装又称外包装，它的主要作用是保护商品，便于运输。运输包装可分为单件包装和集合运输包装。所谓集合运输包装，是指将一定数量的单件包装组合成一件大的包装或装入一个大的包装容器内。集合运输包装包括托盘（pallet）、集装袋（flexible container）和集装箱等。单件运输包装的种类很多。根据包装材料和包装方法的不同，单件运输包装可分为：① 箱（case）。按包装材料的不同，又可分为：木箱（wooden case）、板条箱（crate）、纸箱（carton）、瓦楞纸箱（corrugated carton）和漏孔箱（skeleton case）等。② 包（bundle，bale）。羽毛、羊毛、棉花、布匹和生丝等货物，可以先经机压打包，压缩体积，然后再以棉布、麻布包裹，外加箍铁和塑料带，捆包成件。③ 袋（bag）。粉状、颗粒状和块状的农产品及化学原料，常用袋装。袋又可分为麻袋（gunny bag）、布袋（cloth bag）、塑料袋（plastic bag）、纸袋（paper bag）等。为加强包装牢度，近年来多采用纸塑复合、多层塑料复合和编织袋等。④ 桶（drum，cask）。液体、半液体以及粉状、粒状货物，可用桶装。桶有木桶（wooden cask）、铁桶（iron drum）、塑料桶（plastic cask）等。此外，运输包装还有瓶（bottle）、罐（can）、坛（demijohn；carboy）和篓（basket）、甏（jar）、钢瓶（cylinder）等。

（二）运输包装要求

鉴于国际货物运输距离较长、中间环节较多、遭遇风险的可能性较大等特点，出口商品运输包装应符合下列要求：①坚固。应能够充分保护商品品质的完好和数量的完整，包装结构要合理。②科学。包装本身要方便运输，要便于装卸、储存、保管、清点和查验，也要适合各种不同运输方式的要求。③适销。应充分考虑有关国家的法律或客户的要求，使商品包装符合进口国有关法律的要求或客户的偏好。④经济。在保证包装牢固的前提下注意节约包装材料、节省运输费用。⑤标准化。对运输包装的类型、规格、容量、材料、造型结构、印刷标志以及商品的放置、衬垫、封装方法、名词术语、检验要求等内容规定统一标准，作为各有关方面共同遵守的技术依据。其中，主要以统一材料、统一规格、统一容量、统一标志和统一封装方法为主。

（三）运输包装标志

运输包装标志是指为了方便货物运输、装卸及储存保管，便于识别货物和防止货物损坏，在商品外包装上刷写的标志。按其作用分为运输标志（shipping mark）、指示性标志（indicative mark）和警告性标志（warning mark）等。

（1）运输标志。它俗称"唛头"，通常刷印在运输包装明显的部位，由一些字母、数字及简单的文字组成。其主要包括 4 个要素：①收货人或买方的名称字首或简称。②目的港或目的地名称。如货物运输的目的港或目的地有重名时，还应注明目的港或目的地所在国家或地区的名称；如货物在运输途中需经转运的，还需表明转运地或转运港名称。③件号。每件货物的顺序号和总件数。④业务参考号，如合同号、发票号、信用证号、进口许可证号、货物的花色号、型号、色泽等。运输标志主要便于运输过程中的有关人员辨认货物、核对单证、避免货物在运输途中发生混乱或延误，从而使货物顺利平安运抵目的地。

（2）指示性标志。指示性标志是根据商品的特性，对一些容易破碎、残损、变质的商品，在搬运装卸操作和存放保管方面所提出的要求及注意事项，并用图形或文字表示的标志。例如，"怕湿""向上""小心轻放""禁用手钩"等。为了统一各国运输包装中指示标志的图形与文字，一些国际组织，如国际标准化组织（ISO）、国际航空运输协会（IATA）和国际铁路货运会议（RID）分别制定了包装储运指示性标志，并建议各会员予以采纳。我国有专门的运输包装指示性标志国家标准，所用图形与国际上通用的图形基本一致。如图 10-1 所示。

图 10-1　一些常用的指示性标志

（3）警告性标志。它又称危险品标志（dangerous cargo mark），是指在装有爆炸品、易燃物品、腐蚀物品、氧化剂和放射物质等危险货物的运输包装上用图形或文字表示各种危险品的标志。其目的是警告有关装卸、运输和保管环节的相关人员，应按货物特性采取相应的措施，保障人身和物资的安全。为保证国际危险货物运输的安全，联合国、国际海事组织、国际铁路合作组织和国际民航组织分别制定了国际海上、铁路、航空危险货物运输规则。在出口危险品的外包装上，应分别依照上述规则，刷写必要的危险品标志。如图 10-2 所示是一些《国际海上危险货物运输规则》(简称《国际危规》)所规定的一些危险品标志。

图 10-2 危险品标志

(4)其他标志。除上述包装标志外，商品的运输包装上一般还刷上包件的毛重、净重、体积尺码和商品的生产国别或地区等，这些标志习惯上称作其他标志。许可证号、信用证号、型号、色泽等内容，有时构成运输标志的组成部分，有时作为其他标志的内容。其他标志一般刷印在外包装的非唛头部位的空白位置。

(5)条形码。商品条形码是一组带有数字的宽度不等的平行竖线，它是一种特殊的代码语言，可为光电扫描阅读设备所解释。条形码所表示的内容，主要包括商品的国别、厂商、品种、规格、型号等。目前，许多国家的超级市场都使用条形码技术进行自动扫描结算。若商品包装上没有条形码，即使品质再好，也进不了超市，甚至不许进口。因此，商品包装上的条形码是国际通用的“身份证”，也可以说是国际市场的“入场券”。国际上通用的条形码标志有两种：一种是由美国、加拿大统一编码委员会(Universal Code Council, UCC)编制的，其使用的物品标识符号为 UPC(Universal Product Code)码。对于出口到北美地区的商品，必须申请使用 UPC 码。另一种是由欧共体 12 国成立的欧洲物品编码协会(European Article Number Association)编制的，该组织后改名为国际物品编码协会(International Article Number Association)，其使用的物品标识符号为 EAN(European Article Number)码。为了与国际市场接轨和进一步扩大出口，我国于 1991 年加入国际物品编码协会，该协会分配给中国的国别号为“690”，凡标有“690”条形码的商品，即表示是中国出产的商品。

二、销售包装

销售包装(selling packing)，又称小包装(small packing)、内包装(inner packing)或直接包装(immediate packing)，是在商品制造出来以后以适当的材料或容器所进行的初次包装。销售包装除了保护商品的品质外，还有美化商品，宣传推广，便于陈列展销，吸引顾客和方便消费者识别、选购、携带和使用，从而能起到促进销售，提高商品价值的作用。有的商品如罐头食品，只有进行了销售包装，生产才真正完成。

(一)销售包装种类

销售包装又称内包装，它的作用除保护商品外，主要在于美化宣传，促进销售和便于使用。销售包装按照包装材料不同，可分为纸制包装、金属包装、木制包装、塑料包装、麻制品包装、陶瓷包装、玻璃制品包装等；按照包装造型不同，可分为箱、袋、包、桶等；按照包装质地不同，可分为软性、半硬性和硬性包装。

常见的促销包装有以下几种:①挂式包装。可在商店货架上悬挂展示的包装,如吊钩、吊带、挂孔、网兜等,可充分利用货架的空间陈列商品;②堆叠式包装,常用于听装的食品罐头、饮料或瓶装、盒装商品;③便携式包装,适合消费者携带使用,如有提手的纸盒、塑料拎包等;④一次用量包装即单份包装,包装比较简单,如一次用量的药品、饮料、调味品等包装;⑤易开包装,如易开罐、易开瓶和易开盒等;⑥喷雾包装,如香水、空气清新剂、清洁剂等包装;⑦配套包装,如工具配套袋、成套茶具的包装盒和牙膏、牙刷等旅行用套装;⑧礼品包装,如糖果、化妆品、工艺品、滋补品和玩具等商品的包装。礼品包装的造型应美观大方,有较高的艺术性。礼品包装除给消费者留下深刻印象外,还必须具有保护商品的良好性能。

(二)中性包装

为了打破某些进口国家或地区的关税和非关税壁垒,适应贸易的特殊需要(如转口销售等),卖方有时会使用中性包装来出口。中性包装分为无牌中性和定牌中性两种。无牌中性是指包装上既无生产地名和厂商名称,又无商标、牌号;定牌中性是指包装上仅有买方指定的商标或牌号,但无生产地名和出口厂家的名称。中性包装要与定牌商品和无牌商品相区别。一般情况下,定牌商品和无牌商品在货物或包装上通常均表明产地或生产国别。定牌是应买方要求,在卖方提供的商品上使用买方指定的商标或牌号;无牌是指某些低值商品或原料性商品,不加商标或牌名。值得注意的是,在实际业务中,卖方已越来越重视使用自己的商标或品牌。越来越多的进口国家,要求进口货物必须标明货物的原产地。因此,中性包装的货物出口越来越受局限。

(三)对销售包装的要求

设计良好的销售包装,可以增强商品的国际市场竞争力。出口商品的销售包装设计和制作应便于陈列展售、便于识别商品、便于携带和使用、具有艺术吸引力以及符合销售国家和地区人们的宗教、风俗习惯等。商品销售包装上的标志,是美化商品、宣传商品、吸引消费者、使消费者了解商品特性和正确使用商品的必要手段。标志通常直接印刷在商品包装上,也可采用粘贴、标签、吊牌等方式。销售包装上的文字说明,通常包括商品名称、商标品牌、数量规格、成分构成与使用说明等内容。这些文字说明应与销售包装标志画面紧密结合、和谐统一,以达到树立产品及企业形象、提高宣传和促销的目的。使用的文字说明或粘贴、悬挂的商品标签、吊牌等,还应注意不违反有关国家的标签管理条例的规定。

三、商品包装的作用

商品包装是保护商品在流通过程中数量完整和质量完好的重要措施。设计新颖、美观、适用的销售包装,不仅能有效地保护商品,还可以起到美化商品、提高商品身价、宣传商品、吸引顾客、扩大销路等作用。商品的包装在一定程度上还反映着一个国家科学、文化和艺术的发展水平。根据货物贸易价格统计,商品的包装费用一般占商品价格的6%~10%,而某些特殊商品如法国香水等,其包装费用可达商品价格的70%~80%。如表10-3所示。

若包装成本按5%计算,2008年中国出口总额14285.5亿美元,包装成本约为714.18亿美元。如扣除1%左右的进口包装材料费用,也达571.42亿美元。因此,包装可提高商品的附加值。例如,我国出口的茶叶,如采用30千克纸箱装,每公吨1500美元。如改为铁听装后纸盒装,再箱装,将增加到1700美元/公吨。扣除包装材料成本,增值依然很可观。

表 10-3　各国部分商品的包装成本比率　单位：%

商品名称	法国	美国	英国	日本
化妆品	70～80	30～40	20～25	10
酒类	30～40	20～30	8～10	18
药品	15～20	25～30	5～10	5～8
家电、仪器	3～5	2～5	2～5	2～3
香烟	2～3	3～5	2～3	4～5
食品	25	21	15～25	15
五金零件	4～5	4～5	5	5
平均值	21	20	9～10	7～8

合理的运输包装不仅能够保护货物在长时间和远距离的运输过程中不被损坏和散失，而且还可以方便货物的搬运和储运以及降低运输成本等。在国际货物运输中，一般以货物体积或重量计算运费。通过改变包装形式，往往可以缩小货物体积；改变包装材料或方法，可以降低包装材料或容器的重量，显著节省运费支出。如出口羽绒被，原为 14 条装一纸箱，体积为 0.3513 立方米。如采用真空包装，14 条羽绒被只有 0.181 立方米，可减少运费近 50%。

同时，包装会影响客户对商品的信任。如包装不当，会导致商品在储运过程中质量下降或不方便运输，导致最终失去国外市场。如我国出口英国的蜂蜜，原来用镀锌铁桶装。因内层涂料质量差，铁元素渗入蜂蜜中，导致金属含量偏高，从而失去英国市场。现改为采用黑铁皮桶包装，采用新型内层涂料，经检测金属含量合格，恢复了市场的信任。

目前，国际市场竞争日趋激烈，各国都把改进出口商品包装作为加强对外销售的重要手段。良好的包装，不仅可以保护商品的质量完好和数量完整，便于商品的储存、保管、装卸、搬运和销售，而且美观的销售包装，还能美化、宣传商品，提高商品身价，吸引顾客，扩大销路和增加售价。因此，出口商品包装用料和设计方面应力求达到科学、经济、牢固、美观、适销等要求。

四、国际货物买卖合同中的包装条款

合同中的包装条款内容，主要包括包装材料与方式、包装费用和运输标志等内容。

（一）订立包装条款应注意的问题

（1）包装材料与方式。包装材料与方式一般有两种规定方法：一是明确用料、尺寸、大小、每件重量、包装数量以及填充物和加固条件等，如麻袋装，每袋净重 60 千克；二是采用某种包装术语，如按“按习惯包装”（customary packing）、“适合海运包装”（seaworthy packing）“卖方惯用包装”（seller's usual packing）等。这类规定方法因内容不明确，容易引起争议，应避免使用。若非要使用，应明确规定使用何种材料。若包装材料由买方提供，必须在合同中就有关事宜做出明确规定。

（2）关于包装费用。假如合同中未明确说明包装费用归谁承担，则包装费用一般包含在商品货价内。若买方对包装材料或包装形式有特殊要求，其额外产生的费用应由买方承担，但须在合同中注明。

(3)关于运输标志。如买方对运输标志没有特殊要求,可不列入合同,或只订明“卖方标志”,然后由卖方自行设计、刷制;若买方要求订立“买方标志”,应在合同中明确规定,卖方一般也可以接受。

(4)包装应考虑贸易国家的风俗习惯。

(二)包装条款举例

①木箱装,每箱 30 匹、每匹 40 码(In wooden cases, each packing 30 pcs. Piece length 40Yds);②麻袋装,每袋净重 60 千克(In gunny bags of 60kgs net each);③布袋装,内衬聚乙烯袋,每袋净重 25 千克(In cloth bags, lined with polythene bags of 25 kg net each);④每台装 1 个出口纸箱,810 个纸箱装 1 只 40 英尺集装箱(Each set packed in one export carton,810 cartons in one 40ft container.);⑤聚乙烯袋包装,每袋毛重 25.2 千克,净重 25.0 千克,40 袋入一个塑料托盘,14 个托盘装入 1 只 20 英尺集装箱。塑料托盘费用(每只 9 美元)由买方承担(In polythene bags, each bag with gross weight 25.2 kgs, net weight 25.0kgs. 40 bags to be packed in one plastic pallets, 14 pallets in one 20'FCL. Plastic pallets (each unit price USD9.00) are charged at the buyer's account.)

第十一章　国际货物运输与保险

【案例 11-1】

某公司出口一批真丝服装到美国东岸，货物外包装为纸箱，内包装为透气塑料袋加纸盒，货物采用集装箱运输，向保险公司投保了平安险。货物抵达目的地后，发现集装箱内100多个纸箱严重受潮，外包装纸箱塌陷，内包装纸盒破损，部分服装发霉。买方联系保险单指定的检验理赔代理人进行检验清点，并出具了检验报告。买方凭检验报告向保险公司提出了索赔，但保险公司拒绝理赔，其理由是自然灾害造成的部分损失不在平安险的承保责任范围内。首先，该批货物的损失属于部分损失；第二，造成货损的原因是在海洋运输途中，因台风、暴雨影响，造成集装箱箱顶积水，雨水从箱顶的透气孔渗入到集装箱内，从而造成货物部分损失。对于本案中的损失，如果仅投保平安险或水渍险，买方不能从保险公司得到赔偿；如果在投保平安险或水渍险的基础上，再加保淡水雨淋险或直接投保一切险，则可以从保险公司得到赔偿。因此，投保不同险别，被保险人得到的保险保障是不一样的。

国际货物运输具有中间环节多、风险大、涉及面广、情况复杂多变、时间性强等特点。国际货物运输具有多种运输方式，不同运输方式出具的运输单据性质差别很大，直接关系到买卖双方的货物交接是否顺利、货款收付是否安全。货物在长途运输和存储过程中，可能遭受灭失或损坏，需要办理货物运输风险的保险。保险是指投保人根据合同，向保险人支付保险费，保险人对于合同约定的可能发生的事故因其发生所造成的财产损失承担赔偿保险金责任，或者当被保险人死亡、伤残、疾病或者达到合同约定的年龄、期限时承担给予保险金责任的商业保险行为。国际货物运输保险的被保险人或投保人在货物装运以前，估计一定的投保金额(保险金额)，向保险人(承保人)，即保险公司投保货物运输险。被保险人按投保金额、投保险别及投保费率，向保险人支付保险费并取得保险单据。被保险货物若在运输过程中遭受保险事故造成损失，保险人负责对属于投保险别的责任范围内的损失，按保险金额及损失程度赔偿给保险单据的持有人。合理选用运输方式、正确规定装运条款与保险条款的具体内容，是国际货物买卖的成功关键所在。

第一节　国际货物运输

国际货物运输的范围涵盖出口国家的原产地直至进口国家的最终目的地(如买方的工厂仓库、批发仓库、零售仓库等)。运输范围可细分为三段：①出口国的国内段运输(pre-carriage)，即从货物的原产地运到货物的装运港(地)；②主运输(main carriage)，即将货物从位于出口国的装运港(地)运到进口国家的目的港(地);③进口国的国内段运输(post-carriage),即将货物从进口国的目的港(地)运送到买方所在地。国际货物买卖合同中的运输条款内容一般包括运输责任、运输方式、装运时间、交货时间、装运港(地)和目的港(地)、运输单据、分批装运和转运、装运通知等。

一、运输责任

在实际业务中,国际货物买卖普遍采用FOB、CFR、CIF、FCA、CPT、CIP这6个象征性交货的贸易术语成交。采用不同的贸易术语,买卖双方承担的运输责任不尽相同。以FOB、CFR、CIF贸易术语成交的合同,第2段运输(②运输)必须是海洋运输或内河水运),而①③段的运输方式没有限制;以FOB贸易术语成交的合同,卖方负责①运输,买方负责②③运输;以CFR、CIF贸易术语成交的合同,卖方负责①②运输,买方负责③运输;FCA、CPT、CIP贸易术语成交的合同,①②③段的运输方式均没有限制。以FCA贸易术语成交的合同:如规定货物的装运地在卖方的工厂所在地,卖方不负责①运输,货物全程运输(①②③运输)由买方负责;如规定货物的装运地不在卖方的工厂所在地,卖方负责①运输,买方负责②③运输。以CPT、CIP贸易术语成交的合同,如规定货物的目的地就在买方所在地,则卖方负责货物的全程运输(①②③运输);如规定货物的目的地不为买方的所在地,则卖方负责①②运输,买方负责③运输。

二、运输方式

运输方式有海洋运输、内河运输、公路运输、铁路运输、航空运输、管道运输、邮政运输等,其中海洋运输又可分为沿海运输、近洋运输和远洋运输。为了方便运输,减少货物灭失或损坏的风险,集装箱运输应运而生。集装箱运输不仅适用于任何运输方式,而且也推动了国际大陆桥运输、国际多式联运等运输方式的发展。

(一)国际集装箱运输

集装箱运输在国际货物运输中运用较为广泛。因集装箱运输路程远、使用频率高,在运输途中常受各种力的作用和环境的影响。集装箱的制造应尽量采用质量轻、强度高、耐用、维修保养费用低的材料。集装箱的种类、规格、用途很多,按照集装箱的规格、材料和用途不同,可分为干货箱、开顶箱、台架式、折叠式、通风箱、冷藏箱、散货箱、动物箱、罐式箱、汽车用箱等;按其制造的主体材料,可分为钢制集装箱、铝制集装箱、不锈钢制集装箱、玻璃钢制集装箱。目前,海运使用最多的4种集装箱规格有:8×9.6×40英尺(40′HQ,40尺高箱)、8×8.6×40英尺(40′GP,40尺普通箱)、8×9.6×45英尺(45′HQ,45尺高箱)、8×8.6×20英尺(20′GP,20尺普通箱)。常用集装箱及部分特种箱的箱型参数如表11-1所示。装箱运输可分为整箱运输和拼箱运输。在发货人有足够货物装满一个或数个集装箱时,通常采用整箱运输(full container load, FCL);当货物数量不足以装满一个集装箱时,可以采用拼箱运输(less than container load, LCL)。按照集装箱运输的不同装箱方式,集装箱货物的交接方式也可相应分为以下四种:

(1)整箱装、整箱接(FCL-FCL)。发货人在工厂仓库或集装箱堆场,将货物装入集装箱,以整箱的方式交给承运人,而收货人在目的地以同样整箱的方式接货。这种运输方式,可实现“门到门”运输(Door-Door)、“场到场”运输(CY-CY)、“门到场”运输(Door-CY)、“场到门”运输(CY-Door)。

(2)拼箱装、拆箱接(LCL-LCL)。在采用拼箱装运的情况下，承运人负责将不同发货人运往同一目的港(地)的货物装入同一个集装箱。集装箱到达目的地后，由承运人负责拆箱，将货物分别交给不同的收货人。这种运输方式，称为“站到站”服务(CFS-CFS)。

(3)整箱交、拆箱接(FCL-LCL)。在发货人只有一个，但同一目的地的收货人不止一个时，发货人将整箱货物交给承运人。货物运抵目的地后，由承运人负责拆箱后，各收货人凭单接货。这种运输方式，可实现“场到站”(CY-CFS)、“门到站”(Door-CFS)服务。

(4)拼箱交、整箱接(LCL/FCL)。在发货人不止一个，而收货人只有一个的情况下，承运人将不同发货人的货物进行分类调整，把同一收货人的货物集中拼装成整箱。货物运抵目的地后，承运人以整箱交、收货人以整箱接。这种方式下可实现“站到门”(CFS-Door)及“站到场”(CFS-CY)服务。

中国进出口集装箱主要航线有日本航线(Japan Service)、欧洲航线(Europe Service)、美西航线(W/C America Service)、美东航线(E/C America Service)、香港航线(Hong Kong Service)、韩国航线(Korea Service)、东南亚航线(East-South Asia Service)、地中海航线(Mediterranean Service)、澳新航线(Australia/New Zealand Service)、南非航线(South Africa Service)、南美航线(South America Service)、东西非航线(West East Africa Service)、波红航线(Persian Gulf/Red Sea Service)和台湾航线(Taiwan Service)。各航线的运价变动情况可参见上海航运交易所网站(http://www.sse.net.cn)的相关航线集装箱运价指数。

(二)国际海洋运输

75%左右的国际货物是通过海洋运输完成的。按经营方式的不同，海洋运输可分为班轮运输(liner)和租船运输(charter)两大类。班轮运输和租船运输在租船方式、运输手续、计收运费和船货双方的责任与义务等各方面都有较大的区别。

1. 租船运输

租船运输又称不定期船(tramp)运输。当要运送的货物数量较多、货值较低时，一般采用租船运输。货主或货运代理人可根据自己的需要，与船东进行洽谈，议定租船运输的条件。根据货物性质、输送地点、运输路程远近以及国际租船市场的供求关系等，商定货物的运价。租船人与船东达成协议后，签订租船合同，共同确定船期、航线及港口。根据租船合同，船东将船舶出租给租船人使用，以完成特定的货物运输，租船人按合同规定的运价支付运费。租船方式可以采用包租船舶全部舱位、部分舱位或指定舱位等不同形式。租船运输适用于批量大、货种单一、交货集中的大宗货物运输。目前，世界上主要的船舶市场有四个：伦敦租船市场、纽约租船市场、欧洲大陆及北欧租船市场和香港租船市场。

租船运输的方式主要有：定程租船、定期租船和航次期租三种。

(1)定程租船(voyage charter)又称航次租船，船东必须依照租船合同规定的航程完成货物运输，负责船舶的经营管理，支付船舶在航行途中的一切费用。租船人以航程为基础支付运费。定程租船又可分为单航次租船(single voyage charter)、来回航次租船(round trip charter)、连续单程租船(consecutive trip charter)和包运合同租船。

(2)定期租船(time charter)。出租人将船舶出租给租船人使用一定期限，在此期限内出租的船舶由租船人自行调度和经营管理。定期租船的租金，可按月(30天)、按每载重吨

表 11-1　海运集装箱箱型及尺寸

箱型	尺寸（英尺）		外尺寸(毫米)			内尺寸(毫米)			箱门(毫米)		内容积（立方米）	重量(千克)			配货毛重	配货容积
			长	宽	高	长	宽	高	宽	高		自重	载重	总重	千克	立方米
干货箱	20′GP	20×8×8.6	6096	2438	2591	5925	2340	2379	2286	2278	33	1900	22100	24000	17500	24～26
	40′GP	40×8×8.6	12192	2438	2591	12043	2336	2379	2286	2278	67	3084	27396	30480	22000	54
	40′HQ	40×8×9.6	12192	2438	2896	12055	2345	2685	2340	2585	76	2900	29600	32500	22000	68
	45′HQ	45×8×9.6	13716	2438	2896	13580	2347	2696	2340	2585	86	3800	28700	32500	29000	86
冷冻箱	20′	20×8×8.6	6096	2438	2591	5440	2294	2273	2286	2238	28	2750	24250	27000		
	40′	40×8×8.6	12192	2438	2591	11577	2294	2210	2286	2238	59	3950	28550	32500		
	40′HQ	40×8×9.6	12192	2438	2896	11577	2294	2509	2290	2535	67	4150	28350	32500		
	45′HQ	45×8×9.6	13716	2438	2896	13102	2286	2509	2294	2535	75	5200	27300	32500		
开顶箱	20′OT	20×8×8.6	6096	2438	2591	5919	2340	2286	2286	2251	32	2177	21823	24000	20000	31.5
	40′OT	40×8×8.6	12192	2438	2591	12056	2347	2374	2343	2274	67	4300	26180	30480	30400	65
框架箱	20′台架式	20×8×8.6	6096	2438	2591	5935	2398	2327	——	——	——	2560	21440	24000		
	40′台架式	40×8×8.6	12192	2438	2591	12080	2420	2103	——	——	——	4300	26180	30480		
	20′可折叠	20×8×8.6	6096	2438	2591	5966	2418	2286	——	——	——	2970	27030	30000		
	40′可折叠	40×8×8.6	12192	2438	2591	12064	2369	1943	——	——	——	5200	39800	45000		
平台箱	20′	20×8×8.6	6096	2438	——	——	——	——	——	——	——	1960	18360	20320	23000	28
	40′	40×8×8.6	12192	2438	——	11823	2197		——	——	——	4860	39580	44440	36000	50
罐箱	20′	20×8×8.6	6096	2438	2438	——	——	——	——	——	20	2845	21540	24385		

(DWT)若干金额计算。定期租船还有一种方式叫光船租船(bare boat charter)。它与一般定期租船不同的是,在光船租船的方式下,船东将船舶交给承租方使用,由承租方自行配备船员,负责船舶的经营管理、航行等各项事宜。

(3)航次期租(time charter on trip basis, TCT)。介于航次租船和定期租船之间的租船方式,以完成一个航次运输为目的,按完成航次所花的时间,依约定的租金率计算租金。

定程租船费用主要包括租船运费、装卸费、滞期费、速谴费等。其中,租船运费是指货物从装运港运至目的港的海上运费。程租船运费的计算方式与支付时间,需由租船人与船东在所签订的程租船合同中明确规定。其计算方式主要有两种:一是确定每单位重量或体积应支付的运费,规定按照装船时的货物重量或是卸货时的货物重量来计算总运费;二是整船包价,规定整船运费,船东保证船舶能提供的载货重量和容积,不管承租方实际装货多少,一律照整船包价付。租船运费的高低取决于诸多因素,如租船市场运费水平、货物价值、装卸货物所需设备和劳动力、运费的支付时间、装卸费的负担方法、港口费用高低以及船舶经纪人的佣金率等。租船运费有预付、到付之分。预付又可分为全部预付、部分预付;到付有船到目的港开始卸货前付、边卸边付、货物卸完后支付三种。

在定程租船运输中,货物的装卸费用由租船人和船东在租船合同中做出具体规定。租船合同中有关装卸费的负担,一般可分为:船方不负担装卸费(free in and out, FIO);船方不负担装货费(free in, fI);船方不负担卸货费(free out, FO);船方不负担装卸费、理舱费与平舱费(free in and out and stowed and trimmed, FIOST);船方负担装卸费(berth term,缩写为 BT,又称 liner term)等。在船方负担装卸费用的条件下,船方的责任以船上吊钩所及之处为界,即所谓"钩至钩"(tackle to tackle)。

买卖大宗商品时,租船合同的双方往往会规定装卸时间和装卸率。装卸率一般根据货物品种和港口的装卸速度来确定。在规定的装卸期限内,如果承租人未能按时完成装卸,为了补偿出租人船舶延迟开航所造成的损失,从原计划规定的装卸完毕时间到全部货物实际装卸完毕的滞期时间,承租人应向出租人支付"滞期费"。相反,如在规定的装卸期内,承租人实际提前完成了装卸,那么出租人应按其节省的时间向承租人支付"速谴费"。滞期费的数额一般低于船舶租金,速遣费通常为滞期费的一半。

(2)班轮运输

班轮运输又称为定期船运输,是指船舶在固定的航线和港口间按事先公布的船期表航行,从事客、货方面的运输业务并按事先公布的费率收取运费的一种运输方式。班轮运输具有四个特点:①班轮运输具有"四固定",即具有固定航线、固定港口、固定船期和相对固定的费率;②由承运人负责货物配载、装卸,并负担装卸费用,承运人和托运人双方不计算装卸时间、滞期费和速遣费等;③承运人的责任以签发的班轮提单条款为依据;④装载数量不受限制。班轮公司承运货物要收取班轮运费。班轮运费在一定时期内相对稳定,它以班轮运费率为基础进行计算。班轮公会、班轮公司会定期公布班轮运价表。班轮运价表由基本费率(basic freight rate)和多种附加费率(surcharges)所构成。班轮基本运费率的计算标准可分为以下九种类型:

①按货物毛重计收。在运价表中,以字母"W"(英文 weight 的缩写)表示。一般以 1 公吨为计算单位,保留 2 位小数。有些船公司按长吨或短吨计算运费。

②按货物的体积计收。在运价表中,以字母"M"(英文 measurement 的缩写)表示。一

般以 1 立方米为计算单位。有些船公司按 40 立方英尺为 1 尺码吨计算。

③按货物的毛重或体积计收运费，计收时以其数量较高者为准。在运价表中以“W/M”表示。1 重量吨货物的体积，如大于 1 立方米或 40 立方英尺按体积计收运费；如小于 1 立方米或 40 立方英尺按毛重计收运费。

④从价运费。在运价表中以“adval”表示。一般按商品 FOB 货价的一定百分比计算运费。按从价标准计算运费的货物，一般都属于价值较高但体积较小、重量较轻的货物。

⑤按货物重量、体积或价值三者中最高的一种计收，在运价表中以“W/M or ad. val”表示。

⑥按货物重量、体积从高计收并加收一定百分比的从价运费。在运价表中以“W/M plus adval”表示。

⑦按货物的件数计收。如汽车、火车头、卡车等按辆计收运费；活牲畜如牛、羊、猪等按头计费。

⑧大宗低值货物按议价计收运费(open rate)。如粮食、豆类、煤炭、矿砂等大宗货物，由于其体积大，价值低，一般在班轮费率表内不规定具体费率。在订舱时，由托运人和船公司临时洽商议订。议价运费比按等级运价计算运费。

⑨起码费率(minimum rate)。在运输中，如果按每一提单上所列的重量或体积所计算出的运费尚未达到运价表中规定的最低运费额时，则按最低运费计收。

班轮附加费的种类较多，在不同的情况下，船公司可收取不同种类和数额的附加费。常见的附加费种类有：超重附加费、超长附加费、燃油附加费、港口附加费、港口拥挤附加费、货币贬值附加费、绕航附加费、转船附加费、直航附加费、选港附加费、偏港手续费等。如表 11-2 所示。

表 11-2　海运常见附加费缩写、含义及使用航线

缩写	含义	使用航线
BAF	燃油附加费	大多数航线都有，但标准不统一
SPS	上海港口附加费	船挂上港九区、十区
ORC	本地出口附加费	和 SPS 类似，一般在华南地区使用
FAF	燃油价调整附加费	日本线、波斯湾、红海、南美
YAS	日元升值附加费	日本航线专用
GRI	综合费率上涨附加费	一般是南美航线、美国航线使用
DDC、IAC	直航附加费	美加航线使用
IFA	临时燃油附加费	某些航线临时使用
PTF	巴拿马运河附加费	美国航线、中南美航线使用
EBS、EBA	燃油附加费	EBS 一般是日本、澳洲航线使用， EBA 一般是非洲航线、中南美航线使用
PCS	港口拥挤附加费	以色列、印度某些港口及中南美航线使用
PSS	旺季附加费	大多数航线在运输旺季时可能临时使用
CAF	货币贬值附加费	适用于直达运费或含附加费运费
GRR	综合费率恢复	YM Line (阳明公司)在旺季收取的附加费
RR	费率恢复	是船公司涨价的手段之一，类似 GRR

续表

缩写	含义	使用航线
DDC	目的港交货费用	
ACC	加拿大安全附加费	
SCS	苏伊士运河附加费	
THC	码头操作(吊柜)费	
TAR	战争附加费	临时附加费风险实指战争附加费
CUC	底盘费	可能指车船直接换装时的吊装吊卸费
ARB	中转费	
ACC	走廊附加费	从 LBH(Long Beach)、LAX(Los Angeles)中转至加州(California)亚利桑那州(Arizona)内华达州(Nevada)的货收
AMS	自动舱单系统录入费	用于美加航线
IAP	印尼港附加费	

各种附加费的计算方法主要有两种:一是以百分比表示,即在基本费率的基础上增加一定百分比的数额;二是用绝对数表示,即每运费吨增加若干金额,或每票货物收若干金额。例如,中国去日本偏港的货物另需加手续费 USD 20/票,其中 NAHA 需收手续费 USD 70/票。

各种附加费与基本运费直接相加计算班轮运费。班轮运费的计算公式为:

$$F = F_b + \sum S,$$

其中,F 为运费总额;F_b 为基本运费;$\sum S$ 为征收的各种附加费之和。

同一包装内如混装有不同种类的商品,运费按较高者计收。同一批装运的货物,如包括不同种类的包装,其计费标准及等级也不同。托运人应按不同包装分列毛重及体积,才能分别计收运费,否则全部货物均按较高者收取运费。同一份提单内如有两种或两种以上不同货名的商品,托运人应分别列出不同货名商品的毛量或体积,否则全部将按较高者收取运费。

在班轮运输情况下,如采用集装箱运输,因集装箱运输有整箱(FCL)与拼箱(LCL)之分,其整箱运价与拼箱运价的计算依据有所不同。承接班轮集装箱运输的承运人有两类:国际班轮运输业务经营者、无船承运业务经营者。在上海航交所备案的国际班轮运输业务经营者有 141 家,无船承运业务经营者 5475 家。如表 11-3 所示是 2016 年 8 月 22 日从上海航运交易所查询到的,集装箱箱型统一为 40 尺的干货箱、一般货物,从上海港出发到日本航线东京港的两类不同承运人的分别报价(包箱费率,FAK),运价生效时间是自 2016 年 8 月 1 日起。可以发现,无论是无船承运人之间或是班轮运输经营者之间,它们所报的运价与附加费差异很大。

附表 1 为 2016 年 8 月 22 日从上海航运交易所查询到的,集装箱箱型统一为 40 尺的干货箱、一般货物,从上海港出发走东西非航线、南美南非航线、地中海航线、中南美航线、美东航线、美西航线、波红航线、东南亚航线、澳新航线、日本航线、韩国航线的中远集运(COSCO)、韩进海运(HJS)报价表,可以发现不同的船公司之间存在激烈的价格竞争和目的港竞争。在东西非航线中,尼罗河航运(NDAL)是除中远集运、韩进海运外的唯一第三家运价备案承运人。中远集运不走日本航线、韩国航线和东南亚航线。在东西非航线外的其他航线中，世界各大船公司的竞争相当激烈。例如，2016 年 8 月 23 日从上海某国际物流有限公司查到的上海至埃及塞得港(PORT SAID,Egypt)的海运拼箱运价(资料来源：http://www.jantong56.com/page/PXYJCX/index.php)，如表 11-4 所示。

表 11-3 从上海到东京的 1 个 40 尺干货集装箱的运价表(普通货物) 单位：美元

公司简称	业务经营者类别	起始港	目的港	运价	佣金	箱扣	BAF	CAF	O. THC	D. THC	生效日期
兴亚船务	班轮运输	上海	东京	100					1162	45000	2016/8/20
总统轮船	班轮运输	上海	东京	1500			160		1140	45000	2016/8/8
MCC	班轮运输	上海	东京	1774					1155	45000	2016/8/1
赫伯罗特	班轮运输	上海	东京	466				60	1185	46000	2016/8/1
日本邮船	班轮运输	上海	东京	600	6				1195	45000	2016/8/1
韩进海运	班轮运输	上海	东京	3000					1185	45000	2016/8/1
麦兰威典	无船承运	上海	东京	550							2016/8/16
坂田	无船承运	上海	东京	600							2016/8/10
万硕货运	无船承运	上海	东京	500							2016/8/1
万升货运	无船承运	上海	东京	500							2016/8/1
COLL	无船承运	上海	东京	170					100		2016/8/18
维佳杭州	无船承运	上海	东京	940							2016/8/20
新纪元旭东	无船承运	上海	东京	700							2016/8/1
敦豪无锡	无船承运	上海	东京	280			160		1185	140	2016/8/15
敦豪新疆	无船承运	上海	东京	280					775	30000	2016/8/15
敦豪天津	无船承运	上海	东京	280					1162	45000	2016/8/15
敦豪苏州	无船承运	上海	东京	280							2016/8/15
DANMAR	无船承运	上海	东京	280							2016/8/15
开源	无船承运	上海	东京	570							2016/8/19
捷尼克物流	无船承运	上海	东京	100					30		2016/8/15
纪星集团	无船承运	上海	东京	520					10		2016/7/15
硕达上海	无船承运	上海	东京	950							2016/8/12
TRANSSER	无船承运	上海	东京	950							2016/8/12
港捷上海	无船承运	上海	东京	560							2016/8/1

资料来源：http://www.sse.net.cn/newfiling/openprice.jsp，访问日期：2016 年 8 月 22 日

表 11-4 从中国上海港到埃及塞得港的拼箱参考运价

<table>
<tr><td colspan="2">从中国上海港到埃及塞得港
航程：22 天
船期：周六</td><td>From：SHANGHAI TO PORT SAID
Voyage：22days
Schedule：Saturday</td></tr>
<tr><td rowspan="2">发货人支付
(Paid by the Consignor)</td><td>基本运价
(Freight)</td><td>63USD/CBM：轻货 (Light cargo)
68USD/Metric Ton：重货 (Weight cargo)</td></tr>
<tr><td>附加费
(Surcharges)</td><td>ENS：25USD/BILL
报关费：100RMB/BILL
文件费：100RMB/BILL</td></tr>
</table>

续表

收货人支付 (Paid by the Consignee)	目的港收费 Surcharges at Port of destination	拆箱费(Port Landing)	125EGP/RT	
		管理费(Administration)	50EGP/BILL	
		换单费(Delivery Order Fee)	50EGP/BILL	
		勘察费(Lloyds Survey)	75EGP/BILL	Optional

备注：基本运费按货物实际体积(立方米)x 体积单价，或货物实际毛重(MT)x 重量单价，比较后取大值计算。

资料来源：http://www.jantong56.com/page/PXYJCX/index.php

每当出口旺季、舱位紧张时，船公司会采用各种手段不断提高运价，进出口企业的运输成本会大大增加。如何在签订贸易合同前，对运输成本能够做出合理判断，成为进出口企业关注的重中之重。进出口企业可以利用自己的货运量来降低运价，并注意部分航线运输的实际运价因货物种类而有所不同。一般来说，国际货运业务的大部分操作都由货代企业完成，广大货主企业，尤其是开展进出口业务时间不长的生产企业，对运价环节的把握并不完全确定，造成了在核算运输成本时缺乏决策依据。海运运价包括几部分，以上海港为例，出口集装箱整箱运价中就包括海运基本运价(船公司对外公布的运价)、BAF(燃油附加费)、SPS(上海港口附加费)、PSS(旺季附加费)、GRI(综合费率上涨附加费)。其中，海运基本运价船公司各不相同，但对于货主来说，如果为你提供货运服务的货代，与某一船公司签订有协议运价，甚至有的因为货量大有箱扣等优惠政策，则货代可以提供的某一船公司的运价可能远远低于船公司自身公布的运价。BAF、SPS一般差别不大，而PSS、GRI则跟整个货运量及市场环境有关，不确定因素很多，但有些货代企业与某一船公司签有关于这一方面的特殊条款，往往也能享受到非常优惠的政策

在咨询运价时应注意：

(1)某一航线一般有多家船公司经营，在选择合适船期的船公司后，要注意为你提供货运服务的货代企业是否与这家船公司签有协议运价，如有你便可以享受到比较低的运价。

(2)如果你有较稳定的长期货量，可以直接与船公司签订一个协议运价，由船公司指定它的代理为你提供货运服务。

(3)PSS(旺季附加费)、GRI(综合费率上涨附加费)这两部分费用，如果你的运输计划正确性比较高，可以通过与船公司或货代的协商，达成一定程度的减免。

(4)美国航线的货物，关于海运基本运价部分，一部分船东以采取FAK运价(所有货种同费率)方式，一部分船东则采取根据货物品名分级的费率方式，忽视这一点，货主询价的结果可能与实际运输的运价相差很大。

3. 国际内河运输

在国际上，有些内河途经不同的国家(或地区)，因而可以用以国际货物运输。其中，比较有名的内河有：①亚洲的湄公河(Mekong River)，发源于中国青海省，流经中国的西藏自治区、云南省后，经过老挝、泰国、柬埔寨与越南，从越南的胡志明市(西贡)流入南海。老挝的首都万象、柬埔寨的首都金边，也都在其岸边。湄公河疏浚，对中国开展与下游这些国家开展货物贸易具有显著的积极意义。②欧洲的莱茵河，是西欧第一大河，也是欧洲的一条著名国际河流，自1815年起就已成为国际航运水道，是世界上重要的工业运输大动脉之一，也是世界上航运繁忙的河流之一。她流经列支敦士登、奥地利、法国、德国和荷兰，最后在鹿特

丹附近注入北海，全长 1390 公里，通航里程 900 公里，其中大约 700 公里可以行驶万吨货轮。同时，莱茵河还通过一系列运河与其他运河连接，构成了一个四通八达的水网。内河运输运价低廉、运输方便，但应注意日益严重的污染问题。目前，国际上在有效扩大内河运输的同时，已开始密切关注生态保护问题。

4. 国际航空运输

按空运方式的不同，可分为班机运输、包机运输、集中托运和航空快递等形式。国际航空货物运输具有许多其他运输方式所不能比拟的优越性：首先，航空运输快速、安全、准确；其次，可以不受地面条件的限制，运输可以深入到内陆地区。另外，采用航空运输时，货物在途时间短、周转速度快，企业可以相应地减少包装、保险、利息等费用。

在咨询空运(air freight)报价时一定要问清楚运价的包含费用。例如，每千克 20 元人民币包干(ALL IN)价。ALL IN 一般包含了燃油附加费(MYC)和安全附加费(SCC)；或者每千克 20 元人民币＋＋价。＋＋运价不包含燃油附加费和安全附加费。要注意的是，空运价可以包含操作费(handling charge, HC)，也可以不包含操作费，视具体情况而定。操作费根据货物种类、包装种类以及不同的监管库，收费可能有所不同。因此，在咨询空运运价时一定要问清楚价格的包含费用。单笔空运出口的货物，空运报价一般按其重量进行分级报价，且各分级间差异很大。货物重量分级一般为：0～45 千克(不含)、45～100 千克(不含)、100～300 千克(不含)、300～500 千克(不含)、500～1000 千克(不含)，以及 1000 千克(含)以上级别。如表 11-5 所示是某空运货代提供的某周航空运输特价，不同的航空公司、不同的目的地机场，运价差异很大。

表 11-5　从中国上海/深圳/北京到美加不同机场的空运参考运价 单位：元人民币

起运地 Airport of Departure	目的地 Airport of Arrival		航空公司 Airlines		货物重量(千克) Cargo weight(KGS)					航程 Voyage
					45＋	100＋	300＋	500＋	1000＋	
上海/深圳/北京 Shanghai/Shenzhen/Beijing	洛杉矶	Los Angeles	西翼航空	Wings West	47.5	18.5	18.5	17.5	17.5	4 天(Days)
	纽约	New York	中国国际	Air China	22.4	20.9	19.9	19.9	19.9	4 天(Days)
	蒙特利尔	Montreal	东方航空	China Eastern	47.5	21.5	21.5	19.5	19.5	5 天(Days)
	底特律	Detroit	东方航空	China Eastern	45	27	27	24	23	5 天(Days)
	温哥华	Vancouver	东方航空	China Eastern	45.5	20.5	20.5	19.5	19.5	4 天(Days)
	芝加哥	Chicago	中国国际	Air China	46.5	18.5	18.5	17.5	17.5	5 天(Days)
	华盛顿	Washington	中国国际	Air China	45	22.5	22.5	21.5	21.5	4 天(Days)
	西雅图	Searle	中国国际	Air China	47.5	19.9	19.9	18.5	18.5	4 天(Days)

5. 国际邮政运输

国际邮政运输(international parcel post transport)，又称为邮包运输(parcel post transport)。邮政托运人只要向邮政局照章办理一次托运，一次付清足额邮资，并取得一张包裹收据(parcel post receipt)，全部手续即告完成。中国于 1972 年加入万国邮政联盟组织(universal postal union)，现已与很多国家签订了邮政包裹协定和邮电协议。因此，在中国办理国际邮政运输比较方便。国际邮政运输按照经营方式的不同可分为函件和包裹两大类；按照邮寄方式的不同，可分为普通邮包和航空邮包。国际邮政运输对邮件的重量和体积均有限制，如每件包裹重量不得超额20公斤，长度不得超过一公尺，但各国规定不尽相同。邮寄包裹时，应向邮局详细查问。

国际邮包通过一个或几个国家经转，邮件运送、交接、保管、传递等一切事宜均由各国邮政局负责办理。因此，国际邮政运输具有“门到门”运输和国际多式联运的性质。邮包在各个国家或地区之间的相互协作配合下运抵目的地，收件人可凭邮政局“到件通知”或收据向邮政局提取邮包。国际邮包运输一般采用水路、陆路和航空运输，或由两种或两种不同的运输方式结合起来运输。

邮政运输一般只适合重量轻、体积小的货物，如精密仪器、机器零配件、药品、样品和生产上急需的物品等。随着跨境电商的发展，邮包运输进入前所未有的发展好时机。表11-6是中国邮政的国际小包标准资费及分区表。中国到世界各国的平邮小包分八区，挂号小包分10区，同一国家的平邮小包和挂号小包分区并不完全一致。邮包运输的计费最低重量为500克。如邮寄一件200克包裹到埃及、俄罗斯，平邮小包的资费分别为21元（0.2×105）、20.5元（0.2×102.5），挂号小包的资费分别为43.20元（0.2×176＋8）、27.26元（0.2×96.3＋8）。

表11-6　中邮国际小包标准资费表

平邮小包（Ordinary small parcels）		挂号小包（Register Small parcels）			国家举例（Countries Specimens）
每千克单价（CNY/kg）	平邮小包计费区（Charge Area）	每千克单价（CNY/kg）	挂号费（元/件）（Register Fee CNY/parcel）	挂号小包计费区（Charge Area）	
62.00	1	62.00	8.00	1	日本（Japan）
68.00	2	71.50	8.00	2	韩国（Korea）
68.00	2	71.50	8.00	2	马来西亚（Malaysia）
68.00	2	81.00	8.00	3	奥地利（Austria）
68.00	2	81.00	8.00	3	保加利亚（Bulgaria）
85.00	4	85.00	8.00	4	土耳其（Turkey）
85.00	4	85.00	8.00	4	新西兰（New Zealand）
85.00	4	90.50	8.00	5	乌克兰（Ukraine）
85.00	4	90.50	8.00	5	乌兹别克斯坦（Uzbekistan）
85.00	4	90.50	8.00	5	西班牙（Spain）
105.00	5	105.00	8.00	6	南非（South Africa）
105.00	5	110.00	8.00	7	巴西（Brazil）
105.00	5	110.00	8.00	7	墨西哥（Mexico）
105.00	5	120.00	8.00	8	阿联酋（United Arab Emirates）
105.00	5	120.00	8.00	8	柬埔寨（Cambodia）
105.00	5	147.50	8.00	9	阿尔巴尼亚（Albania）
105.00	5	147.50	8.00	9	摩纳哥（Monaco）
105.00	5	176.00	8.00	10	埃及（Egypt）
105.00	5	176.00	8.00	10	埃塞俄比亚（Ethiopia）
105.00	5	176.00	8.00	10	喀麦隆（Cameroon）

续表

平邮小包 (Ordinary small parcels)		挂号小包 (Register Small parcels)			国家举例 (Countries Specimens)
每千克单价 (CNY/KGS)	平邮小包计费区 (Charge Area)	每千克单价 (CNY/KGS)	挂号费(元/件) (Register Fee CNY/parcel)	挂号小包计费区 (Charge Area)	
105.00	5	176.00	8.00	10	肯尼亚(Kenya)
105.00	5	176.00	8.00	10	委内瑞拉(Venezuela)
120.00	6	120.00	8.00	8	智利(Chile)
120.00	6	176.00	8.00	10	巴拉圭(Paraguay)
102.50	7	96.30	8.00	5	俄罗斯(Russia)
83.00	8	81.00	8.00	3	澳大利亚(Australia)
83.00	8	81.00	8.00	3	德国 (Germany)
83.00	8	81.00	8.00	3	荷兰 (Netherlands)
83.00	8	81.00	8.00	3	以色列(Israel)
83.00	8	90.50	8.00	5	英国(The United Kingdom)

6. 国际铁路运输

铁路运输速度快、运量大、成本低、不受气候条件影响，具有安全、准确、连续性强的特点。通过铁路运输完成的货运量仅次于海洋运输，因而铁路运输在国际货物运输中占据着举足轻重的地位。

铁路运输按其承担运输的地理位置不同，可以分为国内铁路运输和国际铁路联合运输。国际铁路联合运输是指由两个或两个不同国家的铁路当局进行联合，使用一份统一的国际联运票据，途经两个或两个以上的国家铁路来完成一笔国际货物运输。

国际铁路联合运输所依据的国际条约有《国际货约》《国际货协》。1890 年，欧洲各国在瑞士首都伯尔尼举行各国铁路代表会议，制定了《国际铁路货物运送规则》，1938 年修改时，改名为《国际铁路货物运送公约》，简称《国际货约》或《伯尔尼货运公约》；《国际货协》是《国际铁路货物联运协定》的简称。

中华人民共和国在成立初期与苏联签订了《中苏铁路联运协会协定》。1952 年，苏联与东欧七国签订《国际铁路货物联运协定》，中国于 1954 年 1 月 1 日加入国际货协。基于“一带一路”倡议框架，中国已发展了至少 7 条欧亚铁路运输路线(见表 11-7)，具体为：汉新欧(武汉—新疆—欧洲)、义新欧(义乌—新疆—欧洲)、渝新欧(重庆—新疆—欧洲)、蓉欧(成都—欧洲)、合新欧(合肥—新疆—欧洲)、郑欧(郑州—欧洲)和苏满欧(苏州—满洲里—欧洲)。以渝新欧、义新欧为例，渝新欧铁路运输途径 6 个国家，包括中国、哈萨克斯坦、俄罗斯、白俄罗斯、波兰和德国；义新欧铁路运输途径 8 个国家，包括中国、哈萨克斯坦、俄罗斯、白俄罗斯、波兰、德国、法国和西班牙。中欧专列一般采用集装箱 40HQ，拼箱与整箱均可。

表 11-7 中欧铁路货运专列

专线名称(Lines)	中国起点/终点站 Origin station in China		欧洲起点/终点站 Origin station in Europe
汉新欧 Wuhan- Sinkiang-Europe	武汉	Wuhan	帕尔杜比采/梅林克 Pardubice/Melnik
义新欧 Yiwu-Sinkiang-Europe	义乌	Yiwu	西班牙的马德里 Madrid, Spain
渝新欧 Chongqing-Sinkiang-Europe	重庆	Chongqing	德国的杜伊斯堡 Duisburg, Germany
合新欧 Hefei-Sinkiang-Europe	合肥	Hefei	德国的汉堡 Hamburg, Germany
蓉欧 Chengdu-Europe	成都	Chengdu	波兰的罗兹 Lodz, Poland
郑欧 Zhenzhou-Europe	郑州	Zhengzhou	德国的汉堡 Hamburg, Germany
苏满欧 Suzhou-Manzouli-Europe	苏州	Suzhou	波兰的华沙 Warsaw, Poland

资料来源:http://hn.ifeng.com/jingji/jinrijingji/detail_2014_11/19/3169696_0.shtml

7. 国际公路运输

国际公路运输一般采用汽车运输,以公路为运输线,利用汽车等陆路运输工具将货物从一国(或地区)运往另一国(或地区)。公路运输是国际货物运输的主要方式之一,具有灵活、简便、快捷的特点,可进行"门到门"运输。公路运输在短途运输中具有更大的优越性。但是,公路运输也具有一定的局限性,如运量不大、费用偏高、容易造成货损货差事故。

中国与许多独联体国家、朝鲜、缅甸、尼泊尔等国的货物运输,大多采用公路运输。而港深公路则将内陆公路运输与香港特别行政区的海运、空运连接起来,便于内地物资出口。

8. 国际管道运输

管道运输主要输送原油、各种石油成品、化学品、天然气等液体和气体物品,也可以运送铁矿砂、碎煤浆等颗粒状物品,至今已有一百多年的历史。在管道运输情况下,对特定货物的运输采用专门的封闭管道,可以不受地面气候影响进行连续作业。货物在管道内输送时,遭受货损的风险较少。管道一经铺设,便可连续使用,因此管道运输的费用相对来说比较低。货物经由管道运输时,一般不需要经过包装。

9. 国际货物大陆桥运输

大陆桥运输(land bridge transport),以横贯大陆的铁路、公路运输系统为中间桥梁,把大陆两端的海洋连接起来。目前,全世界的大陆桥主要有西伯利亚大陆桥、北美大陆桥、新亚欧大陆桥等。

西伯利亚大陆桥东起海参崴的纳霍特卡港口,横贯欧亚大陆后至莫斯科,然后分三路:①从莫斯科至波罗的海沿岸的圣彼得堡港后,转船运往西欧、北欧港口;②从莫斯科至俄罗斯西部国境站,转欧洲其他国家铁路(公路)直运欧洲各国;③从莫斯科至黑海沿岸,转船运往中东、地中海沿岸。

北美大陆桥包括美国和加拿大境内的大陆桥，而美国境内有两条大陆桥运输线：①从西部太平洋口岸至东部大西洋口岸的铁路(公路)运输系统，全长约3200公里；②从西部太平洋口岸至南部墨西哥湾口岸的铁路(公路)运输系统，长500～1000公里。美国对大陆桥运输有运费优惠条款，即内陆地区(overland common points, OCP)运输条款。美国的北达科他州、南达科他州、内布拉斯加州、科罗拉多州、新墨西哥州起以东地区均属OCP。按OCP运输条款规定，凡是经由美国西岸港口转往这些内陆地区的货物，如按OCP条款运输，运价比直达西岸港口运价低3%～5%。从美国内陆地区启运经西岸港口装船出口的货物同样可按OCP运输条款办理，海运费享受每公吨低3～5美元。但是，在采用OCP运输条款时，必须在提单备注栏内及货物唛头上注明OCP字样。

新亚欧大陆桥东起中国连云港，西至荷兰鹿特丹，跨亚、欧两大洲，连接太平洋和大西洋，穿越中国、哈萨克、俄罗斯，经白俄罗斯、波兰、德国到荷兰，辐射20多个国家和地区，全长1.08万公里，其中在中国境内的运输路线长达4134公里。

10. 国际多式联运

国际多式联运是指按照多式联运合同，用两种或两种以上不同的运输方式，由多式联运经营人将货物从一国境内接管货物的地点运至另一国境内指定交付货物的地点。

国际多式联运是在集装箱运输的基础上发展起来的新型运输方式，不仅在过去的短短几十年中发展迅速，而且在未来的国际货物运输中也有着广阔的发展前景。国际多式联运手续简便，能够把海、陆、空、公路、江河等多种不同方式、多段复杂的运输手续大大简化，发货人只需要办理一次手续就可将全程运输委托给承运人。

国际多式联运采用集装箱运输，能够安全、准确、迅速地将货物运抵目的地，使发货人节省包装费用。在货物装上第一程运输工具后，卖方即可取得联合运输单据，有利于提早收款。目前，中国已分别开设了到日本、美国、加拿大、西欧、澳大利亚、沙特阿拉伯、经肯尼亚的蒙巴隆港至乌干达与卢旺达、经俄罗斯的西伯利亚到中东与欧洲的多式联运线路等。

(三)装运时间和交货时间

在国际贸易中，“装运”和“交货”的意义有时相同，有时却不相同。按照Incoterms® 2010的通常规定，在适用FOB、CFR、CIF、FCA、CIP、CPT这6种象征性交货成交的术语时，卖方只需在指定装运港货物装到船上或者取得已这样交付的货物，或在约定的装运地(如有约定的话)将货物交给承运人，办妥出口清关手续，卖方即完成了交货义务，“装运”与“交货”的意义可理解为是一致的。而以EXW、FAS、DAT、DAP、DDP术语成交的贸易合同，“交货”和“装运”是两个完全不同的概念，属于实际交货(actual delivery)的贸易术语，绝不能将“装运”和“交货”加以混淆或相互替代使用。由于国际贸易大多是以FOB、CFR、CIF、FCA、CIP、CPT这6种贸易术语成交，其“装运”和“交货”的意义一致。以FOB、CFR、CIF、FCA、CIP、CPT这6种贸易术语成交的贸易合同中，买卖双方只需在合同中规定“装运时间”即可，无需规定“到货时间”。如在合同中规定了“到货时间”，对卖方不利。

【案例11-2】

某CIF合同规定：货物必须于2016年6月1日前从上海港起运，并于2016年7月15日前到达比利时的安特卫普。正常情况下，从上海到安特卫普的海运航程不超过45天。卖方于5月30日将货物装运出口,如船舶正常航行,货物应该可以在规定时间内到达目的港。因受海上飓风影响,中途船舶在避难港停留,其间又不幸与其他船只发生碰撞。为了修理船舶,货物不得不从船上卸下来。等船修好、货物重新上船,在避难港滞留了18天,导致货物实际于7月24日才到目的港。买方以到货延误为由向卖方提出索赔,卖方不得不理赔。

装运时间(time of shipment)是指卖方在指定的装运港(地)将货物越过船舷或货交承运人的规定期限。装运时间的规定方法,一般有以下4种方法:

(1)明确规定具体的装运日期。例如,2017年10月10日装运(shipment on October 10,2017)。这种规定方法极不灵活,对卖方非常不利。如果卖方不能在该日装运货物,极有可能导致买方索赔。一般情况下,装运时间应规定为一段期限较好。

(2)明确规定具体装运期限。这类规定方法比较合理,实践中运用较多,可细分为2种:

①规定一段具体期限,如,2017年11月装运(shipment during Nov,2017),或2017年11/12月装运(shipment during Nov/Dec,2017)。

②规定最迟期限,例如,2017年11月30日或前装运(shipment on or before 30 Nov,2017),或装运期最迟不得迟于2017年11月30日(shipment not later than 30 Nov,2017)。

(3)规定在收到信用证后若干天装运(shipment made within-days after receipt of L/C),或收到一定比例的预付款后装运。例如,合同规定买方须至少在约定的装运日期前提前10天将30%的款项电汇给卖方,卖方在收到30%预付款后将货物装运出去(The Buyer shall remit 30% payment at least 10 days before the stipulated date of shipment by T/T. The Seller will make shipment on the basis of receipt of 30% advanced payment)。在采用信用证或结合一定比例的预付款付款情况下,为防止买方不按期开立信用证或支付预付款,可采用该方法。

(4)笼统规定方法,如"立即装运"(immediate shipment)、"即刻装运"(prompt shipment)、"尽速装运"(shipment as soon as possible)等。这种规定方法容易产生歧义,在实践中最好不要使用。

(四)装运港(地)和目的港(地)

因FCA、CPT、CIP术语适合多种运输方式,包括多式运输,因而合同的交货地点可规定为港口,也可以是港口以外的其他任何内陆地点,如机场、火车站、汽车站、集装箱码头、卖方所在地等。而FOB、CFR、CIF术语只适合海运或内河运输,因而交货地点必须规定为港口。装运港(地)和目的港(地)的选用,与合同采用的贸易术语相关。以海运为例,来说明装运港和目的港规定应注意的事项。

1. 装运港(地)

在以FCA、FOB术语成交的合同中明确装运港(地)尤为重要,不仅关系到买方安排运输船只,指派承运人或其他人到该规定的装运港(地)接收货物,而且买方需要承担自货物在指定装运港装上船时或货交指定承运人或其他人时起的一切风险。装运港(地)一般由卖方提出,经买方同意后确定。一般情况下,装运港(地)只规定一个;如货源分散在几个不同的地方,也可酌情规定2~3个装运港(地),或对装运港(地)做笼统规定。例如,①Shipment from Shanghai Pudong International Airport, China (从上海浦东国际机场起运);②From

Dalian/Shanghai Seaport，China(从中国大连港或上海港起运)；③From main ports，China(中国基本港)；④The ports along Yangzi River，China(中国长江沿岸码头)。笼统规定对卖方有利，但可能会对买方造成一定的麻烦。对买方来说，装运港的规定越明确具体越好；对卖方来说，装运港(地)应邻近货源地，并应选择装卸条件好、费用低、适合船舶安全停靠的港口作为装运港。因为卖方必须在合同规定的装运期内，按照买卖双方约定的装运时间(如有特别约定的话)，在指定的装运港(地)将货物装上船或交给买方指定的承运人或其他人即完成交货，并承担完成交货前的一切费用与风险。

2. 目的港(地)

在以 CFR、CIF、CPT 与 CIP 术语成交的合同中，明确目的港(地)尤为重要，因为卖方必须签订运输合同以将货物运至指定的目的港(地)。目的港一般由买方根据需要提出，经卖方同意后确定。目的港(地)可以只规定 1 个，也可根据情况酌情规定 2～3 个或做笼统规定。选择目的港(地)时，应注意：①目的港(地)的规定必须明确具体，避免使用"欧洲主要港口""非洲主要港口"等笼统的规定方法。在卖方安排运输的情况下，笼统规定目的港(地)对卖方比较不利。在签订合同时，应力争 2～3 个具体港口作为目的港，但尽量不要超过 3 个，并且在合同中要明确规定"允许分批装运"。②目的港(地)应是可以安全停靠的港口。如果从装运港出发抵达目的港的直达班轮基本没有或很少，应在合同中明确规定"允许转运"，必要时可以规定"选择港"。③应注意目的港(地)的重名问题，例如名为"维多利亚"的港口，在全世界有 12 个。对于有重名的港口，港口名称后面必须加注国名，以防发生错运货物的事故，给买卖双方带来损失。④尽量不要接受以进口国的偏港、内陆小城镇等地作为目的地，因为可能会导致基本运费、附加费、装运期延误等不可控因素的增加。

(五)运输单据

运输单据是承运人收到承运货物后，签发给出口商的证明文件。它是交接货物、处理索赔与理赔、向银行办理货款收付的重要单据。在国际货物运输中，运输单据的种类很多，包括提单、航空运单、铁路运单、邮包收据和多式联运单据等。

1. 提单

提单(bill of lading，B/L)是船方或其代理人在收到承运货物时签发给托运人的货物收据，也是承运人与托运人之间的运输契约的证明。从法律的角度来说，海运提单是一种物权凭证。收货人在目的港提取货物时，必须提交正本海运提单。提单的种类较多，可以从不同的角度进行划分：①以货物是否已装到船上，分为已装船提单(shipped B/L，on Board B/L)和备运提单(received for shipment B/L)；②以提单上是否加注有关货损或包装不良批注，分为清洁提单(clean B/L)和不清洁提单(unclean B/L)；③以提单抬头(收货人栏)的不同记载，分为记名提单(straight B/L)、不记名提单(bearer B/L)和指示提单(order B/L)；④以提单背面是否印就托运人与承运人之间的权利义务说明，分为全式提单(long form B/L)和略式提单(short form B/L)。另外，还有倒签提单、过期提单(stale B/L)、直达提单、联合运输提单和舱面提单(on deck B/L)等。

班轮提单的内容一般包括正面条款和背面条款两部分。正面条款的内容大体相同，主要包括承运人名称、托运人名称、收货人名称、通知人名称及地址、船名航次、装运港、目的港、目的地、货物名称、包装、唛头、件数、重量或体积、运费和其他费用、运费预付或是到付、货物上船日期，以及提单签发人、签发地点、签发提单正本的份数和签发日期等内容。提单背面的内容，一般是印就的运输条款，作为承运人和托运人之间、承运人与收货人之间、提单持有人之间的权利和义务的主要依据。

为统一提单背面的运输条款，1921 年欧美 26 个主要航运国家在海牙集会，签订了《海牙规则草案》，并于 1924 年正式签署了《统一提单的若干法律规定的国际公约》(简称《海牙规则》)。目前，全世界有 80 多个国家接受了这个规则，一些航运公司根据这个规则制订了自己的提单条款。此后，各主要航运国家签订了《维斯比规则》，并于 1977 年 6 月 23 日正式生效。《维斯比规则》在保留《海牙规则》的基本责任制度的基础上，对其进行了一些重要修改和补充。1978 年，联合国国际贸易法委员会经过长期准备，在汉堡召开了由 78 个国家的代表参加的联合国海上货物运输会议，正式通过了《1978 年联合海上货物运输公约》，简称《汉堡规则》(Hamburg rules)。《汉堡规则》对《海牙规则》做了本质上的修改和补充，考虑了航运业不发达国家的利益。由于三项国际公约制订的时间和产生的历史背景不同，故其内容有很大差异，各国和各船公司对这三向公约的态度也不一致。

2. 航空运单

航空运单(airway bill)是航空货物运输的主要单据，是航空承运人与托运人之间签订的运输契约，也是承运人或其代理人签发的货物收据，但不具有物权凭证的性质，因而不能转让。目的地收货人提取货物，不是凭航空运单，而是凭航空公司发出的通知单。航空运单还可作为核收运费的依据和海关查验放行的基本单据。航空运单的正本一般为 1 式 3 份，分为 3 种颜色：蓝色交托运人；绿色归承运人留存；粉红色随货同行，在目的地交收货人。航空运单的副本一般至少 6 份，如需要还可增加份数，分别发给代理人，目的地代理，第一、二、三承运人以及用作提货收据。副本除提货收据为黄色外，其余均为白色。在航空运单的收货人栏内，必须详细填写收货人的全称和地址，不能做成指示性抬头。

3. 铁路运单

铁路运单(railway bill)是铁路部门和货主间缔结的运输契约。铁路运输可分为国际铁路联运和国内铁路运输两种方式。国内铁路运输和国际铁路联运使用的运单，其格式和内容有所不同。国际铁路货物联运使用国际铁路联运运单，国内铁路货物运输使用国内铁路运单。中国内地通过铁路对港澳地区出口的货物，由于国内铁路运单不能作为对外结汇的凭证，所以使用"承运货物收据"。"承运货物收据"具有物权凭证的性质。

4. 邮包收据

邮包收据(parcel post receipt)是邮包运输的主要单据，它既是邮局收到寄件人的邮包后所签发的凭证，也是收件人凭以提取邮件的凭证。当邮包发生损坏或丢失时，它还可以作为索赔和理赔的依据，但邮包收据不是物权凭证。

5. 多式联运单据

多式联运单据(combined transport documents, CTD)是由多式联运经营人签发，用以证明多式联运合同以及证明多式联运经营人接管货物并负责按合同条款交付货物的单据。多式联运经营人必须对运输全程负责，无论货物在何种运输方式下发生属于承运人责任范围内的灭失或损毁，多式联运经营人都必须对托运人负赔偿责任。多式联运单据与海运中的联运提单有相似之处，但其性质与联运提单有别。多式联运单据既可用于海运与其他运输方式的联运，也可用于不包括海运的其他运输方式的联运。而海运联运提单仅限于在由海运与其他运输方式所组成的联合运输时使用。

(六)分批装运与转运

分批装运和转运是货物装运的重要内容,并直接关系到买卖双方的利益。

1. 分批装运

分批装运又称分期装运,即一个合同项下的货物分若干期或若干批装运,但“分批装运”和“分期装运”有一定的区别。“分批装运”的“分批”,强调的是货物具体是分几次装运,是一个运输概念;而“分期装运”的“分期”,不仅关系到货物的运输批次,还关系到货款是否“按批次”支付。对卖方来说,“允许”分批装运比“禁止”分批装运有利。在“允许”分批装运的前提下,给予卖方宽松的、限制少的分批装运比“限时、限批、限量”的分期装运更为有利。分批装运的规定方法一般有 3 种:①不准分批装运。货物必须一次性装运,不允许分批。②准许分批装运,但对分批装运的具体时间、批次和数量均不做规定。这种规定方法,不仅允许卖方分批装运,而且只要卖方在规定的装运期内完成合同总数量的装运即可。③准许分批装运,但需要限时、限批、限量装运。这种装运方法,有具体的装运批次规定、每批次的具体装运时间与详细装运数量。这种规定方法,卖方的机动余地很小。根据《联合国国际货物销售合同公约》第 73 条第一款的规定:“对于分批交付货物的合同,如果一方当事人不履行对任何一批货物的业务,便对该批货物构成根本违反合同,另一方当事人可以宣告对该批货物失效。”而根据 UCP600 第 32 条的规定:“如信用证规定在指定的时间段内分期支款或分期发运,任何一期未按信用证规定期限支取或发运时,信用证对该期及以后各期均告失效。”

2. 转运

在实际业务中,在采用集装箱运输或非水上运输情况下,“转运”概念已不存在。因此,“转运”是一个比较狭窄的概念。只有同时满足三个条件,即海运或内河运输、非集装箱运输、换船,“转运”才有可能发生。允许“转运”一般对卖方比较有利,但货物在转运时有可能增加损耗或散失,使运程延迟、增加费用支出。根据 UCP600 第 19 条 b 条款的规定:“转运是指在从信用证规定的发送、接管或者发运地点至目的地的运输过程中,从某一运输工具上卸下货物,并装上同另一运输工具的行为(无论其是否为不同的运输方式)。”而 UCP600 第 20 条 c(II)条款的规定:“即使信用证禁止转运,注明将要或可能发生转运的提单仍可接受,只要其表明货物由集装箱、拖车或子船运输。”

(七)装运通知

国际货物买卖,不论以哪种贸易术语成交,买卖双方均有相互通知的义务。装运通知的规定,有利于明确买卖双方的责任,促使买卖双方互相配合,共同搞好车、船、货的衔接,并便于办理货物运输保险。因此,国际货物买卖合同中规定装运通知条款,有利于合同履行,避免和减少纠纷的发生。在买卖双方产生纠纷时,也可运用装运通知,作为评判双方责任的依据。在以 CFR、CPT 贸易术语成交的合同中,卖方在合理的时间发送装运通知给买方具有特别重要的意义。采用其他贸易术语成交时,买卖双方都应约定相互给予有关交接货物的通知,以便互相配合,做好及时交接货物的准备,避免不应有的损失。

第二节 国际货物运输保险

保险可分为财产保险、责任保险、信用保险(或称保证保险)和人身保险四类。国际货物运输保险属于财产保险。投保运输保险是国际货物买卖的重要环节。货物运输保险条款的内容必须明确、合理，其主要内容包括：货物运输保险保障的范围、由谁办理保险、保险金额、投保险别、保险索赔与理赔的注意事项等。准确掌握货物运输保险保障的风险、损失以及不同险别的责任范围、保险期限，有利于正确处理货物运输投保和保险索赔。

（一）保险索赔与理赔的基本原则

不论哪一类保险，投保人与保险人在订立保险合同时应共同遵守以下四个基本原则：

1. 保险利益原则

保险利益(insurable interest)又称可保权益，是指投保人对保险标的具有法律上承认的利益。保险标的(subject matter insured)是保险所要保障的对象，它可以是任何财产及其相关利益、人的寿命或身体等。保险利益原则是指投保人对保险标的应当具有保险利益，如果投保人对保险标的不具有保险利益，保险合同无效。在国际货物运输保险中，保险利益主要表现为货物本身的价值，也包括与货物本身价值相关的运费、保险费、关税和预期利润等。

2. 近因原则

近因原则(principle of proximate cause)是指保险人只对承保风险与保险标的损失之间有直接因果关系的损失承担赔偿责任，而对保险责任范围外的风险造成的保险标的的损失，不承担赔偿责任。

3. 最大诚信原则

最大诚信原则(utmost good faith)是指投保人和保险人在签订保险合同时以及在保险合同的有效期内，必须保持最大限度的诚意，双方互不欺骗隐瞒。保险人应向投保人说明保险合同的条款内容，投保人在投保时应将自己知道的或通常业务中应当知道的有关保险标的方面的重要事实如实告知保险人，以便保险人判断是否同意承保或决定承保。被保险人还必须在保险合同中承诺“要做”或“不做”某种事情，保证某种情况的“存在”或“不存在”，或保证履行某一条件。例如，被保险人应保证货物不用十五年以上船龄的旧船装运等。

4. 补偿原则

补偿原则(principle of indemnity)，又称损害赔偿原则，是指当保险标的遭受保险责任范围内的损失时，保险人应当按照保险合同的约定履行赔偿义务，但赔偿金额不得超过保险单上的保险金额或被保险人遭受的实际损失。

（二）货物运输保险保障的范围

国际货物运输保险因运输方式不同，可分为海洋运输货物保险、陆上运输货物保险、航空运输货物保险、邮包运输货物保险。不同运输方式的货物保险，保险公司承保的责任有所不同，但其保障范围相似。货物运输保险保障的范围包括风险、损失和费用，下面以海洋运输保险为例来加以说明。

1. 风险

海洋运输货物保险的风险，分为海上风险和外来风险。

海上风险(peril of the sea)又称海难，是指船舶或货物在海上运输过程中发生的或随附海上运输所发生的风险，包括自然灾害(natural calamity)和意外事故(fortuitous accidents)。自然灾害是指不以人的意志为转移的自然界力量所引起的灾害，如恶劣气候、雷电、海啸、洪水、地震、火山爆发、浪击落海等。这些灾害在保险业务中都有其特定的含义，例如，八级以上的海风、三米以上的海浪，才可被称为恶劣气候。意外事故是指由于偶然的、难以预料的原因造成的事故，如船舶搁浅、触礁、沉没、焚毁、互撞、遇流冰、失火、爆炸等原因造成的事故。需要特别说明的是，按照国际保险市场的一般解释，海上风险并不局限于海上发生的灾害和事故，那些与海上航行有关的发生在陆上或海路、海河或与驳船相连接之处的灾害和事故，如地震、洪水、火灾、爆炸、海轮与驳船或码头碰撞，也属于海上风险。

外来风险(extraneous risks)是指因海上风险以外其他外来原因引起的风险，包括一般外来风险和特殊外来风险。一般外来风险，包括偷窃、破碎、渗漏、玷污、受潮、受热、串味、生锈、钩损、短量、淡水雨淋等；特殊外来风险，包括战争、罢工、交货不到、拒收等。

2. 海上损失和费用

海上损失和费用是指被保险人因被保险货物在运输途中遭遇海上风险而造成的损失和引起的费用，包括货物本身遭到破坏或灭失的损失和为营救货物而支出的费用。按照国际保险业习惯，海上损失和费用也包括与海运相连接的陆上或内河运输所发生的损失和费用。

海上运输途中被保险货物本身遭到损坏或灭失的损失，按其损失程度大小可分为全部损失(total loss)或部分损失(partial loss)。全部损失简称全损，是指整批或不可分割的一批被保险货物在运输途中全部遭受损失。全部损失又分为实际全损(actual total loss)和推定全损(constructive total loss)。实际全损是指该批被保险货物在运输途中全部灭失，或者受到严重损坏完全失去原来的形体、效用，或者不再归被保险人所拥有。例如，载货船舶失踪，经过一定时间(如两个月)后仍没有获知其消息的，视为实际全损；推定全损是指被保险货物在运输途中受损后，实际全损已不可避免，或者为避免发生实际全损所需支付的费用与继续将货物运抵目的地的费用之和超过保险价值，即恢复、修复受损货物并将其运送到原定目的地的费用将超过该目的地的货物价值。

被保险货物遭到实际全损时，被保险人可按其投保金额获得保险公司全部损失的赔偿；被保险货物发生推定全损时，被保险人可以要求保险人按部分损失赔偿，也可要求按全部损失赔偿。如果被保险人要求按全部损失赔偿，被保险人必须向保险人发出委付通知(notice of abandonment)。委付的目的，是表明被保险人表示愿意将保险标的的一切权利与义务转移给保险人，并要求保险人按全部损失赔偿的一种行为。委付必须经保险人同意后才能生效，但被保险人应当在合理的时间内将接受委付或不接受委付的决定通知被保险人。委付一经保险人接受，不得撤回。

部分损失是指不属于实际全损和推定全损的损失，也就是说没有达到全部损失程度的损失。部分损失可分为共同海损和单独海损：①共同海损是指在同一海上航程中，船舶、货物和其他财产遭遇共同危险，为了共同安全，有意地合理采取措施所直接造成的特殊牺牲、支付的特殊费用。构成共同海损，必须同时具备4个条件：第一，导致共同海损的危险必须是真实存在或不可避免的。第二，船方所采取的措施，必须是为了解除船、货的共同危险，有意识而且是合理的。第三，所做的牺牲具有特殊性，支出的费用是额外的，是为了解除危险，而不是由危险直接造成的。第四，牺牲和费用支出最终必须是有效的，即采取某种措施后，船舶和/或货物的全部或一部分最后安全抵达航程的重点港或目的地，从而避免了船、货同归于尽的局面。根据惯例，共同海损的牺牲和费用，应由船舶、货物和运费三方按最后获救的价值多少，按比例进行分摊。单独海损应由受损方单独承担该部分损失。单独海损是指除共同海损以外的部分损失。

海洋运输保险的费用是指为营救被保险货物所支出的费用，包括施救费用(sue and labor expenses)和救助费用(salvage charges):①施救费用,是指保险标的在遭遇保险责任范围内的灾害事故时,被保险人或其代理人、雇佣人员等对保险标的采取的各种抢救措施,为防止或减少货损而支出的合理费用。保险人对这种施救费用负责赔偿。②救助费用,是指保险标的遭遇保险责任范围内的灾害事故时,由保险人和被保险人以外的第三者采取了施救措施并获得成功而向其支付的报酬,保险人对这种费用也负责赔偿。

3. 外来风险的损失

海上风险以外的其他外来干涉风险所造成的损失,称为外来风险损失。按其发生的原因不同,可分为一般外来风险的损失和特殊外来风险的损失。一般外来风险的损失是指在运输途中由于偷窃、破碎、渗漏、玷污、受潮、受热、串味、生锈、钩损、短量、淡水雨淋等一般外来风险所造成的损失。特殊外来风险的损失,是指由于军事、政治、国家政策法令以及行政措施,如战争、罢工、交货不到、拒收等特殊外来风险所造成的损失。

(三)货物运输保险的险别与条款

长期以来,在世界保险业中,英国制定的保险法、保险条款、保险单等对世界各国的影响很大。目前,国际上许多国家和地区的保险公司在国际货物运输业务中直接采用英国保险业协会所制定的《协会货物条款》(Institute Cargo Clauses, ICC),或者在制定本国保险条款时参考或部分参考 ICC 条款。中国进出口货物运输保险最常用的保险条款是"中国保险条款"(China Insurance Clauses, CIC),该条款由中国人民保险公司,参照国际保险市场的习惯做法,并经中国人民银行及中国保险监督管理委员会审批颁布。CIC 条款按运输方式分为海洋、陆上、航空和邮包运输保险条款。对某些特殊商品,还配备有海运冷藏货物、陆运冷藏货物、海运散装桐油、活牲畜及家禽的海陆空运输保险条款等,以及适用于上述各种运输方式货物保险的各种附加险条款。中国的进出口货物,如要办理货物运输保险,可以自由选择 CIC 或 ICC 加以投保。

1. 中国海洋运输货物保险的险别与条款

中国的货物运输保险险别分为基本险和附加险两大类。基本险可单独投保,附加险不可单独投保。按照 1981 年 1 月 1 日修订的《海洋运输货物保险条款》(ocean marine cargo clauses)规定,中国的海洋运输货物保险的基本险,分为平安险(free from particular average, FPA)、水渍险(with particular average, WPA)和一切险(all risks)三种,而附加险包括一般附加险和特殊附加险两种。

(1)基本险的承保责任范围及除外责任

平安险的承保责任范围包括:①被保险货物在运输过程中由于自然灾害造成整批货物的实际全损或推定全损;②由于运输工具遭受搁浅、触礁、沉没、互撞、与流冰或与其他物体碰撞以及失火、爆炸等意外事故造成货物的全部或部分损失;③在运输工具已经发生搁浅、触礁、沉没、焚毁意外事故的情况下,货物在此前后又在海上遭受恶劣气候、雷电、海啸等自然灾害所造成的部分损失;④在装卸或转运时由于一件或数件整件货物落海造成的全部或部分损失;⑤被保险人对遭受承保责任内遭遇危险的货物采取抢救、防止或减少货损的措施而支付的合理费用,但以不超过该批被救货物的保险金额为限;⑥运输工具遭遇海难后,在避难港由于卸货所引起的损失,以及在中途港、避难港由于卸货、存仓、运送货物所产生的特别费用;⑦共同海损的牺牲、分摊和救助费用;⑧运输契约订有"船舶互撞责任"条款,根据该条款规定应由货方赔偿船方的损失。

水渍险的承保责任范围，除包括上列“平安险”的各项责任外，还负责被保险货物由于恶劣气候、雷电、海啸、地震、洪水自然灾害所造成的部分损失。

一切险的承保责任范围，除包括上列“平安险”和“水渍险”的各项责任外，还负责货物在运输过程中由于一般外来风险所造成的全部或部分损失。

在平安险、水渍险和一切险的保险条款中，还明确规定了除外责任。除外责任，是指保险公司明确规定不予承保的损失或费用。按照《中国保险条款》，对于三种基本险别，保险公司的除外责任有：①因被保险人的故意行为或过失所造成的损失；②属于发货人责任所引起的损失；③在保险责任开始前，被保险货物已存在的品质不良或数量短差所造成的损失；④被保险货物的自然损耗、本质缺陷、特性以及市价跌落、运输延迟所引起的损失或费用；⑤本公司海洋运输货物战争险条款和货物运输罢工险条款规定的责任范围和除外责任。

(2)附加险的承保责任范围及除外责任

附加险是对基本险的补充。投保人只有在投保一种基本险的基础上才可加保一种或数种附加险。《中国保险条款》中的附加险，分为有一般附加险(general additional risk)和特殊附加险(special additional risk)。应注意的是，一切险的承保责任范围包含一般附加险，但不包含特殊附加险；而平安险、水渍险的承保责任范围既不包含一般附加险，也不包含特殊附加险。

一般附加险有 11 种：①偷窃、提货不着险(Theft, Pilferage and Non-Delivery, TPND)；②淡水雨淋险(Fresh Water and/or Rain Damage)；③短量险(Shortage)；④混杂沾污险(Intermixture & Contamination)；⑤渗漏险(Leakage)；⑥碰损、破碎险(Clash & Breakage)；⑦串味险(Taint of Odor)；⑧受热受潮险(Sweating & Heating)；⑨钩损险(Hook damage)；⑩包装破裂险(Breakage of Packing)；(11)锈损险(Rust)。

特殊附加险具体有 8 种：①战争险(War Risks)；②罢工险(Strike Risks)；③交货不到险(Failure to Deliver)；④进口关税险(Import Duty)；⑤黄曲霉素险(Aflatoxin)；⑥舱面险(On Deck)；⑦拒收险(Rejection)；⑧货物出口到香港(包括九龙)或澳门存仓火险责任扩展条款(Fire Risk Extension Clause, F. R. E. C. for Storage of Cargo at Destination Hongkong, including Kowloon, or Macao)。由于特殊附加险的保险责任范围，不包括在一切险的责任范围之内。因此，在投保基本险的基础上，如需要取得特殊附加险的险别承保责任保障，必须加保特殊附加险。

战争险、罢工险的除外责任包括：①对使用原子或核武器所致的损失和费用，不负赔偿责任；②对在罢工期间由于劳动力短缺或不能使用劳动力所造成的被保险货物的损失，包括因罢工而引起的动力或燃料缺乏使冷藏机停止工作所致的冷藏货物的损失，以及无劳动力搬运货物，使货物堆积在码头淋湿受损，不负赔偿责任。

2. 伦敦保险协会海运货物保险的险别与条款

1982 年 1 月 1 日修订完毕，并于 1983 年 4 月 1 日起正式实行的《协会货物条款》，主要有 6 种险别，分别是：①协会货物(A)险条款(Institute Cargo Clauses A), ICC(A)；②协会货物(B)险条款(Institute Cargo Clauses B), ICC(B)；③协会货物(C)险条款(Institute cargo Clauses C), ICC(C)；④协会战争险条款(货物)(Institute War Clauses-Cargo, IWCC)；⑤协会罢工险条款(货物)(Institute Strikes Clauses-Cargo, ISCC)；⑥恶意损害险条款(Malicious Damage Clause)。这六种险别，除 ICC(A)、(B)、(C)三种基本险别可以单独投保外，

战争险和罢工险在需要时也可以独立投保，而恶意损害险条款不能独立投保。恶意损害险条款承保被保险人以外的其他人(如船长、船员等)的故意破坏行动所致被保险货物的灭失或损坏。如果是出于政治动机的人的行动所致被保险货物的灭失或损坏，不属于恶意损害险承保范围。ICC(A)险的承保责任范围中已列入了恶意损害险，但ICC(B)、ICC(C)险却没有列入恶意损害险条款。因此，恶意损害险可在投保ICC(B)、ICC(C)险的基础上加保。

ICC(A)险的承保责任范围最广，它采用"一切风险减除外责任"的方式。即除了在除外责任项下所列风险所致损失不予负责外，其他风险所致损失均予负责。ICC(A)险的除外责任有4类：①一般除外责任条款；②船舶不适航和不适货的除外责任条款；③战争除外责任条款；④罢工除外责任条款。每一类除外责任都有专门的含义。例如，一般除外责任条款，包括：被保险人故意的不法行为所造成的损失或费用；保险标的自然渗漏、重量或容量的自然损耗或自然磨损；由于包装不足或不当所造成的损失或费用；因保险标的的内在缺陷或特征所造成的损失或费用；直接由于延迟所引起的损失或费用；因船舶所有人、经理人、租船人经营破产或不履行债务所造成的损失或费用等。

ICC(B)险对承保风险的规定采用"列明风险"的方式，即把所承保的风险一一列明。凡属承保责任范围内的损失，无论是全部损失或部分损失，保险人按损失程度均负责赔偿。ICC(B)险的承保风险规定，货物灭失或损害要合理归因于11种原因中的任何一种：火灾或爆炸；船舶或驳船触礁、沉没或倾覆；陆上运输工具倾覆或出轨；船舶、驳船或其他运输工具同与水以外的任何外界物体相碰撞；在避难港卸货；地震、火山爆发或雷电；共同海损的牺牲；抛货；浪击落海；海水、湖水或河水进入船舱、驳船、集装箱、大型海运箱、其他运输工具或储存处所；货物在装卸时落海或跌落造成整件的全损。ICC(B)险的除外责任方面，除对"海盗行为"和恶意损害险的责任不负责外，其余均与ICC(A)险的除外责任相同。

ICC(C)险的风险责任规定，也与ICC(B)险一样，采用"列明风险"的方式，但仅对"重大意外事故"(major casualties)所致损失负责，对非重大意外事故和自然灾害所致损失均不负责。ICC(C)险的承保风险规定，货物灭失或损害要合理归因于7种方面原因中的任何一种：火灾或爆炸；船舶或驳船触礁、沉没或倾覆；陆上运输工具倾覆或出轨；船舶、驳船或其他运输工具同与水以外的任何外界物体相碰撞；在避难港卸货；共同海损的牺牲；抛货。ICC(C)险的除外责任与(B)险完全相同。

3. 中国陆空邮运输货物保险的险别与条款

(1)中国陆上运输货物保险险别与条款

根据中国1981年1月1日修订的《陆上运输货物保险条款》(Overland Transportation Cargo Insurance Clauses)的规定，陆上运输货物保险的基本险别分为陆运险(Overland Transportation Risks)和陆运一切险(Overland Transportation All Risks)两种。此外，还有陆上运输冷藏货物险(Overland transportation insurance frozen products)和陆上运输货物战争险(火车)(Overland transportation cargo war risks by train)。陆上运输冷藏货物险属于基本险、陆上运输货物战争险(火车)属于附加险。

①陆运险和陆运一切险。陆运险的承保范围与海洋运输货物保险条款中的"水渍险"相似。保险公司负责赔偿被保险货物在运输途中遭受暴风、雷电、地震、洪水自然灾害，或由于陆上运输工具(主要是指火车、汽车)遭受碰撞、倾覆或出轨，或在驳运过程中因驳运工具搁浅、触礁、沉没，或由于遭受隧道坍塌、崖崩或火灾、爆炸等意外事故所造成的全部或部分损

失。陆运一切险的承保责任范围与海洋运输货物保险条款中的“一切险”相似。保险公司除承担上述陆运险的责任外,还负责被保险货物在运输途中由于一般外来原因所造成的全部或部分损失。陆运险、陆运一切险的除外责任与海洋运输货物的除外责任相同。

②陆上运输冷藏货物险。陆上运输冷藏货物险是陆上运输货物保险中的一种专门保险。保险公司除负责陆运险所列举的各项损失外,还负责赔偿在运输途中由于冷藏机器或隔温设备的损坏或者车厢内贮存冰块的溶化所造成的被保险货物解冻溶化以致腐败的损失。陆上运输冷藏货物险的除外责任,除包括一般除外责任条款外,对于因战争、罢工或运输延迟而造成的被保险冷藏货物腐败的损失,以及被保险冷藏货物在保险责任开始时未能保持良好状况,包括整理加工和包扎不妥,或冷冻上的不合规定及骨头变质所造成的腐败和损失不负责任。

③陆上运输货物战争险(火车)。陆上运输货物战争险(火车)是陆上运输货物保险的特殊附加险,只有在投保了陆运险或陆运一切险的基础上,经过投保人和保险公司协商后方可加保。对于陆运战争险,国外私营保险公司大多不予承保,但中国的保险公司一般均接受加保,但目前仅限于火车运输。加保陆上运输战争险后,保险公司负责赔偿在火车运输途中直接由于战争、类似战争行为和敌对行为、武装冲突所致的损失以及各种常规武器包括地雷、炸弹所致的损失。但是,由于敌对行为使用原子或核武器所致的损失和费用,以及根据执政者、当权者或其他武装集团的扣押,拘留引起的承保运程中的丧失和挫折而造成的损失除外。

(2)中国航空运输货物保险险别与条款

根据1981年1月1日修订的《航空运输货物保险条款》(Air Transportation Cargo Insurance Clauses)规定,航空运输货物保险的基本险别分为航空运输险和航空运输一切险两种。此外,还有航空运输货物战争险,属于特殊附加险。航空运输险的承保责任范围与海洋运输货物保险条款中的“水渍险”相似。保险公司负责赔偿:①被保险货物在运输途中遭受雷电、火灾、爆炸或由于飞机遭受恶劣气候或其他危难事故而被抛弃,或由于飞机遭碰撞、倾覆、坠落或失踪等意外事故所造成全部或部分损失。②被保险人对遭受承保责任范围内危险的货物采取抢救,防止或减少货损的措施而支付合理的费用,但以不超过该批被救货物的保险金额为限。航空运输一切险的承保责任范围,除包括航空运输险的全部责任外,保险公司还负责赔偿被保险货物因一般外来原因所造成的全部或部分损失。航空运输战争险的承保责任范围、投保方法、保险责任与海洋运输货物保险中的特殊附加险“战争险”大致相似。

(3)中国邮包运输保险险别与条款

根据1981年1月1日修订的《邮包保险条款》(Parcel Post Insurance Clauses)的规定,邮包保险的基本险有邮包险和邮包一切险。此外,还有邮包战争险,属于特殊附加险。邮包险的保险责任范围包括:被保险邮包在运输途中由于恶劣气候、雷电、海啸、地震、洪水自然灾害或由于运输工具遭受搁浅、触礁、沉没、碰撞、倾覆、出轨、坠落、失踪,或由于失火、爆炸意外事故所造成的全部或部分损失。另外,还负责被保险人对遭受承保责任内危险的货物采取抢救,防止或减少货损的措施而支付的合理费用,但以不超过该批被救货物的保险金额为限。邮包一切险的责任除上述邮包险的各项责任外,还负责被保险邮包在运输途中由于外来原因所致的全部或部分损失。

必须提出的是,在附加险方面,除战争险外,海洋运输保险中的一般附加险和特殊附加

险险别和条款，均可适用于陆、空、邮运输保险

（四）运输保险条款规定的保险责任起讫期限和索赔时效

1. 海运保险责任起讫期限及索赔时效

与国际保险市场的习惯做法一样，中国的海洋运输保险条款规定的保险责任起讫期限，采用“仓至仓条款”（warehouse to warehouse clause, W/W clause），即保险公司的保险责任自被保险货物运离保险单所载明的起运仓库或储存处所开始运输时生效，包括正常运输过程中的海上、陆上、内河和驳船运输在内，直至该项货物到达保险单所载明的目的地收货人的最后仓库或储存处所或被保险人用作分配、分派或非正常运输的其他储存处所为止。如未抵达上述仓库或储存处所，则以被保险货物在最后卸载港全部卸离海轮后满 60 天为止。如在上述 60 天内被保险货物需转运至非保险单所载明的目的地时，则以该项货物开始转运时终止。

罢工险采用“仓至仓”条款。按照国际保险业惯例，已投保战争险后另加保罢工险，不另收保险费；如仅要求加保罢工险，则按战争险费率收取保险费。

战争险的保险责任起讫以“水上危险”（waterborne）为限，即自货物在起运港装上海轮或驳船时开始，直至目的港卸离海轮或驳船时为止。如不卸离海轮或驳船，则从海轮到达目的港的当日午夜起算满 15 天，保险责任自行终止；如在中途港转船，不论货物是否在当地卸货，保险责任以海轮到达该港或卸货地点的当日午夜起算满 15 天为止，待再装上续运海轮时恢复有效。

海运保险索赔时效，自被保险货物在最后卸载港全部卸离海轮后起算，最多不超过 2 年。

2. 中国陆空邮运输保险责任起讫期限及索赔时效

陆运险、陆运一切险的保险责任起讫期限也采用“仓至仓条款”，索赔期限也与海洋运输货物保险条款一致。陆上运输冷藏货物险的责任自被保险货物运离保险单所载起运地点的仓库装入运送工具开始运输时生效，直至货物到达目的地收货人仓库为止。但是，最长保险责任的有效期限以被保险货物到达目的地车站后 10 天为限，而其索赔时效与陆上货物运输险一致。陆上运输货物战争险保险责任与海运战争险相似，以货物置于运输工具时为限，即自被保险货物装上保险单所载起运地的火车时开始，到卸离保险单所载的目的地火车时为止。如果被保险货物不卸离火车，本保险责任最长期限以火车到达目的地的当日午夜起算满 48 小时为止。如在运输中途转车，不论货物在当地卸载与否，保险责任以火车到达该中途站的当日午夜起算满 10 天为止，如货物在上述期限内重新装车续运，本保险恢复有效。但需要指出的是，如运输契约在保险单所载目的地以外的地点终止时，该地被视为本保险单所载目的地。保险责任在货物卸离该地火车时终止，如不卸离火车，则保险责任以火车到达该地当日午夜时计算满 48 小时为止。

航空运输货物保险的两种基本险的保险责任采用“仓至仓条款”，责任起讫期限从被保险货物运离保险单所载明的起运地仓库或储存处所开始运输生效，直至该项货物抵运保险单所载明目的地收货人仓库或储存处所，或被保险人将货物用作分配、分派或非正常运输的其他存储处所为止。如被运达保险单所载明的目的地，但未运抵保险单所载明的收货人仓库或储存处所，则以被保险货物在最后卸载地卸离飞机后满 30 天保险责任即告终止。如在上述 30 天内被保险货物需转送到非保险单所载明的目的地时，则以该项货物开始转运时

终止。

邮包运输基本险的保险责任，自被保险邮包离开保险单所载起运地点寄件人的处所运往邮局时开始生效，直至该项邮包运达本保险单所载明的目的地邮局，自邮局签发到货通知书当日午夜起算满15天终止。但在此期限内，邮包一经递交至收件人的处所时，保险责任即行终止。邮包战争险的承保责任范围与海洋运输货物保险中的特殊附加险“战争险”大致相似，而其保险责任，自被保险邮包经邮局收讫后自储存处所开始运送时生效，直至该项邮包运达本保险单所载明的目的地邮局送交收件人时终止。

（五）国际货物运输保险的具体办理

办理货物运输保险的基本环节，包括确定投保险别、投保金额、订立保险合同、保险单据、索赔与理赔等。Incoterms®2010的11种贸易术语中，只明确规定适用CIF、CIP两种术语的卖方有义务办理货物运输保险，而适用其他9种贸易术语的卖方对买方无办理运输保险的义务，但适用11种术语的买方对卖方均无办理运输保险的义务。但在实际业务中，适用EXW、FAS、FOB、FCA、CFR、CPT术语成交的买卖合同，买方为了降低货物运输的风险，一般会自行选择办理保险。而适用DAT、DAP、DDP术语成交的买卖合同，卖方为了降低货物运输的风险，一般也会自行选择办理保险。

1. 确定投保险别

在办理国际货物运输保险时，应注意选择合适的保险险别。不同的险别，保险公司承保的责任范围不同，保险费率也各有差异。一般来说，选择保险险别时，应该考虑的因素有：①货物的性质和特点。例如，粮食由于容易受潮、受热而发霉，应选择投保一切险或在投保水渍险的基础上加保受潮受热险、短量险。②货物的包装。例如，散装的矿石可能发生短量，故应加保短量险。袋装大米可能被挂钩钩破包装袋，故应加保钩损险。③货物的用途与价值。例如，价值昂贵的金银、珠宝以及贵重的工艺品，应投保一切险来获得全面保障。④运输方式与运输工具。例如，航空运输强制投保航空运输货物战争险。⑤运输线路。如海洋运输途经索马里区域或各国海上军演密集的区域，建议投保战争险、交货不到险。⑥运输季节和港口、车站的条件等。例如，冬季运输的货物容易出现冻裂，夏季运送的货物容易出现腐烂现象。车站或港口条件的不同，也会影响货物的装卸和存放，发生不同的风险及损失。因此，投保人应根据不同的情况确定合适的险别。

2. 确定投保金额

投保金额是计收保险费的依据，也是货物发生损失后计算赔偿的依据。按照国际保险市场的惯例，保险金额一般按CIF金额另加10%的投保加成。保险金额计算的公式是：

$$保险金额=CIF货值\times(1+投保加成率)$$

$$保险费=保险金额\times保险费率$$

例如，某公司出口一批货物到新加坡，CIF价为10000美元，要求投保海运一切险，按CIF价加成10%，保险费率0.5%，则保险金额为11000美元、保险费为55美元。

3. 取得保险单据

国际货物运输保险常用的保险单据，主要有保险单(insurance policy)、保险凭证(insurance certificate)和联合凭证等。保险单是被保险人向保险人索赔或对保险人上诉的正式文件，也是保险人理赔的主要依据，俗称大保单，它是保险人和被保险人之间保险合同关系的正式凭证，其主要内容除包括：被保险人的姓名、发票号码、合同号码、被保险货物的品名、标记、包装数量、保险金额、运输工具名称、航次/航班、开航日期、运输路线、赔款地点、投保险别、投保日期及投保人签章、企业名称、电话、地址等外，还附有保险人责任范围以及保险人和被保险人权利和义务等方面的详细条款。保险单可转让，通常是被保险人向银行交单的单证之一。在 CIF、CIP 合同中，保险单是卖方必须向买方提供的单据。

保险凭证俗称小保单，它是保险人签发给被保险人，证明货物已经投保和保险合同已经生效的文件。保险凭证具有与保险单同等的效力，但在信用证规定提交保险单时，不能提交保险凭证。联合凭证是一种简化的保险凭证，仅将险别和保险金额加注在出口公司发票上，其他项目以发票所列为准。联合凭证虽然内容比较简单，但具有与保险凭证同样的效用。货物在保险期间内发生的损失，按该保险类别的有关条款办理。目前，联合凭证只适用于对我国香港、澳门特别行政区，以及新加坡和马来西亚的海上货物运输的保险。

4. 保险索赔

被保险货物运抵目的地后，收货人如发现被保险货物发生了损失时，可以首先确定索赔对象，然后提出赔偿要求。如卖方交付的货物品质、规格、包装、重量(数量)不符合合同规定等，可向卖方提出索赔；如发生以下情况，应向承运人提出索赔：①货物短卸，即货物未卸净，或货物误卸在其他港口造成短卸；②货物在运输过程中被盗窃，或因破损撒漏而致货物短少；③属于承运人责任的货物损毁，包括破损、毁坏、水渍、污染等。如发生属于保险单承保险别责任范围内的有关损失，应向保险公司索赔。

被保险人向保险公司提出索赔的程序如下：①损失通知。被保险人获悉货损后，应立即通知保险公司或保险单上指明的代理人。后者接到损失通知后，应立即采取相应的措施，如检验损失、提出施救意见、确定保险责任和签发检验报告等。②向承运人等有关方面提出索赔。被保险人除向保险公司报告损失外，如发现货损、货差，还应立即向承运人或有关当局(如海关、港务局等)索取相应的证明并以书面形式向有关责任方提出索赔。③采取合理的施救、整理措施。被保险货物受损后，被保险人应及时采取必要的措施以防止损失的扩大，保险公司对此提出处理意见的，应按保险公司的要求处理，所支出的费用可由保险公司负责，但以不超过该批被救货物的保险金额为限。④备妥索赔单证，及时提出索赔。被保险货物的损失经过检验，并办妥向承运人等第三责任方的追偿手续后，应立即向保险公司或其代理人提出赔偿要求。索赔单证除正式的索赔函以外，应包括保险单证、运输单据、发票以及检验报告、货损货差证明等。保险索赔的时效一般为两年。⑤代位追偿。在实际业务中，保险人首先向被保险人进行赔付，被保险人在获得赔偿的同时签署一份权益转让书，放弃向第三责任方追偿的权利。保险人则凭此取得代位追偿权，直接向第三责任方进行追偿。

5. 保险理赔

保险公司理赔时，首先应确定损失原因，然后再进行责任审定。保险人应根据保险条款中的保险险别及期限等规定，审定是否进行赔偿，最后计算赔偿金额。

(六)保险条款

保险条款是国际货物买卖合同的重要组成部分之一，必须订得明确、合理。保险条款的内容依据选用的贸易术语不同而有所区别。以 CIF、CIP 术语成交的贸易合同，保险条款内容必须明确规定由谁办理保险、投保险别、保险金额的确定方法、按什么保险条款保险，并注明该条款的修订日期。例如：

(1)Insurance to be covered by the seller for 110% of CIF/CIP total invoice value against All Risks and War Risks as per the relevant Ocean Marine Cargo Clauses of the China Insurance Clauses dated 1/1/1981(保险由卖方按照 CIF/CIP 发票金额的 110%投保一切险和战争险，以 1981 年 1 月 1 日修订的中国保险条款有关海洋运输保险条款为准)。该条款适用于海洋运输。

(2)Insurance to be covered by the seller for 110% of CIP total invoice value against Overland Transportation All Risks and All Risks as per Overland Transportation Cargo Clauses “Train, Truck” and Ocean Marine Cargo Clauses of the China Insurance Clauses dated 1/1/1981, including War risks as per Overland Transportation Cargo War Risks (By train) dated 1/1/1981 and Ocean Marine Cargo War Risks Clauses dated 1/1/1981(保险由卖方按照 CIP 发票金额的 110%投保陆运(火车、汽车)一切险和海洋运输货物一切险，按照 1981 年 1 月 1 日生效的中国保险条款的有关陆上运输货物保险条款和海洋运输保险条款为准；加保战争险，按照 1981 年 1 月 1 日修订的陆上运输货物战争险(火车)条款和海洋运输货物战争险条款为准)。该条款适用于陆海联运。

(3)Insurance to be covered by the seller for 110% of total invoice value against ICC (A) and IWC(Cargo)as per Institute cargo Clauses dated 1/1/1982(保险由卖方按照发票金额的 110%投保协会货物 A 险和战争险，以 1982 年 1 月 1 日修订的伦敦保险业条款为准。该条款适用于任何运输方式。

采用 EXW、FAS、CFR、FCA、CPT、FCA 术语成交的贸易合同，保险条款可规定为：①Insurance to be covered by the buyer(保险由买方负责)；②Insurance to be covered at the buyer's option(保险由买方选择是否投保)。而采用 DAT、DAP、DDP 术语成交的贸易合同，保险条款可规定为：①Insurance to be covered by the Seller(保险由卖方负责)；②Insurance to be covered at the Seller's option(保险由卖方选择是否投保)。

思考题

1. 中国某企业出口一般货物拟采用 40 英尺标准集装箱(40′GP)运输，货物外包装为纸箱。纸箱尺码为 28cm(宽)×28cm(高)×47cm(长)，每箱毛重为 11 千克。根据表 4-1 提供的集装箱参数，请计算一个 40′GP 能容纳多少个纸箱？从附表查询从上海到东西非主要港口的 1×40′GP 运费是多少？

2. 中国某企业拟出口 100 箱一般货物，纸箱尺码为 28cm(宽)×28cm(高)×47cm(长)，每箱毛重为 11 千克，从上海港运往埃及塞得港，采用拼箱运输。根据表 11-4 提供的运价参考信息，如进口国费用规定由买方支付，则卖方出口应支付的运杂费合计是多少？

3. 某批出口货物的 CIF 总价为 20 万美元，投保一切险、战争险和罢工险。已知一切险、战争险、罢工险(参照战争险)的保险费率分别为 0.3%、0.2%、0.2%，投保加成为 10%。请问，该批货物应缴纳的保险费是多少？

4. 国际货物买卖合同中的“货物交付”条款，具体包含哪些内容？请举例说明。

5. 投保国际货物运输保险的基本险别与附加险别，中国人民保险条款与伦敦保险协会条款的区别是什么？

6. 如卖方拟空运出口一批鲜切花到日本，采用 CIP 贸易术语成交，请问买卖合同中运输与保险条款应如何规定？在运输或投保时应注意哪些事项？

附表 11-1　中远集运、韩进海运与尼罗河航运从上海到世界港口的运价表(上海港起运，40 尺普通干货箱，一般货)

Annexed Table 1　Main Freight and Surcharges from Shanghai to Mainport (40′GP, Dry Container, General Cargos)

航线	Lines	承运人(Carriers)	起始港(Port of Departure)	目的港(Port of Destinational)	运价	BAF	CAF	O. THC	D. THC	生效日期 Date of Effectiveness
地中海	Mediterranean Service	韩进海运(HJS)	上海(Shanghai)	阿尔及尔(Algiers, Algeria)	3500			1185		2016/8/1
地中海	Mediterranean Service	中远集运(COSCO)	上海(Shanghai)	阿姆巴利(Ambarli)	2900			1185		2015/8/17
地中海	Mediterranean Service	韩进海运(HJS)	上海(Shanghai)	阿什杜德(Ashdod, Israel)	2300			1185	350	2016/8/1
地中海	Mediterranean Service	韩进海运(HJS)	上海(Shanghai)	巴塞罗那(Barcelona, Spain)	2300			1185	165	2016/8/1
地中海	Mediterranean Service	中远集运(COSCO)	上海(Shanghai)	巴塞罗那(Barcelona, Spain)	2900			1185		2015/8/17
地中海	Mediterranean Service	韩进海运(HJS)	上海(Shanghai)	比雷埃夫斯(Piraeus, Greece)	2300			1185		2016/8/1
地中海	Mediterranean Service	中远集运(COSCO)	上海(Shanghai)	比雷埃夫斯(Piraeus, Greece)	2900			1185		2015/8/17
地中海	Mediterranean Service	韩进海运(HJS)	上海(Shanghai)	的里雅斯特(Trieste, Italy)	2300			1185	170	2016/8/1
地中海	Mediterranean Service	韩进海运(HJS)	上海(Shanghai)	福斯(Forth, France)	2300			1185	200	2016/8/1
地中海	Mediterranean Service	中远集运(COSCO)	上海(Shanghai)	福斯(Forth, France)	2900			1185		2015/8/17
地中海	Mediterranean Service	韩进海运(HJS)	上海(Shanghai)	海法(Haifa, Israel)	2715			1185	350	2016/8/1
地中海	Mediterranean Service	中远集运(COSCO)	上海(Shanghai)	海法(Haifa, Israel)	2900			1185		2015/8/17
地中海	Mediterranean Service	中远集运(COSCO)	上海(Shanghai)	康普特(Kumport, Turkey)	2900			1185		2015/8/17
地中海	Mediterranean Service	韩进海运(HJS)	上海(Shanghai)	康斯坦萨(Constantza)	3500			1100		2014/3/4
地中海	Mediterranean Service	韩进海运(HJS)	上海(Shanghai)	科佩尔(Koper, Sovenia)	2300			1185	140	2016/8/1
地中海	Mediterranean Service	韩进海运(HJS)	上海(Shanghai)	里窝那(Livorno, Italy)	2600			1185	170	2016/8/1
地中海	Mediterranean Service	韩进海运(HJS)	上海(Shanghai)	里耶卡(Rijeka, Croatia)	2300			1185	210	2016/8/1
地中海	Mediterranean Service	韩进海运(HJS)	上海(Shanghai)	梅尔辛(Mersin, Turkey)	2600			1185		2016/8/1
地中海	Mediterranean Service	韩进海运(HJS)	上海(Shanghai)	那不勒斯 (Naples, Napoli, Italy)	2300			1185	170	2016/8/1
地中海	Mediterranean Service	韩进海运(HJS)	上海(Shanghai)	热那亚(Genoa, Italy)	2300			1185	170	2016/8/1
地中海	Mediterranean Service	中远集运(COSCO)	上海(Shanghai)	热那亚(Genoa, Italy)	2900			1185		2015/8/17
地中海	Mediterranean Service	韩进海运(HJS)	上海(Shanghai)	塞德港 (Seder, Egypt)	2300			1185		2016/8/1
地中海	Mediterranean Service	韩进海运(HJS)	上海(Shanghai)	斯佩齐亚(Spezia, Italy)	2300			1185	170	2016/8/1
地中海	Mediterranean Service	韩进海运(HJS)	上海(Shanghai)	塔兰托(Taranto, Italy)	2300			1185	170	2016/8/1
地中海	Mediterranean Service	中远集运(COSCO)	上海(Shanghai)	突尼斯(Tunisia)	2900			1185		2015/8/17
地中海	Mediterranean Service	韩进海运(HJS)	上海(Shanghai)	瓦伦西亚 (Valencia, Spain)	2300			1185	165	2016/8/1
地中海	Mediterranean Service	韩进海运(HJS)	上海(Shanghai)	亚历山大(Alexandria, Egypt)	2300			1185		2016/8/1

续表

航线	Lines	承运人（Carriers）	起始港（Port of Departure）	目的港（Port of Destinational）	运价	BAF	CAF	O. THC	D. THC	生效日期 Date of Effectiveness
地中海	Mediterranean Service	韩进海运（HJS）	上海（Shanghai）	伊斯坦布尔（Istanbul，Turkey）	2700			1185		2016/8/1
地中海	Mediterranean Service	中远集运（COSCO）	上海（Shanghai）	伊斯坦布尔（Istanbul，Turkey）	2900			1185		2015/8/17
地中海	Mediterranean Service	韩进海运（HJS）	上海（Shanghai）	伊兹密尔（Izmir，Turkey）	2700			1185		2016/8/1
东西非	West East Africa Service	中远集运（COSCO）	上海（Shanghai）	阿比让（Abidjan，Côte d'Ivoire）	3900			1185		2015/8/17
南非南美	South Africa & South America	韩进海运（HJS）	上海（Shanghai）	巴拉那瓜（Parana，Brazil）	3400			1185	800	2016/8/1
南非南美	South Africa & South America	韩进海运（HJS）	上海（Shanghai）	布宜诺斯艾利斯（Buenos Aires，Argentina）	3400			1185	220	2016/8/1
南非南美	South Africa & South America	中远集运（COSCO）	上海（Shanghai）	布宜诺斯艾利斯（Buenos Aires，Argentina）	3900			1185		2015/8/17
东西非	West East Africa Service	韩进海运（HJS）	上海（Shanghai）	达累斯萨拉姆（Dar-es-Salaam，Tanzania）	4800			1185		2016/8/1
南非南美	South Africa & South America	韩进海运（HJS）	上海（Shanghai）	德班（Durban，South Africa）	4800			1185	2172	2016/8/1
南非南美	South Africa & South America	中远集运（COSCO）	上海（Shanghai）	德班（Durban，South Africa）	3900			1185		2015/8/17
东西非	West East Africa Service	尼罗河航运（NDAL）	上海（Shanghai）	黑角（Pointe Noire，Congo，The Republic of）	3350			1150		2016/6/20
南非南美	South Africa & South America	中远集运（COSCO）	上海（Shanghai）	开普敦（Cape Town，South Africa）	3900			1185		2015/8/17
东西非	West East Africa Service	中远集运（COSCO）	上海（Shanghai）	拉各斯（Lagos，Nigeria）	3900			1185		2015/8/17
南非南美	South Africa & South America	韩进海运（HJS）	上海（Shanghai）	里奥格兰德（Rio Grande，Brazil）	3400			1185	760	2016/8/1
南非南美	South Africa & South America	韩进海运（HJS）	上海（Shanghai）	里约热内卢（Rio de Janeiro，Brazil）	3400			1185	530	2016/8/1
南非南美	South Africa & South America	中远集运（COSCO）	上海（Shanghai）	里约热内卢（Rio de Janeiro，Brazil）	3900			1185		2015/8/17
东西非	West East Africa Service	尼罗河航运（NDAL）	上海（Shanghai）	罗安达（Luanda，Angola）	3350			1150		2016/6/20
东西非	West East Africa Service	尼罗河航运（NDAL）	上海（Shanghai）	洛比托（Lobito，Angola）	3650			1150		2016/6/20
东西非	West East Africa Service	中远集运（COSCO）	上海（Shanghai）	洛美（Lomé，Togo）	3900			1185		2015/8/17
东西非	West East Africa Service	尼罗河航运（NDAL）	上海（Shanghai）	马塔迪（Matadi，Congo，Democratic Republic of）	5350			1150		2016/6/20
东西非	West East Africa Service	韩进海运（HJS）	上海（Shanghai）	蒙巴萨（Mombasa，Kenya）	4800			1185		2016/8/1
东西非	West East Africa Service	中远集运（COSCO）	上海（Shanghai）	蒙巴萨（Mombasa，Kenya）	3900			1185		2015/8/17

续表

航线	Lines	承运人 (Carriers)	起始港(Port of Departure)	目的港(Port of Destinational)	运价	BAF	CAF	O. THC	D. THC	生效日期 Date of Effectiveness
南非南美	South Africa & South America	韩进海运(HJS)	上海(Shanghai)	蒙得维的亚(Montevideo, Uruguay)	3400			1185	200	2016/8/1
东西非	West East Africa Service	尼罗河航运(NDAL)	上海(Shanghai)	纳米贝(Namibe,Angola)	3650			1150		2016/6/20
南非南美	South Africa & South America	韩进海运(HJS)	上海(Shanghai)	纳韦甘蒂斯(Navegantes)	3400			1185	662	2016/8/1
南非南美	South Africa & South America	韩进海运(HJS)	上海(Shanghai)	桑托斯(Santos,Colombia)	3400			1185	750	2016/8/1
东西非	West East Africa Service	中远集运(COSCO)	上海(Shanghai)	特马(Tema, Ghana)	3900			1185		2015/8/17
南非南美	South Africa & South America	中远集运(COSCO)	上海(Shanghai)	亚松森(Asuncion,Paraguai)	3900			1185		2015/8/17
南非南美	South Africa & South America	韩进海运(HJS)	上海(Shanghai)	伊塔雅伊(Itajaí, Brazil)	3400			1185	662	2015/8/1
东南亚	East-South Asia	韩进海运(HJS)	上海(Shanghai)	霍尔迪亚(Haldia)	5000			1185	4700	2016/8/1
东南亚	East-South Asia	韩进海运(HJS)	上海(Shanghai)	胡志明市(Ho chi Minh City)	3600			1185	3190000	2016/8/1
东南亚	East-South Asia	韩进海运(HJS)	上海(Shanghai)	海防(Haiphong)	3600			1185	3190000	2016/8/1
东南亚	East-South Asia	韩进海运(HJS)	上海(Shanghai)	拉姆恰班(Laem Chabang)	3200			1185	4100	2016/8/1
东南亚	East-South Asia	韩进海运(HJS)	上海(Shanghai)	曼谷(Bangkok)	3200			1185	4100	2016/8/1
东南亚	East-South Asia	韩进海运(HJS)	上海(Shanghai)	新加坡(Singapore)	2800			1185	325	2016/8/1
东南亚	East-South Asia	韩进海运(HJS)	上海(Shanghai)	马尼拉(Manila)	4200			1185	7049	2016/8/1
东南亚	East-South Asia	韩进海运(HJS)	上海(Shanghai)	宿务(Cebu,Philippine)	5400			1185	7049	2016/8/1
东南亚	East-South Asia	韩进海运(HJS)	上海(Shanghai)	丹戎帕拉帕斯(Tanjung Pelepas)	3400			1185	535	2016/8/1
东南亚	East-South Asia	韩进海运(HJS)	上海(Shanghai)	巴生港(Port Kelang)	3000			1185	535	2016/8/1
东南亚	East-South Asia	韩进海运(HJS)	上海(Shanghai)	巴西古丹(Pasir Gudang)	3600			1185	535	2016/8/1
东南亚	East-South Asia	韩进海运(HJS)	上海(Shanghai)	槟城(Penang)	3600			1185	535	2016/8/1
东南亚	East-South Asia	韩进海运(HJS)	上海(Shanghai)	仰光(Rangoon)	5000			1185		2016/8/1
东南亚	East-South Asia	韩进海运(HJS)	上海(Shanghai)	科伦坡(Colombo)	3600			1185	234	2016/8/1
东南亚	East-South Asia	韩进海运(HJS)	上海(Shanghai)	西哈努克(Sihanouville)	4800			1185	160	2016/8/1
东南亚	East-South Asia	韩进海运(HJS)	上海(Shanghai)	维沙卡帕特南(Vishakhapatnam, India)	3600			1185		2016/8/1
东南亚	East-South Asia	韩进海运(HJS)	上海(Shanghai)	皮帕百沃 Pipavav (Victor)	3800			1185	11900	2016/8/1
东南亚	East-South Asia	韩进海运(HJS)	上海(Shanghai)	圣凡(纳瓦西瓦)(Nanowatt)	3800			1185	10400	2016/8/1
东南亚	East-South Asia	韩进海运(HJS)	上海(Shanghai)	清奈(马德拉斯)(Madras)	3800			1185	7300	2016/8/1
东南亚	East-South Asia	韩进海运(HJS)	上海(Shanghai)	德里(Delhi, India)	6800			1185		2016/8/1
东南亚	East-South Asia	韩进海运(HJS)	上海(Shanghai)	加尔格答(Calcutta ,India)	5000			1185	4700	2016/8/1

续表

航线	Lines	承运人 (Carriers)	起始港(Port of Departure)	目的港(Port of Destinational)	运价	BAF	CAF	O. THC	D. THC	生效日期 Date of Effectiveness
东南亚	East-South Asia	韩进海运(HJS)	上海(Shanghai)	班加罗尔(Bangalore，India)	5800			1185		2016/8/1
东南亚	East-South Asia	韩进海运(HJS)	上海(Shanghai)	雅加达(Jakarta，Indonesia)	3200			1185	145	2016/8/1
东南亚	East-South Asia	韩进海运(HJS)	上海(Shanghai)	勿拉湾(Belawan ,Indonesia)	3700			1185	145	2016/8/1
东南亚	East-South Asia	韩进海运(HJS)	上海(Shanghai)	吉大港(Jeddah，Saudi Arabia)	5000			1185		2016/8/1
韩国	Korea Service	韩进海运(HJS)	上海(Shanghai)	釜山(Busan，Korea)	2600			1185	157000	2016/8/1
韩国	Korea Service	韩进海运(HJS)	上海(Shanghai)	光阳(Gwangyang，Korea)	2600			1185	157000	2016/8/1
日本	Japan Service	韩进海运(HJS)	上海(Shanghai)	横滨(Yokohama，Japan)	3000			1185	45000	2016/8/1
日本	Japan Service	韩进海运(HJS)	上海(Shanghai)	四日市(Yokkaichi,Japan)	3000			1185	45000	2016/8/1
日本	Japan Service	韩进海运(HJS)	上海(Shanghai)	东京(Tokyo,Japan)	3000			1185	45000	2016/8/1
日本	Japan Service	韩进海运(HJS)	上海(Shanghai)	清水(Rinsing Japan)	3000			1185	45000	2016/8/1
日本	Japan Service	韩进海运(HJS)	上海(Shanghai)	名古屋(Nagoya，Japan)	3000			1185	45000	2016/8/1
美东	E/C America Service	韩进海运(HJS)	上海(Shanghai)	诺福克(弗吉尼亚)(Norfolk，Virginia，USA)	7000			1185		2016/8/1
美东	E/C America Service	韩进海运(HJS)	上海(Shanghai)	多伦多(Toronto，Canada)	4472			1185		2016/8/1
美东	E/C America Service	韩进海运(HJS)	上海(Shanghai)	蒙特利尔(Montreal，Canada)	4572			1185		2016/8/1
美东	E/C America Service	韩进海运(HJS)	上海(Shanghai)	底特律(密歇根)(Detroit，Michigan，USA)	4572			1185		2016/8/1
美东	E/C America Service	韩进海运(HJS)	上海(Shanghai)	芝加哥(Chicago，USA)	4072			1185		2016/8/1
美东	E/C America Service	韩进海运(HJS)	上海(Shanghai)	威尔明顿(北卡罗来纳)(Wilmington，North Caronia)	7000			1185		2016/8/1
美东	E/C America Service	韩进海运(HJS)	上海(Shanghai)	休斯顿(德克萨斯)(Houston，Texas)	7000			1185		2016/8/1
美东	E/C America Service	韩进海运(HJS)	上海(Shanghai)	波士顿(马萨诸塞)(Boston，Massachusetts，USA)	7000			1185		2016/8/1
美东	E/C America Service	韩进海运(HJS)	上海(Shanghai)	查尔斯顿(南卡罗来纳)(Charleston，South Carolina)	7000			1185		2016/8/1
美东	E/C America Service	韩进海运(HJS)	上海(Shanghai)	萨凡纳(佐治亚)(Savannah，Georgia，USA)	7000			1185		2016/8/1
美东	E/C America Service	韩进海运(HJS)	上海(Shanghai)	纽约(New York)	7000			1185		2016/8/1

续表

航线	Lines	承运人(Carriers)	起始港(Port of Departure)	目的港(Port of Destinational)	运价	BAF	CAF	O. THC	D. THC	生效日期 Date of Effectiveness
美东	E/C America Service	韩进海运(HJS)	上海(Shanghai)	杰克逊维尔(佛罗尼达)(Jacksonville, Florida)	4072			1100		2015/3/4
美东	E/C America Service	中远集运(COSCO)	上海(Shanghai)	纽约(New York, USA)	5000			1185		2015/8/17
美东	E/C America Service	中远集运(COSCO)	上海(Shanghai)	迈阿密(Miami, USA)	5000			1185		2015/8/17
美东	E/C America Service	中远集运(COSCO)	上海(Shanghai)	波士顿(马萨诸塞)(Boston, Massachusetts, USA)	5000			1185		2015/8/17
美东	E/C America Service	中远集运(COSCO)	上海(Shanghai)	巴尔的摩(马里兰)(Baltimore, Maryland, USA)	5000			1185		2015/8/17
美西	W/C America Service	韩进海运(HJS)	上海(Shanghai)	波特兰(俄勒冈)(Portland, Oregon)	2603			1185		2016/8/1
美西	W/C America Service	韩进海运(HJS)	上海(Shanghai)	鲁珀特王子港(Prince Rupert, Canada)	2503			1185		2016/8/1
美西	W/C America Service	韩进海运(HJS)	上海(Shanghai)	温哥华(Vancouver,Canada)	2503			1185		2016/8/1
美西	W/C America Service	韩进海运(HJS)	上海(Shanghai)	旧金山(San Francisco,USA)	2503			1185		2016/8/1
美西	W/C America Service	韩进海运(HJS)	上海(Shanghai)	塔科马(Tacoma, USA)	2503			1185		2016/8/1
美西	W/C America Service	韩进海运(HJS)	上海(Shanghai)	洛杉矶(Los Angeles)	2503			1185		2016/8/1
美西	W/C America Service	韩进海运(HJS)	上海(Shanghai)	西雅图(Seattle)	2503			1185		2016/8/1
美西	W/C America Service	韩进海运(HJS)	上海(Shanghai)	奥克兰(Auckland,USA)	2503			1185		2016/8/1
美西	W/C America Service	韩进海运(HJS)	上海(Shanghai)	长滩(Long Beach, USA)	2503			1185		2016/8/1
美西	W/C America Service	中远集运(COSCO)	上海(Shanghai)	塔科马(Tacoma, USA)	2800			1185		2015/8/17
美西	W/C America Service	中远集运(COSCO)	上海(Shanghai)	旧金山(San Francisco,USA)	2800			1185		2015/8/17
美西	W/C America Service	中远集运(COSCO)	上海(Shanghai)	西雅图(Seattle)	2800			1185		2015/8/17
美西	W/C America Service	中远集运(COSCO)	上海(Shanghai)	奥克兰(Auckland,USA)	2800			1185		2015/8/17
美西	W/C America Service	中远集运(COSCO)	上海(Shanghai)	长滩(Long Beach, USA)	2800			1185		2015/8/17
美西	W/C America Service	中远集运(COSCO)	上海(Shanghai)	洛杉矶(Los Angeles)	2800			1185		2015/8/17
欧洲	Europe Service	韩进海运(HJS)	上海(Shanghai)	科特卡(Kotka, Finland)	2400			1185		2016/8/1
欧洲	Europe Service	韩进海运(HJS)	上海(Shanghai)	哥德堡(Goteborg, Sweden)	2700			1185	1200	2016/8/1
欧洲	Europe Service	韩进海运(HJS)	上海(Shanghai)	奥斯陆(Oslo,Norway)	3000			1185	890	2016/8/1
欧洲	Europe Service	韩进海运(HJS)	上海(Shanghai)	什切青(Szczecin,Poland)	3000			1185		2016/8/1
欧洲	Europe Service	韩进海运(HJS)	上海(Shanghai)	格丁尼亚(Gdynia,Poland)	3000			1185		2016/8/1

续表

航线	Lines	承运人 (Carriers)	起始港(Port of Departure)	目的港(Port of Destinational)	运价	BAF	CAF	O. THC	D. THC	生效日期 Date of Effectiveness
欧洲	Europe Service	韩进海运(HJS)	上海(Shanghai)	泽布吕赫(Zeebrugge, Belgium)	2300			1185	180	2016/8/1
欧洲	Europe Service	韩进海运(HJS)	上海(Shanghai)	费利克斯托(Felixstowe,England)	2300			1185	140	2016/8/1
欧洲	Europe Service	韩进海运(HJS)	上海(Shanghai)	安特卫普(Antwerp, Belgium)	2300			1185	180	2016/8/1
欧洲	Europe Service	韩进海运(HJS)	上海(Shanghai)	勒哈弗尔(Le haver, France)	2300			1185	200	2016/8/1
欧洲	Europe Service	韩进海运(HJS)	上海(Shanghai)	鹿特丹(Rotterdam, Netherland)	2300			1185	200	2016/8/1
欧洲	Europe Service	韩进海运(HJS)	上海(Shanghai)	汉堡(Hamburg, Germany)	2300			1185	230	2016/8/1
欧洲	Europe Service	中远集运(COSCO)	上海(Shanghai)	鹿特丹(Rotterdam, Netherland)	2900			1185		2015/8/17
欧洲	Europe Service	中远集运(COSCO)	上海(Shanghai)	费利克斯托(Felixstowe,England)	2900			1185		2015/8/17
欧洲	Europe Service	中远集运(COSCO)	上海(Shanghai)	勒哈弗尔(Le haver, France)	2900			1185		2015/8/17
欧洲	Europe Service	中远集运(COSCO)	上海(Shanghai)	汉堡(Hamburg, Germany)	2900			1185		2015/8/17
欧洲	Europe Service	中远集运(COSCO)	上海(Shanghai)	安特卫普(Antwerp, Belgium)	2900			1185		2015/8/17
中南美	Middle South America	韩进海运(HJS)	上海(Shanghai)	卡亚俄(Callao,Peru)	5000			1185	50	2016/8/1
中南美	Middle South America	韩进海运(HJS)	上海(Shanghai)	布韦那文图(Buenaventura, Columbia)	5000			1185	90	2016/8/1
中南美	Middle South America	韩进海运(HJS)	上海(Shanghai)	瓦尔帕莱索(Valparaiso,Chile)	5000			1185	95	2016/8/1
中南美	Middle South America	韩进海运(HJS)	上海(Shanghai)	利尔奎(Lirquen)	5000			1185	85	2016/8/1
中南美	Middle South America	韩进海运(HJS)	上海(Shanghai)	瓜达拉哈拉(Guadalajara,Mexico)	6450			1185		2016/8/1
中南美	Middle South America	韩进海运(HJS)	上海(Shanghai)	墨西哥城(mexico City,Mexico)	6350			1185		2016/8/1
中南美	Middle South America	韩进海运(HJS)	上海(Shanghai)	拉萨罗卡德纳斯(Lazaro Cardenas)	4900			1185		2016/8/1
中南美	Middle South America	韩进海运(HJS)	上海(Shanghai)	曼萨尼约(Manzanillo,Mexico)	4900			1185		2016/8/1
中南美	Middle South America	韩进海运(HJS)	上海(Shanghai)	瓜亚基尔(Guayaquil,Ecuador)	5000			1185	100	2015/8/1
中南美	Middle South America	韩进海运(HJS)	上海(Shanghai)	圣文森特,比奥比奥大区(St. Vincent,Región del Bío-Bío, Chile)	5000			1185	100	2015/8/1
中南美	Middle South America	韩进海运(HJS)	上海(Shanghai)	伊基克(Iquique,Chile)	5000			1185	100	2015/8/1
中南美	Middle South America	中远集运(COSCO)	上海(Shanghai)	布韦那文图(Buenaventura, Columbia)	3900			1185		2015/8/17
中南美	Middle South America	中远集运(COSCO)	上海(Shanghai)	曼萨尼约(Manzanillo,Mexico)	3900			1185		2015/8/17
中南美	Middle South America	中远集运(COSCO)	上海(Shanghai)	巴拿马城(Panama City,Panama)	3900			1185		2015/8/17
中南美	Middle South America	中远集运(COSCO)	上海(Shanghai)	科隆(Colón,Panama)	3900			1185		2015/8/17

续表

航线	Lines	承运人（Carriers）	起始港（Port of Departure）	目的港（Port of Destinational）	运价	BAF	CAF	O. THC	D. THC	生效日期 Date of Effectiveness
澳新	Australia/New Zealand Service	韩进海运（HJS）	上海（Shanghai）	陶朗阿（Tauranga，New Zealand	3800			1185		2016/8/1
澳新	Australia/New Zealand Service	韩进海运（HJS）	上海（Shanghai）	奥克兰（Auckland，New Zealand）	3800			1185		2016/8/1
澳新	Australia/New Zealand Service	韩进海运（HJS）	上海（Shanghai）	悉尼（Sydney，Australia）	4200			1185	275	2016/8/1
澳新	Australia/New Zealand Service	韩进海运（HJS）	上海（Shanghai）	墨尔本（Melbourne，Australia）	4200			1185	275	2016/8/1
澳新	Australia/New Zealand Service	韩进海运（HJS）	上海（Shanghai）	弗里曼特尔（Frementlel，Australia）	4200			1185	275	2016/8/1
澳新	Australia/New Zealand Service	韩进海运（HJS）	上海（Shanghai）	布里斯班（Brisbane，Australia）	4200			1185	275	2016/8/1
澳新	Australia/New Zealand Service	中远集运（COSCO）	上海（Shanghai）	奥克兰（Auckland，New Zealand）	2900			1185		2015/8/17
澳新	Australia/New Zealand Service	中远集运（COSCO）	上海（Shanghai）	悉尼（Sydney，Australia）	2900			1185		2015/8/17
澳新	Australia/New Zealand Service	中远集运（COSCO）	上海（Shanghai）	墨尔本（Melbourne，Australia）	2900			1185		2015/8/17
澳新	Australia/New Zealand Service	中远集运（COSCO）	上海（Shanghai）	布里斯班（Brisbane，Australia）	2900			1185		2015/8/17
波红	Persian Gulf/Red Sea Service	韩进海运（HJS）	上海（Shanghai）	吉达（Jeddah，Saudi Arabia）	6300			1185		2016/8/1
波红	Persian Gulf/Red Sea Service	韩进海运（HJS）	上海（Shanghai）	达曼（Damman，Saudi Arabia）	5700			1185		2016/8/1
波红	Persian Gulf/Red Sea Service	韩进海运（HJS）	上海（Shanghai）	卡拉奇（Karachi，Pakistan）	4200			1185	140	2016/8/1
波红	Persian Gulf/Red Sea Service	韩进海运（HJS）	上海（Shanghai）	阿卡巴港（Akaba）	6300			1185		2016/8/1
波红	Persian Gulf/Red Sea Service	韩进海运（HJS）	上海（Shanghai）	阿巴斯（Abbas）	6400			1185	266	2016/8/1
波红	Persian Gulf/Red Sea Service	韩进海运（HJS）	上海（Shanghai）	埃因苏赫纳	6300			1185		2016/8/1
波红	Persian Gulf/Red Sea Service	韩进海运（HJS）	上海（Shanghai）	豪尔费坎	5500			1185	1140	2016/8/1
波红	Persian Gulf/Red Sea Service	韩进海运（HJS）	上海（Shanghai）	阿里山（杰贝阿里）	5500			1185	1140	2016/8/1
波红	Persian Gulf/Red Sea Service	韩进海运（HJS）	上海（Shanghai）	阿布扎比（Abu Dhabi，UAE）	3700			1185	1140	2016/8/1
波红	Persian Gulf/Red Sea Service	中远集运（COSCO）	上海（Shanghai）	卡拉奇卡西姆港（Karachi Kasim）	2900			1185		2015/8/17
波红	Persian Gulf/Red Sea Service	中远集运（COSCO）	上海（Shanghai）	舒韦赫（Shuwaikh，Kuwait）	2900			1185		2015/8/17
波红	Persian Gulf/Red Sea Service	中远集运（COSCO）	上海（Shanghai）	舒艾拜（Shuaiba，Kuwait）	2900			1185		2015/8/17
波红	Persian Gulf/Red Sea Service	中远集运（COSCO）	上海（Shanghai）	科威特（Kuwait）	2900			1185		2015/8/17
波红	Persian Gulf/Red Sea Service	中远集运（COSCO）	上海（Shanghai）	阿里山（杰贝阿里）（Ali Mountain，Jebel Ali，UAE）	2900			1185		2015/8/17
波红	Persian Gulf/Red Sea Service	中远集运（COSCO）	上海（Shanghai）	迪拜（Dubai）	2900			1185		2015/8/17

资料来源：http://www1.sse.net.cn/newfiling/openprice.jsp

第十二章　国际贸易货物的价格

【案例 12-1】

根据中华人民共和国商务部统计报告:2015 年 1 至 12 月,中国内地农产品进出口额为 1861.0 亿美元,同比下降 3.5%。其中,农产品出口额为 701.8 亿美元,同比下降 1.6%;农产品进口额为 1159.2 亿美元,同比下降 4.6%。表 12-1 显示了 2014—2015 年中国内地茶叶和大蒜出口金额及其前三大出口市场的数量、金额及平均单价情况。从表 12-1 中可以发现,中国内地茶叶、大蒜出口到不同国家(或地区)的价格和效益有很大的不同。

表 12-1　2014—2015 年的中国内地茶叶和大蒜出口金额及其前三大出口市场情况

商品名称及前三大出口市场		2015 年			2014 年			同期比		
		数量/万吨	金额/(亿美元)	单价/(亿美元/万吨)	数量/万吨	金额/亿美元	单价/(万美元/吨)	数量/万吨	金额/亿美元	单价/(万美元/吨)
茶叶		32.50	13.82	0.43	30.15	12.73	0.42	7.8	8.5	0.69
1	摩洛哥	6.44	2.27	0.35	5.90	2.12	0.36	9.2	7.1	−1.93
2	香港	1.03	1.17	1.13	1.02	1.11	1.08	0.7	5.2	4.50
3	美国	1.64	0.91	0.56	1.53	0.83	0.54	6.9	9.7	2.61
大蒜		193.76	23.32	0.12	192.11	18.34	0.10	0.9	27.2	26.11
1	印度尼西亚	47.91	4.18	0.09	49.90	3.40	0.07	−4	22.9	27.98
2	美国	12.65	2.91	0.23	12.82	2.21	0.17	−1.4	31.9	33.75
3	越南	16.59	2.02	0.12	17.54	2.18	0.12	−5.4	−7.1	−1.81

价格直接关系到买卖双方的经济利益,是买卖合同中的重要条款。国际货物买卖合同中的价格条款,一般包括单价和总值。有些国际货物买卖合同还需要明确作价办法、佣金和折扣等内容。单价是指单位货物的价格,总值是单价和数量的乘积,即一批货物的价值总量。国际货物买卖合同中的价格条款,单价应至少具备计量单位、计价货币、单位金额和贸易术语等四个方面的内容,如:每公吨 100 美元 FOB 上海(USD100 per M/T,FOB Shanghai)。价格是交易磋商的核心内容。在国际贸易中,正确掌握作价原则、选择有利的计价货币、仔细做好成本核算,是买卖双方的重点工作内容。影响国际贸易商品价格的因素很多,而其中最主要的影响因素有:商品的质量、运输距离、交货条件、季节差价、成交数量、汇率风险、客户资信和交货期的急缓等。在确定商品的成交价格时,应切实了解该商品在国际市场上的价格走向与供求变化。在此基础上,充分考虑各种影响价格的因素,合理运用各种行之有效的作价办法。

第一节　国际贸易的作价方法

在进出口业务中，货物价格的确定方法，通常有以下几种。

一、固定价格

固定价格在国际贸易中采用较多。在国际货物买卖中，贸易双方在协商一致的基础上，明确规定商品成交的具体价格，这种作价办法称为固定价格。固定价格具有明确、具体、肯定和便于核算等特点。但是，国际市场价格瞬息万变，买卖双方采取固定价格，意味着卖方要承担从订立合同开始，到实际装运、实际收取货款期间的价格变动风险；而买方要承担从订立合同开始，到支付货款、实际收货期间的价格变动风险。因此，采用固定价格有利有弊。为了减少风险，促成交易，提高履约率，在价格的规定方面，除固定价格外，买卖双方也可采取其他一些变通做法。

二、暂不固定价格

在国际贸易中，有些货物因国际市场价格变动频繁、幅度较大，或因为交货期较远，买卖双方对市场趋势难以预测，但双方有订立合同的意图，贸易双方可先约定货物的品种、数量、包装、交货和支付等条件，但对价格暂不固定，而是在合同中约定将来如何确定价格的方法。暂不固定价格的作价方法又可分为两种情况：一是在价格条款中明确规定定价时间和作价方法，如以将来某一确定日期的某地有关商品交易的收盘价格为基准加（或减）若干美元；二是只规定作价时间，如“由双方在某年某月某日协商确定价格”。

三、暂定价格

买卖双方在签订国际货物买卖合同时，对合同中的价格注明为“暂定价”，然后规定在交货前的一定时间内，由双方根据当时市场情况确定正式价格。因在签订合同时，没有制订明确的定价依据，双方最后商定价格时可能各持己见，无法达成协议，导致合同无法履行。在实际业务中，暂定价格的定价方法一般只限于关系密切、信誉可靠的用户，且应在合同中规定价格的协商条款，并明确规定在协商无结果时采用何种价格。

四、滑动价格

对于成套设备、大型机械等出口商品，从合同订立到履行交货完毕，耗时较长。买卖双方需承担因原材料、工资、汇率等变动而带来的较大风险，可采用滑动价格的作价方式来减少风险。所谓滑动价格，是指买卖双方先在合同中规定一个基础价格（basic price），交货时或交货前一定时间，对基础价格按照工资、原材料价格变动指数做相应的调整，以确定最后价格。同时，在合同中具体订明调整价格的办法。滑动价格的调整条款，通常采用下列公式来调整：$P=P_0(A+BM/M_0+CW/W_0)$。公式中，P 代表商品交付时的最后价格；P_0 代表签订合同时的初步价格；A 代表经营管理费用和利润在价格中所占的比重；B 代表原料在价格中所占的比重；M 代表计算最后价格时引用的有关原料的平均价格或指数；M_0 代表签订合同时引用的有关原料的平均价格或指数：C 代表工资在价格中所占的比重；W 代表计算最后价格时引用的有关工资的平均数或指数；W_0 代表签订合同时引用的有关工资的平均数或指数。A、B、C 所代表的比例，在合同签订时确定，以后固定不变。

第二节　计价货币的选择

计价货币是指国际货物买卖合同中规定用以计算价格的货币。在国际贸易中，计价货币可以与支付货币为同一种货币，也可以是与支付货币为不同种类的一种或几种货币。计价货币可以是出口国货币，也可以是进口国货币，甚至可以为买卖双方协商确定的第三国货币。因各国经济发展不平衡，各国货币间的汇率经常发生变动。汇率变化对国际市场价格的影响很大。在国际贸易中，卖方、买方必须认真选择计价货币，以尽量避免汇率风险可能造成的损失。

一、计价货币的选择原则

（一）选择可自由兑换货币作为计价货币

目前，国际市场上可自由兑换的货币通常有美元、英镑、日元、欧元、港币等，其中美元在国际货物贸易中所占的比例较大。我们在确定国际货物买卖的计价货币时，应该选择国际上通用的可自由兑换的货币作为计价货币，以利于规避汇率风险。而由中国人民银行、财政部、商务部、海关总署、国家税务总局、中国银行业监督管理委员会于 2009 年 7 月 1 日联合公布并于当日起实施的《跨境贸易人民币结算试点管理办法》(公告 2009 年第 10 号)，标志着人民币的国际地位从国内计价货币提升至国际结算货币。因此，在国际货物买卖中，在《跨境贸易人民币结算试点管理办法》实施的中国试点地区，中国进出口企业可以选择人民币作为计价货币。在国际货物买卖中，常用计价货币名称及其标准简称如表 12-2 所示。

表 12-2　国际贸易中常用的可自由兑换的计价货币名称

国家或地区	货币中文名称	货币简称
美 国	美 元	USD
日 本	日 元	JPY
香 港	港 币	HKD
欧 盟	欧 元	EUR
英 国	英 镑	GBP
中国内地	人民币	CNY

（二）对可自由兑换货币，需考虑其稳定性

选择计价货币时，应充分考虑汇率波动可能带来的风险，所以尽量选用对自己有利的货币。一般来说，卖方应选择那些币值相对比较稳定或呈上浮趋势的“硬币”，买方应选用币值有下浮趋势的“软币”。

二、降低外汇风险的措施

在实际业务中，卖方选择计价货币、买方选择支付货币，均应综合考虑交易习惯、购销意图以及市场价格、竞争情况等因素，灵活掌握价格。如果为达成交易，不得不采用对己方不利的货币作为计价货币或支付货币，应争取用一定的方法进行补救，从而保护自己的利益。以下方法可在一定程度上降低外汇风险：

(1)压低进口价格或提高出口价格。如果为达成交易，卖方不得不选用“软币”计价，则应将该货币可能下浮的幅度考虑进去，相应提高出口报价。与之相反，为达成交易，买方不得不选用“硬币”计价，则应将该货币可能上浮的因素考虑进去，相应降低进口价格，从而达到保值盈利的目的。

(2)“软”“硬”币结合使用。在国际金融市场上，两种货币之间往往互为“软”“硬”的。A币之“软”是相对于B币之“硬”的。今天的“软币”可能成为明日的“硬币”。在不同的合同中，适当结合使用多种“软币”和“硬币”，可起到降低外汇风险的作用。

(3)订立外汇保值条款。常用的保值条款有以下三种：

①计价货币和支付货币为同一“软币”。首先，在国际货物买卖合同中订明该种“软币”与某一“硬币”之间的汇率。然后，在支付时按当日汇率折合成原货币支付。例如，某国际货物销售合同约定以“美元”计价和支付，合同总金额为10万美元，合同中约定美元与日元的兑换汇率为：USD100＝JPY95。待实际付款时，如美元与日元的兑换汇率变为USD100＝JPY100。那么，买方应付款105263.18美元，而非10万美元。

②“软币”计价、“硬币”支付。将商品单价或总金额按照计价货币与支付货币当时的汇率，折合成另一种“硬币”，以该“硬币”支付。

③一揽子汇率保值。在“软币”计价、“软币”支付的情况下，首先确定该“软币”与另几种货币的算术平均汇率，或用其他方式确定汇率；然后，根据支付当日该“软币”与另几种货币的算术平均汇率的变化做相应的调整，折算成原货币进行支付。几种货币的综合汇率有不同的计算办法，如简单平均法、加权平均法等。

第三节　计价数量单位、单位价格金额与贸易术语的选用

在国际货物买卖合同的价格条款中，除应明确规定作价方法、谨慎选择计价货币和订立外汇保值条款外，还应正确表达计价数量单位、单位价格金额与合理选用贸易术语。

一、计价数量单位

一般说来，计价数量单位应与数量条款中的计量单位相一致。如计价数量单位采用“公吨”，则在数量和单价中也应采用“公吨”，而不能是“长吨”或“短吨”。

二、单位价格金额

买卖双方协商一致的价格，应正确填写在国际货物买卖合同中。如果写错，并且合同已

经双方当事人签署认可，按照国际贸易法律是可以因此否定或改变交易磋商时所谈定的条件的。

三、贸易术语的选用

在实际业务中，贸易术语直接关系到买卖双方的经济利益，因此贸易双方均十分重视贸易术语的选用。在 Incoterms 2010 的 11 种贸易术语中，属于象征性交货的 6 种贸易术语(FOB、CFR、CIF、FCA、CPT、CIP)，易被买卖双方同时接受，而属于实际交货的 5 种贸易术语(EXW、FAS、DAT、DAP、DDP)在实际业务中较少使用。一般情况下，贸易术语的选用，应结合以下几方面因素加以综合考虑。

(一)注意运价、保险费率的变化

近几年来，国际市场石油价格上下波动频繁、波幅显著，导致燃油附加费水涨船高，再加上世界贸易量的大幅扩大，这些因素共同推动国际运价的大幅上涨。同时，国际海运交通枢纽上海盗盛行，导致保险公司纷纷提高国际货物运输保险费率。因此，当前国际运价和保险费总体面临上涨趋势。为了规避运价波动的风险、降低保险费用支出，卖方应尽量争取以 FOB、FCA 贸易术语成交，而买方应争取以 CIF、CIP、CFR、CPT 贸易术语成交。

(二)选择合适的货物运输方式

各种贸易术语适用的货物运输方式不同。FOB、CFR、CIF 仅适用于海洋运输和内河运输，而 FCA、CPT、CIP 不仅适用于水上运输，还适用于空运、公路和铁路运输与联合运输。目前，集装箱运输与多式运输已被广泛采用。贸易双方为避免在交接货物义务上产生分歧，相对于 FOB、CFR 和 CIF 的使用，应适当扩大 FCA、CPT 和 CIP 贸易术语的使用比例。

(三)适当选择使用实际交货的贸易术语

随着我国对外开放的不断深入和对外贸易的不断发展，中国已经与周边国家建立了多个自由贸易区，如东盟自由贸易区、上海经济合作组织等，目前正在进行东北亚自由贸易区的谈判工作。因此，可以采用更加灵活的贸易方式。采用其他贸易术语，如 EXW、FAS、DAT、DAP、DDP 等，视不同交易的具体情况，适当地与这些周边国家开展贸易往来，积累这些贸易术语的使用经验。

第四节　佣金和折扣

一、佣金和折扣的含义

佣金(commission)是卖方或买方付给中间商的酬金，其原因是该中间商为其货物销售或购买提供了中介服务。中间商通常为经纪人或代理人。在实际业务中，凡是为招揽生意、促成交易提供服务的企业或个人，都可能成为佣金商。折扣(discount)是卖方给予买方的一定价格减让。在国际货物买卖中，佣金和折扣的名目繁多，如销售佣金(selling commission)、累计佣金(accumulative commission)、数量折扣(quantity discount)、特别折扣(special discount)等。

二、佣金和折扣的表示方法

一般情况下，国际货物买卖的价格中，如包含佣金、折扣，则该价格称为“含佣价”“含折扣价”。有时，买卖双方会在合同单价中约定不显示佣金或折扣，而按双方单独签署的佣金协议、折扣协议支付，这种佣金与折扣，称为“暗佣”或“暗扣”。

“含佣价”可用文字说明，也可用佣金的英文的缩写字母“C”来表示；“含折扣价”一般用文字说明。例如：

(1)用文字表示“含佣价”：每公吨 500 美元 CIF 伦敦包含佣金 2%(USD500 per M/T CIF London including 2% commission)；

(2)用字母表示“含佣价”：每公吨 500 美元 CIF 伦敦 C2% (USD500 per M/T CIFC2 London)；

(3)用文字说明的“含折扣价”：每箱 50 美元 CFR 新加坡减 1%折扣 (USD50 per case CFR Singapore Less 1% discount)；

(4)既是“含佣价”，又是“含折扣价”，用文字说明表示：每公吨 500 美元 CIF 伦敦包含佣金 2%、减 2%折扣((USD500 per M/T CIF London including 2% commission, Less 2% discount)。

在国际贸易中，为了区别“含佣价”“含折扣价”，将既不包含佣金也不包含折扣的价格称为“净价”。净价的表示方法是在贸易术语后加注“净价”(net)字样。例如，每打 25 美元 FOB 净价天津(USD 25 per dozen FOB net Tianjin)。

三、佣金和折扣的计算方法

佣金一般是按交易金额的一定百分比计算，也可按成交的数量来计算(即按每单位的货物收取若干佣金)。百分比佣金的计算公式为：佣金＝含佣价×佣金率；而含佣价＝净价÷(1－佣金率)。例如，某笔出口业务的 CFR 含佣价总金额为 20000 美元，佣金率 6%，则该笔业务应支付的佣金额为 1200 美元(20000×6%)，该笔出口业务的 CFR 净价金额为 18800 美元(净价＝含佣价－佣金)。

折扣的计算，通常也是按成交金额的一定百分比计算，也可按成交数量计算。扣除折扣的实收价格称为净价。折扣的计算公式为：折扣＝原价×折扣率；折实售价＝原价×(1－折扣率)。例如，某合同出口价格为 CIF 伦敦 1000 美元减 3%的折扣，则该合同的折扣为每单位货物 30 美元(1000×3%＝30)，而折实售价为 970 美元(折实售价＝原价－折扣＝1000－30)。

佣金和折扣的支付方法不同。销售佣金的支付一般是在卖方收到货款后，按事先约定的期限和佣金比率，由卖方另行支付给中间商。折扣通常是由买方在付款时预先扣除。

第五节　价格换算与价格改报

一、FOB、CFR 与 CIF 之间的价格换算

不同贸易术语的价格构成因素不同。由于国际货物买卖绝大多数是采用 FOB、CFR、CIF、FCA、CPT、CIP 成交的，因此知晓 FOB、CFR、CIF 之间的价格换算方法，也可以推定出 FCA、CPT 与 CIP 之间的价格换算。为了方便说明，以 F 表示国际海运费，I 代表货物海上运输保险费，C 为佣金，Rc 为佣金率，Ri 为货物海上运输的保险费率。FOB、CFR、CIF 贸易术语之间的价格换算方法如下。

（一）FOB 价换算成 CFR 价

FOB 价为装运港船上交货价，卖方负担货物在指定装运港越过船舷前的一切费用和风险，不负担海运费。而 CFR 价为成本加运费价。因此，由 FOB 价为基准计算 CFR 价的方法为：CFR＝FOB＋海运费。例如，假设 FOB 价格为 1000 美元，每单位货物摊到的海运费为 200 美元，则 CFR 价格为 1200 美元（CFR＝FOB＋F＝1000＋200）。

（二）FOB 价换算为 CIF 价

CIF 价为成本加运费加保险费，保险费＝CIF×（1＋投保加成率）×海上运输保险费率，以 FOB 价为基准计算的 CIF 价应为：CIF＝FOB＋运费＋保险费，或者 CIF＝（FOB＋F）/［1－保险费率×（1＋加成投保率）］。例如，假定 FOB 价格为 1000 美元，每单位货物摊到的海运费 200 美元，投保海上货物运输一切险的保险费率 0.5%，投报加成 10%，则 CIF 价格为 21818 美元（CIF＝（1000＋200）/［1－5%×（1＋10%）］）

反过来，如果知道 CFR 价格，根据 CFR 价格换算 FOB 价格应为：FOB＝CFR－海运费，而 CIF 价格则为：CIF＝CFR＋海上运输保险费，或者 CIF＝CFR/［1－保险费率×（1＋加成投保率）］。同样，如果知道 CIF 价格，根据 CIF 价格换算 FOB 价格应为：FOB＝（CIF－海运费－海上运输保险费）或者 FOB＝CIF×［1－保险费率×（1＋加成投保率）］－海运费。而 CFR＝CIF－海上运输保险费率，或者 CFR＝CIF×［1－保险费率×（1＋加成投保率）］。

二、价格改报

国际贸易在不同国家的买卖双方之间进行，会涉及不同种类之间的货币换算和价格改报问题。不同种类货币之间的换算，要考虑这两种不同货币之间的兑换汇率。以中国境内的人民币与外币兑换为例，银行的外汇牌价有银行外汇买入价、现钞买入价、外汇卖出价、基准价与中间折算价。例如，2017 年 6 月 13 日（星期二），中国银行美元的当日牌价：每 100 美元的现汇买入价为 678.57、现钞买入价为 672.99、卖出价为 681.29、中间折算价为 679.54。在实际业务中，如遇到不同种类之间的货币换算，一般情况下会用到现汇买入价和卖出价；在采用现金支付时，以现钞买入价代替现汇买入价计算；如分不清买入价或卖出价，则可以简单地用中间折算价来代替。

下面以中国进出口为例，来说明价格改报的具体计算。

（一）人民币价格改报某种外币价格

中国的出口商（卖方）报人民币（本币）价格给国外买方，希望收回人民币金额。而国外买方要求支付外币。如卖方同意买方的要求，则需将人民币价格改报成外币价格，以收取外币来代替收取人民币。对卖方来说，在保持预期利润不降低的前提下，如果他（她）能将收回的外币卖给银行后，换回的人民币金额不小于原希望收回的人民币金额，那价格改报对其才是合理的。卖方将外币卖给银行，银行以外汇买入价进行折算。因此，本币折算外币时，应采用买入价。

外币价格＝人民币价格/该外汇的买入价。例如，中国A出口公司对美国B公司报价为每公吨人民币3000元，而B客户要求改报美元价。假定中国银行当日的美元买入价为：100美元＝678.57元人民币，那么中国A出口公司对美国B公司改报的美元价格至少应为：每公吨442.11美元[3000/（678.57/100）]。

（二）外币价格改报人民币价格

中国的进口商（买方）收到国外出口商（卖方）的外币报价后，在三种情况下，会涉及该外币价格如何换算成人民币价格：①为了核算进口成本，买方会将外币价格折算成人民币价；②付款期限到来后，中国的买方一般需要拿人民币向银行换取外币后，支付给国外卖方。用人民币向银行买外币，银行以外汇卖出价进行折算；③为了支付方便，买方要求卖方直接改报人民币价格。这三种情况下的换算方法相同。

外币折算成本币时，应采用卖出价。人民币价格＝外币价格×外汇卖出价。例如，我国C进口公司收到某英国D出口公司的报价为每打20英镑，C公司要求D公司改报人民币价或者C公司要核算以多少人民币才能支付20英镑。假设，中国银行当日的英镑卖出价为100英磅＝867.14元人民币，那么人民币价格应该是：每打173.43元（20×867.14/100）。

（三）外币1价格改报成外币2价格

假设中国的出口商（卖方）报本币1价格给国外买方，而国外买方要求改报外币2。如卖方同意买方的要求，则需将外币1价格换算成外币2的价格，前提是预期利润不变。然而，中国的银行外汇牌价一般公布的是每种外币与人民币之间的兑换汇率，而两种外币之间的兑换汇率不直接公布出来。因此，如何将外币1价格换算成外币2价格，一般有两种计算方法：

（1）根据外币1与外币2之间的兑换汇率进行计算。根据外币1与人民币之间的公布兑换汇率、人民币与外币2之间的公布兑换汇率，可以计算外币1与外币2之间的套算汇率，然后进行相应的价格改报。但是，套算汇率的计算比较专业、复杂，容易搞混，引起计算错误。当然，外币1与外币2之间的兑换汇率，也可以从国外金融市场去了解。

（2）不直接计算或了解外币1与外币2之间的兑换（套算）汇率。以人民币价格为桥梁，先将外币1价格改报成人民币价格，然后将人民币价格改报成外币2价格。其计算方法为：人民币价格＝外币1价格×外币1的银行卖出价，而外币2价格＝人民币价格/外币2的银行买入价。等式替换后，得出外币1价格与外币2价格之间的直接关系为：外币2价格＝（外币1价格×外币1的银行卖出价）/（外币2的银行买入价）。

例如，中国E出口公司对香港F进口公司报价每打400港币，但F公司要求改报英镑价。查询中国银行外汇牌价得知:100 英镑的买入价为 861.10 元、卖出价为 867.14 元,而 100 港币的买入价为 86.98 元、卖出价为 87.32 元。因此,中国 E 出口公司可改报的英镑价为:每打 40.56 英镑[(400×87.32)/861.10]。

三、出口成本核算

综上所述,我们知道了 FOB、CFR、CIF 之间不同贸易术语的价格换算,也了解了本币与外币、外币与外币之间的价格改报。对卖方来说,进行出口成本核算是判定出口报价是否正确、出口赢利有多少的重要途径。一般来说,出口价格=成本+费用+利润。

(一)成本

成本可以为生产成本或实际采购成本。因中国货物出口采用出口退税制度,而外贸企业与自营出口的生产企业所采用的退税口径是不一样的。对生产企业来说,成本可以是实际生产成本;对外贸企业来说,成本可以是实际采购成本。一般情况下,外贸企业不自己生产货物,而是向生产企业采购,因而采购成本一般会高于生产成本。而实际采购成本=采购成本-出口退税额,而出口退税额=(采购成本×出口退税税率)/(1+增值税率)。因此,实际采购成本应为:采购成本×(1-出口退税税率)/(1+增值税率)。

(二)费用

费用部分包括国内环节费用和国外环节费用。国内环节费用一般包括货物在指定装运港将货物越过船舷之间的所有费用(包括国内运费、仓储费、出口报关费、码头费、港口附加费、检验检疫费用、包装费、业务费用等);国外环节费用,主要是海运费和海上货物运输保险费。其中,FOB 价格不涉及国外环节费用,CFR 价格只涉及国外环节费用中的海运费,而 CIF 价格则要同时涉及海运费和海上货物运输保险费。

(三)利润

利润可以按出口成交价、采购价、生产成本的一定百分比进行计算,也可以规定每单位货物出口应具有的利润额。一般情况下,利润以出口成交价的一定百分比计算居多,该百分比被称为利润率。出口报价时核定的利润率,称为预期利润率;出口收汇后,出口成本核算后核定的利润率为实际利润率。每笔交易的预期利润率与实际利润率会存在较大差异。实际利润率可以高于或低于预期利润率。如果卖方在履约过程中加强管理,注重节约成本和费用,采取积极有效的方法防范和规避外汇风险、信用风险等,实际利润率很有可能会超过预期利润率。

例如,中国某出口产品的增值税率为 17%,出口退税率为 13%。中国 A 外贸企业向美国 B 公司出口该产品,出口价格为每公吨 100 美元 CIF 纽约价,出口数量为 100 公吨。已知,该批出口货物的采购成本为 600 元人民币/公吨,国内环节总费用为 4000 元,总海运费为 200 美元,保险加成为 10%,投保一切险,保险费率为 0.5%,卖方经营该笔业务的预期利润率为 15%,结汇当日中国银行的外汇牌价:每 100 美元的现汇买入价为 678.57、卖出价为 681.29。

根据以上信息,我们可以对该笔出口业务进行成本核算,并计算其实际利润率。

(1)第一步,计算 A 外贸企业的出口收汇收入:

外汇收入=CIF 价格×出口数量×外汇买入价=67857(元)

(2)第二步,计算 A 外贸企业经营该笔业务所要支出的费用:

费用＝国内环节费用＋国外环节费用

其中：

国外环节费用＝海运费＋海上运输保险费(以 CIF 贸易术语成交)

国内环节费用＝4000(元)

海运费＝200×外汇卖出价(A 企业购买外汇支付给船公司)＝1362.58(元)

保险费＝CIF 总金额×(1＋投保加成)×保险费率×
外汇卖出价(A 企业购买外汇支付给保险公司)
＝CIF 价格×出口数量×(1＋投保加成)×保险费率×外汇卖出价＝374.71(元)

(3)第三步，计算 A 企业的实际采购成本：

实际采购成本＝采购成本－出口退税，其中：

采购成本＝600×100＝60000(元)

出口退税＝出口数量×(采购成本×出口退税税率)/(1＋增值税率)＝6666.67(元)

实际采购成本＝采购成本－出口退税＝53333.33(元)

(4)第四步，计算实际利润额与实际利润率：

实际利润额＝出口收汇收入－实际采购成本－费用＝8786.38(元)

实际利润率＝(实际利润额/出口收汇收入)×100%＝12.95%

因此，与预期利润率 15%相比，该笔业务最终实现的实际利润率为 12.95%。导致利润率降低的原因，有可能是人民币相对于美元升值引起的(报价日与收汇日期间的汇率变化)，也有可能是费用上升引起的。因此，为了防止汇率变化和经营费用的变化，卖方在对外报价时最好留有适当余地。

思考题

1. 一出口企业出口某商品，以 FOB 贸易术语对外报价为每箱 USD100，国外买方要求改报 CIF 纽约价格。已知该货物每箱尺码为 30cm×40cm×30cm，每箱毛重为 15 千克；运费计费标准为 W/M，基本运费为每运费吨 USD20，到纽约需加收燃油附加费 10%；投保一切险与战争险，保险费率分别为 0.3%、0.2%，按 CIF 价值 110%投保。请问：

(1)该出口企业对外报 CIF 纽约的价格应是多少？

(2)如客户希望改报 CIFC2%纽约价，请问具体报价应是多少？

2. 一出口企业就某款式服装对英国客户报价为每件 100 元人民币，合同签订后 1 个月付款。英国客户要求改报外币价格。已知：美元、港币、英镑的即期汇率和远期 1 个月的汇率中间价分别为：

	美元/港币(USD/HKD)		英镑/美元(GBP/USD)	
即期(Spot)：	7.7495	7.7490—7.7500	1.6812	1.6808—1.6816
远期 1 个月(1 month)：	7.7640		1.6786	

请问：该出口企业应选择何种外币对外报价最为有利？具体报价是多少？

第十三章　国际贸易货款收付

【案例 13-1】

中国 A 公司与巴基斯坦 B 公司签订了一批总值 5 万多美元的家用缝纫机出口合同，付款方式为：装运前 15 天电汇 30%货款，其余 70%货款装运后 10 天内付款。A 公司收到 30%预付款后按期装运了货物，并于装运货物后及时将全套单据的复印件传真给了 B 公司。十多天后，B 公司来电称由于缝纫机市场行情急剧下跌，要求 A 公司降价 40%才可以接受货物。A 公司不同意 B 公司的条件，决定将货物运回。然而，A 公司联系船公司后被告知无法办妥货物转运，原因是巴基斯坦海关规定，退货必须征得原进口商的同意，否则无法退货。万般无奈之下，A 公司同意了 B 公司的要求。在本案中，导致出口方遭受损失的表面原因是进口国海关的特殊规定，而实质原因是进口商的信用。因此，对与资信不了解的客户或信用较差的客户成交，最好不要采用商业信用的货款结算方式。

【案例 13-2】

浙江某出口企业与某美籍华人客商成交了几笔小额贸易，付款方式为预付，交易非常顺利。后来，该客户称已打开销路，数量增加，但是资金周转比较紧张，故而要求出口企业接受付款方式为“D/P AT SIGHT”。出口企业考虑在“D/P AT SIGHT”下，买方只有付款赎单才能拿到单据，如其拒绝付款赎单，那货物所有权依然掌握在卖方手中，因而接受了买方的要求，并装运了一个 40FCL 的货物。装运货物后，买方借口资金紧张，拖延付款赎单。货到目的港 10 天后，各种费用相继产生。这时，买方提出要求将付款条件从“D/P AT SIGHT”更改为“D/A 30 天”，否则拒收货物。因考虑这批货物的花色品种是为该客户订制，货物拉回来也是转为库存，因而卖方被迫同意了买方的要求。可是，买方在承兑交单提取货物后就再也没有音讯。因此，出口公司要从本案中吸取教训：①在卖方市场中，尽管收款方式是越来越不利于卖方的，但卖方决不应该接受资信不了解的客户提出的高风险结算方式，如 D/P、D/A 或 O/A(OPEN ACCOUNT)，除非能够做足风险防范；②买方交易过程中提出更改付款方式的做法，卖方有理由相信其是一个信用欠佳的客户，因此应该对货物最终的出路早做打算；③对于客户要求订制的产品，卖方不应该接受高风险的收款方式。

【案例 13-3】

A 出口公司与 B 进口公司就某种“金鸡牌”货物订立合同，并规定采用信用证结算。但是，B 公司通过开证行开出信用证的货物为“金牌”。A 公司未仔细审核信用证就办理了交货，制作了全套单据向出口地银行办理交单议付，单据显示为“金鸡牌”。出口地银行审核单据后予以拒付，其理由是单据的货物描述与信用证条款不符合。在本案中，银行拒付合理。在信用证交易中，银行付款的前提是“交单相符”。卖方实际装运的货物是“金鸡牌”，其所做的单据显示“金鸡牌”与合同规定相符，但与信用证规定不符。信用证是独立于买卖合同的文件，不受合同约束。在信用证项下，银行判定是否付款的唯一条件是“交单相符”，即单据表明内容的记载是否与信用证规定相符。假设在本案中，A 出口公司实际装运的是“金鸡牌”，但在单据上显示“金牌”。因此，只要交单相符，开证行就会付款。

国际货款收付问题是买卖双方交易磋商的最大难点，因为买卖双方都希望能在货款的收付方面获得较大的保障。对卖方而言，以采用预收货款或取得银行的付款保证为最佳收款方式，从而实现收款安全、迅速、及时；就买方而言，最好能够在收取货物或取得物权单据后再付款。因此，买卖双方在交易磋商和订立合同时，都力争对自己有利的收付款条件。货款收付问题很复杂，除涉及买卖双方外，还要涉及买卖双方所在国的金融机构或第三国金融机构，除受所在国外汇法规、金融管制条例以及各种国际通行惯例与规则的约束外，还受世界经济、贸易、金融、货币等因素影响。货款收付磋商的一个重要依据就是“信用”，包括商业信用、银行信用和国家信用。在此基础上，买卖双方就结算货币、信用工具、付款时间、付款方式、付款地点等问题进行洽谈，而洽谈的最终成果将直接影响到买卖双方的资金周转、资金融通、风险和费用的负担。

第一节　信用工具

货款结算方式有现金结算和非现金结算两种。其中，现金结算使用范围很小，一般限于购买样品、预付定金、少量赔款等。当国际结算从现金结算过渡到非现金结算时，其用以清偿买卖双方间债权债务关系的信用工具就是票据。票据是国际贸易中最主要的信用工具，它能将贸易双方的商业信用关系转变为票据的债权债务关系。票据有三种：汇票（draft, bill of exchange）、本票（promissory note）和支票（check or cheque）。

一、汇票

根据《英国票据法》的规定：“汇票是一人向另一人开出的，由开出人签字，要求收件人对某一特定的人或其指定人或持票来人即期或固定地，或在可以确定的未来某一日期支付一定货币金额的无条件支付命令。”（A bill of exchange is an unconditional order of writing, addressed by one person to another, signed by the person give it, requiring the person to whom it is addressed to pay on demand or at a fixed or determinable future time a sum certain in money to or to the order of a specified person or to bearer）中国《票据法》第 19 条对汇票下的定义为：“汇票是由出票人签发的，委托付款人在见票时或者在指定日期无条件支付确定的金额给收款人或者持票人的票据。”

（一）汇票的内容

汇票的内容，包括绝对必要项目、相对必要项目和任意记载事项。汇票必须要式齐备，即绝对必要项目记载缺一不可，否则汇票无效；汇票的相对必要项目尽管也很重要，但欠缺记载不影响汇票的有效性；而汇票的任意记载事项不重要，有否记载根本不影响汇票的有效性。在国际贸易中，汇票是否有效成立，根据出票地的法律来裁决。值得注意的是，有关汇票的绝对必要项目规定，英美法系的票据法规定与大陆法系的票据法规定有很大的不同。一般来说，大陆法系的票据法规定比较严格，而英美法系的票据法规定比较灵活。

(1)绝对必要项目。以大陆法系的票据法为例，来说明绝对必要项目的具体内容。大陆法系的票据法规定，汇票必须具备 7 个绝对必要项目：①标明“汇票”字样，以便区别于“本票”或“支票”，而《英国票据法》无此要求。②无条件支付命令。汇票是出票人委托付款人支付一定款项给收款人的无条件支付命令。支付不能受到限制，也不能附带任何条件。③确定的金额，包括“确定的”金额和“可以确定”的金额。例如，汇票记载带有支付利息条款的，其利息支付条款记载要完整，必须有明确的利率和计息起讫时间和终止时间。④出票人(drawer)，即签发汇票的人。出票人在交付汇票前，必须在汇票上加具真实签章以明确其票据责任。汇票的签字如果是伪造的，或是由未经授权人签字，则视为无效汇票。⑤受票人(drawee)。⑥收款人(payee)，它是汇票的主债权人，必须在汇票上载明。⑦出票日期。汇票上必须加注出票日期，以便凭此确定出票人在签发汇票时有无行为能力，并凭此确定某些汇票的付款到期日、提示期限、承兑期限、利息起算日等。根据中国《票据法》第 22 条规定，汇票必须记载的具体事项与大陆法系的票据法规定基本一致。

(2)相对必要项目。汇票的相对必要项目有 3 个：①付款日期，又称付款到期日，是受票人履行付款义务的日期。如未记载，视为“见票即付”。②付款地点，即汇票金额支付地，也是请求付款地或拒绝证书做出地。如未记载，以受票人经常居住地或营业地为准。③出票地点。出票地点通常是在汇票的右上方，常和出票日期连在一起。如果汇票没有单独列明出票地点，则出票人名字旁边的地点或出票人的经常居住地或营业地视为出票地点。

(3)任意记载事项。汇票除了绝对必要项目和相对必要项目以外，汇票内容还包括一些任意记载事项，有否记载并不影响汇票的有效性，如计息条款、付一不付二或付二不付一、禁止转让、免做拒绝证书或退票通知、汇票编号、出票条款等。

汇票样本如图 13-1 所示。

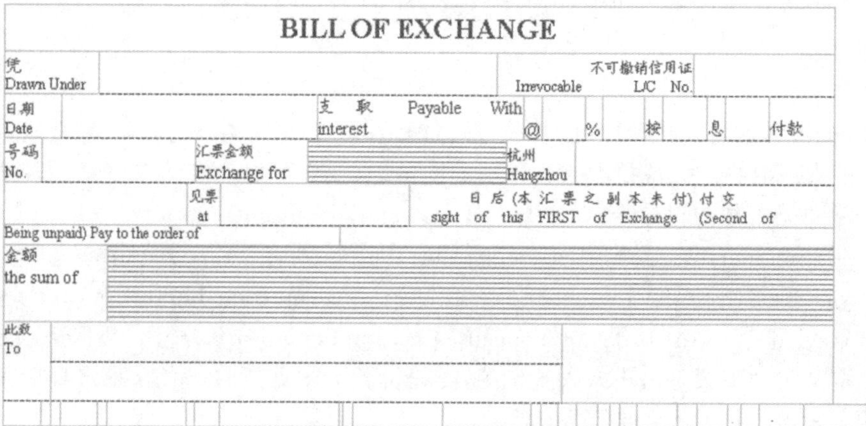

BILL OF EXCHANGE

凭 Drawn Under　　不可撤销信用证 Irrevocable L/C No.

日期 Date　　支取 Payable With interest @ % 按 息 付款

号码 No.　　汇票金额 Exchange for　　杭州 Hangzhou

见票 at　　日后(本汇票之副本未付)付交 sight of this FIRST of Exchange (Second of

Being unpaid) Pay to the order of

金额 the sum of

此致 To

图 13-1　汇　票

（二）汇票的分类

从不同的角度对汇票进行分类，汇票主要有以下几种：

(1)按出票人的不同，可分为银行汇票(commercial draft)和商业汇票(banker's draft)。银行汇票的出票人和受票人均为银行。商业汇票的出票人一般为工商企业或个人，而其受票人可以是工商企业或个人，也可以是银行。

(2)按汇票是否随附单据，分为光票(clean bill)和跟单汇票(documentary bill)。光票是指汇票不随附商业单据，如银行汇票多为光票。跟单汇票必须随附商业单据。跟单汇票随附的商业单据，包括提单、仓单、保险单、装箱单、商业发票等，商业汇票多为跟单汇票。

(3)按付款时间的不同，可分为即期汇票(sight bill, demand bill)和远期汇票(Time bill,Usance Bill)。即期汇票的持票人向受票人提示汇票后，付款人必须立即付款，即"见票即付"。远期汇票，一般规定在出票后一定时间或规定在特定日期付款。远期汇票的付款日期，常见有4种规定方法：①定日付款，即规定在将来某一特定日期付款；②出票日后若干天付款，如出票日后30天、45天、60天，120天付款；③见票后若干天付款，如见票日后30天、60天、120天付款等；④规定某一特定事件发生后付款，如运输单据签发日后30天付款；等等。

(4)按承兑人不同，可分为商业承兑汇票(commercial acceptance Bill)和银行承兑汇票(banker's acceptance bill)。远期的商业汇票，如由工商企业或个人加具承兑，则为商业承兑汇票；如由银行对汇票加具承兑，则为银行承兑汇票。因远期商业汇票是建立在商业信用基础之上的，其出票人是工商企业或个人。因此，商业承兑汇票可以理解为"在商业信用的基础上再加上了商业信用"，而银行承兑汇票可以理解为"在商业信用的基础上加上了银行信用"。一份远期商业汇票，在获得承兑前，出票人是汇票的主债务人。在承兑后，承兑人成为汇票的主债务人，而出票人退居成为次债务人。因此，相比商业承兑汇票，银行承兑汇票更易在金融市场上进行流通。

(5)按照汇票抬头(收款人)记载的不同，可以分为限制性抬头的汇票、指示性抬头的汇票和来人抬头的汇票。限制性抬头的汇票不能转让，收款人一般做成"仅付某公司"(Pay to Co. only)或"付某公司，不能转让"(Pay to Co. ,not transferable)；指示性抬头的汇票，一般做成"付某公司或其指定人"(Pay to the order of to Co. or Pay to Co. or order)，这种抬头的汇票可以经过背书转让；来人抬头的汇票，一般做成"付给某公司或来人"(Pay to Co. or bearer)或"付给持票人"(Pay Bearer)，这种抬头的汇票无须背书即可转让。国际上，指示性抬头的汇票使用最多。

（三）汇票的使用

汇票的使用，通常要经过出票(issue)、背书(endorsement)、提示(presentation)、承兑(acceptance)、保证(guarantee)和付款(payment)等手续。此外，如汇票遭到拒付，还会涉及做成拒绝证书(protest)和行使追索权(right of recourse)等法律问题。

(1)出票，是指出票人签发票据并将其交付给收款人的行为。

(2)背书，是背书人(即汇票的收款人或持票人)在汇票的背面签字加批，将汇票权利转让给受让人(即被背书人)的行为。对于受让人来说，在他(她)以前的背书人和出票人都是"前手"；而对于出让人来说，在他(她)让与以后的受让人都是"后手"。"前手"对"后手"负有担保汇票必然会被承兑或付款的责任。如果远期汇票的持有人欲提前取得票款，可以将经过背书的汇票转让给受让人(一般是银行或贴现行或金融公司),由受让人扣除利息后将票款给出让人,这种行为称为"贴现"(discount)。

(3)提示,是持票人(holder)将汇票提交受票人,要求其付款或承兑的行为。如是即期汇票,则提示受票人见票后立即付款;如为远期汇票,则提示受票人见票后办理承兑手续,并到期付款。

(4)承兑,是指受票人在汇票正面写上"承兑"(acceptance)字样、注明承兑日期并签字,然后交还持票人。汇票一经承兑,即表示承兑人承担到期付款的责任。因此,远期限汇票若遭到受票人拒绝承兑,则拒付发生。

(5)付款。即期汇票的受票人在持票人提示时即付;对远期汇票的受票人在办理承兑手续后,在汇票到期日付款。汇票一经付款,则出票人、汇票的"前手"和"后手"、付款人,在汇票上的债权债务关系全部得以清偿。

(6)拒付。如持票人在法定期限内向受票人提示付款或承兑,受票人逃避不见或明确表示拒付或拒绝承兑,则拒付事实发生。汇票的善意持有人有权向其所有的"前手"追索,直止追索到出票人。如果汇票是在承兑后遭受拒付的,则出票人可以凭承兑汇票向付款人进行追索。但是,持票人为了行使追索权,通常必须在法定时间内做成"拒付通知"和"拒绝证书"后才可行使追索权。拒绝证书一般由拒付地点的法定公证机构做出。持票人请求公证人做成拒绝证书时,应将汇票交出,由公证人持票向付款人再做提示,如仍遭拒付,即由公证人按规定格式做成拒绝证书,连同汇票交还持票人。持票人凭拒绝证书,向其"前手"行使追索权。

二、本票

《英国票据法》关于本票的概念:"本票是一人向另一人开出的,由出票人签字,保证对某一特定的人或其指定人或持票来人即期或固定地,或在可以确定的未来某一日期支付一定货币金额的书面的无条件支付承诺。"(A Promissory Note is a an unconditional promise in writing made by one person to another signed by the maker engaging to pay on demand or a fixed or determinable future time a sum certain in money to or to the order of a specified person or to bearer)而根据中国《票据法》第 73 条规定:"本票是指出票人签发的,承诺自己在见票时无条件支付给持票人或收款人一定金额的票据。"

(一)本票的必要项目

本票的绝对必要项目有:①标明"本票"字样;②无条件支付承诺;③出票人签字;④出票日期;⑤支付金额;⑥收款人或其指定人。这 6 项内容欠缺其一,本票无效。

本票的相对必要项目有:①付款地点。如未记载,以出票人的营业场所为付款地。②出票地。如未记载,也以出票人的营业场所为付款地。③付款期限。如果没有写清楚,可以视为"见票即付"本票。

(二)商业本票与银行本票

本票可分为商业本票和银行本票。商业本票由工商企业或个人签发。按照付款时间的不同,商业本票又可分为即期、远期两种。即期商业本票为"见票即付",而远期商业本票则由出票人承诺于未来某一规定日期付款。因本票的付款人与出票人为同一人,因而远期本票不需要承兑。商业本票因为是商业信用,一般很难流通。因而,商业本票在国际贸易中使用不多，除非该商业本票能获得银行保证。银行本票是由银行签发的本票。按照中国《票据法》的规定，银行本票只能由中国人民银行审定的银行或其他金融机构签发。银行本票一般都是即期本票，在国际贸易结算中使用的本票大多是银行本票。

（三）本票与汇票的主要区别

本票与汇票的主要区别在于：①本票是无条件的自我支付承诺；汇票是无条件的委付命令。②票据的当事人不同。本票的票面有两个当事人：出票人和收款人；汇票则有三个当事人：出票人、受票人和收款人。③远期本票无须承兑，远期汇票需要承兑。④出票人的责任不同。本票在任何情况下，出票人都是主债务人；远期汇票在承兑前，出票人是主债务人，承兑后，承兑人是主债务人；即期汇票在付款前，出票人是主债务人。⑤本票一般是单张签发，汇票一般是成套签发。如一套汇票有两份正本，则在第一份正本上，注明“付一不付二”，在第二份正本上，注明“付二不付一”。

三、支票

按照《英国票据法》关于支票的定义：“简单地说，支票是以银行为付款人的即期汇票。详细地说，支票是银行客户开出的，由银行客户签字，授权银行对某一特定的人或其指定人或者持票来人即期支付一定货币金额的书面的无条件支付命令。”(Briefly speaking, a Cheque is a bill of exchange drawn on a bank payable on demand. Detailedly speaking, a Cheque is an unconditional order in writing addressed by the customer to a bank signed by that customer authorizing the bank to pay on demand a sum certain in money or to the order of a specified person or to bears)而根据中国《票据法》第 82 条规定：“支票是出票人签发的，委托办理支票存款业务的银行或其他金融机构在见票时无条件支付确定的金额给收款人或持票人的票据。”出票人签发支票时，应在付款行存有不低于票面金额的存款或在付款行允许透支的额度内。如存款不足或超出透支额度，持票人会遭到拒付，这种支票称为空头支票。开出空头支票的出票人要负法律责任。

（一）支票的必要内容

支票的必要内容有：①加注“支票”字样；②无条件支付命令；③付款银行的名称；④出票日期和地点；⑤付款地点；⑥支付金额；⑦付款人的名称；⑧收款人或其指定人的名称。其中，以①②③⑦为绝对必要项目。而支票的出票日期、付款金额、收款人或其指定人的名称等可以在提示支票前加以补记。

（二）支票的种类

(1)按收款人不同，支票可以分为记名支票和不记名支票。

(2)按支票是否保付，可分为保付支票和普通支票。保付支票是由付款银行在支票上加具“保付”字样并签字，以表明在支票提示时付款行一定付款。保付支票的付款行是支票的主债务人，出票人和背书人都可免除责任，免予追索。保付支票在一般情况下不会遭受退票，不会有止付通知。因此，保付支票的信用程度很高，有利于支票的流通，而普通支票的出票人是支票的主债务人

(3)按支票是否划线，可分为划线支票(Crossed Cheque)和非划线支票(Open Cheque)。支票不带划线者称为现金支票或非划线支票。持此类支票既可提取现金，也可通过往来银行代收转账。支票带有划线者称为划线支票。这种支票划有两道平行线，可分为一般划线

支票(general crossing)和特别划线支票(special crossing)两种。一般划线支票是在平行线中不注明收款行名称的支票,收款人可通过任何一家银行代收转账;特别划线支票是在平行线中具体写明收款银行名称,付款银行只能将票款划付给划线中指定的银行,而不能像一般划线支票那样只要付给银行就行。非划线支票在由出票人、收款人、持票人加划横线后,或加注银行名称后,可成为一般划线支票或特别划线支票。但是不允许将划线支票转化成非划线支票,或将特别划线支票转化成一般划线支票。付款银行对划线支票和非划线支票所承担的责任是不同的。对划线支票,付款银行必须对真正的所有人付款或按划线的要求付款。

(三)支票与汇票的区别

支票与汇票的主要区别有:①支票的出票人是银行客户,付款人是开立账户的银行,支票是授权书;汇票的出票人、付款人是没有限定的任何人,汇票是委托书。②支票是支付工具,只有即期付款,没有承兑,也没有到期日的记载;汇票是支付和信用工具,它有即期、远期等几种期限,有承兑行为,也可能有到期日的记载。③支票的主债务人是出票人;远期汇票的主债务人在承兑前是出票人,在承兑后是承兑人。④支票可以保付,汇票没有保付的做法。⑤支票的出票人和付款人之间要有资金关系;而汇票的出票人和付款人之间不必先有资金关系。⑥支票可以划线;汇票一般不能划线。⑦支票可以止付,而汇票在承兑后,付款是不可撤销的。⑧支票只能开出一张;汇票可以开出一套。

第二节　货款收付方式

国际货物买卖的货款收付,主要采用汇付、托收和跟单信用证三种方式。然而,近年来,银行保函、备用信用证等方式的使用比例也逐步上升。

一、汇付

汇付(remittance)又称汇款,是指买方主动通过银行将货款汇交卖方,它是买卖双方支付货款的一种最简便的方式。一笔汇款业务,一般涉及四个当事人:汇款人(remitter)、收款人(payee or beneficiary)、汇出行(remitting bank)和汇入行(paying bank)。汇款人是指汇出款项的人,在国际贸易中通常为买方;收款人是指收取款项的人,在国际贸易中通常为卖方;汇出行是指受汇款人的委托汇出款项的银行,通常是在进口地的银行;汇入行是指受汇出行委托解付汇款的银行,通常是出口地的银行。一般来说,汇款人与汇出行之间、汇出行与汇入行之间有一定的契约关系。

(一)汇付方式的种类及其业务程序

办理汇付,需要由汇款人向汇出行填交汇款申请书,汇出行收妥款项后,有义务根据汇款申请书的指示向汇入行发出付款委托书;汇入行收到付款委托书后,有义务向收款人解付货款(见图 13-2)。但是,汇出行和汇入行对不属于自身过失而造成的损失(如付款委托书在邮递途中遗失或延误等,致使收款人无法或迟期收款)不承担责任,而汇出行对汇入行工作上的过失也不承担责任。根据不同的汇款方法,汇付方式可分为信汇、电汇和票汇。

(1)信汇(mail transfer, M/T)。在国际贸易中,如选择信汇,买方将货款交给本地银行

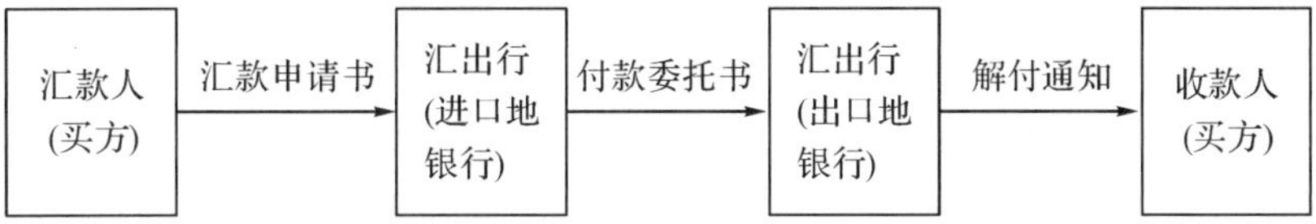

图 13-2 汇付方式的一般业务流程

(汇出行),该行以航空挂号信的方式向出口地的汇入行寄出付款委托书,委托汇入行将款项解付给卖方。信汇方式的费用低廉,但汇款在途时间长,卖方收款时间较晚,银行可短期占用资金。

(2)电汇(telegraphic transfer, T/T)。与信汇不同的是:汇出行是采用电讯方式(电报、电传、SWIFT 等快捷方式),将付款委托书传递给汇入行,然后由出口地的汇入行解付货款给卖方。电汇方式具有收款速度快、便于卖方加速资金周转、避免汇率风险和安全可靠等优势,但是汇款费用相对较高。

(3)票汇(banker's demand draft, D/D)。在国际贸易中,如选择票汇付款,其作法是买方向本地银行购买银行汇票后,将汇票直接寄给卖方,卖方向汇票的付款银行提示汇票,然后由汇票的付款行将票款支付给卖方。

(二)汇付的特点

汇付属于商业信用。在国际贸易中使用汇付方式收付货款,其特点是:①手续简便,费用少。相比其他货款收付方式(如托收、信用证等),汇付方式的手续最简单,银行收取的手续费也最少。②使用灵活,可用于“预付”和“到付”。如“预付”,买方风险大;如“到付”,卖方风险大。买卖双方能否安全收货或收款,完全依赖对方的信用。如果相对方信用欠佳,很可能造成“货、款两空”。③资金负担不平衡。如采用预付货款,买方资金负担较重,整个交易过程中需要的资金几乎全由买方来提供;如采用到付货款,卖方资金负担较重,整个交易过程中需要的资金几乎全由卖方来提供。

(三)汇付在国际货物买卖中的具体运用

鉴于汇付方式的以上特点,买卖双方在交易磋商和合同签订环节,在确定采用“汇付”的前提下,往往需要就汇付的种类、付款时间、“货、单、款”的具体衔接及风险分担等方面进行具体的协商。目前,在实际业务中,电汇使用最多。以电汇为例,结合不同的运输方式、货物特点,来具体说明汇付在国际货物买卖中的具体运用。

(1)预付。预付汇款是针对买方而言,对卖方来说是在装运货物前或在交出货运单据前收取货款,具体细分为以下三种:①随订单付现(cash with order),即合同签订后,买方就将全部货款预付给卖方。卖方收取预收款后,开始生产。买方需要承担卖方是否能按期交货或质量等方面的全部风险,而卖方几乎不承担任何经营风险。②装运前若干天付款(payment to be effected at least-days before shipment)。买卖双方合同签订后,卖方开始安排生产。货物生产包装完毕后,将发货清单和预装运期通知买方,请其付款。货款收妥后,卖方才将货物装运出去。③装运后若干天付款,但必须付款赎单(payment within-days after shipment,the shipping documents will be released by the seller to the buyer on the basis of 100% payment received by the seller)。买卖双方合同签订后,卖方先安排生产,然后将货物装运出去。在买方付清货款后,卖方再将全套商业单据寄交买方。以上①②③预付的共同点是在买方付清货款前，卖方掌握货物或货运单据。但是，卖方面临的风险还是有一定的差异。对卖方来说，风险①最小；③比较大；而②折中。

(2)到付。相对预付而言，到付是指买方先得到货物后，再进行付款的方式。具体有两种：①售定(be sold out/up)。卖方装运货物后，将全套货运单据寄交买方，以便买方提取货物进行销售。在合同规定的付款期限内，不管买方是否已将货物售罄，应将全部货款支付给卖方的结算方式。②寄售(consignment)。在合同规定的付款期限内，买方可以仅付给卖方销售完毕的货物价款。对未销售的部分货物，买方可以退货，也可以与卖方协商继续销售。相对售定来说，寄售项下卖方承担的风险进一步加重。

从上可知，“预付”和“到付”项下买卖双方承担的风险不一样。例如，随订单付现，买方承担全部风险；而寄售则由卖方承担全部风险。在实践中，汇付除用于货款结算外，还广泛用于运保费、佣金、样品费和索赔、理赔款项及退补款结算。

(四)合同中汇付条款示例

(1)在合同规定的装运期前至少提前10天，买方应将货款全部电汇给卖方(100% payment should be made by T/T at least 10 days before shipment date)。

(2)提单日后30天付款，卖方在收到买方100%货款后，将全套商业单据(包括运输单据)寄交给买方(Payment made with 30 days after the date of Bill of lading. The buyer will release full set of commercial documents, including shipping documents to the buyer on receipt of 100% payment)。

(3)装运后45天付款(Payment made within 45 days after shipment)。

二、托收

所谓托收(collection)，是指卖方(或债权人)开立票据或商业单据或两者兼有，委托托收行通过其联行或代理行向买方(或债务人)收取货款或劳务费用的结算方式。票据可以是汇票、本票、支票或付款收据；商业单据为商业发票、运输单据、所有权单据或其他类似单据。托收体现商业信用。

(一)托收业务的当事人

托收业务有四个基本的当事人：委托人、托收行、代收行、付款人。根据业务需要，还可能出现另两个当事人：提示行和需要时的代理。

(1)委托人(principal)。委托人即是委托银行办理托收的当事人。委托人一般是卖方(出口商)，根据票据法即为出票人。当国际货物买卖合同确定结算方式为托收时，卖方托收货款受贸易合同和托收申请书的约束。在托收业务中，委托人的责任和义务为：①根据合同规定交付货物，这是卖方最基本的义务，也是跟单托收的前提条件。②提交符合合同规定的单据。买方提货前必须取得单据，包括物权单据。③填写托收申请书，开立汇票，并将托收申请书和汇票连同商业单据一并交给托收行。

委托申请书的内容，包括：①委托人的名称、地址、有权印鉴；②付款人的名称、地址，或开户行的名称、地址、账号；③托收随附单据的名称和份数；④托收交单方式；⑤托款项的收账要求；⑥托收拒付或者拒绝承兑时应采取的必要措施，如是否要做成拒绝证书、货物抵港后是否代办存仓保险等；⑦托收费用由谁承担；⑧有关托收的其他要求。

(2)托收行(remitting bank)。托收行是接受委托人的委托并通过国外代理行办理托收的银行。托收行一般是卖方的往来银行。根据委托人的指示办理，并对自己的过失负责。托收行的责任和义务为：①缮制托收委托书。根据托收申请书的内容制作托收委托书，并将委托书和单据寄给国外的代理行，指示其向付款人收款。在实践中，托收委托书与托收申请书内容基本一致，只是函头名称不一样。托收申请书为"Letter of Instruction for Outward Collection"，而委托书是"Collection Order"。②核验单据。托收行应当核实单据的名称和份数是否与申请书填写相同，但除此之外没有进一步审核单据的义务。托收行按照常规处理业务，对自己的过失承担责任，选择代收行的费用和风险由委托人承担。

(3)代收行(collecting bank)。代收行是指接受委托行委托向付款人办理收款并交单的银行。代收行在托收业务中所承担的责任与托收行基本相同，如核对单据的份数和名称，如有不符立即通知托收行；代收行在未经托收行同意前不得变更委托书上的任何条件，否则责任自负。除此之外，代收行还有以下责任：①保管好单据。代收行在买方按规定付款或承兑前不可以将单据放给买方。若买方拒付，代收行应当通知托收行，若发出通知后 90 日仍未收到指示，将单据退回托收行。②谨慎处理货物。代收行原则上无义务处理货物，只有在买方拒付时，才会根据委托人指示办理存仓、保险手续。若代收行为了保护货物，在遇到天灾人祸等紧急情况下，即使未得到委托人的指示也可以对货物采取行动。

(4)付款人(drawee)。付款人是根据托收委托书被提示单据要求付款的当事人，一般是买方，依据票据法即为受票人。付款人有权审查单据并决定是否付款或承兑。如选择拒付，则必须经得起委托人的抗辩，否则会遭受信誉和经济上的损失。

(5)非基本当事人。托收业务还可能出现其他当事人，主要有：提示行(presenting bank)、需要时的代理(representative in case of need)。提示行是指向付款人提示单据，并要求付款人付款或承兑的银行。若代收行与付款人无账户关系或者两者不在同一城市，代收行必须转托另一家银行提示单据；需要时的代理是指委托人指定的代表。付款人在拒付后，需要时的代理可代理委托人办理货物存仓、保险、转售、运回或改变交单条件等事宜。委托人在托收指示中应明确完整地规定其权限，否则银行将不接受该代理的任何指示。

(二)托收种类

按托收项下是否随附商业单据，托收分为光票托收与跟单托收。

(1)光票托收(clean bill for collection)。光票托收是指卖方仅开立汇票而不附任何商业单据，委托银行收取货款的一种托收方式。一般用于收取货款尾数、代垫费用、佣金、样品费或者其他贸易从属费用。光票托收的汇票有即期和远期之分。采用即期汇票，代收行收到汇票后应立即向受票人提示并要求付款；采用远期汇票，代收行收到汇票后，应立即向受票人提示，先要求承兑，以确定到期付款的责任。承兑后，代收行收回汇票，于到期日再做提示要求付款。若受票人拒付或拒绝承兑，除托收委托书另有规定外，应由代收行在法定期限内及时将拒付情况通知托收行，转知委托人。

(2)跟单托收(documentary bill For collection)。跟单托收按所需要的单据不同，分为两种：①既有金融票据，又有商业单据的托收。这种托收是凭汇票付款，商业单据是汇票的附件，起"支持"汇票的作用。②没有金融单据，仅凭商业单据的托收。有些国家如日本、德国对汇票要征收印花税，为了减免税收负担而在信誉和信任度较高的公司之间采用。跟单托收按其交单方式，可分为付款交单(documents against payment, D/P)与承兑交单(acceptance documents against payment, D/A)。

付款交单是指代收行必须在买方付清票款后，才将商业单据包括提单交给买方的一种交单方式。按卖方开立汇票的付款期限不同，付款交单分为即期付款交单与远期付款交单。即期付款交单(D/P at sight)是指代收行提示跟单汇票给受票人要求其付款，而受票人见票即付后，代收行才交单给付款人的一种交单方式；远期付款交单(D/P at××days after sight)是指代收行提示跟单汇票给受票人要求承兑，受票人承兑后由代收行保管全套商业单据，并于到期日提示付款，受票人付款后才能取得单据。如果买方在远期付款交单条件下欲先取得单据、后付款，可凭信托收据(trust receipt，T/R)向代收行借取单据，先行提货，于汇票到期日再付清货款。所谓信托收据，就是买方借单时提供的一种书面信用担保文件，用来表示愿意以代收行的受托人身份代为提货、报关、存仓、保险、出售并承认货物所有权仍属银行。这种做法如果是代收行自己向买方提供的信用便利，则如代收行借出单据后，到期不能收到货款，应由代收行对委托人负全部责任。

承兑交单(documents against acceptance)是指代收行在付款人承兑远期汇票后，把商业单据交给付款人，于汇票到期日时由付款人付款的一种交单方式。这种方式对卖方来讲风险较大，应慎重使用。

三、托收的具体运用及应注意事项

托收是商业信用，卖方与托收行之间、托收行与代收行之间都是委托代理关系。买方是根据买卖合同付款，买方与代收行之间也不存在任何法律关系。银行办理托收业务时，只是按委托人的指示办事，并无承担买方必然付款的义务。

(一)托收具体运用

光票托收一般用于贸易从属费用的结算以及佣金、样品费的结算等，金额较小。对卖方来说，跟单托收中以即期付款交单风险最小，而以承兑交单风险最大。但是，买方的选择则刚好相反。相对于货到付款，托收有比较强的安全性。托收业务中买卖双方资金负担不平衡，卖方的资金负担较重，但托收项下的卖方比较容易控制单据。按照《URC522》，买方要在付款或承兑汇票后，才能取得单据。同时，托收项下的卖方可以利用单据向银行融通资金。

(二)托收运用应注意的事项

托收项下的买卖双方面临的政治风险与商业风险与在汇款项下基本相同。为防止买方拒收货物，卖方应该注意贸易术语的选择、货物的特点等。相对于汇款，托收项下的卖方还应注意以下事项：

(1)谨慎选择代收行。托收项下，卖方是在装运货物后备齐单据，委托银行向买方收取货款。银行的行为直接关系到卖方收汇的成功与否。按照《URC522》，托收行必须完全按照卖方的指示，依据《URC522》的相关规定办理业务，不得越权或擅自变更卖方的要求。而代收行必须完全遵照托收行的指示，并妥善保管好单据。在必要的情况下，谨慎处理好货物。例如，在即期付款交单条件下，托收行必须指示代收行在货款收妥的情况下才能将单据交给买方，否则单据将仍然控制在代收行手中。如代收行在收妥货款前，将单据先放给买方，买方到期拒付的风险要由代收行承担。代收行要为自己的过失承担责任。

(2)由于D/A风险太大，卖方一般不应该接受D/A。如采用D/A，应采用一定的控制风险措施，如采用D/A与银行保函相结合，或要求进口银行在汇票上保证，或办理出口信用保险、保理或包买票据等办法，以转嫁一定的风险。

(3)托收项下银行只是核验单据，而非审核单据。买方为降低自己的风险，要仔细审核单据，以判定"单、货""单、同""单、单"是否一致。买方从这三个"一致"来判定卖方装运的货物是否符合合同要求。因此，卖方在制作单据时必须十分谨慎，以免出错，从而导致买方拒收货物。

(4)远期付款交单的"不规范性"。远期付款交单的买方在承兑汇票后，受票据法制约，成为汇票的主债务人，但买方的承兑未能取得物权凭证(即对价)而有欠公平，卖方也没有获得相应的资金融通。如果在货物到达目的港(地)后，汇票的付款期限未到，那么货物在目的港(地)未及时办理进口清关会产生大量的滞港费用，最终有可能导致买方拒付货款或要求降价。因此，远期付款交单被国际商会视为"极不规范"的支付方式，卖方在实践中也应尽量避免接受远期付款交单。

(三)国际货物买卖合同中的托收条款样例

(1)买方应凭卖方开具的跟单汇票，于汇票出票后××天付款，付款后交单(The Buyers shall pay against documentary draft by the Sellers at …days after date of draft. The shipping documents are to be delivered against payment only)。

(2)买方对卖方开具的跟单汇票，于提示时承兑，并应于提单日后××天付款，承兑后交单(The Buyers shall duly accept the documentary draft drawn by the Sellers upon presentation and make payment at …days after date of B/L. The shipping documents are to be delivered against acceptance)。

(3)买方应凭卖方开具的即期跟单汇票于见票时即期付款，付款后交单(Upon first presentation, the buyer shall pay against documentary draft drawn by the seller at sight. The shipping documents are to be delivered against payment only)。

四、跟单信用证

信用证有跟单信用证和备用信用证之分。因备用信用证同时具有跟单信用证和银行保函的性质，为便于说明，本部分内容以跟单信用证为主。以下的"信用证"，除非特别说明，即为"跟单信用证"。信用证付款是当今国际货物买卖中最重要的货款收付方式之一。按照UCP600第2条有关信用证的定义："信用证指一项不可撤销的安排，无论其名称或描述如何，该项安排构成开证行对相符交单予以承付的确定承诺。"所谓"相符交单"，指与信用证条款、本惯例的相关适用条款以及国际标准银行实务一致的交单。因此，信用证是开证行有条件的付款承诺。只要交单相符，卖方即能凭信用证安全收款。

(一)信用证的特点

信用证有三个特点：①开证行负第一性付款责任。不管买方破产或拒付，只要交单相符，开证行必须付款。因此，开证行的资信是能否安全收汇的重要因素。信用证与汇付、托收的区别在于，信用证属于银行信用，而汇付、托收属于商业信用。②信用证是一项自足的文件。信用证条款虽然是根据买卖合同开立的，但一经开立，它就成为独立于买卖合同以外的另一种契约，不受买卖合同的约束。信用证项下的所有银行只按信用证的规定处理业务。③信用证属于纯单据买卖。银行处理信用证业务时仅凭单据表面上判定交单是否符合信用证条款，不管单据真伪，不管合同，更不管货物。

(二)信用证业务的当事人

信用证的当事人一般有:申请人、开证行、受益人、通知银行、被指定银行、保兑银行和交单人等:①申请人(applicant),指要求开立信用证的一方,一般为买方。②开证行(issuing bank),指应申请人要求或者代表自己开出信用证的银行,一般是买方所在地银行。③通知银行(advising bank),指应开证行的要求通知信用证的银行,一般是卖方所在地的银行。④受益人(beneficiary),指接受信用证并享受其权益的一方,一般为卖方或实际供货人。⑤被指定银行(nominated bank),是指信用证可在其处兑用的银行,如信用证可在任何银行兑用,则任何银行均为被指定银行。⑥保兑行(confirming bank),是根据开证行的授权或要求对信用证加具保兑的银行。信用证一经保兑,保兑行即对信用证独立负责,承担第一性的付款责任。保兑行可以由通知行或第三家银行来担当。⑦交单人(presenter),指实施交单行为的受益人、银行或其他人。其中,开证行与受益人是信用证不可缺少的两个基本当事人。

(三)信用证的基本内容

从事信用证业务的基础,是买卖双方在国际货物买卖合同中规定货款采用信用证结算。国际货物买卖合同的付款条件如为信用证,则付款条款的基本内容包括:开证时间、开证行资信要求、信用证的兑用方式与兑用地点、信用证金额、保兑要求、付款时间、交单期限及信用证有效期等。

(1)信用证的基本内容主要包括:①信用证本身的说明。包括信用证的种类、性质、金额、信用证号码、开证日期、有效期和到期地点等。②货物说明。包括货物的名称、规格、数量、包装、价格等。③运输说明。包括装运的最迟期限、装运港(地)和目的港(地)、运输方式、可否分批装运和可否中途转船等。④对单据的要求,包括单据的种类和份数。⑤附加条款。视具体交易情况,可做出不同的规定。如银行费用、不符点扣费等。⑥责任文句。开证行对受益人及汇票持有人保证付款的责任文句、交单说明等。

(2)信用证样例

SEQUENCE OF TOTAL	*27: 1/1
FORM OF DOC. CREDIT	*40 A: IRREVOCABLE
DOC. CREDIT NUMBER	*20 : TCAM507846
DATE OF ISSUE	31 C: 170709
EXPIRY	*31 D: DATE 170808 PLACE CHINA
APPLICANT	*50: URTA INDUSTRIES SDN BHD, NO. 5 JALAN 3, BANDAR SULTAN SULEIMAN, TAIWANESE INDUSTRIAL PARK 42005 PORT KLANG, SELANGOR, MALAYSIA
BENEFICIARY	*59: B. F. TEXTILES (HANGZHOU) CO., LTD. NO. 6, LANE 10 LINTIAN ROAD, LINAN, ZHEJIANG 311300, P. R. CHINA
AMOUNT	*32 B: CURRENCY USD AMOUNT 20,533,69
AVAILABLE WITH/BY	*41 D: ISSUING BANK BY PAYMENT

DRAFTS AT…	42 C：30 DAYS AFTER SIGHT
DRAWEE	42 D：DRAWN ON RHB BANK BERHAD， PORT KLANG BRANCH FOR 100 PERCENT OF THE INVOICE VALUE
PARTIAL SHIPMENTS	43 P：ALLOWED
TRANSSHIPMENT	43 T：ALLOWED
LOADING IN CHARGE	44 A：SHANGHAI，CHINA
FOR TRANSPORT TO …	44 B：PORT KLANG，MALAYSIA
LATEST DATE OF SHIP.	44 C：170728
DESCRIPT. OF GOODS	45 A：YARN DYED FABRICS-WIDTH 58/59 AS PER PURCHASE CONTRACT NO：790040 (CIF) SUBJECT TO INCOTERMS®2010
DOCUMENTS REQUIRED	46 A：

+SIGNED COMMERCIAL INVOICE IN TRIPLICATE

+3/3 SET OF CLEAN OCEAN BILL OF LADING

+CERTIFICATE OF ORIGIN IN DUPLICATE

+PACKING LIST IN TRIPLICATE

+ INSURANCE POLICY OR CERTIFICATE IN TRIPLICATE BLANK ENDORSED IN THE CURRENCY OF THE CREDIT FOR NOT LESS THAN 110 PERCENT OF

INVOICE VALUE WITH CLAIMS PAYABLE IN KUALA LUMPUR COVERING

FIRE，MARINE RISKS，INSTITUTE CARGO CLAUSES(CLAUSE A)，INSTITUTE WAR CLAUSES，STRIKES CLAUSES AND TPND FROM POINT ORIGIN TO

APLICANT'S WAREHOUSE IN PORT KLANG，MALAYSIA

ADDITIONAL COND　　47 A：

+ DRAFTS CLAUSED DRAWN UNDER DOCUMENTARY CREDIT NO. TCAM507846 DATED O9TH JULY 2017 OF RHB BANK BERHAD，PORT KLANG BRANCH ′

+ALL DOCUMENTS MUST INDICATE OUR CREDIT NUMBER TCAM507846

+ALL DOCUMENTS PRESENTED MUST BE IN ENGLISH

+THE REIMBURSEMENT FEE OF THE ISSUING BANK ACCOUNTING TO USD30-00 IS STRICTLY FOR THE AMOUNT OF BENEFICIARY

+FULL SET CLEAN ON BOARD OCEAN BILL OF LADING MUST BE MADE OUT TO THE ORDER OF RHB BANK BERHAD，PORT KLANG BRANCH MARKED FREIGHT PREPAID AND NOTIFY APPLICANT

+ THE AMOUNT OF EACH DRAFT NEGOTIATED MUST BE ENDORSED ON THE

REVERSE OF THIS CREDIT

DETAILS OF CHARGES	71 B：ALL CHARGES INCLUDING ADVISING CHARGES AND NEGOTIATION CHARGES OUTSIDE MALAYSIA ARE FOR ACCOUNT OF BENEFICIARY
PRESENTATION PERIOD	48 ：DOCUMENTS TO BE PRESENTED WITHIN 21 DAYS AFTER THE DATE OF ISSUANCE OF THE TRANSPORT DOCUMENTS BUT WITHIN THE VALIDITY OF THE CREDIT
CONFIRMATION	*49：WITHOUT
INSTRUCTIONS	78：

+DRAFTS AND DOCUMENTS MUST BE FORWARDED TO RHB BANK BERHAD, SHAH ALAM TRADE SERVICES CENTRE, NO. 23 JALAN TENGKU AMPUAN ZABEDAH 9J/9 SECTION 9 40100 SHAH ALAM, MALAYSIA IN ONE LOT BY COURIER SERVICE

+UPON RECEIPT OF THE RELATIVE DOCUMENTS IN FULL COMPLIANCE WITH THE TERMS AND CONDITIONS OF THE CREDIT, WE SHALL COVER YOU AS PER YOUR INSTRUCTION ON MATURITY

+A DISCREPANCY FEE OF USD50-00 WILL BE DEDUCTED FROM THE PROCEEDS IF DOCUMENTS ARE PRSENTED WITH DISCREPANCY(IES) AND ACCEPTANCE OF SUCH DISCREPANT DOCUMENTS WILL NOT IN ANY WAY ALTER THE TERMS AND CONDITIONA OF THIS CREDIT

+ NEGOTIATION OF DISCREPANT DOCUMENTS UNDER RESERVE OR GUARANTEE IS STRICTLY PROHIBITED

(四)信用证的分类

UCP600 规定，凡是信用证都是不可撤销的。信用证按不同的角度进行分类，可分为以下几种类型：

(1)按是否保兑，可分为保兑信用证与非保兑信用证。非保兑信用证即为一般的不可撤销信用证。保兑信用证(confirmed Letter of credit)是指开证银行开出的信用证，经另一家银行加以保兑。保兑行通常由通知信用证的银行担任。保兑费归谁支付，以信用证约定的条款为准。若开证行授权另一家银行对信用证予以保兑，该银行有选择权。如该银行不准备照办，则其必须毫不迟疑地通知开证行，并在通知此信用证时对信用证不加具保兑；若该银行同意对信用证加以保兑，并且在信用证上真实加具了保兑的银行称为保兑行(confirming bank)，只要规定的单据提交给保兑行并且构成交单相符，保兑行必须承付或议付，并且保兑行的议付不享有追索权。

(2)按信用证的兑用方式不同，可分为即期付款、延期付款、承兑和议付。信用证必须规定其是以即期付款、延期付款、承兑还是议付的方式兑用。UCP600 将信用证付款方式分为承付和议付两种。所谓承付，指：①如果信用证为即期付款信用证，则即期付款；②如果信用证为延期付款信用证，则承诺延期付款并在承诺到期日付款；③如果信用证为承兑信用证，则承兑受益人开出汇票并在汇票到期日付款。而议付，指被指定银行在相符交单下，在其应获偿付的银行工作日当天或之前向受益人预付或者同意预付款项，从而购买汇票(其付款人为被指定银行以外的其他银行)及/或单据的行为。

(3)按信用证的权利是否可转让，可分为可转让信用证和不可转让信用证。可转让信用证(transferable letter of credit)是指特别注明"可转让(transferable)"字样的信用证。可转让信用证可应受益人(第一受益人)的要求转为全部或部分由另一受益人(第二受益人)兑用。没有特别注明"可转让(transferable)"字样的信用证，即为不可转让信用证(non-transferable letter of credit)。

(4)循环信用证(revolving credit)。循环信用证，指信用证被全部或部分兑用后，能重新恢复原金额继续使用，直至规定的次数或金额用完为止的信用证。在买卖双方订立长期合约，而货物采用分批装运的情况下，开立循环信用证可以使买方减少开证押金、降低重复开证的次数、简化开证手续。循环信用证按其循环方式的不同，又可分为三类：①自动循环信用证。信用证兑用后的一定时间内，无须开证行通知，信用证自动恢复原金额。②半自动循环信用证。信用证兑用后的一定时间内，如开证行未提出不能恢复原金额的通知，信用证就可自动恢复原金额。③非自动循环信用证。信用证兑用后，必须等待开证行通知，信用证才能恢复原金额。

(五)信用证业务的基本流程

我们以在出口国有一家被指定银行的信用证为例来说明信用证业务的基本流程。信用证的基本流程，可细分为三个环节：开证环节、修改环节和兑用环节。

(1)申请人申请开立信用证。申请人(一般是买方)应按合同规定的开证时间要求，向开证行提出开证申请。开证行的资信应事先获得卖方的认可。申请人申请开立信用证，应填写开证申请书，并提供若干押金或其他担保。开证申请书的内容应符合国际货物买卖合同的规定。

(2)开证行开立信用证。开证行根据开证申请书开立信用证，并将信用证通过一定的方式传递给通知行。通知行一般为开证行在卖方所在地的代理行。信用证的传递方式有电开、信开两种。如果是电开，则开证行用电报、电传或 SWIFT 等电讯方式将信用证的内容传递给通知行；如果是信开，则开证行用航空挂号信的方式将信用证邮寄给通知行。信用证一经开出，开证行即承担不可撤销的付款责任。一般来说，若开证行拟开立一张在出口国有一家被指定银行的信用证，通常会指定通知行来担当承付、议付的责任；若开证行拟找一家银行对信用证加具保兑，惯常也会指定通知行来担当保兑行。要注意的是，该被指定银行在通知信用证的环节，其为通知行。但在信用证的兑用环节，按不同的兑用方式，其可能为即期付款行、议付行或承兑行。通知行与即期付款行、议付行或承兑行的责任是不一样的。

(3)通知行在收到开证行的来信后，立即核对信用证的密押或印鉴。核实后，立即将信用证全文通知受益人。

(4)受益人审核信用证。受益人收到信用证后，立即审核信用证。审核的依据是买卖合同。在实践中，审核信用证时经常会发现"证、同"不一致。但要注意的是，并非所有的"证、同不一致"均要修改。例如：①若买卖合同规定在 7 月 15 日前装运，而开来的信用证规定在 6 月 30 日前装运，假如卖方(受益人)有把握能在 6 月 30 日前装运货物，那么信用证就不需要修改；假如卖方没有把握在 6 月 30 日前装运货物，但可以保证在 7 月 15 日前装运货物，那么一定要修改信用证，将信用证的装运期限从"6 月 30 日前"修改为"7 月 15 日前"。②若买卖合同规定在7月15日前装运，而开来的信用证规定在7月30日前装运，假如卖方(受益人)有把握能在7月15日前装运货物，卖方只要在7月15日前将货物装运出去即可，信用证不需要修改；假如卖方没有把握在7月15日前装运货物，但可以保证在7月30日前装运货物，卖方应要求修改买卖合同而不是修改信用证，将买卖合同的装运期限从“7月15日前”修改为“7月30日前”。因此，“证、同”不一致是否需要修改，应视具体情况而定。如必须修改，则可以修改合同，也可以修改信用证。

(5)修改信用证。受益人在审核信用证后，若判定信用证必须修改，信用证修改的路径与开证路径必须一致，即受益人向申请人提出修改；申请人填写信用证修改申请书交给开证行。如修改内容涉及金额增加，申请人还要补交开证押金；开证行修改信用证，并将信用证修改以同样的方式传递到同一通知行；通知行审核修改书的密押后，向受益人通知信用证修改的全部内容。受益人收到信用证修改后，仍然要仔细审核，并给予通知行有关接受或拒绝的通知(UCP600第10条c款)。受益人对信用证修改的内容，只能是全部接受或全部拒绝，不能对其内容部分接受、部分拒绝。若受益人未能给予接受或拒绝的通知，当交单与信用证以及尚未表示接受的修改要求一致时，视为受益人已做出接受修改的通知，并从此时起，该信用证被修改。

(6)如受益人对信用证内容认可，即按信用证规定的条件装运货物。受益人按信用证规定装运货物后，备妥信用证规定的所有单据。

(7)受益人将信用证规定的单据，在信用证规定的交单期限和有效期限内，送交银行办理收款。如信用证有被指定银行，则一般选择向被指定银行；如果是保兑信用证，则可向保兑银行交单；如果保兑行与被指定银行不是同一家银行，受益人最好先向被指定银行交单；如果在出口国既没有被指定银行，又没有保兑行，则受益人可以在本国委托一家银行代为交单。在任何情况下，受益人均可以直接向开证行交单。但是，要注意的是，受益人向被指定银行、保兑行、非信用证指定的银行交单所获得的保障是不一样的。例如，若单据在被指定银行、保兑行寄往开证行的途中遗失，单据遗失的风险由开证行承担，最终由买方承担；若单据在非信用证指定的银行寄往开证行的途中遗失，单据遗失的风险由卖方承担。

(8)被指定银行在收到单据后，最多有不超过5个银行工作日的审单时间，按照信用证内容审核单据，判定交单是否相符。如交单相符，被指定银行向保兑行(如有的话)、开证行交单。在交单相符的条件下，被指定银行可以接受开证行的授权，对受益人的交单予以承付或议付，也可以选择拒绝。被指定银行对受益人承付不享有追索权，而议付享追索权。在拒绝承付或议付的情况下，受益人也可以向被指定银行提出押汇要求。所谓押汇，是指银行有追索权地购进受益人的汇票和所附单据，扣除若干利息和手续费，将款项交给受益人。如果交单不符，被指定银行根据不符点的性质，对不符单据有两种处理方式：①对于可修改的不符点，退回单据给受益人进行修改。修改完毕后，在信用证规定的交单期限内再次交单。②若单据存在不符点但已不能修改，如不符点的性质比较严重，如晚装运、金额超支、信用证过期等，被指定银行先保留不符单据，然后电提不符点给开证行，若开证行接受电提的不符点，被指定银行再将单据寄往开证行收款。③单据尽管存在不符点并且不能修改，但单据金额不大，不符点性质并不十分严重，如数量略低于允许装运的数量，被指定银行采用表提不符点的方式，连同单据一块寄往开证行，由开证行决定是否付款。

(9)被指定银行将单据寄往开证行索偿。

(10)开证行在收到单据后,同样最多有不超过 5 个银行工作日的独立审单时间。若交单相符或与被指定银行电提不符点一致,则无追索地承付被指定银行;若交单不符或与被指定银行的电提不符点不一致,开证行可以拒绝承付,也可以自行决定联系申请人放弃不符点。如果开证行决定拒付,开证行必须发出拒付通知(UCP600 第 16 条)。拒付通知应以电讯方式,若不可能,则以其他快捷方式,在不迟于自交单日之次日起第五个银行工作日结束前发出。拒付通知的内容,应包括:①必须申明银行拒绝承付;②拒绝承付所依据的每一个不符点;③单据的处理方式。

(11)开证行通知申请人付款赎单。

(12)申请人独立审单。若交单相符,向开证行付款赎单;若交单不符,申请人自行决定付款或拒付。若申请人付款,申请人与开证行之间因开立信用证所构成的权利和义务关系告终。

(13)申请人付款取得单据后,凭运输单据向承运人提货。如发现货物不符,只能向受益人、承运人或保险公司等有关负责方索赔。

(六)国际货物买卖合同中的信用证条款示例

(1)买方应通过卖方所认可的银行,于装运月份前提前 15 天开立一份即期付款的信用证,并将信用证送达卖方,有效期为装运月份后 15 天在中国兑用有效(The buyer shall open through a bank acceptable to the seller a documentary credit to reach the seller 15 days before the month of shipment。The credit shall be available by sight payment and valid until 15th days after the month of shipment)。

(2)买方应通过卖方接受的银行,于装运月份到来前提前 30 天开立见票后 30 天付款的信用证,并将信用证送达卖方,有效期为装运月份后 15 天(The buyer shall open through a bank acceptable to the seller a credit to reach the seller 30 days before the month of shipment。The credit shall be available by acceptance at 30 days sight and valid until 15th days after the month of shipment)。

五、其他支付方式

除汇付、托收与跟单信用证外,国际货物买卖的货款结算方式还有银行保函、备用信用证等。

(一)银行保函

银行保函(letter of guarantee, L/G),是指银行应委托人的申请向受益人开立的一种书面凭证,保证申请人按规定履行合同,否则由银行负责偿付款项。银行保函在实践中应用较为广泛,在进出口业务中,有时因交货时间较长,或交货条件比较复杂,难以用信用证进行结算,而且当事人的一方对于另一方所做出履行合同的承诺又感到不够安全,这时,便可要求对方提供银行保函,使货款的收付得到更确切的保障。

(二)备用信用证

备用信用证(standby L/C),是指开证行根据申请人的请求对受益人开立的承诺承担某项义务的凭证。备用信用证属于银行信用,开证行保证在开证申请人未履行其义务时,即由开证行付款。备用信用证与跟单信用证的区别在于:①跟单信用证下,受益人只要履行信用证所规定的条件,即可要求开证行付款;备用信用证下,受益人只有在开证申请人未履行义务时,才能行使信用证规定的权利,备用信用证往往备而不用;②跟单信用证一般只适用于货物的买卖,备用信用证可适用于货物以外的多方面的交易;③跟单信用证一般以符合信用证规定的单据为付款依据,备用信用证一般凭受益人出具的说明开证申请人未履约的证明让开证行保证付款。

六、不同结算方式的结合使用

(一)信用证与汇付结合

在一笔交易中,部分货款用信用证方式支付,部分货款用汇付方式结算。信用证结算方式是"先装运、后收款",而汇付可以"预付"或"到付"。因此,对于处于卖方市场的商品,在卖方不能争取到货款100%预付的情况下,可争取采用"预付+信用证"的收款方式。而对于允许交货数量有一定机动幅度的某些初级产品买卖,或进口国家规定必须经其法定检验机构检验合格后才允许进口的货物,经买卖双方同意,可采用"信用证+到付"的方式,如"货款的70%采用信用证付款,余款30%到付",卖方在装运货物后,先凭信用证收取70%的款项,货物到达目的地(港)后检验合格后,用汇付方式支付30%。因此,使用这种结合形式,必须订明采用何种信用证、信用证支付的比例、汇付方式、汇付金额的比例和汇付的时间。

(二)信用证与托收结合

在一笔交易中,部分货款采用信用证方式支付,余额采用托收方式结算。信用证和托收都是"先装运、后收款"的方式。因此,这种结合方式的通常做法是:卖方在装运货物后开立两张汇票,属于信用证项下的部分货款凭光票支付,而其余额则采用跟单汇票,即将运输单据随附在托收的汇票项下,按即期或远期付款交单方式托收。这种做法,卖方收汇较为安全,而买方可减少资金占用,提高资金的使用效率,因而易被买卖双方所接受。但是,在合同条款中,必须订明信用证的种类、信用证的支付金额、托收的交单方式、单据的处理等。

(三)汇付与银行保函

汇付与银行保函结合使用,常用于成套设备、大型机械和大型交通运输工具(如飞机、船舶等)的货款结算。这类产品,交易金额大,生产周期长,往往要求买方以汇付方式预付部分货款或定金,其余大部分货款则由买方以开立银行保函的方式分期付款或延迟付款。

(四)汇付、托收和信用证结合

汇付、托收和信用证结合的方式一般用于成套设备的进出口。在成套设备买卖中,由于成交的金额较大,产品生产周期较长,无法一次付清所有的货款,故必须采取分期付款的方式或延期付款的方式。例如,在分期付款方式下,买卖双方首先订立合同条款,规定买方在产品投产前,先采用汇付方式,交纳合同金额的20%作为定金,其余货款按不同阶段分期支付。在分期阶段,买方开立信用证,支付每一笔分期应付的款项,信用证支付的总金额为70%。在交付使用时,买方开立银行保函给卖方,银行保函的金额为成交价的10%,买方向卖方承诺,在卖方承担质量保证期届满时,买方必须将最后一笔货款(10%)付清。

思考题

1. 如买卖双方约定“货物从上海运往香港，海运，付款方式为装运后 30 天后电汇付款”，从上海到香港的海运时间一般是 3 天，请问：卖方收汇是否有风险？

2. 如买卖双方约定“货物从上海运往巴西，海运，付款方式为 D/A 45 天”，请问：卖方收汇存在怎样的风险？

3. 如买卖双方约定采用信用证方式付款，请问：卖方应具备操作信用证业务的基本技能有哪些？

第十四章 国际贸易货物的检验、索赔、仲裁与不可抗力

【案例 14-1】

香港甲公司和中国乙公司签订了一份合同，由甲公司向乙公司提供韩国生产的手机零配件，规定货物最迟不得晚于 2 月 10 日发运，甲公司在合同中承诺对产品的质量保证期为货物抵达目的地后 12 个月。2 月 7 日，甲公司向乙公司提供合同规定的货物。次年 3 月 25 日，乙公司在使用过程中发现部分产品有质量问题，要求甲公司换货。如不能换货，则要求退货，并要求甲公司承担有关费用损失。甲公司答复乙公司，因货物在入库前已详细检查、核对并已投入使用，因而拒绝赔偿。因乙公司对合同项下的货物的品质存在异议，4 月 2 日即在收货后第 13 个月，乙公司将合同项下的货物送交中国商品检验机构检验。检验机构出具的检验证书证明，该批货物存在 5 项缺陷，系制造不良所致。4 月 5 日，乙公司据此提起仲裁，要求甲公司赔偿 5 万美元。甲公司认为，乙公司不能证明第二次送检的产品系交货时的产品，且第二次商检的时间已经超过索赔有效期，商检证书不能发生效力。仲裁庭经审理后认为，乙公司未在规定时间内检验货物质量，失去索赔权，驳回了乙公司的请求，裁定甲公司没有赔偿责任。

【案例 14-2】

本案为仲裁案件。申请人为一家美国公司，被申请人为中国外贸公司。双方于某年某月某日先后签订了三份售货合同，由被申请人向申请人出售货物总价值 468000美元，价格术语 CIF 鹿特丹，最后交货期限为当年的 12 月 31 日。合同约定在中国国际经济贸易仲裁委员会仲裁。因市场发生剧烈变化，被申请人未能履行交货义务，申请人遂提起仲裁，请求仲裁庭裁决被申请人：①赔偿申请人遭受的利润损失 567000 美元；②支付信用证费用计 2192.36 美元；③赔偿申请人为此案支付的律师费；④承担全部仲裁费用。而被申请人在申辩时认为，因国内、国际市场价格飞涨，国内货源紧缺，到交货时价格已经上涨了 1～2 倍，双方订立合同时所期望的目的已经落空，因此被申请人按合同价格交货的义务，因履行合同时的环境与订立合同时的情况有本质的变化而得以免除。另外，根据《联合国国际货物销售合同公约》(以下简称《公约》)，被申请人应赔偿的损失为交货期满时交货地市场价格与合同价格的差价。申请人根据《公约》提出进一步申诉，损害赔偿的范围应包括申请人应得的利润。申请人通过多种方式证明了当时存在的国际市场价格，否认了交货地的时价。仲裁庭裁决意见：根据《公约》有关卖方义务的规定，被申请人的行为已经构成违约，申请人有权要求损害赔偿。被申请人援引合同落空理论来解

释其不履行合同交货义务的行为是没有法律依据的，这是因为：①本案的适用法应为《公约》；②《公约》没有明示规定商品价格变化是不可抗力；③中国法律对于合同落空没有明示规定；④订立合同时双方可以预见到国际市场价格风险；⑤本案商品价格变动未达到“显失公平”的程度，而且被申请人未能合理证明交货地的时价，因此被申请人的抗辩被驳回。裁决被申请人赔偿申请人三份合同项下的利润损失共计 550800 美元、被申请人向申请人支付其中两份合同项下的改证费、电传费、通知费 683.31 美元。本案仲裁费，申请人分担 10%，被申请人分担 90%。

商品的检验、索赔、不可抗力和仲裁虽非合同订立的主要交易条件，但与预防和处理争议有关，因而也是合同中的重要交易条件。

第一节　商品检验

在国际货物买卖中，买卖双方分处不同的国家或地区，一般不能当面交接货物。进出口货物需要经过长途运输、多次装卸，货物的品质、数量等容易出现问题并引起争议。为了保障买卖双方的利益，避免争议的发生，或发生争议以后便于分清责任和进行处理，就需要由一个有资格的、有权威的、独立于买卖双方以外的公正的第三者，即专业的检验检疫机构负责对卖方交付的货物的质量、数量、包装进行检验，或对装运技术、货物残损等情况进行检验或鉴定。检验机构检验或鉴定后出具相应的检验证书，作为买卖双方交接货物、支付货款和进行索赔、理赔的重要依据。因此，进出口货物检验是买卖双方交接货物过程中不可少的重要环节。国际货物买卖合同中的商品检验条款内容，一般包括检验时间和检验地点、检验内容、检验机构、检验标准、检验证书等。

一、有关货物检验的法律规定

无论是《联合国国际货物销售合同公约》还是英美法系的法律都认为，除买卖双方另有约定外，买方有权对自己所购买的货物进行检验，而卖方应予以配合。《联合国国际货物销售合同公约》规定：“①买方必须在按情况实际可行的最短时间内检验货物或由他人检验货物；②如果合同涉及货物的运输，检验可推迟到货物到达目的地后进行；③如果货物在运输途中改运或买方须再发运货物，没有合理机会加以检验，而卖方在订立合同时已知道或理应知道这种改运或再发运的可能性，检验可推迟到货物到达目的地后进行。”因此，《联合国国际货物销售合同公约》明确规定了买方对货物有检验权。而英国《货物买卖法》也规定：“除另有约定外，当卖方向买方交货时，根据买方的请求，卖方应向其提供一个检验货物的合理机会，以便能确定该货物是否符合合同规定。”中国法律也认为，买方对所收到的货物有检验权。但是，买方对货物拥有检验权并不是买方对货物接受的前提条件，买方对收到的货物可以进行检验，也可以不进行检验，假如买方没有利用合理的机会对货物进行检验，就等于放弃了检验权，也就丧失了拒收货物的权利。如美国《统一商法典》规定，凡属下列情况均表明买方接受货物：①在有合理机会对货物进行检验之后，买方向卖方表示货物符合合同，或表示尽管货物不符合合同，他们将收取或保留货物；②在买方有合理机会对货物检验之后，未做出有效的拒收;③买方做出任何与卖方对货物的所有权相抵触的行为。

货物检验可以分为卖方检验(第一方检验)、买方检验(第二方检验)和检验机构检验(第三方检验)。在实际业务中,一般以检验机构检验为主。对于卖方交付的货物,买方是接受还是拒收,主要依据有关检验机构的公正的检验结果而定。

二、商品检验的内容

有关货物检验的内容,因货物的不同特性、相关法律法规、国际货物买卖合同的具体规定、技术标准和申请人的申请意愿而不同,一般有质量检验、数量和重量检验、包装检验、出口商品装运技术检验和进出口商品鉴定等。

(1)质量检验。质量检验又称为品质检验,是货物检验的主要项目。质量检验的内容主要包括:①外观质量。检查商品的外观形态、尺寸、规格、式样、花色、造型、表面缺陷、表面加工装饰水平等。②内在质量。内在质量检验内容较多,主要包括:成分检验,包括有效成分的种类及含量、杂质及有害物质的限量等;性能检验,包括商品应具备的强度、硬度、弹性、伸缩率、耐热性等物理性能,以及耐酸/碱性、抗腐蚀性、溶解性、化学相容性等;机械性能检验,包括抗压、抗拉、冲击、振动、跌落等;使用性能检验,包括完成规定动作、特定的使用效果,比如汽车的刹车、车速要求,电视机的声响和图像效果,机器生产的产品完好率等。③特定质量检验项目。特定质量检验项目是指为了安全、卫生、环境保护等目的,针对不同商品而进行的特别要求的质量检验,如食品卫生质量的检验,一般检验食品的有害生物、食品添加剂、农药残留量、重金属含量等;对动植物的检验;对危险物品的安全性能检验;对飞机、船舶、车辆安全防护检验;对废气、噪声、废水的限量检验等。

(2)数量或重量检验。数量或重量条款是国际货物买卖合同的重要内容,因此数量或重量检验是检验的主要内容之一。

(3)包装检验。包装检验是对进出口货物的外包装和内包装以及包装标志进行检验。

(4)出口装运技术检验,是对装运出口的粮油食品、冷冻品等易腐食品的船舱和集装箱实施强制性检验。其中,船舱检验包括干货舱检验、油舱检验、冷藏舱检验,以确认其对所装货物的适载性;集装箱鉴定包括监视装箱、监视卸箱、承租鉴定、退租鉴定,以及集装箱的清洁、温度、风雨密固性等单项鉴定。

(5)进出口商品鉴定。检验机构根据国际货物买卖合同、运输合同和保险合同等相关方的申请或国外检验机构的委托,办理进出口商品鉴定业务,签发各种鉴定证书,供申请单位作为办理货物交接、结算、计费、通关、计税、索赔或举证等有效凭证。进出口商品鉴定业务范围包括:进出口商品质量鉴定、装运技术条件鉴定、集装箱鉴定、外商投资财产鉴定和其他鉴定业务。

三、货物检验的时间、地点、检验机构与检验证书

国际公约、大多数国家的法律都规定了买卖双方对货物检验的权利与义务。但是对于买方双方应在何时、何地进行检验,各国法律并无统一规定。货物检验的时间和地点关系着买卖双方的切身利益,因为它关系到检验权的行使、检验机构的指定以及日后有关索赔的法律依据问题,所以买卖双方应在买方合同中明确规定检验的时间与地点。

(一)货物检验的时间和地点

在国际货物买卖合同中,有关货物检验时间和检验地点的规定一般有以下四种。

(1)出口国检验。出口国检验可分为产地检验、在装运港或装运地检验。其中,产地检验是指在货物离开生产地点(如工厂、农场或矿山等)之前,由卖方或其委托的检验机构人员(会同买方检验人员)对货物进行检验或验收。卖方只对商品离开产地前的品质负责,货物离开产地后在运输途中的风险,由买方负责。而所谓装运港或装运地检验,即以离岸质量、重量(或数量)为准。按此规定,货物在装运港或装运地,在装运前或装运时经由双方所约定的检验机构对货物的质量、重量或数量进行检验,并由该机构出具相应的检验证书作为决定交货质量、重量或数量的依据。货物运抵目的港或目的地后,如买主对货物进行复验并发现问题,无权再表示拒收或提出异议和索赔。

(2)进口国检验。进口国检验是指在货物运抵目的港或目的地卸货后检验,或在买方营业处所或最终用户的所在地检验。其中,"目的港或目的地检验",即以"到岸质量、重量(或数量)为准"。据此规定,在货物运抵目的港或目的地卸货后的一定时间内,由双方约定的目的港或目的地的检验机构进行检验,并由该机构出具的检验证书作为确认交付货物的质量、重量或数量的依据。如检验证书证明货物与合同规定不符系属卖方责任,卖方应予负责。而"买方营业处所或用户所在地检验",一般适用于那些密封包装、精密复杂的商品,不宜在使用前拆包检验,或对于那些需要安装调试才能进行检验的成套设备、机电仪表产品,将检验延伸和推迟到货物运抵买方营业所或最终用户的所在地后的一定时间内进行,并以双方约定由该地的检验机构所出具的检验证书作为决定交货质量和数量的依据。

(3)出口国检验、进口国复验。出口国检验、进口国复验的做法是以在装运港或装运地出具的检验证书作为卖方收取货款的必要单据之一,但是货物运抵目的地后买方有复验权。如经双方约定的检验机构复验后发现货物不符合合同规定,且这种不符情况确系属于卖方责任而不属于承运人或保险公司的责任范围,买方有权在规定的时间内凭复验证书向卖方提出异议和索赔,或拒收货物。

(4)出口国装运前预检验、进口国最终检验。出口国装运前预检验、进口国最终检验是由买方自行派人或委托检验机构人员在出口国装运前对货物进行预检验,待货物运抵目的港或目的地后,买方再进行最终检验,以此检验结果作为索赔依据。

以上四类规定方法,各有特点,应视具体的货物买卖性质决定。其中,以"出口国检验、进口国复验"的做法使用最多,因为这种做法既肯定了卖方提交的检验证书是有效的交接货物和结算凭证,同时又确认了买方的复验权。

(二)检验检疫机构

检验检疫机构可分为官方检验机构和民间检验机构。例如,美国食品药物管理局(FDA)、美国粮谷检验署(FGES)、法国国家实验室检测中心、日本通商产业检查所等为官方检验机构。除政府设立的官方商品检验机构外,世界上许多国家中还有由商会、协会、同业公会或私人设立的半官方或民间商品检验机构,对国际货物进行检验和鉴定。国际上比较有名望、有权威的民间商品检验机构有:瑞士通用公证行(SGS)、英国英之杰检验集团(IITS)、日本海事检定协会(NKKK)、新日本检定协会(SK)、日本海外货物检查株式会社(OMIC)、美国保险商安全试验所(UL)、美国材料与试验学会(ASTM)、加拿大标准协会(CSA)、国际羊毛局(IWS)、中国商品检验公司(CCIC)等。例如,UL是一个独立的、非营利的、从事公共安全试验和鉴定的非政府机构。UL 制定的安全标准是 UL 进行产品测试和安全认证的依据。目前,UL 安全标准的影响已远远超出美国的国界,全世界有 50 多个国家和地区开展按 UL 安全标准进行测试和认证的工作。

(三)检验证书

在国际货物买卖中,检验证书是有关各方履行义务、处理争议、索赔和仲裁、诉讼举证的有效证件;也是海关验放、征收关税和优惠减免关税的必要证明。检验证书具有重要的法律地位。目前,中国检验检疫机构签发的检验证书的种类有:品质检验证书、重量或数量检验证书、包装检验证书、兽医检验证书、卫生/健康证书、消毒检验证书、熏蒸证书、残损检验证书、温度检验证书、船舱检验证书、货载衡量检验证书、价值证明书、生丝品级及公量检验证书、舱口检视证书、监视装/卸载证书、舱口封识证书、油温空距证书、集装箱监装/拆证书、集装箱租箱交货检验证书、租船交船剩水/油重量鉴定证书等。这些检验证书,尽管类别不一,但其作用是基本相同的,主要表现在下列几个方面:①作为证明卖方所交货物的品质、重量(数量)、包装以及卫生条件等是否符合合同规定的依据;②作为买方对品质、重量、包装等条件提出异议、拒收货物、要求索赔、解决争议的凭证;③作为卖方向银行交单的单据之一;④作为海关验关放行的凭证。

第二节 违约与索赔

一、违约与索赔概述

国际货物买卖合同明确规定了买卖双方的权利和义务,对贸易双方均有约束力。任何一方当事人都必须按照合同规定严格履行其合同义务,否则即构成违约。一方违约不仅会使买卖双方发生争议,而且也会给另一方造成经济损失。因而,违约的一方当事人应承担相应的违约责任。在国际货物买卖过程中,违约事件时有发生,一般集中在交货的品质、数量(或重量)、交货期等问题上。例如,在国际市场价格波动频繁的时候,卖方会不交货或不按时发货,或交货的品质、数量(重量)不符合合同要求;而买方会不按时开立信用证或不付款、不按时付款。索赔是指受到损失的一方当事人向违约方提出损害赔偿的要求,而理赔是指违约方当事人受理受损方提出的索赔要求

不同性质的违约,所承担的法律责任不同。《联合国国际货物销售合同公约》将违约分为"根本性违约"和"非根本性违约"。《联合国国际货物销售合同公约》对根本性违约的规定为:"一方当事人违反合同的结果,致使另一方当事人蒙受损失,以至于实际上剥夺了他根据合同规定有权期待得到的东西,即为根本违反合同。"如违约行为属于根本性违约,受损害方有权向违约方要求损害赔偿,并可宣告合同无效。如违约的情况尚未达到根本性违约的程度,则受损害方只能要求损害赔偿而不能宣告合同无效。

美国法律将违约分为"重大违约"和"轻微违约"。重大违约是指一方当事人违约,致使另一方当事人无法取得这项交易下他本应得的主要利益,受损害方可以要求解除合同,同时要求损害赔偿。对于"轻微违约",受损方只能要求赔偿而不能解除合同。英国法律则将违约分为"违反要件"和"违反担保"。"要件"是指合同中的重要和根本性条款,如合同中与商

品直接有关的品质、数量(重量)、交货期等。“担保”是指合同中的次要和附属性条款,是与商品无直接关联的条件。在合同的一方当事人违反要件的情况下,另一方当事人(受损方)有权解除合同,并有权提出损害赔偿。而在违反担保的情况下,受损方只能提出损害赔偿,而不能解除合同。

二、国际货物买卖合同中的索赔条款

为了进出口交易的顺利履行,国际货物买卖合同中往往订有索赔条款。索赔条款通常有以下两种规定方法。

(一)异议与索赔条款

异议与索赔条款(discrepancy and claim clause)主要用于国际货物买卖合同,一般适用于对卖方交付货物的品质、数量或包装等方面提出索赔。该条款的内容,除规定一方如违反合同,另一方有权索赔外,还包括索赔期限、索赔依据和索赔办法等。

索赔依据是指受损方在提出索赔时必须提供的、证明对方有违约事实真相的书面材料,主要是检验机构出具的检验证书。值得注意的是,该检验机构必须是买卖双方均认可的。该出证机构一般在合同中加以规定。

索赔期限是指受损方当事人向违约方提出索赔的有效时限。如果逾期索赔,违约方可不予受理。在索赔期限内,买方可就货物的品质、数量、包装等与合同规定不相符合之处向卖方提出索赔。买卖双方一般在合同中规定索赔时效,即约定索赔时效。除约定索赔时效外,还有法定索赔时效,即根据有关法律和惯例的规定,受损方有权向违约方提出索赔的期限。合同中约定的具体索赔期限,应根据货物品种、特性及检验所需时间等决定。约定索赔期限规定不宜过长或过短,过长会使卖方承担过重的责任,而过短会使买方无法行使索赔权。约定索赔时效的效力,一般高于法定索赔时效。

在国际货物买卖合同中,交易双方一般将检验条款和索赔条款结合起来订立,称为“检验与索赔条款”。索赔期限实际上是检验条款中的复验期限。如买卖合同约定了索赔期限,买方应抓紧检验,一旦发现货物有不符合合同规定的情况,因立即请检验机关复验出证,并严格按约定的期限索赔。如买卖合同中订有货物的品质保证期,万一在质量保证期内出现质量问题,买方应立即向卖方提出索赔。

(二)罚金条款

罚金条款又称为“违约金条款”,一般适用于卖方延期交货,或者买方延迟开立信用证,或者延期接货、延期付款等情况。当一方当事人未能履行合同义务时,应向另一方支付一定数额的违约金以补偿其损失。罚金数额的大小应根据违约时间的长短而定,并规定出最高金额,由买卖双方事先商定。一般来说,罚金数额以不超过货物总金额的5%为宜。

各国法律对合同中的罚金条款有不同的解释,德国等大陆法国家一般都承认合同中的罚金条款;而英美法等国,则将合同中的罚金条款效力按其性质分为补偿性的“预约赔偿金”和惩罚性的“罚金”两种。英美法的法律只承认损害赔偿,不承认带有惩罚性的罚金。

第三节　不可抗力

不可抗力(force majeure)即人力不可抗拒,它是指买卖合同签订后,不是由于合同任一方当事人的过失或疏忽,而是发生了当事人在订立合同时不能预见和预防,对其发生和后果不能避免并且不能克服的事件,以致合同不能履行或不能如期履行。遭受意外事件的一方,可以据此免除履行合同的责任或延期履行合同,对方无权要求赔偿。目前,国际社会对不可抗力的定义并不统一,各国法律的解释差别较大。例如,法国法律称为"不可抗力"、英美法系称为"合同落空"、大陆法系称为"情势变迁"或"契约失效",而《联合国国际货物销售合同公约》称之为"履行合同的障碍"。

一、不可抗力的法律后果

对于不可抗力事件的法律后果,各国的分歧较大。例如,英美法国家认为,一旦出现"合同落空",合同即告终结,从而自动解除了当事人的履约义务。有些国家法律认为,出现不可抗力事件不一定使合同得以全部解除,而因根据不可抗力事件的发生原因、性质、规模、对履约的实际影响来加以区别对待。

中国对不可抗力事件规定了三种可能产生的后果:①如果发生不可抗力事件,致使合同义务不能全部履行,当事人可解除合同,并免除全部责任;②如果发生不可抗力事件,致使合同的部分义务不能履行,当事人可免除部分义务;③如果发生不可抗力事件,不是导致合同不能履行,而只是不能按约定的时间履行,则当事人可以延迟履行合同,并在该事件的后果影响持续的时间内,免除其延迟履行的责任。同时,中国还规定了不可抗力事件中要求免责的一方应承担的两项义务:①应及时通知另一方,以减轻可能给另一方所造成的损失。如果没有及时通知而给另一方造成损失,怠于通知的一方应对此承担责任。②应在合理的时间内向另一方提供有关机构出具的证明,以证明不可抗力事件的发生。在中国,公证机构、中国国际贸易促进委员会均可以出具不可抗力证明。

二、不可抗力事件的构成条件与范围

尽管各国法律和《联合国国际货物销售合同公约》等对不可抗力的名称及解释存在差别,但都认为构成这类事件需要同时具备4项条件:第一,这种事件是在订立合同之后发生的;第二,这种事件是当事人在订立合同时不能预见的;第三,这种事件的发生不是当事人所能控制的,而且它是无法避免、无法预防的;第四,这种事件不是任何一方当事人的疏忽或过失造成的。

不可抗力通常包括两类情况:一类是自然原因引起的,如水灾、旱灾、暴风雪、地震、火灾、海啸、冰封等;另一类是由社会原因引起的,如战争、罢工、政府禁令、贸易政策调整等。一般来说,因自然原因引起的不可抗力事件,贸易双方容易达成共识。但是,对于因社会原因引起的不可抗力,各国的法律解释差别较大,买卖双方的争议更是经常发生。因此,贸易双方在签订国际货物买卖合同时,应在合同中约定不可抗力条款,并视事件的具体发生情况

协商解决。

三、合同中的不可抗力条款

不可抗力条款是一种免责条款，可全部免除或部分免除因不可抗力事件而违约的一方当事人的履约责任。国际货物买卖合同中的不可抗力条款，其基本内容一般为：不可抗力事件的范围、事件发生后通知对方的期限、出具证明文件的机构以及不可抗力事件的后果。

（一）不可抗力条款的规定方法

根据不可抗力事件的规定范围，不可抗力条款通常有 3 种规定办法：概括式、列举式和复合式。

(1)概括式规定。该规定方法，不在合同中罗列哪些事件属于不可抗力事件，而只是采用笼统规定。例如，由于公认的不可抗力的原因，致使卖方不能交货或延期交货，卖方不负责任，或"由于不可抗力事故使合同不能履行，发生事故的一方可据此免除责任"。这种规定办法，过于笼统、含义模糊、解释伸缩性大，容易引起争议。

(2)列举式规定。该规定方法，是在合同中详列具体的不可抗力事件。例如，由于战争、地震、水灾、火灾、暴风雨、雪灾的原因，致使卖方不能全部或部分装运或延迟装运合同货物，卖方对于这种不能装运或延迟装运本合同货物不负有责任。但卖方须用电报或电传通知买方，并须在××天以内，以航空挂号信方式向买方提交由中国国际贸易促进委员会出具的证明此类事件的证明书。这种一一列举的办法，虽然明确具体，但文字烦琐，有可能出现遗漏情况

(3)综合式规定。这种规定方法，是在合同中列明可能发生的不可抗力事故(如战争、洪水、地震、火灾等)的同时，再加上"以及双方同意的其他不可抗力事故"的文句。例如，由于战争、地震、水灾、火灾、暴风雨、雪灾或其他不可抗力的原因，致使卖方不能全部或部分装运或延迟装运合同货物，卖方对于这种不能装运或延迟装运本合同货物不负有责任。但卖方须用电报或电传通知买方，并须在××天内以航空挂号信件向买方提交由中国国际贸易促进委员会出具的证明此类事件的证明书。这种规定办法，既明确具体，又有一定的灵活性。

（二）订立不可抗力条款应注意的问题

(1)明确不可抗力发生后的通知方式和通知期限。发生不可抗力事件时，遭受不可抗力事件的一方应及时通知另一方，以便对方及时采取一些相应措施，如查明不可抗力的事实真相对履行合同的影响程度等。另一方在收到通知后如有异议，应及时向对方提出。交易一方援引不可抗力条款免责时，另一方当事人应按合同规定严格进行审查，以确定其援引的内容是否属于不可抗力条款规定的范围。

(2)应规定出具不可抗力证明文件及其相应的出证机构。发生不可抗力事件时，遭遇不可抗力事件的一方应提供有效的证明文件。该证明文件的出具机构，可规定为发生不可抗力事件地区的合法的公证机构，或是当地的商会。

(3)规定不可抗力的法律后果。在合同中规定什么情况下可以撤销合同，什么情况下可以部分解除合同或延期履行合同等。

第四节　仲　裁

一、争议的解决方式

签订国际货物买卖合同的双方应是一种平等互利的合作关系。合同签订后，贸易双方之间一旦发生争议，首先应通过友好协商的方式解决。如果友好协商不成功，当事人可按照合同约定，采用调解、仲裁或诉讼方式解决争议。

(1)调解。调解是指在争议发生后，买卖双方当事人自愿将争议提交选定的调解机构(法院、仲裁机构等)，由该机构按调解程序进行调解。若调解成功，双方应签订和解协议，作为一种新的契约予以执行；若调解意见不为双方或其中一方接受，则该意见对当事人无约束力，调解即告失败。

(2)仲裁。仲裁又称公断。买卖双方在执行合同的过程中如发生争议，可按协议将有关争议提交仲裁机构裁决。

(3)诉讼。诉讼是在争议发生后，一方当事人向法院起诉，控告合同的另一方。起诉方一般要求法院判另一方当事人以赔偿经济损失或支付违约金的方式承担违约责任，也有要求对方实际履行合同义务的。采用诉讼方式解决争议，其具有下列特点：①诉讼带有强制性，只要向有管辖权的法院起诉，另一方就必须应诉，争议双方都无权选择法官；②程序复杂，处理问题比仲裁慢；③诉讼解决争议时，双方当事人紧张，有伤和气，不利于今后贸易关系的继续发展；④诉讼费用较高。

值得注意的是，采用诉讼和仲裁并不排除友好协商或调解。因采取仲裁解决争议有许多有利的方面，因而仲裁成为国际贸易中最为广泛采用的解决争议的重要方式。与诉讼相比，采用仲裁方式解决争议的好处有：①采用仲裁是以双方自愿为基础，双方当事人自行选定仲裁员，因而具有一定的灵活性；②仲裁程序较简单，且仲裁员一般是熟悉国际贸易业务的专家和知名人士，故仲裁解决问题较快；③仲裁费用比诉讼费低；④仲裁对争议双方继续发展贸易关系的影响较小；⑤仲裁是终局性裁决，败诉方不得上诉，必须执行。

二、仲裁协议

(一)仲裁协议的作用

采取仲裁方式解决争议的前提是有书面的仲裁协议。书面仲裁协议有两类：一类是在争议发生之前订立，通常是买卖双方在合同中规定仲裁条款；另一类是在争议发生之后订立，买卖双方在争议发生后，签署专门的仲裁协议，同意把已经发生的争议提交仲裁。这两类仲裁协议的法律效力是相同的，最常见的是合同中的仲裁条款。仲裁协议的作用有：①约束双方当事人只能以仲裁方式解决其争议，不得向法院起诉；②排除法院对有关案件的管辖权，如果一方违背仲裁协议，自行向法院起诉，另一方可根据仲裁协议要求法院不予受理，并将争议案件交仲裁庭裁断；③使仲裁机构取得对争议的管辖权。因此，买卖双方当事人如不愿将争议提交法院审理，最好在争议发生前，在合同中规定仲裁条款，以免未来发生争议后，因不能提交仲裁而不得不诉诸法院。

签订仲裁协议时，双方当事人当认真考虑仲裁协议的实质性问题。根据《中华人民共和国仲裁法》及其他有关法律的规定，结合仲裁实践，当事人之间订立的仲裁协议在下列情况下无效：①以口头方式订立的仲裁协议无效；②将不可仲裁的事项提交仲裁的，仲裁协议无效；③无行为能力人或限制行为能力人订立的仲裁协议无效；④通过胁迫手段订立的仲裁协议无效；⑤仲裁事项未约定或约定不明确，当事人不能达成补充协议明确仲裁事项的，仲裁协议无效；⑥仲裁机构未约定或约定不明确，当事人不能达成补充协议的，仲裁协议无效；⑦约定的仲裁事项超出法律规定的仲裁范围的，仲裁协议无效；⑧仲裁协议明显地剥夺了双方当事人的平等仲裁权的，仲裁协议无效。

（二）仲裁条款的内容

仲裁条款的具体内容，一般包括：提交仲裁的争议范围、仲裁地点、仲裁规则、仲裁程序、仲裁裁决的效力、仲裁费的负担等。

(1)仲裁地点。仲裁地点所适用的程序法与合同所适用的实体法关系密切。按照西方国家的法律，凡属程序方面的问题，除非仲裁协议另有规定，一般都适用于审判地法律，即在哪个国家仲裁，就往往适用哪个国家的仲裁法规。而确定合同双方当事人权利、义务的实体法，如合同中未规定，一般由仲裁员根据仲裁地点所在国家法律冲突规则予以确定。因此，仲裁地点不同，适用法律可能不同，对买卖双方的权利、义务的解释就会有差别，其结果也会不同。在国际货物买卖合同中，关于仲裁地点的约定，一般有三种规定办法：①规定在卖方所在国仲裁；②规定在买方所在国仲裁；③规定在双方同意的第三国仲裁。

(2)仲裁机构。仲裁机构是买卖双方自主选择的用以解决争议的民间机构，其审理案件的管辖权完全取决于当事人的选择和授权。国际商事仲裁机构可分为临时仲裁机构和常设仲裁机构。临时仲裁机构是指根据当事人的仲裁条款或仲裁协议，在争议发生后由双方当事人推荐的仲裁员临时组成的，负责裁断当事人的争议，并在裁决后即行解散的临时性仲裁机构。常设仲裁机构是指依据国际条约或国内法成立的具有固定组织和地点、固定的仲裁程序规则的永久性仲裁机构。目前国际上影响较大的几个常设商事仲裁机构是：国际商会仲裁院，成立于 1923 年，总部设在巴黎；瑞典斯德哥尔摩商事仲裁院，成立于 1917 年；英国伦敦仲裁院，成立于 1892 年；美国仲裁协会，成立于 1926 年，总部设在纽约；瑞士苏黎世商会仲裁院，成立于 1911 年。我国的国际商事仲裁机构主要是：中国国际经济贸易仲裁委员会，成立于 1956 年，1980 年、1988 年两次调整，总部设在北京，在深圳、上海设有分会；中国海事仲裁委员会，成立于 1959 年，1988 年调整，总部设在北京。

(3)仲裁程序。各国仲裁机构一般都有自己的仲裁程序规则。仲裁程序的主要内容大致如下：①提出仲裁申请，这是仲裁程序开始的首要手续。各国法律对申请书的规定不一致。《中国国际经济贸易仲裁委员会仲裁规则》规定：当事人一方申请仲裁时，应向该委员会提交包括下列内容的签名申请书：申诉人和被诉人的名称、地址；申诉人所依据的仲裁协议；申诉人的要求及所依据的事实和证据。申诉人向仲裁委员会提交仲裁申请书时，应附具本人要求所依据的事实的证明文件，指定一名仲裁员，预缴一定数额的仲裁费。如果委托代理人办理仲裁事项或参与仲裁的，应提交书面委托书。②组织仲裁庭。根据《中国国际经济贸易仲裁委员会仲裁规则》规定，申诉人和被申诉人各自在仲裁委员会仲裁员名册中指定 1 名仲裁员，并由仲裁委员会主席指定 1 名仲裁员为首席仲裁员，共同组成仲裁庭审理案件；双方当事人亦可在仲裁委员名册共同指定或委托仲裁委员会主席指定 1 名仲裁员为独任仲裁员,成立仲裁庭,单独审理案件。③审理案件。仲裁庭审理案件的形式有两种:一是不开庭审理,这种审理一般是经当事人申请,或由仲裁庭征得双方当事人同意,只依据书面文件进行审理并做出裁决;二是开庭审理,这种审理按照仲裁规则的规定,采取不公开审理,如果双方当事人要求公开进行审理时,由仲裁庭做出决定。④做出裁决。裁决是仲裁程序的最后一个环节。裁决做出后,审理案件的程序即告终结,因而这种裁决被称为最终裁决。根据《中国国际经济贸易仲裁委员会仲裁规则》,除最终裁决外,仲裁庭认为有必要接受当事人之提议,在仲裁过程中,可就案件的任何问题做出中间裁决或者部分裁决。中间裁决是指对审理清楚的争议所做的暂时性裁决,以利于对案件的进一步审理;部分裁决是指仲裁庭对整个争议中的一些问题已经审理清楚,而先行做出的部分终局性裁决。这种裁决构成最终裁决的组成部分。仲裁裁决必须于案件审理终结之日起 45 天内以书面形式做出,仲裁裁决除由于调解达成和解而做出的裁决书外,应说明裁决所依据的理由,并写明裁决是终局的和做出裁决的日期地点,以及仲裁员的署名等。当事人对于仲裁裁决书,应依照其中所规定的时间自动履行,裁决书未规定期限的,应立即履行。一方当事人不履行的,另一方当事可以根据中国法律的规定,向中国法院申请执行,或根据有关国际公约,或者中国缔结或参加的其他国际条约的规定办理。

(4)仲裁裁决力及其效力。根据中国仲裁规则规定,仲裁应当根据事实,依照法律合同规定,参照国际惯例,并遵循公平合理原则,独立公正地做出裁决。仲裁裁决是终局的,双方当事人均有约束力。任何一方当事人不得向法院起诉,也不得向其他任何机构提出变更裁决的请求。但是,按照国际仲裁规则的一般规定,以下仲裁裁决结果无效,当事人可在法定期限内,请求仲裁地的管辖法院撤销仲裁裁决,并宣布其为无效:①仲裁裁决是在无仲裁协议的情况下做出的;②是以无效(或过期)的仲裁协议为据做出的裁决;③仲裁员行为不当或越权所做出的裁决;④以伪造证据为依据所做出的裁决;⑤裁决的事项属于仲裁地法律规定不得提交仲裁处理的裁决等。

(5)仲裁费用。有关仲裁费用的承担问题,贸易双方应在仲裁条款中订明。一般规定由败诉方承担,也有的规定由仲裁庭酌情决定。根据《中国国际经济贸易仲裁委员会仲裁规则》规定,仲裁庭有权裁定败诉方补偿胜诉方因办理案件支出的部分合理的费用,但补偿金额最多不得超过胜诉方所得胜诉金额的 10%。

三、仲裁裁决的执行

仲裁裁决的执行,包括对本国仲裁裁决的执行与对外国仲裁裁决的执行。对本国仲裁裁决执行的手续较为简单,而对于外国仲裁裁决的执行就较为复杂。对外国的仲裁裁决执行不仅涉及买卖双方当事人的利益,而且还涉及两国之间的利害关系,故各国对执行外国的仲裁裁决,都规定了一些限制,存在许多分歧。关于承认与执行外国仲裁裁决的国际公约有三个:① 1923 年缔结的《1923 年日内瓦仲裁条款议定书》;② 1927 年缔结的《关于执行外国仲裁裁决的公约》;③ 1958 年在纽约缔结的《承认和执行外国仲裁裁决的公约》,简称纽约公约。

中国于 1986 年 12 月 2 日正式加入了纽约公约,但有两项保留。①中华人民共和国只在互惠的基础上对在另一缔约国领土内做出的仲裁裁决的承认和执行适用该公约;②中华人民共和国只对根据中华人民共和国法律认定为属于契约性和非契约性商事法律关系所引起的争议适用该公约。中国政府对上述公约的加入和所做的声明，不仅为中国承认与执行外国仲裁裁决提供了法律依据，而且也有利于中国仲裁机构所做出的裁决在国外公约成员国内的执行。

思考题

1. 国际贸易解决争议的方式有哪些？其中，诉讼与仲裁有何异同？

2. 某年夏天，中国南方发生特大洪水灾害，在此之前外贸企业与外商签订有三份大米出口合同，合同的商品名称分别为："太湖大米""在某仓库存放的江苏大米""中国大米"，7～8月交货。请就以上情况，分别说明中国外贸企业应如何向外商提出免责要求？

3. 中国某公司与外商签订一份出口合同，在合同中明确规定了仲裁条款，约定在履约过程中如产生争议，在中国仲裁。后来，外商对商品的品质发生争议，对方在其所在地法院起诉中方当事人，法院发来传票，要求中方公司出庭应诉。对此，你认为应如何处理？

第十五章　交易磋商与合同订立

【案例 15-1】

某年 11 月 4 日顺达公司应瑞典 TG 公司的请求报价："报实盘，可供棉花 500 公吨，每公吨 340 欧元 CIF 斯德哥尔摩，即期装运，发盘有效期至 11 月 24 日。"TG 公司收到报盘后要求顺达公司："降低价格；延长要约有效期。"顺达公司遂将价格每公吨减至 320 欧元，延长要约有效期至 11 月 30 日。TG 公司又请求顺达公司："增加数量；再次延长要约有效期。"顺达公司再将数量增至 800 吨，延长要约有效期至 12 月 10 日。TG 公司于 12 月 6 日来电表示接受。顺达公司在接到 TG 公司承诺电报时，发现国际市场因受灾影响，棉花市场价格暴涨。顺达公司不愿意成交，复电称："由于世界市场价格变化，在接到承诺电报前已将货物售出，不能提供货物。"TG 公司不同意这一说法，认为承诺是在要约有效期内做出因而有效，坚持要求顺达公司按要约的条件履行合同，并提出执行合同或者赔偿差价损失 6 万欧元，否则将起诉至法院。本案的关键在于交易是否达成。交易磋商的一般程序包括询盘、发盘、还盘、接受和签订合同等环节，其中发盘和接受是交易达成的两个必不可少的基本环节。在本案中，经过推迟的发盘有效期是 12 月 10 日，TG 公司的承诺于 12 月 6 日到达，属于有效接受，合同应于 12 月 6 日成立。顺达公司以"由于世界市场价格变化，货物在接到承诺电报前已售出"为由不履行合同已构成违约，因为双方间的买卖合同已经成立。

【案例 15-2】

美国 A 公司 10 月 4 日向中国 B 公司以传真发盘，出售电子元器件，规定于当天下午 5 时复到有效。B 公司于当天下午 4 时以传真答复，对发盘中的价格及检验索赔条件提出了不同意见。10 月 5 日，A 公司与 B 公司通过电话进行洽商，双方各做了让步，B 公司同意接受 A 公司的价格，A 公司同意 B 公司提出的检验索赔条件。至此，双方口头达成了一致意见，并一致同意两公司的代表在广交会上签署合同。10 月 20 日，A 公司的代表去广交会会见了 B 公司的代表，并交给他一份 A 公司已签了字的合同文本，B 公司的代表则表示要审阅后再签字。三天后，A 公司的代表再次会见 B 公司的代表，而 B 公司的代表仍未在合同上签字。A 公司的代表索回了未签字的合同。11 月，A 公司致电 B 公司要求开证履约，B 公司不同意，双方当事人发生争议。本案的关键在于合同的形式是否有效。合同相识是买卖双方当事人就确立、变更、终止民事权利义务关系达成一致的方式，是合同当事人内在意思的外在表现形式。根据《联合国国际货物销售合同公约》和《中华人民共和国合同法》的有关规定，当事人订立合同，有书面形式、口头形式和其他形式。

合同的上述形式均具有相同的法律效力，都是合同的法定形式。当事人通常可以根据需要进行选择。但应该注意，在法律做出强制性规定和当事人做出约定的情况下，应该根据法律的规定和当事人的约定。可见，当事人在订立买卖合同时，要根据国际公约或者国内法是否对其做出规定及双方当事人的合意或意愿，来确定买卖合同的具体形式。本案中，双方当事人在前期的书面传真中并没有达成交易，而随后在口头磋商中虽达成协议，但又保留了条件，即决定在10月广交会上达成书面合同。后来由于种种原因，双方最终并未达成书面协议，因此，买卖合同所要求的具体形式没有完成，双方的交易也就没有成立。

交易磋商是指买卖双方以买卖某种商品为目的，通过一定的程序就交易的各项条件进行洽商并最后达成协议的全过程。交易磋商以订立合同为目的，一旦双方对各项交易条件协商一致，买卖合同即告成立。交易磋商的过程，即是合同订立的过程。磋商是合同的根据，合同是磋商的结果。交易磋商决定交易的成败与合同质量的高低，直接关系到买卖双方的经济利益。

第一节　交易磋商

交易磋商的一般程序包括四个环节：询盘、发盘、还盘和接受。其中，发盘和接受是交易磋商的两个基本环节。

一、询盘

询盘(enquiry)又称询价，是指买方或卖方为了购买或销售某种商品，向对方询问有关交易条件。其内容可以是询问价格，也可以是询问其他交易条件(如数量、包装、付款条件、装运期等)中的一项或几项。询盘的目的是邀请对方发盘。询盘可由买方做出，也可由卖方做出。因此，询盘按发送对象的不同，可分为买方询盘、卖方询盘。其中，买方询盘习惯上被称为“邀请发盘”(invitation to make an offer)，如“求购中国2009年产一级东北大米1000公吨，10月份装船，请报伦敦价”(Please offer Chinese North-east Rice，First Grade，Crop Year 2009，1000 M/T，November shipment CIF London)。卖方询盘又被称为“邀请递盘”(invitation to make a bid)，如“可供中国2009年产一级东北大米1000公吨，11月份装船，请递盘”(Can supply Chinese North-east Rice，First Grade，Crop Year 2009，1000 M/T，October shipment. Please bid)。

询盘可以向多个人发出，以便“货比三家”“价比三家”，了解国外行情，争取有利的贸易条件。但是，询盘应注意以下几个问题：①询盘对于询盘人和被询盘人均无法律上的约束力，而且不是交易磋商的必经步骤；②询盘往往是一笔交易的起点，且是进行调查研究、试探市场动态的一种手段，故不应忽视；③在实际业务中，不能滥发询盘，以免引起不良后果，影响企业在国际市场的信誉。

二、发盘

发盘(offer)又称发价,在法律上称为"要约",是买方或卖方向对方提出各项交易条件,并愿意按照这些条件达成交易、订立合同的一种肯定表示。发盘是买卖双方达成交易必不可少的基本环节,可以由卖方提出,也可以由买方提出,可以是一方在收到对方询盘后提出,也可以不经对方询盘而提出。在实际业务中,如交易条件由卖方提出,则该发盘被称为"卖方发盘"(selling offer);如交易条件由买方提出,则称为"买方发盘"(buying offer)、订货(order)或递盘(bid)。在发盘有效期内,发盘人不得任意撤销或修改其内容。发盘一经对方在有效期内表示接受,发盘人则受其约束,并承担按发盘条件与对方订立合同的法律责任。

三、还盘

还盘(counter-offer),又称还价,是受盘人对发盘内容不完全同意而提出修改或变更的表示。还盘可以针对价格,也可以针对支付方式、交货期、争议的解决方式等提出修改意见。一方接到对方的还盘后,可以表示接受,也可以进行再还盘,即针对对方的还盘再提出修改意见。因此,有时一笔交易要经过多个回合才能完成。还盘可采用口头或书面形式。在还盘时,贸易双方已经同意的条件一般无须重复列出。同时,还盘应注意:①一旦发生还盘,原发盘自动失效,发盘人不再受其约束;②还盘被视为一项新的发盘;③还盘,可以还实盘,也可以还虚盘。

四、接受

接受(acceptance)在法律上称"承诺",是买方或卖方同意对方在发盘中提出的各项交易条件,并愿按这些条件与对方达成交易、订立合同的一种肯定表示。一方发盘经另一方接受,交易即告达成,合同即告订立,双方就应分别履行其应承担的合同义务。表示接受,一般用"接受"(accept)、"同意"(agree)和"确认"(confirm)等术语。

询盘、发盘、还盘和接受是交易磋商的一般程序。在实际业务中,询盘并不是每笔交易磋商所不可缺少的环节,买方或卖方都可不经对方提出询盘,而直接向对方做出发盘。还盘也不是交易磋商的必经环节,受盘人接到发盘后,可以立即接受;即使受盘人做出还盘,它实际上是对原发盘的拒绝而做出的一项新发盘。对还盘做再还盘同样是拒绝还盘后的一项新发盘。因此,在法律上,发盘和接受是达成交易不可缺少的两个基本环节。

第二节　交易磋商的两个基本环节

发盘和接受是交易磋商的两个基本环节,属于法律行为,因而必须符合法律,才能订立法律上有效的合同。

一、发盘

(一)发盘的含义及构成发盘的要件

发盘(offer)被称为“发价”或“要约”。发出发盘的当事人被称为“发盘人”(要约人),发盘指向的对方当事人被称为“受盘人”“被发价人”(受要约人)。根据《联合国国际货物销售合同公约》(以下简称《公约》)第14条第一款的规定:“向一个或一个以上特定的人提出的订立合同的建议,如果十分确定并且表明发价人在得到接受时承受约束的意旨,即构成发价。一个建议如果写明货物并且明示或暗示地规定数量和价格或规定如何确定数量和价格,即为十分确定。”而《公约》第15条第一款又规定:“发价送达被发价人时生效。”中国也采用类似规定。

构成一项法律上有效的发盘必须具备以下4个条件:

(1)发盘必须表明订立合同的意旨。《公约》规定,发盘人必须在发盘中表示出订立合同的意旨(contractual intent)或订约的意图。如果被发盘人接受发盘,合同即告成立,双方就确立了合同关系。

(2)必须向一个或一个以上特定的人提出。《公约》规定,订立合同应向一个或一个以上特定的人(specific persons)提出订约建议。公约所指“特定的人”是指定具体的企业、公司或个人,如A企业、B公司或C个人。这一规定的目的是为了将向特定对象做出发盘的行为,与在报刊上刊登广告、向国外客商寄发的商品目录、价目单和其他宣传品的行为区分开来。是否向特定的人发出邀请也是“发盘”与“邀请发盘”的重要区别。

(3)订立合同的建议,其内容十分确定。首先,发盘是一种订立合同的建议,在法律上把这种订立合同的建议称为意思表示。发盘人的意思表示是意欲订立一项合同。其次,此项订立合同的建议,其内容十分确定。按照《公约》第14条规定,一项订约建议只要列明货物、数量和价格三项条件,即可被认为其内容“十分确定”,并构成一项有效的发盘。如该发盘为受盘人所接受,即可成立合同。至于货物的包装、交货和支付条件等内容,可在合同成立后,按照双方已确定的习惯做法、惯例或按《公约》有关买卖双方义务的规定,予以补充。但是,如果一项建议缺少货物、数量和价格三个方面的任何一个内容,就不是一个确定的发盘,即使对方接受也不构成合同。为了防止误解或争议的发生,在实际工作中,最好能明示或暗示规定至少6项主要交易条件,即货物的品名和质量(品质)、数量、包装、价格、交货和支付条件。这样,一旦受盘人表示接受,双方即可明白无误地了解双方协商一致的主要合同条款,而无须借助于任何可能引起意见分歧的补救措施。

(4)发盘必须传达到受盘人(be communicated to the offered)。这是《公约》和各国法律的普遍要求。发盘无论是以口头或是书面形式做出,只有被传达到受盘人时才生效。

(二)发盘的有效期

在国际货物买卖中,凡是发盘都要规定有效期。发盘的有效期是指可供受盘人对发盘做出接受的期限。该期限具有两层意思:一是发盘人在发盘有效期内受约束。如果受盘人在有效期内将“接受通知”送达发盘人,发盘人承担按发盘条件与之订立合同的责任;二是指超过有效期,发盘人将不再受约束。因此,发盘的有效期,既是对发盘人的一种限制,也是对发盘人的一种保障。发盘人对发盘有效期可做明确的规定,也可不做明确的规定。明确规定有效期,并不是构成发盘不可缺少的条件。明确规定有效期的发盘,从发盘被传达到受盘人时开始生效，到发盘规定的有效期届满时失效。不明确规定有效期的发盘，按法律规定在合理时间内有效。常见的明确规定有效期的主要方法有：

(1)规定最迟接受的期限。发盘人在发盘中明确规定受盘人表示接受的最迟期限。为了避免争议，最迟接受的期限应予以“最明确的限定”。例如，“实盘限7月10日复”(Firm offer subject to reply 10th July)。但是，这种有效期的规定方法存在一个问题，即该截止期(7月10日)是指受盘人所在地发出接受通知的期限，还是指接受通知必须送达发盘人的期限？为了明确发盘的截止期，在规定最迟接受的期限时，可同时限定以接受送达发盘人或以发盘人所在地的时间为准。例如，“发盘限7月10日复到”(Subject reply reaching here 10th July)；“发盘限我方时间15日复”(Offer subject reply 10th July in our time)；“发盘有效至我方时间本星期五”(Offer valid until this Friday our time)。

(2)规定一段接受的期间。发盘人可规定发盘在一段期间内有效。例如，“发盘有效期三天”(Offer valid three days)、“发盘七天内复”(Offer reply in seven days)。但是，采用这种规定有效期的方法，存在一个如何计算“一段接受期间”的起算时间问题。根据《公约》第20条规定：发盘人在电报或信件中规定的接受期间，从电报交发时刻或信上载明的发信日期起算。如信上未载明发信日期，则以信封上所载日期起算。发盘人以电话、电传或其他可立即传达到对方的通信方法规定的接受期间，从发盘到达到受盘人时起算。在计算接受期间时，这段时间内的正式假日或非营业日应计算在内。但是，如果接受通知在接受期间的最后一天未能送达发盘人的地址，因为那天在发盘人的营业所在地是正式假日或非营业日，则这段时间应顺延至下一个营业日。发盘人对发盘明确规定有效期，其期限究竟应多长，并无定则。一般说来，发盘有效期的长短取决于商品的种类、市场情况和交易额等诸因素。

发盘如没有明确规定有效期，则应理解为在合理时间内有效。但“合理时间”在国际上并无统一明确的解释。有些国家的法律虽有规定，但彼此之间有很大差异。例如，美国《统一商法典》2-205条规定，“一个商人的发盘有效期的合理时间不超过3个月”；按《公约》第18条第二款规定，衡量“合理时间”的长短，须适当考虑交易的情况，包括发价人所使用的通信方法的快捷程度。因此，“合理时间”并无很确切的标准，具有很大的伸缩性。同时，《公约》第18条第二款还规定：“对口头发价必须立即接受，但情况有别者不在此限。”所谓“立即接受”，可理解为：在双方口头磋商时当场有效，受盘人不在磋商当场表示接受，发盘随即失效。对“情况有别者”，则可理解为：发盘人在口头发盘时，明确规定了有效期，例如“有效三天”，则该发盘不在“立即接受”之列。

(三)发盘的生效

《公约》规定，发盘于送达被发盘人时生效。怎样才算“送达”(reach)，《公约》未做规定。但从法律或业务上来说，当发盘投递到被发盘人的营业地或通信地址时即为“送达”。如果发盘通过电子商务网络，根据《联合国贸易法委员会电子商务示范法》的规定，收件人指定特定系统接收发盘的，该发盘进入该特定系统的时间视为到达时间，发盘开始生效；未指定特定系统的，发盘进入被发盘人的任何系统的首次时间，视为到达时间，发盘开始生效。

(四)发盘的撤回和撤销

当一项发盘发出后，发盘人可否改变想法将发盘收回？这不仅仅是一个业务作法上的问题，而且还关系到买卖合同可否订立。《公约》对此做了两种区分，即发盘生效前是撤回问题；而发盘生效后是撤销问题。发盘的撤回(withdrawal)是指发盘人将尚未为受盘人收到的发盘予以撤销。按《公约》第15条第二款规定:“一项发价,即使是不可撤销的,得予撤回,如果撤回通知于发价送达被发价人之前或同时,送达被发价人。”这一规定是建立在发盘尚未生效的基础上的。“撤回”的实质是阻止发盘生效。但是,《公约》要求“撤回通知”应先于发盘到达对方或至少要求是同时到达,否则发盘不能撤回。在实际业务中,发盘的撤回只有在使用信件或电报向国外发盘时方可适用,因为使用信件或电报发盘,从信件投邮或电报交发到信件或电报送达收件人有一段时间间隔。在发盘信件投邮或电报交发后,发盘人发现市场情况有重大变化或发盘内容有误,可采用更快捷的通信方法(如电话、电传、电子邮件等),在发盘信件或电报送达受盘人前通知受盘人撤回发盘。如果发盘是采用电话、电传或电子邮件等数据电文做出,因这些信息随发随到,就不存在撤回发盘的可能性。

发盘的撤销是指发盘人将已经为受盘人收到的发盘予以取消的行为。对于一项已送达受盘人的发盘是否可以得以撤销,各国法律的规定存在较大差异,关键在于一项已生效的发盘对发盘人是否具有约束力。大陆法主张发盘原则上对发盘人具有约束力。一项发盘一经送达受盘人就不得撤销,除非发盘人在发盘中注明不受约束;按英美法的传统观点,发盘在被接受之前得以撤销。即使发盘人在发盘中明确规定了可以接受的期间,该发盘对发盘人也不具约束力,除非受盘人为使该发盘保持可供接受而付出某种“对价”,如支付一定金额或做出其他行为或给付了一定物品;而《公约》第16条对大陆法和英美法在此问题上的分歧,进行了协调并做出了折中的规定:已为受盘人收到的发盘,如果撤销的通知在受盘人发出接受通知前送达受盘人,可予撤销。但是,在下列情况下不得撤销:①发盘是以规定有效期或以其他方式表明为不可撤销的;或②如受盘人有理由依赖该项发盘是不可撤销的,并已本着对该发盘的信赖采取了行动。

《公约》规定的以上①②两种情况,又可细分为3种情形:第一种情形是在发盘中规定了接受的期限,如“1月20日前复到我方有效”。第二种情形是在发盘中明确声明该发盘是不可撤销的。究竟怎样的发盘才算是不可撤销的,这要从发盘的内容和用语来判断。第三种情形是被发盘人有合理的理由认为该项发盘是不可撤销的,并已依赖该项发盘的信赖行事。因此,《公约》在实质上倾向于大陆法的规定,即已为受盘人收到的发盘基本上是不得撤销的。

(五)发盘的终止

发盘的终止是指发盘法律效力的消失。它有两方面的含义:一是发盘人不再受发盘的约束;二是受盘人失去了接受该发盘的权利。发盘在以下情况下终止:

(1)根据《公约》第17条的规定,一项发盘,即使是不可撤销的,于“拒绝通知”送达发盘人时终止。因此,受盘人明确表示拒绝发盘,只要该拒绝通知送达发盘人,发盘效力自动终止。

(2)受盘人没有明确表示拒绝,但对发盘的某些条件做了“实质性变更”,发盘效力即告终止。

(3)发盘规定的接受有效期限届满或合理期限届满。明确规定有效期的发盘,在有效期内如未被受盘人接受,发盘即告终止。未明确规定有效期的发盘,因在合理时间内未被接受而失效。

(4)发盘人在受盘人做出接受前对发盘进行了有效的撤销。

(5)适用法律所规定的其他条件成就。例如,当发盘人或受盘人为自然人时,在发盘被接受前该自然人丧失行为能力(如死亡或精神失常);当发盘人为法人(例如公司)时,在发盘被接受前,该法人被依法宣告破产;特定的标的物毁灭,如一件珍贵的独一无二的、不可替代的艺术品,在发盘做出后在火灾中焚毁;发盘中的商品被贸易国政府宣布禁止出口或进口。在这些情况下,发盘将依据法律而终止有效。

二、接受

(一)接受的定义及其有效的要件

接受即"承诺"。《公约》第 18 条第一款规定:"被发价人声明或做出其他行为表示同意一项发价,即为接受。缄默或不行动本身不等于接受。"接受于表示同意的通知送达发盘人时生效。如未在发盘规定的时间内或在合理的时间内送达,接受无效,但必须适当地考虑交易情况。而《公约》第 19 条第一款还规定:"对发盘表示接受但载有添加、限制或其他更改的答复,即为拒绝该项发盘并构成还盘。因此,接受是指被发盘人在发盘有效期限内无条件地同意发盘的意思表示。"根据这个定义以及《公约》第 18 条第二、三款和第 19 条的规定,构成一项法律上有效的接受,必须具备以下 4 个条件:

(1)接受必须由特定的受盘人做出。一项有效的发盘必须是向一个或一个以上的特定的人做出的。因此,对发盘表示接受,也必须是发盘中所指明的特定的受盘人,而不能是其他人。如果其他人通过某种途径获悉非向他做出的发盘,而向发盘人表示接受,该"接受"只是其他人向原发盘人做出的一项发盘,除非原发盘人表示同意,合同不能成立。

(2)接受必须由受盘人以某种方式向发盘人表示出来。如果受盘人在思想上愿意接受对方的发盘,但默不作声或不做出任何其他行动表示其对发盘的同意,那么在法律上并不承认。《公约》所规定的"缄默或不行动本身不等于接受","不等于接受"意即"不能构成接受"。按《公约》第 18 条第一款的规定,受盘人表示接受的方式有两种:①用"声明"做出表示,即受盘人用口头或书面形式向发盘人表示同意发盘。这是国际贸易中最常用的表示方法,如受盘人用词简明,如"接受"或"确认",可明确地表达受盘人同意发盘的意思。②用"做出行为"来表示。所谓用"做出行为"来表示接受,通常是指由卖方发运货物或由买方支付价款来表示,也可用"做出其他任何行为"来表示,如开始生产所买卖的货物、为发盘人采购有关货物等。

(3)接受必须在发盘的有效期内传达到发盘人。根据法律一般要求,接受必须在发盘的有效期内被传达到发盘人方能生效。但是,接受何时生效,各国法律解释不同。英美法系的国家采用"投邮生效"原则,如以信件或电报传达时,当信件投邮或电报交发,接受即告生效。按此规则,如果接受的函电在邮递途中延误或遗失,导致发盘人未能在有效期内收到,甚至根本没有收到,也不影响合同成立。因此,传递延误或遗失的风险,由发盘人承担。但是,如果发盘人在发盘中规定,接受必须于有效期内传达到发盘人,则接受的函电必须传达到发盘人时,接受方能生效。大陆法系的国家采用"到达生效"原则,即表示接受的函电必须在发盘有效期内到达发盘人,接受才能生效。如果表示接受的函电,在邮递过程中延误或遗失,合同不能成立。也就是说,传递延误或遗失的风险由受盘人承担。《公约》采用"到达生效"原则。

(4)接受内容必须是无条件的,且必须是对发盘实质性内容的同意。如要达成交易,成立合同,受盘人必须无条件地、全部同意发盘的条件。但在实际业务中,受盘人表示接受时,往往会对发盘内容做出某些添加、限制或其他更改。为了适应现代商业的需要，尽量促进交易的达成，《公约》将接受中对发盘条件所做的变更分为"实质性变更"和"非实质性变更"。凡对货物的价格、付款、质量和数量、交货地点和时间、赔偿责任范围或解决争端等添加、限制或更改，均视为实质上变更发盘的条件。如受盘人表示接受但含有实质变更，则构成还盘。如发盘人对此不予确认，合同不能成立。至于非实质性变更，例如，要求提供重量单、装箱单、商检证和产地证等单据，要求增加提供装船样品或某些单据的份数，更改分批装运的次数，或要求在包装上刷制指定的标志等。附有这类非实质性变更的接受，除非发盘人及时向受盘人表示反对，否则仍构成有效接受，合同得以成立，并且合同的条件以该项发盘的条件以及在接受中所载的变更为准。

（二）逾期接受

如果接受通知超过发盘规定的有效期限，或在发盘未具体规定有效期限的情况下超过合理时间才传达到发盘人，就构成一项"逾期接受"(late acceptance)或称为"迟到的接受"。逾期接受在一般情况下无效。但是，为了保护无过失的受盘人利益，同时兼顾发盘人的利益，《公约》对两种情况下的逾期接受，做出了规定：

(1)发盘人表示愿意"接受" 逾期接受时，该逾期接受仍有接受的效力。《公约》第 21 条第一款规定，逾期接受仍有接受的效力，如果发盘人毫不迟延地用口头或书面将此种意见通知被发盘人。

(2)因传递延误的逾期接受，仍具有接受的效力。《公约》第 21 条第二款规定：如果载有逾期接受的信件或其他书面文件表明，它是在传递正常、能及时送达发盘人的情况下寄发的，则该逾期接受具有接受的效力，除非发盘人毫不迟延地用口头或书面通知受盘人，他认为他的发盘已经失效。

（三）接受的撤回

接受于表示同意的通知送达发盘人时生效。在接受通知送达发盘人之前，受盘人可随时撤回接受，阻止接受生效，但以撤回通知先于接受或与接受通知同时到达发盘人为限。接受通知一经到达发盘人即不能撤销。接受一经生效，合同即告成立。如要撤销接受，实质上已属毁约行为。由于《公约》关于接受生效的时间，采用了"到达生效"的原则，因此在接受未到达发盘人前，该接受尚未发生法律效力，因而可以撤回。但是，在实践中真正能做到把一项已发出的接受撤回是很困难的，因为目前大多数交易都采用快捷的数据电文，如电传、传真、EDI、E-mail 等发送接受通知。

第三节　货物买卖合同

按照《公约》第 11 条的规定："销售合同无须以书面订立或书面证明，在形式方面也不受任何其他条件的限制。销售合同可以用包括人证在内的任何方法证明。"在交易磋商过程中，一方发盘经另一方确认后，交易即告成立，买卖双方就构成了合同关系。双方在交易磋商过程中的往返函电，即是合同的书面证明。但是，根据国际贸易习惯，在从事国际性的货物买卖活动过程中，买卖双方要签署书面的货物买卖合同，以进一步明确双方的权利和义务，这是使交易得以完成的基础合同。货物买卖合同是卖方为了取得货款而把货物的所有权移交给买方的一种双务合同。在这种合同中,卖方的基本义务是交出货物的所有权,买方的基本义务是支付货款。签订书面合同具有三方面的重要意义:一是作为合同成立的证据;二是作为合同生效的条件;三是成为合同履行的依据。

一、国际货物买卖合同的形式

在国际上,对货物买卖合同的形式,没有特定的限制。买卖双方可采用正式的合同、确认书、协议,也可采用备忘录等形式。此外,还有意向书、订单和委托订购单等。

(一)合同和确认书

在实际工作中,企业采用的书面合同形式,主要有合同和确认书两种形式,其中,合同有销售合同(sales contract)和购货合同(purchase contract);确认书有销售确认书(sales confirmation)和购货确认书(purchase confirmation)。企业一般都印有固定的格式,成交后,由业务员按双方谈定的交易条件逐项填写即可。合同和确认书虽然在格式、条款项目的设立和措辞上有所不同,但作为合同双方协商一致的交易条件,都应完整、明确地加以拟定。经买卖双方签署的合同和确认书是法律上有效的文件,对买卖双方有同样的约束力。

(二)协议

货物买卖合同如冠以"协议"或"协议书"的名称,只要它的内容对买卖双方的权利和义务已做了明确、具体和肯定的规定,它就与"合同"一样对买卖双方有约束力。如果买卖双方所洽谈的交易比较复杂,经过谈判后,商定了一部分条件,还有一部分条件有待进一步商洽,在此情况下,双方可先签订一个"初步协议"(preliminary agreement)或"原则性协议"(agreement in general),把双方已商定的条件确定下来,其余条件待后再行洽谈。在这种协议内,应订明"本协议属初步性质,正式合同有待进一步洽商后签订"(This Agreement is of preliminary nature, a formal contract will be signed after further negotiation),或做出其他类似意义的声明,以明确该协议不属正式有效的合同性质,防止引起误解。

(三)备忘录

备忘录(memorandum)也可作为书面合同的形式之一。如果买卖双方商定的交易条件,明确、具体地在备忘录中一一做了规定,并经双方签字,那么这种备忘录的性质与合同无异。但是,如果贸易双方在洽谈后,只对某些事项达成一定程度的理解或谅解,并将这种理解或谅解以"备忘录"的形式记录下来,作为双方今后交易或合作的依据,或作为初步协议供将来进一步洽谈的参考,这种备忘录可以"理解备忘录"或"谅解备忘录"(memorandum of understanding)为名,它在法律上不具有约束力。

(四)意向书

在交易磋商尚未最后达成协议前,买卖双方为了达成某项交易,将共同争取实现的目标、设想和意愿,有时还包括初步商定的部分交易条件,记录于一份书面文件上,作为今后进一步谈判的参考和依据,这种书面文件称为"意向书"(letter of intent)。意向书只是双方当事人为了达成某项协议所做出的一种意愿的表示(expression of intentions),它不是法律文件,对有关当事人没有约束力。意向书的有关当事人彼此负有道义上的责任,在进一步洽谈时,一般不应与意向书中所做的规定偏离太远。

(五)订单和委托订购单

订单是指由进口商或实际买方制作的货物订购单。委托订购单(Indent)是指由代理商或佣金商制作的代客购买货物的订购单。对于订单或委托订购单,卖方应仔细审核其内容。对于经过交易磋商成交后寄来的订单或委托订购单,可理解为买方的购货合同或购货确认书。若发现其中有些条款与双方磋商协议一致的条件不符或另有添加、更改的,则应分情况处理。若不符或添加、更改的情况并不严重、性质轻微,卖方可以接受;如涉及实质性改变、出入较大,卖方不能接受的,应及时向对方明确提出异议,而不能保持沉默,置之不理。对于未进行过交易磋商,买方径自寄来的订单或委托订购单,卖方应按照其具体内容,判定是发盘或是发盘邀请。认真研究其内容后,决定是否与之交易,并及时答复买方。

二、货物买卖合同的审核

在国际贸易中,货物买卖合同的内容一般包括三个部分:约首、本文和约尾。约首部分,即合同的首部,包括合同名称、合同编号、合同签订的日期和地点、订约双方名称和地址、适用的法律等。本文部分,是合同的主要组成部分,由基本条款和格式化条款组成。基本条款包括商品名称、品质规格、数量、包装、价格、交货、付款等;格式化条款,即一般交易条款、通用条款,包括商品检验、索赔、不可抗力、仲裁等。约尾部分,包括合同的有效期、合同使用的文字及其效力、买卖双方的签字等。

(一)约首审核

合同名称应正确体现合同的内容,买方制作的合同通常称为购货合同(purchase contract)或购货确认书(purchase confirmation);卖方制作的合同通称售货合同(sales contract)或售货确认书(sales confirmation)。双方当事人的名称和详细地址应在合同中正确载明,除了便于识别当事人之外,在发生纠纷时可作为决定诉讼管辖的重要依据,也便于在必要的时候进行联系;订约日期应为接受生效日期。合同成立、履行及解释所依据的法律,对双方当事人都十分重要。根据多数国家的法律,当事人可以选择处理合同争议所适用的法律,并在合同中加以规定。如在合同中没有约定适用的法律,则约首部分的订约地点规定非常关键,因为订约地点有时可决定合同适用的法律。

(二)本文审核

合同是一个有机整体,各条款间相互呼应衔接,不可出现彼此矛盾的内容。合同内容应从实际出发,体现公平合理的原则,对贸易双方均有约束力。

1. 基本条款部分的审核

(1)审核商品的名称和质量条款。合同的品名与质量条款内容应明确、具体,既要避免做空洞、笼统的规定,又要防止将做不到或不必要的描述性语句加入。很多商品在不同的国家有不同的名称,在询盘和签订合同时,所使用的商品名称应采用国际上的通用名称,能代表拟订购或出售的商品。同时,是否选用合适的品名对当事人能否降低关税、方便进出口和节省运费开支会产生影响。在确定商品名称时,要做到既有利于运费的计算,又不致与其他商品相混淆。在凭样品买卖时,由于各国对凭样品买卖的法律规定不尽相同,在合同上必须订明交货品质是与样品"完全相符"或是"大体相似",并注明样品寄送日期。对凭说明书或商品目录买卖时,为防止交货时鱼目混珠,以假乱真,应详细列明生产国别、生产厂家、产品规格型号以及使用目的,并订明最低的品质保证条款及检验方法,以排除"免责条款"。使用目的应尽可能具体,并在合同中做出明文规定。

(2)审核数量条款。货物买卖合同中应明确规定及确认装运数量的时间和地点。计量单位有重量、个数、长度、面积、体积与容积等。国际贸易中凡是以重量计算的，其计算方式细分为：按毛重计、按净重计、按公量计重、按理论重量计重、按法定重量和按净净重，但主要是以毛重计算和以净重计算。以毛重计算的计量与计价方式称为“以毛作净”(gross for net)。如果合同中未明确规定用毛重还是净重计算的，按国际惯例是以净重计算。净重是指货物本身的重量，即不包括皮重的实际数量。由于货物在仓储、运输环节会发生损耗，买卖双方最好事先在合同中规定检验数量的时间与地点，如以装运时的数量为准、以目的港卸货时的数量为准，或以进入进口地仓库或工厂时核定的数量为准等。对于一般商品，特别是初级产品，其数量条款除规定数量和计量单位、确定装运数量的时间与地点外，还可以规定溢短装幅度和明确溢短装的选择权。如数量采用溢短装条款，并采用信用证结算的情况，其信用证支取金额应规定有相应的增减幅度。

(3)价格条款。在国际货物买卖中，计价货币与支付货币通常为同一种货币，这些货币可以是出口国货币或进口国货币，也可以是第三国的货币，由买卖双方协商确定。作为买方，最好是采用“软币”；而作为卖方，最好是采用“硬币”。如在货物买卖合同中不得不使用“硬币”或“软币”作为计价货币者，在确定价格时，可将该货币可能上浮或下浮的幅度考虑进去，压低进口价格，抬高出口价格，也可使用国际上通用的外汇保值条款。不同的价格条件包含不同的费用和责任。如采用 CIF 贸易术语，卖方要办理货物运输和保险；而 FOB 贸易术语，卖方则不需要办理货物运输和保险。

(4)审查装运条款。在货物买卖合同中，应订明卖方装运货物的时间、地点和通知等内容。买卖双方在货物交接过程中承担的责任，是根据所采用的贸易术语所决定的。国际贸易中常用的 FOB、CFR、CIF 都属于在装运港交货的贸易术语，只要卖方在装运港把货物装上了船，取得了货运单据并将其交给买方，也就认为已经履行了交货的责任；如使用 FCA、CPT、CIP 贸易术语，卖方只要将货物在发货地交给承运人监管，即为交货。以 CFR 或 FOB 贸易方式成交，保险条款应订明“保险由买方自理”；对签约后可能发生的额外费用，如运价上涨、港口封航产生的绕港费用等，可在合同中明确规定由谁来负担。

在 FOB 贸易条件项下，卖方在备妥货物后应向买方发出通知，以便买方租船、订舱；买方安排好船只后，也应将船名和装船时间通知卖方，以便卖方安排装船。为了便于买方既按合同又按卖方的要求安排运输，合同中除应指定装运港外，应规定合理的装运时间、卖方发出货物备妥的通知期限、通知内容及未按要求发出通知应承担的责任、买方应给予卖方关于船名、装船地点和所要求的装运时间的充分通知等。除此之外，合同中还应规定卖方不能按时交货或买方不能按时派船应承担的责任。

以 CFR 和 CIF 贸易条件成交的合同，由卖方安排运输，应在合同中对卖方关于运输的责任做出约束规定。例如，“卖方负责将本合同所列货物由装运港装上直达班轮到目的港，中途不得转船。货物不得用悬挂买方不能接受的国家的旗帜的船只装运”。而在 CFR 条件下，卖方在装船后立即发出装船通知就显得格外重要。因此，合同中还应订立装运通知和风险划分的条款。

(5)货款的收付条款。付款条件直接关系到买卖双方的利益。稍有不慎，不仅会增加费用支出，而且还会发生卖方出货后拿不到货款或买方付款后拿不到货物及/或进口需要的凭证和单据的情况。国际货物买卖合同中采用的付款方式，有汇款、托收、信用证、银行保函和备用信用证等。无论采用哪种付款方式，买卖双方应在“货”“单”“款”上加以平衡，以降低风险。

(6)审查包装条款。合同的包装条款一般要求包含包装材料、包装方式和每件包装中所含物品的数量或重量。如果买方要求唛头在合同订立以后由买方另行指定，则应具体规定指定的最后期限，并订明若到时未收到有关唛头通知，卖方可自行决定；如双方商定全部或部分包装材料由买方负责提供，合同中应同时规定包装材料最迟到达卖方的时限和预期到达的责任。该项时限应与合同的装运期限相衔接。包装费用一般含在货价内。如买方要求特殊包装，除非事先明确包装费用含在货物价格内，否则其超出的包装费用原则上应由买方负担，并应在合同中规定具体的负担费用金额和支付办法。另外，在合同中要避免对包装条款做笼统的规定，例如"适合海运包装"(seaworthy packing)和"习惯包装"(customary packing)或"卖方惯用包装"(seller's usual packing)等术语，除非买卖双方对包装方式的具体内容事先充分交换了意见或由于长期的业务交往已取得一致的认识，否则此类规定缺乏统一认识，容易引起纠纷与争议。

2. 格式化条款审核

格式条款是当事人为了重复使用而预先拟订，并在订阅合同时未与对方协商的条款。凡已在格式条款中订明的事项，在合同的基本条款中可以不再另做规定。格式条款和非格式条款不一致的，应以非格式条款为准。当事人对格式条款的理解发生争议的，应当按照通常理解予以解释。对格式条款有两种以上解释的，应当做出不利于提供格式条款一方的解释。

合同条款中凡属共性的部分，都可列入格式条款中，如品质条款中关于品质机动幅度的规定，数量条款中关于溢短装的规定，运输条款中关于是否允许转船、分批、提供单据的种类、份数的规定，信用证支付方式中关于信用证的类别及开证日期的规定以及商品检验、索赔、仲裁、不可抗力等条款，都可列入格式条款中。但是，由于标准合同中一般印有这些内容，加上业务操作流程中，习惯性操作较多，所以格式化条款的内容容易被忽视，从而增加了日后履行合同的难度。因此，我们应重视和仔细斟酌格式化条款内容。为了应对贸易实践的不断变化，应对格式化条款的内容根据实际需要加以适当调整。如对于商品检验条款，可经过慎重选择，改变检验机构，灵活确定检验方式、确定检验内容及标准、明确检验费用由谁承担。

(三)约尾部分审核

根据我国对外贸易实践，贸易双方经交易磋商达成协议后，通常由我国当事人缮制正本合同书一式两份，经签署后寄送国外当事人，要求对方签署后寄回一份存查，并作为履行和处理争议的依据。有时也由国外当事人拟就后寄来要求我方当事人签退。对于对方寄来或签退的合同都要进行审查，确保合同内容未经修改或添加。对国外寄来需签回的合同、确认书、订单、委托订单等，仔细审阅，及时提出异议，决不可置之不理，以防被对方认为默认接受，在签署退回时，要防止重复签署，造成一个合同、两笔交易。如发现有与达成的协议不符或加注未取得协议的文句，应视具体情况酌情处理，或接受或要求纠正。值得注意的是，除非在磋商过程中，有一方提出以签署格式合同为准的要求，签退合同书不是构成合同有效的必要环节。但经双方签署的合同书内容如与磋商一致的条款有出入时，就应以经签署的合同书为准。

思考题

1. 构成一项有效的接受必须具备什么条件?
2. 在国际货物买卖合同中,哪些货物不适用《联合国国际货物销售合同公约》?
3. 国际货物买卖合同包括哪些内容?

第十六章　国际货物买卖合同的履行

【案例 16-1】

有一位日本商人和犹太商人签订了 10000 箱蘑菇罐头合同,合同规定每箱 20 罐,每罐 100 克。但在出货的时候,日本人却装了 10000 箱 150 克/罐的蘑菇罐头,货物的重量比合同多了 50%,但是犹太商人拒绝收货。日本出口商无奈地表示,愿意超出合同的重量不收钱,但是犹太商人还是不同意,并要求赔偿,理由是日本商人违反了合同。最后几经谈判,日本商人无可奈何,赔了犹太商人 10 多万美元,还要把货物另做处理。这件事情传出后,各国的商人都开始"理解"犹太商人的这一做法的用意。一位英国律师对此事件的解释是:"从国际贸易规则和国际惯例来讲,合同的品质条件是一项很重要的条件,英国法把它称为要件。合同规定的商品规格是每罐 100 克,而出口商实际交付的却是 150 克,虽然重量增加了 50 克,但是卖方没有按规定条件交货是违反合同的。按国际惯例,犹太商人完全有权拒收货物并提出索赔。"一些消费者分析:"犹太商人购买这样规格的商品,是有自己特定的商业目的的,包括消费者的爱好和习惯、市场需求情况、对付竞争对手的策略等。如果出口方装运的 150 克罐头不适应市场消费习惯,那犹太商人是不会接受的。最简单的问题就是,如果这次 150 克罐头的价格与 100 克罐头的价格一样,那下一次重量回到 100 克,消费者怎么看待?"还有一些熟悉市场的人士分析:"犹太商人拒收货物的原因,很有可能是在一些进口管制比较严格的国家申请进口的许可证是 100 克的,而实际是 150 克的货物很容易遭到有关部门的质疑,被怀疑为有意逃避进口管理和关税,以少报多,是要受到罚款的处罚或者被追究责任的。"而犹太商人听了哈哈大笑:"我们并没有考虑这么多啊!"原来犹太人极为注重合同,信任合同,相信签约的双方都是会严格遵守的。他们认为合同是生意成功与否的关键,人的存在本身也是在履行合同,一切买卖强调要守约。

签订国际货物买卖合同后,买卖双方必须按照合同的规定履行自己的义务,实现货物与资金的转移。一方当事人履行合同,除涉及另一方当事人外,还涉及银行、检验机构、海关、运输、保险、政府机构等相关部门。当事人必须做好协调工作,才能顺利履行合同。

第一节 国际贸易合同履行的流程

合同履行是当事人实现合同内容的行为。在国际贸易中，买卖双方经过交易磋商达成协议，双方就要签订货物买卖合同，以此作为约束双方权利和义务的依据。货物买卖合同一经依法有效成立，相关当事人必须履行合同规定的义务。因此，履行合同是买卖双方的共同责任。只有履行了合同，才能使合同签订所寄予的愿望和目的得以实现。履行合同的重要性不亚于合同的磋商和签订。履行合同义务，不仅仅是经济行为，也是法律行为。合同一经有效订立，绝不能因考虑不周、疏忽失职或因为避免或减少损失而任意地、片面地修改或撕毁，也决不能因货源、资金、运输等方面不落实而将应尽的义务任意减免。对卖方来说，履行合同的基本义务是按合同规定交付货物，移交一切与货物有关的单据，并转移货物的所有权；买方的基本义务是按照合同规定，支付货款和收取货物。如果买卖双方各自严格按照合同规定履行义务，一笔交易就得以圆满实现。在对外经济活动中，树立和维护信誉是至关重要的。重合同的目的在于守信用，守信用的意义绝非履行一份合同后所体现出来的经济目的和效益所能衡量，它关系到对外的声誉，包括：企业的声誉，以至国家的信誉。在实际业务中，有时会发生一方当事人不履行或不完全履行合同义务而导致另一方受到损害的情形，受损害的一方有权按照法律和国际惯例采取提出包括损害赔偿要求在内的适当措施。

一、卖方履行合同的基本流程

卖方履行合同面临的环节很多、涉及面广。在实际工作中，因合同规定的贸易术语、支付条件、交货方式等不同，卖方履行合同的具体做法也有所差异。以出口贸易采用 CIF 贸易术语和采用跟单信用证付款为例，卖方在履行合同时，一般要经过货（备货）、证（催证、审证、改证）、运（托运、保险、报验、通关）、款（制单、结汇）四个基本环节。其中，CIF 贸易合同的“运”是海上运输。在履行每个环节时，卖方应注意各环节与其他环节的相互配合与协调，防止“货”“证”“运”脱节以及在装运后的出现“交单不符”等现象，以免最终影响安全收汇。卖方在安全收汇后，按照中国的实际，还需按照国家有关规定办理出口收汇核销和出口退税。如图 16-1 所示为卖方履行 CIF＋跟单信用证结算合同的基本流程。采用其他贸易条件和付款方式的合同，除某些细节有所差异外，基本做法大致相同。

二、买方履行合同的基本流程

以进口贸易采用 FOB 贸易术语和跟单信用证付款为例，买方履行该类合同的一般程序是：开立信用证、租船订舱、装运、办理保险、审单付款、办理清关、报验和货物在国内的运输、转运和拨交，以实现进口货物按时、按质、按量顺利到达。如发现国外卖方有违法行为，应及时提出异议和索赔。如图 16-2 所示是买方履行 FOB 条件＋跟单信用证结算合同的基本流程。

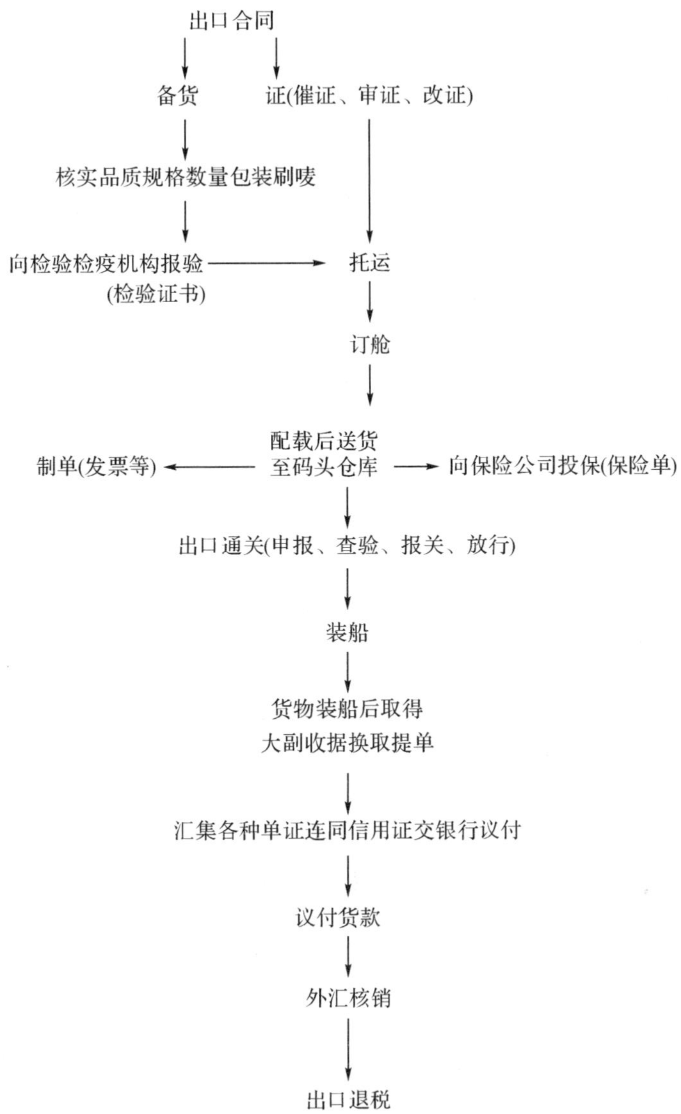

图 16-1　卖方履行合同的基本流程
（合同以 CIF 贸易术语成交,采用跟单信用证付款）

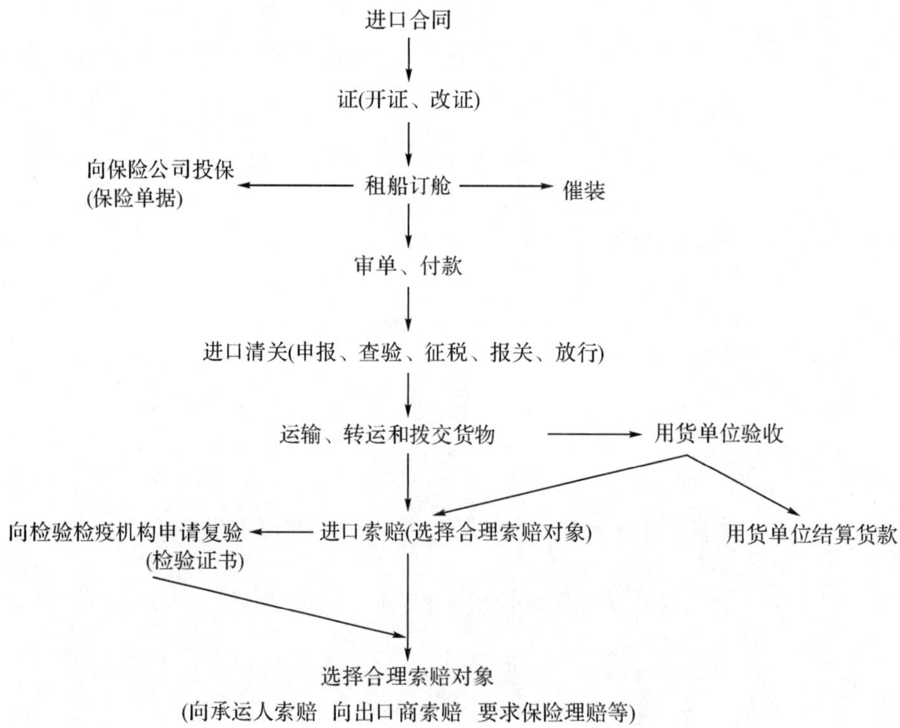

图 16-2　买方履行合同的基本流程
(合同以 FOB 贸易术语成交,采用跟单信用证付款)

第二节　卖方履行合同的主要环节

一、备货

备货是指合同订立后,卖方为了保证按时、按质、按量履行合同的交货义务,根据合同规定的品质、包装、数量和交货时间等的要求,着手货物的准备工作。

(一)备货环节的主要内容

备货是卖方履行合同的重要环节。《联合国国际货物销售合同公约》第 37 条明确规定:“卖方必须按照合同和本公约的规定交付货物,移交一切与货物有关的单据并转移货物所有权。”因此,按照合同交付货物、移交单据、转移货物所有权是卖方的三项基本义务。其中,交付货物是最基本的义务,因为交付货物是移交单据并转移货物所有权的前提。做好备货工作是履行交货义务的物质基础。

备货环节的工作内容,包括:①落实相应的配套资金。②按合同和信用证的要求进行生产、加工或仓储。③组织货源或催交货物。④核实货物加工、整理、包装和刷唛情况。有的货物即使已经验收进仓,还需要根据合同的规定进行再次的整理、加工和包装,并在外包装上加刷运输标志和其他必要的标志。⑤对货物进行验收和清点。

卖方不仅应当完全做到符合合同的明文规定，而且还应做到符合合同中未做明文规定但按照法律和惯例应尽的默示义务。因此，在备货过程中，对以下问题应该重视：

(1)货物的品质、规格必须与合同规定一致。如果不一致，应进行挑选、加工和整理，直到达到要求为止。如凭规格、等级、标准等文字说明买卖，交付货物的品质必须和合同规定的规格、等级、标准等文字说明相符；如凭样品买卖，交付货物的品质必须与样品一致；如既凭文字说明又凭样品买卖，则两者均应相符。同时，货物的品质还必须适用于同一规格货物通常使用的目的和在订立合同时买方通知卖方的特定目的。

(2)货物的数量必须符合合同的规定。如发现货物数量不符合合同需要时，应及时采取必要措施，并在规定期限内补足。考虑到商品的自然损耗和储运过程中的货损，以及合同中的溢短装条款，备货数量一般以略多于合同规定的数量为宜。根据 UCP600 的规定：凡"约""大约"或类似意义的词语用于数量时，应解释为允许有不超过 10%的增减幅度。而该惯例还规定：除非信用证规定所列的货物数量不得增减，在支取金额不超过信用证金额的条件下，即使不许分批装运，货物数量也允许有 5%的伸缩。但信用证规定货物数量按包装或个数计数时，此项伸缩不适用。因此，合理运用信用证的溢短装条款，或在合同中明确规定溢短装数量，并且规定溢短装数量的选择权归卖方，卖方合理利用允许的溢短装比例，不仅备货数量比较灵活，而且可以在市场波动情况下创造可观的效益。

(3)货物的包装必须符合合同与信用证规定以及运输要求。如合同对包装未做具体规定，卖方应按照同类货物通用的方式进行包装。如果没有通用的包装方式，则应按照足以保全和保护货物的方式进行包装。在备货过程中，对货物的内、外包装和装潢，均需认真核对和检查，如发现包装不良或破损等情况，应及时进行修整或更换，以免在装运时取得"不清洁提单"，造成收汇困难。对于包装标志，如合同有规定或另有指定，则按合同规定或指定办理；如合同未做规定或客户对此无要求的，则由卖方自行选定办理。如进口国有关当局规定包装标志必须使用特定文字，一般应予以照办。标志的刷写部位和文字大小要适当，图案字迹清楚并且不易褪色。在保证商品质量和不违反合同规定的前提下，可尽量压缩货物包装的体积或降低货物包装的重量，以节约运输费用。

(4)货物备妥的时间应严格按照合同和信用证规定的装运期限，并结合船期进行安排。为防止发生意外，造成延误装运，从而引起纠纷或经济损失，在时间掌握上，一般要适当留有余地。

(5)对于情况不够了解或资信欠佳的客户，以及是按客户要求定制的货物，一般应按合同规定，在收到对方开来的信用证并审核无误后再进行生产，以防对方不履行合同造成商品积压处理困难等问题。

(6)凡属法定检验的出口商品或出口合同约定由检验检疫部门进行检验检疫的出口商品，应按规定的手续向出入境检验检疫机构报验，取得相应的合格证书。法定检验，包括应经检疫的动植物及其产品包装容器，海关凭出入境检验检疫机关签发的证书或其他凭证验放。未经检验检疫机关检验或检疫或检验、检疫不合格的，不准出口。卖方在申请报检时，应填制出口报检申请单，向出入境检验检疫局申请报检手续。

(7)货物必须是第三方不得提出任何权利或请求的。卖方应保证对所售货物享有合法完全的所有权。准备交付的货物，还必须是第三方不能根据工业产权或其他知识产权主张任何权利和请求的。但按照《联合国国际货物销售合同公约》规定，此项权利或请求以卖方在合同订立时已经知道或不可能不知道的权利或要求为限。

二、催证、审证和改证

凡规定以跟单信用证付款的合同，买方必须按照合同规定及时开立信用证，而且其所开信用证的内容应与合同相符或者虽有不符，但其不符内容能为卖方接受。因此，对于规定以跟单信用证方式付款的合同，催证、审证、改证就成为卖方履行信用证合同的重要环节。原则上，卖方应在收到买方开来的信用证后开始备货。如果买方没有及时开证，卖方应酌情考虑一边催证、一边备货。

（一）催证

催证是卖方通过信件、电报、电传或其他方式，催促买方及时开证并将信用证送达卖方，以便卖方及时备货或装运货物出口。为保证按时履行合同，提高履约率，卖方有必要在适当的时候，提醒和催促买方按照合同规定的时间开立信用证。买方按约定的时间开证是卖方履行信用证方式付款合同的前提条件。对于大宗交易或按买方要求特别定制的商品交易，买方及时开立信用证尤其重要，否则卖方无法准时安排生产和组织货源。如果买方违约，不开立信用证，轻者造成卖方不能及时出货，或者因市场行情发生变化造成损失；重者使得卖方不能将货物销售出去，严重影响卖方的持续经营。

在正常情况下，买方至少应在货物装运期前 15 天，将信用证开到卖方手中。对于资信情况不很了解的客户，卖方原则上应坚持在装运期前 30 天或 45 天（或以上），配合生产加工期限和客户的要求，要求买方开出信用证。在实际业务中，买方在遇到市场行情变化或缺乏资金的情况下，往往拖延开证，因此卖方应及时检查买方的开证情况。为使合同顺利履行，在下列情况下，应及时催促买方开立信用证。

（1）合同规定装运期限较长（如 3 个月），同时规定买方应在装运期前一定期限（如 30 天）内开证，卖方应在通知买方预期装运期的同时，催促买方按约定时间开证。

（2）结合船期情况或有可能提前装运时，也可与买方商议要求提前开证。

（3）买方如未在合同规定的期限内开立信用证，卖方有权向买方要求损害赔偿。在此之前，仍可催促买方开证。

（4）开证期限未到，但发现客户资信不佳或市场情况有变，也可催促买方开证。

2. 审证

卖方收到买方开来的信用证后，应对照合同并依据 UCP600 进行审核。审核的基本原则是信用证的内容必须与合同规定一致。在实际业务中，经常发现买方开来的信用证内容并不完全与合同规定相符。为了确保安全收汇，卖方在收到信用证后，应立即对其内容进行认真的核对和审查。卖方审核信用证，主要判断信用证条款是否与合同一致。信用证审核的项目一般包括：

（1）审核信用证的种类。UCP600 规定，信用证必须规定其是以即期付款、承兑、延期付款还是议付的方式兑用。因此，卖方应审核信用证的兑用方式是否与合同规定相符、审核信用证按照合同约定加以保兑。如果是保兑的信用证，则由哪一家银行保兑、保兑费由谁承担等。

（2）审核申请人和受益人。由于申请人的名称或地址经常会与买方在合同上显示的名称或地址不一样，因此要仔细审核申请人的名称和地址，以防错发错运货物。按照 UCP600

的规定，申请人与受益人的名称，必须与合同规定一致。但它们的具体地址可与合同规定不尽相同，但其国别（或地区）名称必须一致。

(3)审核信用证的支付货币和金额。信用证的金额和支付的货币种类应与合同一致，总金额的大小写数字必须一致。如果合同订有溢短装条款，那么信用证金额还应包括溢短装部分的金额。如信用证采用的支付货币种类与合同规定的货币不一致，应按一定的外汇牌价折算成合同货币，在不低于或相当于原合同货币总金额时才可接受。

(4)审核信用证有关货物的内容描述、装运规定与单据要求。信用证的品名、质量、规格、数量、包装、单价、金额、装运港、卸货港、目的地、运输保险等内容应与合同规定一致。如信用证中出现附加特殊条款及保留条款、要求提供客户检验证明、商业发票要求证实或有进口国的领事签证等内容，应视具体情况判断是否接受或提请修改。

(5)审核信用证的交单地点与截止日。根据 UCP600 的规定，所有信用证必须规定一个交单的截止日，规定的承付或议付的截止日将被视为交单的截止日。而信用证规定的兑用银行所在地即为交单地点。另外，开证行的所在地也可作为交单地点。对于卖方来说，交单应在截止日当天或之前完成。为了避免延期交单，交单截止日与实际装运日期的间隔不能太短，一般以 15 或 21 天为宜。为了方便交单和兑用信用证金额，卖方应争取让买方开立"在卖方所在地有一家被指定银行的信用证"比较有利。

(6)审核装运期和有效期。装运期是对货物装运时间的规定，原则上必须与合同一致。如果信用证到达太晚而不能按期装运，卖方应及时电请买方展延装运期限；如由于生产或船期等原因造成不能在装运期内按期装运，也可以与买方友好协商延期装运。另外，信用证的有效期限与装运期限应有一定的合理间隔，以便在货物装运后有足够的时间进行制单和交单。信用证的有效期限，一般为信用证规定的最迟装运日延后 15 天（或以上）。如短于该期限，卖方一般应提请买方修改，以免在交单过程中造成"信用证过期"。信用证的到期地点，对卖方来说，一般规定在出口国家到期比较有利。信用证规定在国外到期，到期地点一般规定在开证行或指定的付款银行所在地。如信用证规定的到期地点不在出口国而在国外，那么单据必须在该到期日（或之前）寄达开证银行或付款银行。这样一来，卖方可能会面临单据邮寄延误、邮件遗失等风险。因此，对于到期地点设在国外的信用证，卖方一般应要求买方修改。

(7)审核转船和分批装运条款。一般情况下，买方不愿意允许其进口的货物转船。因为货物中途转船，不仅延误时间、增加费用开支，而且还有可能出现货损。但是，对卖方来说，允许转船比较有利。卖方在审核信用证有关条款时，应注意它是否与合同规定一致。如果信用证规定允许转船，还应注意允许转船的内容后面有无加列特殊限制或要求。例如，指定转运地点、船名或船公司。对这些限制或要求，卖方应考虑是否有把握控制。如不能加以控制，则应及时通知买方改证。信用证如规定分批、定期、定量装运，应注意每批装运的时间间隔是否合理。按照 UCP600，如信用证规定在指定的时间段内分期发运或分期支款，任何一批未按信用证规定期限发运或支取时，信用证对该期及以后各期均告失效。因此，审证时要认真对待。

(8)审核单据。卖方要仔细审核信用证要求提供的单据种类、份数及填制要求等。如发现不适当的要求或规定，应酌情做出适当处理。

(9)审核信用证上的印有的其他条款和特殊条款。信用证上有许多印就的内容。对信用证空白之处、边缘处加注的字句和戳记应特别注意。这些内容往往是信用证内容的重要补充或修改，稍不注意就可能造成事故或损失。对于信用证上的特殊要求条款，如不能做到或不合理的要及时提出修改。

(三)改证

在审证时发现的一些问题，卖方应根据问题性质的不同采用不同的处理方法。一般来说，凡是出现违反卖方所在国的对外贸易政策、影响合同履行和安全收汇的情况，卖方必须要求买方通过开证银行加以修改；对于不违反对外贸易政策、经过努力可以做到、不增加太多费用的情况，卖方可以酌情处理。信用证的修改，应由申请人向开证银行提出，未经开证行、保兑行(如有的话)及受益人同意，信用证既不得修改，也不得撤销。受益人对同一修改的内容不允许部分接受，部分接受被视为拒绝修改。因此，卖方对信用证的审核和修改，是保证合同顺利履行和安全收汇的重要前提，卖方应予以足够的重视。

三、出口货物装运

在备妥货物和落实信用证后，卖方进入到租船订舱、出货装柜和装船环节。卖方应按合同与信用证规定交付货物。货物装运涉及的工作环节很多，包括托运、报验、投保、通关、装船、发装运通知等，每个环节都十分重要。无论以 FOB、CFR 还是 CIF 贸易术语成交，卖方均应办理出口清关手续。办理出口清关后，卖方应在信用证规定的装运期内将货物装运出口。在办理出口清关手续之前，如合同要求办理货物检验，或出口国家规定的法定检验产品出口，卖方还应申请检验。如合同以 FOB 贸易术语成交，当货物备妥后，卖方应在装运期内及时向买方发出通知，要求买方租船订舱。以 CFR、CIF 成交的合同，卖方应在货物备妥后，在完成信用证的审核和修改后，卖方应及时办理租船订舱。在货物装运后，卖方应及时向买方发出装运通知。发送装运通知，在 CFR 贸易术语项下尤其重要。如以 CIF 贸易术语成交，卖方在货物装船前，还应办妥货物运输保险。

四、制单、结汇

货物装运以后，卖方需要按照合同或信用证的规定，正确缮制各种单据。在信用证规定的交单截止日或之前，将各种单据和必要的凭证递交银行办理收汇。如合同采用跟单信用证付款，根据 UCP600，只有“交单相符”，开证行才承担付款责任。因此，卖方应正确完备地提交信用证所规定的单据。

(一)单据

单据是信用证所要求提供的与信用证交易相关的一切凭证和证明文件，包括汇票、运输单据、保险单据、商业发票和其他单据等。在 FOB、FCA、CFR、CFP、CIF 和 CIP 这 6 种象征性交货的贸易合同项下，单据是卖方履行货物买卖合同的证明。卖方凭提交的单据来证明其是否履行了合同的义务以及履行的程度。卖方只要在规定的时间内提交了合乎要求的单据，就是履行了自己在合同项下的义务，而不必亲自交付实际的货物。

按照单据的不同作用，单据可分为基本单据和附属单据。基本单据是国际贸易不可缺少的单据；附属单据是根据不同业务需要或规定，要求卖方特别提供的单据。随着贸易实践的发展，商业发票依然被认定为基本单据，而运输单据、保险单据已逐渐从基本单据退居为非基本单据(附属单据)。附属单据一般因进口国家(或地区)、产品性质、数量、运输方式的不同而异,主要包括海关发票、领事发票、产地证、检验证、船运公司证明以及附属于商业单据的装箱单、受益人证明、电报抄本等。根据单据签发人的不同,单据还可分为商业单据、运输单据、保险单据和政府单据。商业单据一般由卖方签发、运输单据由承运人或者其代理签发、保险单据由承保人签发、政府单据则由相关的政府职能部门签发。

(二)制单的基本要求

对于结汇单据,力求做到“正确、完整、及时、简明、整洁”。所谓“正确”,是指制作的单据只有做到“交单相符”,才能够保证及时收汇。“完整”,是指必须按照信用证的规定提供各项单据。单据的份数和单据本身的项目也必须完整无缺。“及时”,是指应在信用证规定的有效期内,及时将单据送交被指定银行或开证银行,以免信用证过期或延期交单。“简明”,是指单据的内容应按照信用证的要求填写,力求简明,切勿加列不必要的内容,以免弄巧成拙。“整洁”,是指单据的布局要美观大方,缮写或打印的字迹要清楚,单据表面要清洁,对更改的地方要加盖校正章。有些单据,如提单、汇票以及其他一些单据的主要项目,如金额、件数、重量等,一般不宜修改。

第三节　买方履行合同的主要环节

一、申请开立信用证

买方应按合同规定填写“开立跟单信用证申请书”,选择从事国际结算的商业银行申请开立信用证。买方在申请开证时,应注意以下问题:

(1)开证时间。如果合同规定有开证时间,买方应在规定的期限内开立信用证;如果合同中只规定了装运期而未规定开证日期,买方应在合理时间内开证。一般情况下,买方应在合同规定的装运期前 30～45 天申请开证,以便卖方收到信用证后,开始备货,并在装运期内安排装运货物。

(2)信用证条款应与合同一致,信用证中要详细列明合同中规定的有关条款。

(3)单据条款要明确。买方在申请开证时,必须列明需要卖方提供的各项单据及份数,并对单据的内容提出具体要求。

(4)通知行的指定应由开证行决定,不应同意由卖方指定。

(5)特殊条款的利用。在有些特殊情况下,可以利用信用证中的特殊条款做出规定。

(6)如果合同规定在卖方确定交货期后开证的,买方应在收到卖方上述通知后再办理申请开证手续。如果合同规定在卖方领到出口许可证或支付履约保证金后开证的,应在收到出口许可证复印件或收到保证金后再申请开证。

(7)对于卖方要求修改信用证的要求,应慎重考虑。

二、租船订舱、保险和审单付款

(一)租船订舱

按 FOB 贸易术语成交的合同,买方应负责租船订舱。按合同规定,卖方应在装运前的一定时期内，将预计装运日期通知买方。买方在收到通知后，应及时办理租船订舱手续。在办妥租船订舱后，应按规定的期限通知卖方船名、航次及船期，以便卖方备货装船。买方应随时了解和掌握卖方的备货和装船准备情况，必要时催促卖方按时装运。对成交数量巨大或重要的进口物资，在一定情况下，买方应派人到出口地点监督装运。卖方装船后，应及时用电报、传真或电子邮件向买方发出装船通知，以便买方办理保险和办理进口报关接货等事宜。在CFR或CIF价格条件下，由卖方负责租船订舱。买方也应随时了解和掌握卖方的备货和装船准备情况，催促对方按时装运。卖方装船后，应及时用电报、传真或电子邮件向买方发出装船通知，通知买方船名、航次及船期和其他装运信息，以便买方及时办理运输保险、进口清关、接货等事宜。

(二)办理运输保险

以FOB或CFR贸易术语成交的合同，一般由买方自行选择办理货物运输保险。针对每批装运货物，在收到装船通知后，买方应将船名、提单号、开航日期、商品名称、数量、装运港、目的港等项内容通知保险公司，向保险公司办理投保。买方可以就每批进口货物单独投保，也可与保险公司签订一定时期的进口预约保险，并对保险险别做相应的具体规定。

(三)审单付款

在信用证项下，卖方装运货物后，根据信用证的规定，可向被指定银行或开证行直接办理交单。而被指定银行收单和审单后，会将全套单据寄交给开证行。然后，开证行向买方提示单据。买方在付款前，要对单据进行认真审核。如"交单相符"，同意办理付款赎单；如"交单不符"，则选择全部拒付、部分支付或者货到检验合格后付款。

在托收项下，代收银行在收到国外单据和汇票以后，向买方提示单据。买方在规定的期限内，通知银行是否同意付款或承兑。如果买方拒绝付款或承兑，代收银行一般无权提出疑问。

在汇付项下，买方在收到卖方自行提交或由他人转交的单据后，按发票金额和合同规定的汇款方式，向国外卖方付款。

三、进口商品报验

申请进口商品检验时，买方(申报人)必须填写进口商品检验申请单，在提供合同、商业发票、装箱单、提单副本件和进口到货通知书外，还需分别提供以下有关资料：

(1)申请品质检验的，加附国外品质证书(质保书)，使用说明书及有关标准和技术资料。如凭样成交的，要提供成交小样。

(2)申请重量(数量)鉴定的，须附重量(数量)明细单、磅码清单、装箱单或实货清单等。

(3)申请残损鉴定的，须附理货凭证，残损或短缺单，或铁路商务记录，或空运事故等记录有关证明残损的单证。

(4)申请复验的，应提供买方自行验收情况的详细验收记录、磅码单或检验结果单。

(5)对结合成分纯度或公量计价的进口商品，报验人(买方)在申请品质检验时，还应同时申请重量鉴定。

四、进口清关

按照我国海关的规定，一般商品的进口监管，包括接受申报、查验货物、征收关税、清关放行四个环节。

(一)进口货物申报

进口货物申报，是指货物入境后，由收货人或其代理人向海关申报，交验规定的单据文件，请求办理进口手续的过程。我国《海关法》对进出口货物的申报时限做了规定。进口货物的收货人(买方)应当自运输工具申报进境之日起14天内向海关申报。进口货物的收货人超过14天期限未向海关申报的，由海关征收滞报金。对于超过3个月还没有向海关申报进口的，其进口货物由海关依法提取变卖处理。如果属于不宜长期保存的货物，海关可以根据实际情况提前处理。变卖后所得价款作扣除运输，装卸，储存等费用和税款后，尚有余款的，自货物变卖之日起一年内，经收货人申请，予以发还。逾期无人申请的，上缴国库。

进口清关除应提交进口货物报关单外，还应随附进口许可证和其他批准文件、提货单、发票、装箱单、减税或免税证明文件，海关认为必要时，应交验合同、产地证明和其他有关单证。如为《种类表》内的商品，应受动植物检疫管制的进口货物或受其他管制的进口货物，在报关时还要交验有关部门签发的证明。

(二)进行货物查验

海关以报关单、许可证等为依据，对进口货物进行实际的核对和检查，以确保货物合法进口。海关查验货物时，进口货物的收货人(买方)或其代理人应当在场，并负责搬运货物、开拆和重封货物的包装。海关认为必要时，可以径行开验、复验或提取货样。查验后，海关在有关集装箱或者包装上加封，并做好检验记录备查。

海关通过对货物的查验，检查核对实际进口货物是否与报关单和进口许可证相符，确定货物的性质、成分、规格、用途等，以便准确依法计征关税，进行归类统计。

进口货物的查验，一般是在海关规定的时间、场所，即海关的监管区域内的仓库、场所进行。但为了方便合法进出，对进口的散装货物、大宗货物和危险品等，海关可以结合装卸环节，在现场直接验放。对于成套设备和“门到门”运输的集装箱货物，经申报人申请，海关可以派员到监管区域外的地点，就地查验放行，但海关需按规定收取费用。

(三)进口货物征税

根据《中华人民共和国进出口关税条例》的规定，海关税则的进口税率分为普通税率和优惠税率两种。对产自与中国没有签订贸易互惠条约或协定的国家的进口货物，按普通税率征税;对产自与中国签订有贸易互惠条约或协定的国家进口的货物，按优惠税率征收。该关税条例规定，进口货物以海关审定的货物运抵我国的到岸价格作为完税价格。

为了保证关税及时入库，进口货物的纳税人应在海关填发税款交纳的次日起7日内(星期日或节假日除外)缴纳税款。

(四)进口货物的放行

进口货物在办理完向海关申报、接受查验、缴纳税款等手续后，由海关在货运单据上签印放行。收货人(买方)或其代理人必须凭海关签印放行的货运单据才能提取进口货物。货物放行是海关对一般进口货物监管的最后一个环节，放行就是结关。对于担保放行货物、保税货物、暂时进口的货物和海关给予减免税进口的货物，放行不等于办结海关手续，还要在办理核销、结案或者补办进出口和纳税手续后，才能结关。

五、接货、验收和拨交

进口货物到港后，由港方负责卸货。在卸货时港方应该对货物进行检查，如发现短缺，及时填写“短缺报告”交船方签字，并根据短缺情况向船方提出保留索赔权的书面声明。卸货发现残损，应将货物存放在海关指定仓库，待保险公司会同商检机构验放后做出处理。货物经检验、报关和海关放行后，买方可以提取货物。

六、进行索赔

合同一般都规定：在货物到达后，如发现存在质量、数量、残损等问题，可凭合同规定的检验检疫机构出局的检验证书作为索赔依据。在检验证书上，一般均详细列明检验结果并判明责任归属：

(1)属于卖方责任，如货物原装数量不足、品质规格与合同规定不符、包装不良致使货物受损。买方凭检验证书向卖方索赔。

(2)属于承运人责任，如货物短卸、货物残损，均可凭船方“短卸报告”、国境站铁路商务记录或航空、邮电部门签发的事故签证和检验证书，买方可向外运公司、铁路、航空、邮电部门等提出索赔。

(3)属于保险公司责任。由于自然灾害、意外事故或运输中其他事故的发生，致使货物受损，并且属于承保险别范围内的；或因承运人不予赔偿或赔偿金额不足抵补损失的部分，并且属于承保险别范围内的，买方凭检验证书、保险单向保险公司提出索赔。

买方在办理对外索赔时，一般应注意以下几个问题：①索赔金额。除受损货物价值外，检验费、装卸费、银行手续费、仓储费用、利息等费用，也可包括在索赔金额内。②索赔证据。首先应填制索赔清单，随附检验证书、发票、装箱单、提单副本。另外，面对不同的索赔对象，还要另附相应的有关证件。③凡已向国外提出索赔的货物，应妥善保管足够数量，且具有代表性的复验样品，并注意保持现状。对外提出退货换货的部分货物，在未结案前不能动用。对不需退货换货的，可以只保留一定数量的不合格品，保留期限应与索赔期相同。④买方提出索赔后，国外责任方要求看货或修理的，买方应事先与检验机构取得联系并做好准备工作。

思考题

1.进出口合同的履行程序一般包括哪些方面？

2.在出口合同的履行中如何审核信用证？

3.合同成立的时间和地点分别是怎样确定的？

4.合同买卖双方的主要义务分别是什么？

参考文献

[1] [英]大卫·格林纳韦.国际贸易前沿问题[M].冯雷,译.北京:中国税务出版社,2000.

[2] [美]D.萨尔瓦托雷.国际经济学[M].5版.朱宝宪,译.北京:清华大学出版社,1997.

[3] 王斌.国际贸易理论与实务[M].上海:立信会计出版社,2005.

[4] 薛荣久.国际贸易[M].成都:四川人民出版社,2000.

[5] 张礼卿.国际贸易概论[M].2版.北京:中国财政经济出版社,2005.

[6] 冯宗宪.国际贸易理论和政策[M].西安:西安交通大学出版社,2009.

[7] 贾建华,等.新编国际贸易理论与实务[M].北京:对外经济与贸易大学出版社,2004.

[8] 张群.中外关税税制比较[M].北京:中国财政经济出版社,2002.

[9] 李毅.国际贸易救济措施:以倾销、反补贴、保障措施与特保措施[M].北京:对外经济贸易大学出版社,2005.

[10] 李左东.国际贸易理论、政策与实务[M].北京:高等教育出版社,2006.

[11] 朱钟棣.国际贸易学[M].上海:上海财经大学出版社,2005.

[12] 朱立南.国际贸易政策学[M].北京:中国人民大学出版社,1996.

[13] 尹翔硕.国际贸易教程[M].2版.上海:复旦大学出版社,2001.

[14] 石广生.中国加入世界贸易组织知识读本[M].北京:人民出版社,2001.

[15] 赵春明,等.非关税壁垒的应对及运用[M].北京:人民出版社,2001.

[16] 刘力,等.国际贸易学——新体系与新思维[M].北京:中共中央党校出版社,1999.

[17] [美]彼得·林德特.国际经济学[M].范国鹰,等译.北京:经济科学出版社,1992.

[18] 张二震,马野青.国际贸易学[M].南京:南京出版社,2003.

[19] 毛筠.国际贸易理论与政策[M].杭州:浙江大学出版社,2003.

[20] 赵伟.国际贸易理论政策与现实问题[M].大连:东北财经大学出版社,2004.

[21] [英]亚当·斯密.国民财富的性质和原因的研究[M].郭大力,王亚南,译.北京:商务印书馆,1979.

[22] [英]大卫·李嘉图.政治经济学及赋税原理[M].郭大力,王亚南,译.北京:商务印书馆,1979.

[23] [瑞]俄林.地区间贸易和国际贸易[M].逯宇铎,等译.北京:商务印书馆,1986.

[24] [美]克鲁格曼,奥伯斯法尔德.国际经济学(第五版)[M].海闻,等译.北京:中国人民大学出版社,2002.

[25] 海闻. 国际贸易:理论、政策、实践[M]. 上海:上海人民出版社,1993.
[26] 陈岩. 国际贸易理论与实务[M]. 北京:清华大学出版社,2007.
[27][澳]沃尔特·古德. 贸易政策术语辞典[M]. 王晓东,等译. 北京:法律出版社,2003.
[28] 海闻,P. 林德特·王新奎. 国际贸易[M]. 上海:上海人民出版社,2003.
[29] 刘宝成. 出口实务操作[M]. 北京:中国纺织出版社,2004.
[30] 邵望予. 国际贸易方式实务教程[M]. 北京:中国海关出版社,2002.
[31] 金国斌. 国际贸易与商品包装[M]. 北京:中国轻工业出版社,2004.
[32] 刘北林. 海关商品学[M]. 北京:中国物资出版社,2003.
[33] 陈志田,叶柏林. 贸易技术壁垒与商品进出口[M]. 北京:中国计量出版社,2002.
[34][美]杰弗里·埃德蒙·柯里. 国际谈判——国际商务谈判的策划与运作[M]. 朱丹,陆晓红,等译. 北京:经济科学出版社,2002.
[35] 沈四宝,王军,焦津洪. 国际商法[M]. 北京:对外经济贸易大学出版社,2002.
[36] 王斑玖,李小北,王振民,等. 国际贸易学[M]. 北京:经济管理出版社,2002.
[37] 吴百福,徐小薇. 进出口贸易实务流程[M]. 5版. 上海:上海人民出版社,2007.
[38] 陈永富. 国际贸易实务[M]. 北京:中国科学出版社,2003.
[39] 黎孝先. 国际贸易实务[M]. 3版. 北京:对外经济贸易大学出版社,2000.
[40] 蒋琴儿,秦定. 国际结算理论·实务·案例[M]. 北京;清华大学出版社,2007.
[41] 韩常青. 新编进出口贸易实务[M]. 北京:电子工业出版社,2005.
[42] 刘耀威. 进出口商品的检验与检疫[M]. 北京:对外经济贸易大学出版社,2001.
[43] 邹根宝. 外贸信用风险管理及案例分析[M]. 上海:上海人民出版社,2002.
[44] 孟于群,陈震英. 国际货运代理法律及按理评析[M]. 北京:对外经济贸易大学出版社,2000.
[45] 孙家庆. 国际货运代理[M]. 大连:东北财经大学出版社,2003.
[46] 陈宴. 国际贸易理论与实务[M]. 北京:清华大学出版社,2007.
[47] 卓骏. 国际贸易理论与实务[M]. 北京:机械工业出版社,2006.
[48] 胡丹婷. 国际贸易实务[M]. 北京:机械工业出版社,2007.
[49] 黎孝先. 进出口合同条款与案例分析[M]. 北京:对外经济贸易大学出版社,2003.
[50] 陈冠任. 犹太人的智慧[M]. 呼和浩特:内蒙古人民出版社,2002.
[51] 赛妮亚. 世界十大民族生意经[M]. 北京:中国友谊出版社,2004.
[52] 赵承壁. 进出口合同的履行与违约救济[M]. 北京:对外经济贸易大学出版社,2002.
[53] 程德钧. 国际贸易争议与仲裁[M]. 北京:对外经济贸易大学出版社,2002.
[54] 吴百福. 国际货运风险与保险[M]. 北京:对外经济贸易大学出版社,2001.
[55] 金赛波. 中国信用证法律和重要案例点评[M]. 北京:对外经济贸易大学出版社,2003.
[56] 徐进亮. 国际备用信用证与保函[M]. 北京:对外经济贸易大学出版社,2004.
[57] 胡庚申,王春晖,申云桢. 国际商务合同起草与翻译[M]. 北京:外文出版社,2001.